铁路职工岗位培训教材

货运计划员

铁路职工岗位培训教材编审委员会

中国铁道出版社有限公司

2020年·北 京

内容简介

本书按照货运计划员国家职业标准和职业技能培训规范编写。全书分为两部分：基本知识和职业技能。基本知识部分主要内容包括：职业道德及铁路基础知识、铁路货物运输概述、铁路货物运输合同、铁路货物运输计划与营销、集装货物运输、鲜活货物运输、货物装载加固、超长超限超重货物运输、危险货物运输、国际联运和水陆联运运输、货运计量安全设备及安全检测系统、货运计划、运货五与货票信息共享系统操作等。职业技能部分包括了货运计划员的技能要求，共分为中级工、高级工、技师三级。

本书针对铁路职工岗位培训、职业技能鉴定进行编写，是各单位组织职工进行各级各类岗位培训、技能鉴定的必备用书，对各类职业学校师生也有重要的参考价值。

图书在版编目(CIP)数据

货运计划员/《铁路职工岗位培训教材》编审委员会编．—北京：中国铁道出版社，2011.7(2020.6 重印)
铁路职工岗位培训教材
ISBN 978-7-113-13750-2

Ⅰ.①货… Ⅱ.①铁… Ⅲ.①铁路运输—货物运输计划—岗位培训—教材 Ⅳ.①U294.1

中国版本图书馆 CIP 数据核字(2011)第 239221 号

书　　名：铁路职工岗位培训教材
货运计划员

作　　者：铁路职工岗位培训教材编审委员会

责任编辑：杨　哲　聂宏伟　　电话：(010) 51873055
编辑助理：胡娟娟
封面设计：薛小卉
责任校对：胡明锋
责任印制：陆　宁

出版发行：中国铁道出版社（100054，北京市西城区右安门西街 8 号）
网　　址：http://www.tdpress.com
印　　刷：北京虎彩文化传播有限公司
版　　次：2011 年 7 月第 1 版　2020 年 6 月第 3 次印刷
开　　本：787 mm×1 092 mm　1/16　印张：22.5　字数：532 千
印　　数：6 001～6 500 册
书　　号：ISBN 978-7-113-13750-2
定　　价：54.00 元

铁路职工岗位培训教材
编 审 委 员 会

前　言

党的十六大以来，铁路事业蓬勃发展，大规模铁路建设全面展开，技术装备现代化实现重大跨越，尤其在高原铁路、机车车辆装备、客运专线、既有线提速和重载运输技术方面达到了世界先进水平。铁路职工队伍素质得到了相应提高，但距离铁路现代化发展的要求还有一定差距，铁路人才队伍建设和职工教育培训工作任重道远。

教材是劳动者终身教育和职业生涯发展的重要学习工具，教材建设是职业教育培训工作的重要组成部分，是提高教育培训质量的关键。加快铁路职工岗位培训教材建设，已成为加强和改进铁路职工教育培训工作的当务之急。为适应铁路现代化发展对技能人才队伍建设的需要，加快铁路职工岗位培训教材建设，铁道部决定按照铁道行业特有职业（工种）国家职业标准，结合铁路现代化发展的实际，组织开发铁路职工岗位培训教材。

本套教材由铁道部劳动和卫生司、运输局共同牵头组织，相关铁路局分工负责，集中各业务部门的专家和优秀工程技术人员编写及审定，多方合作，共同完成，涵盖了铁路运输（车务、客运、货运、装卸）、机务、车辆、工务、电务部门的77个铁路特有职业。教材坚持继承与创新相结合，充分体现了近几年来铁路新技术、新设备的大量运用及其发展趋势，特别是动车组系列教材填补了教材建设的空白，为动车组司机和机械师等铁路新职业员工提供了岗位培训教材；教材坚持科学性与规范性，依据铁道行业国家职业标准中的基本要求和工作要求编写，力争准确体现国家职业标准和有关作业标准、安全操作等规章、规范的要求；教材坚持实用可行的原则，重点突出实作技能、应急处理和新技术、新设备、新规章、新工艺等四新知识，对职业技能部分按照技能等级分层编写，便于现场职工的培训与自学。

本套教材适用于工人新职、转职(岗)、晋升的岗位资格性培训，也适用于各类岗位适应性培训，同时为职业技能鉴定提供参考。

《货运计划员》一书由成都铁路局负责主编，主编人员：王静玲，参加编写人员：冯刚、钟浩然、余健，主要审定人员：温克学、马树峰、黄礼明、黄玲、马国锋。本书在编写、审定过程中得到了有关单位的大力支持，在此一并表示感谢。

铁路职工岗位培训教材编审委员会

2009年8月

目 录

基本知识

职业技能(分级部分)

基本知识

第一章 职业道德及铁路基础知识

第一节 职业道德

一、铁路职工职业道德的基本内容

1. 社会道德

社会道德属于人类社会的一种特殊的意识形态。它是在一定社会范围内调整人与人之间以及个人与社会之间的行为准则和规范的总和。所谓道德,它是依靠内心信念、传统习惯和社会舆论的力量,以正义和非正义、公正和偏私、诚实和虚伪、权利和义务等道德观念来评价每个人的行为,从而调整人与人之间,以及个人与社会之间的关系。

道德的真正含义是以善、恶为标准来约束人们行为的规范。它规定着人们应该做什么和不应该做什么。每个人按照一定的准则来支配和约束自己,道德就形成了强大的舆论导向,以此来干预生活,规范人们的行为,调节各种社会关系,具体含义包括以下几个方面:

(1)道德是依靠人们内心信念、社会舆论和传统习惯等力量起作用的。道德在实施时,不是靠强制手段,而是借助内心信念来实现的。社会舆论的压力和指责只是外在"裁判",良心的谴责才是内在的"法庭"。

(2)道德也是评价人的行为的标准。它总是通过善与恶等道德观念作出评价、褒贬,至于善恶的标准不是由国家、团体制定或规定出来的,而是处于同一社会环境中的人们在长期生产过程中,逐渐积累形成的共同的要求、愿望和理想,它表现在人们视听言行之上,深藏于品格、习性、意向之中。

(3)道德更是人自身的一种情感、意识,而且还包含着个人品质。个人品质与个人的道德行为有着密切的联系,反映了一个人多方面的素质和修养,是一个人在社会实践基础上对社会和人生的理解。个人品质是道德行为的重要内在依据,而个人的道德行为又是个人品质的外在表现。

2. 职业道德

职业道德是同人们的职业活动紧密联系的,具有自身职业特点的道德原则和行为规范的总和。职业道德萌芽于原始社会末期。生产力的发展引起了社会分工,出现了各行各业的职业活动,而每一种职业都分别承担着一定的社会职能,人们在从事各种职业的活动中,为了保证各种职业活动的正常进行,制定了各种规章制度、道德规范和行为准则。以此形成了职业道德的基本概念,其含义包括两个方面:

(1)每个行业都有各自的道德准则,所以说行业的道德就是职业道德,从商者应守"商德",从医者应守"医德",从师者应守"师德"等。所谓职业道德,就是指从事一定职业的人们在其特定的职业活动过程中应遵循的处理人和人、人和社会之间利益关系的特殊行为规范,以及与之相适应的观念、情操和品质。

(2)职业道德的特定内涵是在和各种专业工作紧密联系并通过专业领域表现出来的，是在专业范围内的特殊道德要求，一方面它体现了一般社会道德对于职业活动的基本要求，另一方面，又带有鲜明的行业特色。例如：热爱本职、忠于职守、为人民服务等是各行各业道德的基本规范。但每一种具体职业，又都有它独特的不同于其他职业道德的内涵。

3. 铁路职业道德与铁路职工行业规范

铁路职业道德是通过一系列职业道德基本规范来制约每个铁路从业人员的职业行为，调节铁路与社会、铁路内部集体与个人之间、个人与个人之间的道德关系。所谓铁路职业道德规范，就是明文规定的铁路各职业行业的道德准绳或道德要求，也可以说铁路职业道德就是铁路部门一系列道德规范的体系。

铁路职业道德体系是多层次的，但“人民铁路为人民”是铁路职业道德的基本原则或总的道德要求，也是规范体系中根本性的最高行为规范。铁路内部各部门之间必须遵循这一原则，制定出适应各工种岗位的职业道德规范，从“人民铁路”这个整体概念出发，更好地为人民服务。

铁路职工行业规范是铁路员工在职业活动中应该共同遵循的最基本的职业行为准则，是铁路行业鲜明特色的充分体现。各部门各工种应明确具体的制定出行业规范的内容，在实际工作中约束每一名员工，提高每一名员工的道德素质，推动铁路事业的发展。

铁路职工道德行业规范的主要要求是遵章守纪、保证安全，这是铁路职工首先必须遵守的道德规范，它要求全体职工严守规程，严格纪律，确保铁路运输安全生产，具体要求：一是遵章，即自觉遵守铁路的各项规章制度；二是守纪，即要求职工严格自律，不许有违反各部门、各工种、各岗位的职业纪律的行为发生。

二、货运人员职业道德的基本内容

1. 货运人员职业道德与基本规范

铁路运输在国民经济中占有重要的地位。铁路货运战线上的广大职工养成良好的职业道德习惯，对铁路事业的迅速发展，促进全路两个文明建设起着重要的作用。货运部门的工作性质决定了其职业道德规范，对于他们的工作对象，对于铁路企业的形象，对于全社会精神文明建设都有着重要的意义。

货运职工职业道德的基本原则是与铁路货运工作的特点紧密相联的，它同样以“人民铁路为人民”为根本原则。全体货运职工生产服务过程中应当体现全心全意地为货主服务，为货物负责，对货主、对社会高度负责的道德要求。

货运部门的职业道德规范很多，在其体系中，诚心地对待货主是核心内容，也是货运职工在长期的运输生产经营活动中形成的职业行为准则。“诚心相待”是货运职工对服务对象的态度和情感，也是在工作岗位上确立自己与货主服务与被服务关系的观念。在职业行为上以诚恳之心对待货主，并以端庄的仪表、文明的语言、娴熟的技能，周全的服务达到全心全意、无私奉献的职业道德境界。

货运部门与客运部门职工一样，是服务工作的窗口。个人在这窗口中表露出的喜怒哀乐代表的是货运职工的精神面貌，如何良好地体现出“人民铁路为人民”的宗旨，就要求货运职工必须胸怀全局、克己奉公，时刻勇于承担重大责任，把货主的利益放在首位。

2. 货运人员职业道德的修养与基本要求

职业道德修养，是指每个货运职工为了培养良好的职业道德品质，针对货运职工的服务理念和要求，所进行的自我锻炼，自我约束，自我改造，自我陶冶，自我要求，自我教育的过程。职业道德修养的培养不是一朝一夕能够完成的，需要正确的指导，教育的灌输，加上受教育者的不断自我完善。

职业道德修养的内容很广泛，根据不同岗位，不同工种，有其不同的要求，但主要的有：职业理想、职业态度、职业技能、职业责任、职业纪律、职业良知、职业荣誉等，同时还包含着文明礼貌、着装举止、语言艺术等方面。职业道德修养是一定的道德观念、道德情感、道德意识在自我意识中的统一，也是在履行职业义务过程中形成的道德责任感和自我评价能力。

铁路企业的服务宗旨是全心全意为人民服务，对货运职工而言货主就是服务的对象，要自觉维护货主的利益。货运人员职业道德的基本要求就是尽职尽责地为货主服务。尽职尽责是对本职事业热爱的体现，它内含着踏踏实实、任劳任怨，不计个人名利得失，为货主负责的道德风范，它又是职业责任、职业纪律、职业义务的集中体现，它要求货运工作者要具备强烈的责任心和使命感，因此尽职尽责的道德要求是货运道德起码的准则。

尊客爱货、安全完整的运输货物，这就要求货运职工在工作中对待货主要热情诚恳，它也是“人民铁路为人民”这一宗旨在货运窗口的具体体现。热情诚恳包含着对本职工作的热爱，对货主的理解、关心和周到的服务。在工作中，货运职工必须具备廉洁奉公的道德准则，不拿、摸、索、要，尽最大的努力保护好运输物资，当货物遭受侵害时，尽全力减少货主的损失，通过我们的优质服务，能够“安全、迅速、经济、便利”地把货物送达目的地。

三、货装职工守则

1. 认真执行党和国家的路线、方针、政策，遵守法纪，弘扬正气，提高思想素质，崇尚社会公德。

2. 爱岗敬业，恪尽职守。以主人翁姿态积极参与经营管理，增强市场营销意识，安全、迅速、经济、便利地组织货物运输。

3. 讲究职业道德，廉洁奉公。不徇私情，不以权以车谋私，不刁难货主，不敲诈勒索，不贪污受贿，不盗窃货物。

4. 着装规范，佩戴标志，仪容端庄，举止文明，保持个人良好形象。

5. 尊客爱货，主动热情，耐心周到，虚心听取货主意见，积极为货主排忧解难，提供优质服务。

6. 严格遵守规章制度和劳动纪律，杜绝违章违纪行为，消除隐患，确保货物和运输安全。

7. 顾全大局，服从领导，听从指挥，团结互助，加强联劳协作。

8. 勤奋学习，钻研业务，不断提高理论水平和实际操作技能。

四、服务质量

铁路货物运输服务是为满足货主（或货物托运人、收货人）运送货物的需要，铁路运输企业与货主（或货物托运人、收货人）接触的活动和铁路运输企业内部经营活动相结合所产生的结果。

1. 工作质量总方针

铁路货物运输服务以“安全、优质、高效、便捷”为工作质量总方针。

(1)安全

树立“安全第一,预防为主”的思想;配备保证货物安全运输的设施设备;健全和落实货运安全管理制度;确保运输全过程中的行车安全和货物安全。

(2)优质

服务工作实行标准化作业,满足货主需求;认真履行运输合同,确保铁路各项承诺兑现。

(3)高效

科学合理地安排货物运输的全部过程,保证不超过货物的运到期限;采用先进技术设备,全面提高运输效率。

(4)便捷

优化货物运输手续,压缩货运办理时间。

2. 基本要求

(1)职业道德

遵守国家法律、执行铁路规章制度,维护货主的合法权益。

作风正派,工作认真,不徇私情。

遵守作业纪律和劳动纪律。

爱护货物和公共财产。

(2)仪容、仪表

上岗穿着规定服装,服饰整洁,佩带服务标志。

仪表端庄、举止大方、工作热情。

(3)服务语言

服务用语应使用普通话。接待少数民族货主可使用民族语言。

工作要使用标准用语和专业术语。

使用文明礼貌用语,语言简明准确。

(4)业务技能

上岗前必须经过岗位技能培训并获得上岗证书。

在岗人员必须熟练掌握本岗位业务技能,胜任本职工作,并应不断学习新的业务知识和技术本领。

(5)服务态度

服务要主动、热情,回答货主提问要准确、耐心。

对待货主,不分民族、国籍、种族,应一视同仁。

尊重货主的民族习俗和宗教信仰。

认真、及时地处理货主提出的意见和建议。

(6)质量监督

公布铁路货场值班领导电话。

公布服务质量监督部门电话。

在铁路货运营业场所设立服务质量意见簿和投诉箱。

3. 重点服务

(1)营销服务

向货主提供全程服务、货运代理的满足条件。

认真执行货物的受理、承运和交付程序。

托运或提领货物手续实行一个窗口办理、一次性收取费用、一张支票结算。

认真做好监装监卸及站车交接工作,加强货物安全防范,确保货物运输质量。

铁路货物运输企业办理货物保价运输,具备一定条件的可代办货物运输保险,货物运输保价或保险均应遵照货主自愿原则。

(2)收费服务

提供运输费用的报价服务,准确收取各类费用。

货场内所有收费必须使用铁道部统一规定的单据。

收费服务应使用计算机,人工作业时须用字规范、字迹清晰、填写准确,均应符合国家铁路主管部门的规定。

货物逾期到达,按规定支付违约金。

(3)货物装载加固服务

为货主提供技术状态良好的铁路车辆。

使用符合铁路运输安全要求的货物装载加固材料和装置,提供货物装载加固技术服务。

货物的装载与加固须符合《铁路货物装载加固规则》的要求。

严格按规定的货物装载加固方案装车和实施装车后的质量签认。

(4)装卸作业服务

铁路装卸部门提供装卸火车、汽(马)车、船舶和搬运作业等服务。

铁路货物和行包的装卸组织管理工作由铁路装卸管理部门实行统一管理、统一派班、统一费率、统一收费、统一清算。

装卸作业文明规范,符合 TB/T 1936.1—1987～TB/T 1936.7—1987,作业人员自觉爱护货物和铁路车辆。

货物堆码要符合 TB/T 1937—1987。

装卸作业须挂班组服务牌。

(5)货运事故处理服务

铁路运输企业应建立事故处理服务体系。

事故处理机构的工作必须符合国家铁路主管部门的规定。

负责事故处理的工作人员要树立为货主负责的思想,事故处理要坚持依法办事的原则,坚持以事实为依据,以规章为准绳,货运记录编制准确、查复迅速,最大限度减少货主损失。

铁路运输企业接到货主赔偿要求后,须在规定时间内做出处理。

铁路货物运输过程中对火警、治安及其他紧要情况要有处置预案,发生险情及时处理。

(6)专用线(专用铁路)管理服务

专用线(专用铁路)的管理与共用应符合《铁路专用线专用铁路管理办法》的规定。

专用线(专用铁路)办理的货物品名应符合《铁路专用线(专用铁路)名称表》的规定。

五、路　　风

路风是指铁路的行业风气,是铁路的性质、宗旨和经营方向在运输企业和职工中的综合表现。

路风工作是铁路精神文明建设、党风廉政建设和企业经营管理的组成部分。加强路风工作,对于提高职工队伍素质,提升运输服务质量,促进铁路发展,推进和谐铁路建设,具有重要作用。

路风问题是指铁路单位和从业人员凭借职务或工作便利条件营私谋利,或违背职业道德,服务质量低劣,给旅客货主造成经济损失或精神、身体伤害,在路内外造成不良影响和后果的行为。

路风问题分为重大路风事件、严重路风事件、一般路风事件和路风不良反映。

路风问题主要包括以车谋私、以票谋私、乱收费乱加价、索拿卡要、粗暴待客、违规经营、违规贩运等7类。货运计划员可能涉及的有5类。

1. 以车谋私

以车谋私指凭借职权或通过关系,以车皮、集装箱等运输条件谋取私利的行为。

(1)在受理运输计划、审批承认车、安排货位、安排装车、配车配箱、装卸作业、变更装卸地点、变更到站、取送车作业等运输环节中谋取私利。

(2)将车皮、集装箱计划切块给路内外单位或个人,从中谋取私利。

(3)违反运输纪律,采取无票运输、换票运输、伪报品名、少报重量等手段侵犯运输收入,从中谋取私利。

(4)违反规定下浮运价,从中谋取私利。

2. 乱收费乱加价

(1)违反国家、铁道部规定的运、杂费收费项目和标准,收取或变相收取不合理费用。

(2)在运输代理和客货延伸服务中,只收费不服务,多收费少服务,擅自设立收费项目、提高收费标准,或不提供合法票据。

(3)车站或票务管理部门不送票收取送票费,将车票票额切块给宾馆、饭店、旅行社等加价收费,自办售票点超标准收费,车站售票窗口或计划室搭收其他费用。

(4)车站或票务管理部门从客票代理销售点的乱收费乱加价中分成。

3. 索拿卡要

凭借职务或工作之便,采取刁难、要挟或威胁等手段,敲诈勒索旅客货主。

4. 粗暴待客

(1)对旅客货主语言污秽,行为粗鲁。

(2)有意设置障碍,刁难旅客货主。

(3)殴打旅客、货主或限制旅客货主人身自由。

(4)严重侵害旅客货主人身权利,构成违法犯罪的行为。

5. 违规经营

(1)以不批计划、不配空车、拖延办理等手段,强制货主办理延伸服务或运输代理。

(2)铁路多经、集经企业或与之联营的单位强制办理运输代理、延伸服务业务。

(3)铁路货运业务与延伸服务或运输代理业务合并办理,以及代收延伸服务或运输代理费用。

第二节 铁路线路及限界

一、铁路线路

铁路线路是机车车辆运行的基础。线路质量的好坏,对于提高运输能力,保证行车安全具有重要意义。

铁路线路根据其用途分为正线、站线、段管线、岔线及特别用途线。

(1)正线是指连接车站并贯穿或直股伸入车站的线路(图 1-1)。正线上不准停留车辆。

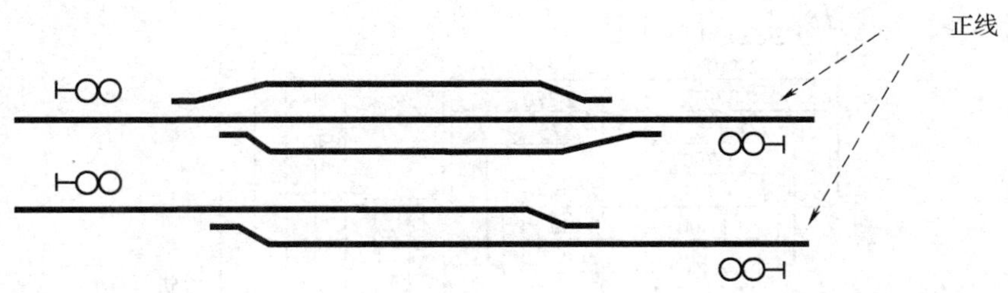

图 1-1 车站正线示意图

(2)站线包括车站到发线、调车线、牵出线、货物线及站内指定用途的其他线路。站内指定用途的其他线路包括:救援列车停留线、机车走行线、机待线、禁止溜放车辆停留线、轨道衡线及车辆站修线等。

(3)段管线是指机务、车辆、工务、电务、供电等段专用并由其管理的线路。

(4)岔线是指在区间或站内接轨,通向路内外单位的专用线路。

(5)特别用途线是指安全线和避难线。

岔线、段管线与正线、到发线接轨时,均应铺设安全线。岔线与站内到发线接轨,当站内有平行进路及隔开道岔并有联锁装置时,可不设安全线。

在进站信号机外制动距离内进站方向为超过 6‰下坡道的车站,应在正线或到发线的接车方向末端设置安全线。

合资铁路、地方铁路及专用铁路与国家铁路车站接轨,其接轨处或接车末端应设隔开设备(设有平行进路并有联锁时除外)。

安全线向车挡方向不应采用下坡道,其有效长度一般不少于 50 m。

为防止长下坡道上失去控制的列车发生冲突或颠覆,应根据线路情况,计算确定在区间或站内设置避难线。

二、铁路限界

我国现行的铁路限界包括铁路的建筑限界和机车车辆限界。在实际应用中还有《铁路货物装载加固规则》规定的货物装载限界和特定区段装载限制。各种限界都是衡量铁路货物运输中能否保证安全的尺子,均应按照其规定严格遵守。

1. 铁路建筑限界

《铁路技术管理规程》规定：一切建筑物、设备，在任何情况下均不得侵入铁路的建筑限界(以客货共线铁路建筑限界 $v\leqslant 160$ km/h 时的基本建筑限界图为例，如图 1-2 所示)。与机车车辆有直接互相作用的设备，在使用中不得超过规定的侵入范围。

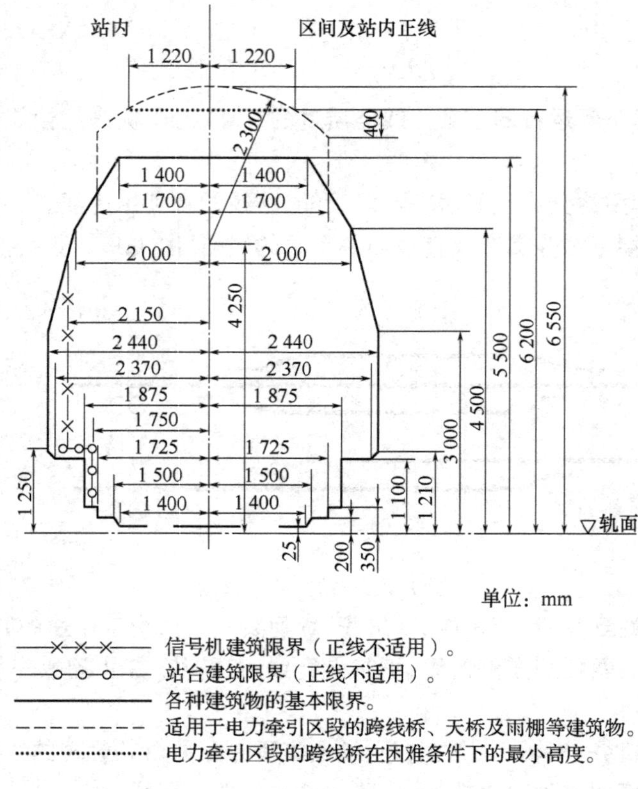

图 1-2　客货共线铁路基本建筑限界($v\leqslant 160$ km/h)

在设计建筑物或设备时，距钢轨顶面的距离应附加钢轨顶面标高可能的变动量(路基沉落、加厚道床、更换重轨等)。

靠近铁路线路修建各种建筑物及电线路时，须经铁路局批准。

2. 机车车辆限界

机车车辆无论空、重状态，均不得超出机车车辆限界。

现行《铁路技术管理规程》中公布执行的机车车辆限界($v<200$ km/h)如图 1-3 所示。

3. 货物装载限界

《铁路货物装载加固规则》规定：货物的装载高度、宽度和计算宽度，除超限货物外，不得超过货物装载限界(图 1-4)。

货物装载限界中，斜坡面部位的高、宽尺寸的速算方法如下：

(1)高度在 4 300～4 800 mm 部位法则为：

一侧宽度＝(5 050－装载高度)×1.8

＝(5 050－装载高度)×2－(5 050－装载高度)×0.2

即 5 050 与装载高度之差的 2 倍减去其差的 1/5。

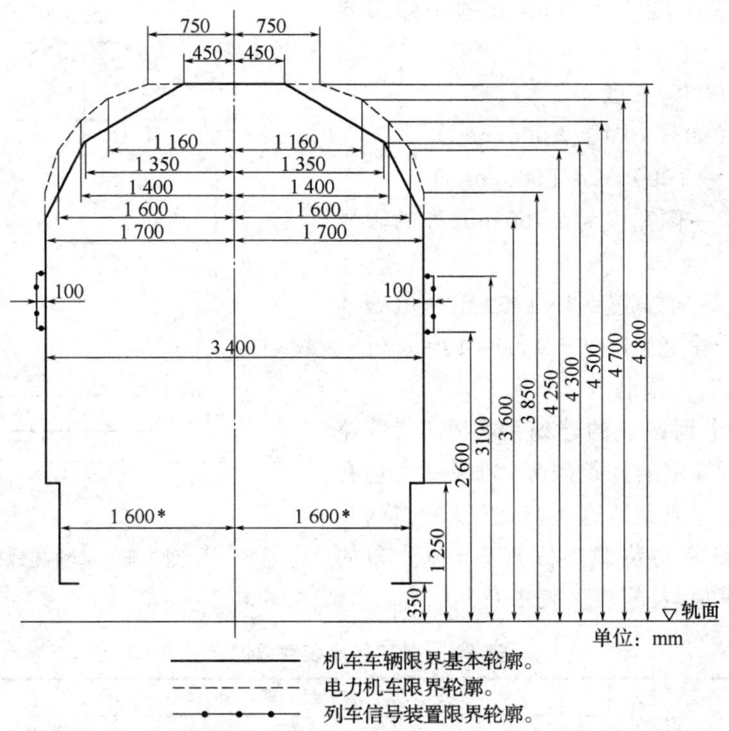

* 电力机车在距轨面高350~1 250 mm范围内为1 675 mm。

（a）上部限界

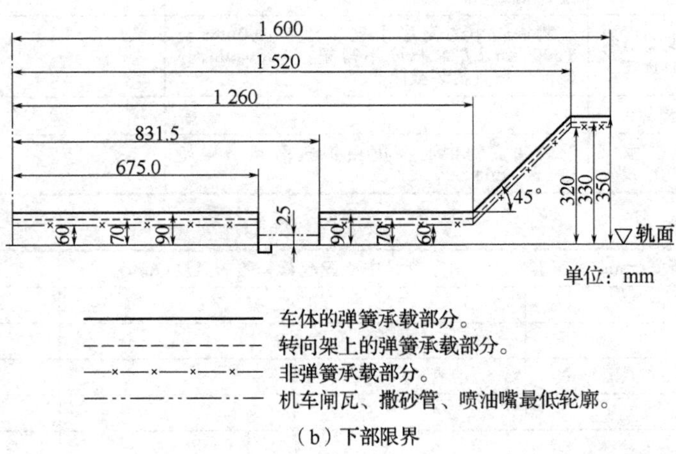

（b）下部限界

图 1-3　机车车辆限界（$v<200$ km/h）

【例 1-1】 求高度 4 700 mm 处的一侧限界宽度。

解：(5 050－4 700)×1.8＝(5 050－4 700)×2－(5 050－4 700)×0.2

＝350×2－350×0.2＝700－70＝630(mm)

(2)高度在 3 600～4 300 mm 部位法则为：

高度加全宽等于常数：7 000 mm。

【例 1-2】 求高度 4 000 mm 处的一侧限界宽度。

解：全宽＝7 000－高度

＝7 000－4 000＝3 000(mm)

即一侧宽度＝ 3 000÷2＝1 500(mm)

【例 1-3】 求一侧宽度为 1 450 mm 处的限界高度。

解：全宽＝2×一侧宽度＝2×1 450＝2 900(mm)

高度＝7 000－全宽＝7 000－2 900＝4 100(mm)

4. 特定区段装载限制

我国铁路有个别区段的建筑限界小于《铁路技术管理规程》所规定的建筑限界，为保证货物和行车的安全，对通过或到达这些特定区段的货物，应严格遵守《铁路货物装载加固规则》中公布的“特定区段装载限制”及附表见表 1-1。

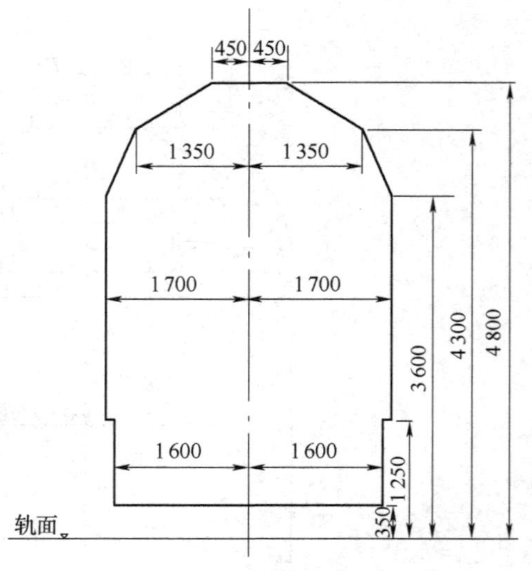

图 1-4 货物装载限界

表 1-1 特定区段装载限制

序号	线名	区 段	限制事项		附 记
			装 载 限 界	车体自重加实际载重最大吨数(t)	
1	京包线	南口—西拨子间	装载货物高度和宽度按下附表规定		
2		运往朝鲜的货物	按货物装载限界装载，但最高不得超过4 750 mm		
3	广九线	经深圳北运往九龙的货物	装载货物中心高度由钢轨面起 360mm 至 3 600 mm处左右宽度不得超过1 550 mm，其他部位按货物装载限界		
4	京广线	坪木线		90	坪石站出岔
5	丰沙线	沙城—三家店间上行线	装载货物中心高度由钢轨面起不得超过4 600 mm		

表 1-1 附表

由钢轨面起算的高度(mm)	由车辆纵中心线起算每侧的宽度(mm)	全部宽度(mm)
4 300	1 050	2 100
4 200	1 150	2 300
4 100	1 250	2 500
4 000	1 350	2 700
3 900	1 450	2 900
1 250 以上至 3 600	1 600	3 200

第三节 铁路货车

铁路货车是运送货物的工具。在铁路上必须经常保持数量充足和质量良好的车辆，才能满足不断增长的货物运输任务的要求。

一、铁路货车按用途分类

铁路上运送的货物种类有很多,性质不同即在运送中的要求也不一样。货车就有不同的类型,如棚车、敞车、平车、罐车、冷藏车等,按其用途还分为通用货车、专用货车。

1. 通用货车

(1)敞车

车体设有固定的墙板,侧面设有车门可装运不怕湿损的货物,如装货后苫盖货车篷布,也可装运怕湿损的货物。

(2)棚车

车体具有顶棚、车墙及门窗,用于装贵重、怕日晒和怕潮湿的货物。有些车内安装有火炉的烟囱座、床托等装置,必要时可运送人员和牛马等。

(3)平车(包括集平两用车)

平车车体为一平板或设有活动的矮侧墙板和端侧墙板,装运货物必要时可将端侧板放下,主要装运钢轨、汽车、拖拉机、军用物资及长大、笨重货物等。

2. 专用货车

专供运送某些货物的车辆,包括下列几种:

(1)罐车,专门用于装载液体状态的货物,也有少数装载粉状货物。罐车的卸货装置分为上卸式、下卸式两种。轻油罐车、酸碱类罐车采用上卸式;粘油类罐车采用下卸式(液化气罐车、酸碱类罐车,为企业自备车)。

(2)冷藏车,又称保温车。车体夹层装有隔热材料,车内有冷却和加温装置,使车内能保持一定温度,车体外部涂以银灰色,对阳光起反射作用,减少太阳辐射热量传入车内。专供装运易腐货物,如鲜鱼、肉类、水果、蔬菜及冻结的易腐货物。

(3)长大货物车,是铁路运输中使用的一种特殊平车,主要装运各种长、大、重型货物。一般载重 90 t 以上,长度在 17 m 以上。根据车底板的形式可分为:凹型平车、长大平车、落下孔车、双支承平车、两节平车、钳夹车等。

(4)集装箱专用平车。

(5)水泥车。

(6)散装粮食车。

(7)小汽车专用平车。

二、车辆的基本构造

铁路上的车辆种类虽然很多,但它们的构造基本上是相似的,每一辆车都是由车体、车底架、走行部、车钩及缓冲装置和制动装置五个部分所组成。

1. 车体

铁路货车车体,是车辆装载货物的部分,货车车体按其结构的外形分为棚车、敞车、罐车、平车及特种用途车等。

2. 车底架

车底架是车体的基础。它承受车体和所装货物的重量,并通过上、下心盘将重量传给走行部。在列车运行时，它还承受机车牵引力和列车运行中所产生的各种冲击力及其他外力。

车底架(图 1-5)，由侧梁、中梁、地板横梁、横梁、枕梁及端梁等组成。

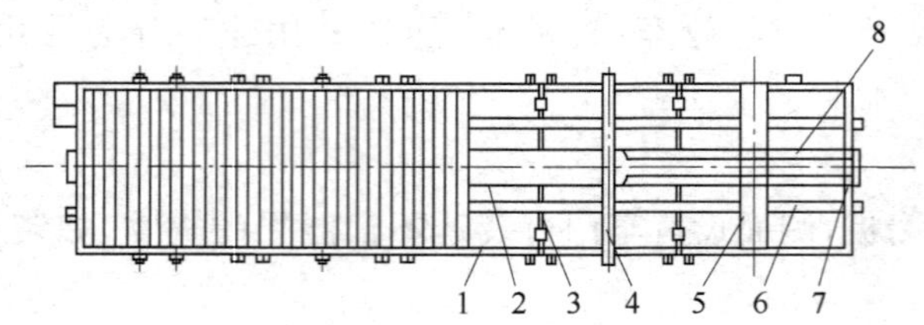

图 1-5　货车车底架

1—侧梁；2—中梁；3—地板横梁；4—横梁；5—枕梁；6—补助梁；7—端梁；8—牵引梁。

3. 走行部

走行部的作用是引导车轮沿轨道运行，并把车辆的全部重量传给钢轨。在四轴车上，四组轮对分成两部分，每两组轮对分别和侧架、摇枕、弹簧减振装置、轴油润装置组成一个转向架。每个转向架通过摇枕上的下心盘、中心销和车底架上的上心盘相连。转向架相对于车体底架能自由转动，这样便于车辆顺利地通过曲线。

下心盘和装在摇枕上的上心盘相对，车体重量集中于心盘传递到摇枕，再顺序传给枕簧、侧架、车轴、车轮，直到钢轨。反之车辆在运行中，来自钢轨的冲击力亦按上述反顺序传递到车体和货物。

车辆的下旁承装在摇枕两端的旁承盒内，上、下旁承之间空隙叫做旁承游间。旁承作用是当车辆通过曲线时，车体向内倾斜侧的上下旁顾相接触，以限制车体过分倾斜和摇动，以实现运行的平稳。

4. 车钩及缓冲装置

车钩及缓冲装置，包括车钩和缓冲器两部分，安装在车底架中梁的两端。它不仅能使车辆和车辆、车辆和机车间相互连挂，而且承受着机车的牵引力和列车运行及调车中的各种冲击力，所以它具有连接、牵引、缓冲三种作用。

车钩及缓冲装置如图 1-6 所示，由钩头、钩身、钩尾三个部分组成。在钩尾上装有钩尾框，框内装有缓冲器，缓冲器两侧装有从板，它和车底架上的从板座相贴合。

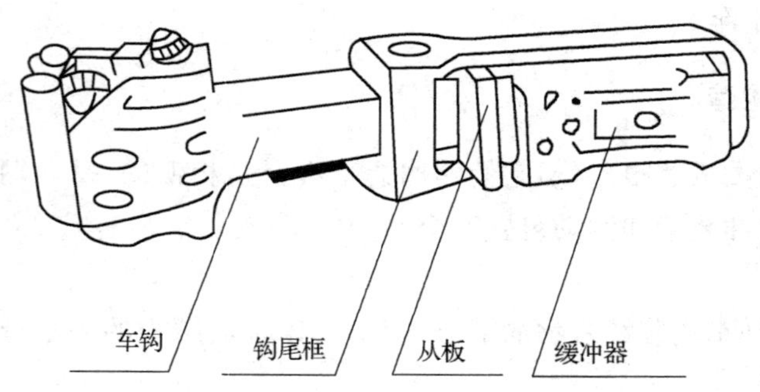

图 1-6　车钩及缓冲装置

缓冲器的作用是缓和两辆车连挂时或列车运行中因速度增减而产生的冲击力提高列车运

行的平稳性，延长车辆的使用寿命，保证所装货物的安全。

5. 制动装置

制动装置是用外力迫使运行中的机车车辆减速或停车的一种设备。是车辆的主要组成部分之一。它不仅是列车安全运行并准点到达的重要保证，而且也是提高列车重量和运行速度的前提条件。因此，制动装置的好坏，直接影响着铁路的运输能力。

车辆上的制动装置由制动机和基础装置两部分组成。我国铁路车辆上一般都同时装有空气制动机和人力制动机。

(1)空气制动机

空气制动机的设备，一部分安装在机车上，一部分安装在车辆上，安装在车辆上的设备有：

① 制动主管及折角塞门。

制动主管是传送压缩空气的管路，安置在车底架下面，贯通各车的全长。在每辆车制动主管两端装有折角塞门，以便在摘挂车辆时关闭或开通压缩空气通路。在制动主管的中部连接有制动支管。

② 截断塞门。

安装在制动支管上，用以开通或遮断制动支管的压缩空气的通路，它平时总是在开放位置，只有当车辆的所装货物按规定应停止制动机作用时，或当车辆制动机发生故障才将它关闭，以便停止该制动机作用或对制动机进行检修。通常把关闭截断塞门，停止制动机作用的车辆叫“关门车”。

③ 空重车调整装置。

因车辆的空重状态的重量相差较大，如果空重车使用同样制动，容易损坏车辆，因此车辆上装有制动机空重调整装置，它包括空重车转换手把，空重车转换塞门和降压风缸。

另外空气制动机还有远心集尘器、三通阀及副风缸和制动缸等设备。

(2)人力制动机

在每辆车的一端，装有人力制动机，可用人力来使单节车辆或车组停车或减速。

(3)基础制动装置

基础制动装置是利用杠杆原理，将空气制动机或人力制动机产生的力量，扩大适当倍数，再向各个闸瓦传递力的装置。它由拉杆、闸瓦组成。

三、车辆标记

为了表示车辆的类型和特征，满足使用、检修和统计的需要，每一辆铁路车辆应具有规定的各种标记。铁路货车的标记包括：

1. 路徽：凡铁道部所属车辆上，一律涂打人民铁路路徽和产权牌。

2. 车号：包括型号及号码。型号有基本型号和辅助型号两种。基本型号代表车辆种类，用汉语拼音表示，如 P、N、C、G 等，见表 1-2。

辅助型号：同一种车辆，因有不同的构造形式，故采用辅助型号来区别，写在基本型号的右下角表示，如 P_{62}、P_{61}、C_{64}、N_{16}、N_{17} 等。

号码为车辆的顺序号码，按车种和标记载重量来编号，每一辆车均有自己的号码。

表 1-2　货车基本型号表

车种	代码	车种	代码	车种	代码
棚车	P	集装箱车	X	水泥车	U
敞车	C	矿石车	K	粮食车	L
平车	N	长大货物车	D	特种车	T
罐车	G	毒品车	W		
冷藏车	B	家畜车	J		

3. 制造厂名标牌：标明该车制造的厂名及制造年、月。

4. 定检修理标记：定检修理标记：包括厂修、段修，标明检修时间和单位，以便明确检修责任。

段、厂修标记：横线上为段修标记，横线下为厂修标记，左侧为下次检修年、月，右侧为本次检修年、月及检修单位简称。

例：10.10—09.10 哈齐
　　12.10—07.10 齐厂

段修标记中"09.10 哈齐"表示在 2009 年 10 月由哈尔滨铁路局齐齐哈尔车辆段施行段修，应在 2010 年 10 月进行下一次段修。

厂修标记中"07.10 齐厂"表示在 2007 年 10 月由齐齐哈尔车辆厂施行厂修，应在 2012 年 10 月进行下一次厂修。

5. 自重：即车辆本身的重量，以吨(t)为单位。

6. 载重：即车辆的装载重量(简称标重)以吨(t)为单位。

7. 容积：表示货车(平车除外)可供装载货物的容量，以立方米(m^3)为单位，保留小数点后一位。并在括号内列(长×宽×高)尺寸，以米(m)为单位，保留小数点后一位；平车以长宽标记(长×宽)代替容积标记；罐车在容积标记下涂打容量计表的标记，标明容量计算表示的号码。

8. 换长：为编组列车时统计工作和行车指挥人员掌握运行的需要，规定货车长度的标准为 11 m 一辆，换算成车辆的辆数，简称换长。

9. 其他标记：

(1)车辆定位标记。

分别表示车辆的第一位端和第二位端，如图 1-7 所示。

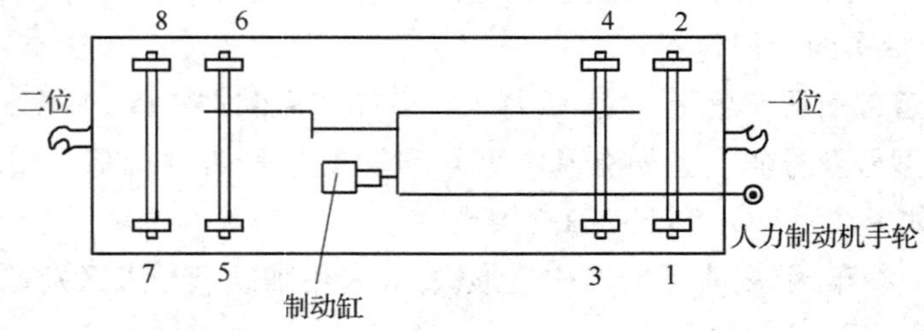

图 1-7　车辆定位示意图

它是车辆方向的称呼，车辆以制动缸活塞杆推出方向（即人力制动机一端）为第一位，另一端为第二位。

车辆的车轴、车轮、轴箱、车钩、转向架和其他零件的位置都是由第一位端数起，左右对称的从左向右，左为单数，右为双数，顺次数到第二位车端。

棚车车门按人力制动机位置分为 1 门（与制动机同侧）、2 门，相应车窗分为 1、3、5、7 号窗（上部车窗为×号上窗），对侧为 2、4、6、8 号窗。敞车同样分为 1、2 号侧门（或中门），底开门（小门）对应分为 1、3、5、7、9、11 号小门，对侧为 2、4、6、8、10、12 号小门。（凡拍发电报及编制记录需说明车辆方向和车体各部件位置以及车内货物装载位置时，均应按定位图说明）。

（2）特殊标记。

根据货车构造及设备的特征，在车辆上还涂打各种特殊标记。

(人)：表示具有床托可以运送人员的棚车。

(MC)：表示可以用于国际联过轨运输的车辆。

(古)：表示车内具有拴马环或其他拴马装置，可以装运马匹的货车。

(卷)：表示在侧梁端部装有卷扬机挂钩的车辆。

：表示禁止进入机械驼峰的车辆。

集中载重标记：载重不小于 60 t 的平车、长大货物车和需要标明集中载重的车辆，应有集中载重标记，标明车辆中部一定尺寸内的允许载重量。

装运危险货物的罐车罐体中部四周涂有 300 mm 的颜色带。

第四节 安全作业常识

为了保证铁路运输任务的完成，任何有关行车运输的人员必须树立安全第一的思想，严格执行有效的规章制度和作业标准。

一、人身安全的一般要求

1. 铁路货运职工在岗位上执行职务时，必须穿着规定的服装，佩戴易于识别的证章。

2. 铁路货运有关人员，于接班前须充分休息，以保证工作中精力集中，要根据工作需要正确使用防护用品，并且不准饮酒上岗和擅离工作岗位，如有违犯，立即停止其工作。

3. 铁路货运职工，必须在自己的职务范围内，以对国家和人民财产和对自己人身安全极端负责的态度，保证安全生产。

二、行车作业人身安全通用标准

（1）班前禁止饮酒，班中按规定着装，佩带防护用品。

（2）顺线路走时，应走两线路中间，并注意邻线机车车辆和货物装载状态。严禁在道心、枕木头上行走，不准脚踏钢轨面，道岔拉杆、尖轨等。

（3）横越线路时，应一站、二看、三通过，注意左右机车车辆的动态及脚下有无障碍物。

（4）横越停有机车车辆的线路时，先确认机车车辆暂不移动，然后在该机车车辆较远处通过。严禁在运行中的机车、车辆前面抢越。

(5)必须横越列车、车列时，应先确认列车、车列暂不移动，然后由通过台或两车钩上越过，勿碰开钩销，要注意邻线有无机车车辆运行，严禁钻车。

(6)不准在钢轨上、车底下、枕木头、道心里坐卧或站立。

(7)严禁扒乘机车车辆，以车代步。

三、手推调车的规定

在货物装卸时，由于某种原因需要手推调车作业，必须遵守《铁路技术管理规程》的有关规定，下列情况禁止手推调车作业：

(1)超过 2.5‰坡道的线路上(确需手推调车时，须经铁路局批准)。

(2)遇暴风雨雪车辆有溜走可能或夜间无照明时。

(3)接发列车时，能进入接发列车进路的线路上无隔开设备或脱轨器。

(4)装有爆炸品、压缩气体、液化气体的车辆。

(5)电气化区段，接触网未停电的线路上，棚车、敞车类的车辆。

四、装卸车作业人身安全注意事项

1. 装卸作业前安设防护信号。

2. 开关车门时，应用拉门绳，迎面禁止站人，以防车门脱落和货物倒塌，溜下砸伤。

3. 电气化区段，装卸作业时，必须在指定线路上的安全区域内停电进行。

第五节　铁路货运发展概况及展望

一、铁路重载

1. 重载铁路

重载运输是除高速铁路以外，铁路现代化的又一个标志。重载运输是指在先进的铁路技术装备条件下，扩大列车编组织，提高列车重量的运输方式。

重载铁路必须至少满足以下三条标准中的两条：经常、定期开行或准备开行总重至少为 5 000 t的单元列车或组合列车；在长度至少为 150 km 的线路区段上，年计量货运量至少达 2 000 万 t；经常、正常开行或准备开行轴重 25 t 以上(含 25 t)的列车。重载铁路运输的发展，不仅推动了牵引动力、车辆、轨道、信号等铁路技术的进步，而且也对上述各方面提出了如何与之相适应的条件。总之，重载列车所能达到的重量，在一定程度上反映出一个国家铁路重载运输技术的综合水平。

按重载列车的作业组织方法区分，铁路重载运输有以下三种模式：

(1)单元式重载列车，是把大功率机车(双机或多机)与一定编成辆数的同类专用货车固定组成一个运输“单元”，并以此作为运营计费的单位。运送的货物品种单一，在装、卸站间往返循环运行，中途列车不拆散，不进行改编作业，机车车辆固定编挂位置，车底固定回空，两端车站装卸设备配套，是装、运、卸“一条龙”的运输组织形式。

(2)组合式重载列车，是由两列及其以上同方向运行的普通货物列车首尾相接、合并组成的列车。机车分别挂于各自的货物列车首部，由最前方货物列车的机车担任本务机车，运行至前方某一技术站或终到站后，分解为普通货物列车。它实质上是在线路通过能力紧张的区段，利用一条运行线行驶两列及以上的普通货物列车的一种扩大运输能力的方式。

(3)整列式重载列车，是由大功率单机或多机重联牵引，列车由不同型式和载重的货物车辆混合编组，达到规定重载标准(牵引重量达到5000t及其以上)的列车。目前，中国繁忙干线上开行的重载列车主要为这种模式。这种货物列车采用普通列车的作业组织方法，其到、解、编、发、取、送、装、卸和机车换挂作业与普通货物列车完全一样，只不过牵引重量有显著提高。

2. 重载运输技术设备

重载列车的特点在"重"上，由于列车既重又长，带来许多新的技术问题，为了安全行车、提高线路通过能力，对铁路运输组织和技术装备都提出了新的要求。

我国铁路把发展重载运输作为既有线改造的一大目标，繁忙干线普遍开行5000t及以上系列重载列车，其他干线也普遍提高牵引定数。全路货运列车平均牵引总重由2789t提高到3105t，相当于每个列车多拉了4辆货车。大秦铁路通过集疏运系统的整体改造，大量开行1万t和2万t重载组合列车，运量于2010年突破4亿t，是原设计能力的4倍，创造了世界铁路重载运输的奇迹，成为我国重载运输的代表。大秦线上的重载列车如图1-8所示。

图1-8　大秦线上的重载列车

(1)重载铁路线路技术标准

开行重载列车必须有与之相适应的线路，主要是指线路的承载能力、几何尺寸、站线长度、线路坡度等，它们必须符合列车在运行中对线路所产生的各种力的要求。

① 限制坡度

重载铁路的限制坡度与所经地段的地形条件、线路等级、牵引类型等因素有关，需经技术经济比选后确定。一般按重、空车方向分别确定。重车方向最大限制坡度在4‰～10‰之间。空车方向在12‰～30‰之间。我国大秦铁路的限制坡度：重车方向为4‰，空车方向为12‰。

② 最小曲线半径

选择最小曲线半径应充分考虑重载铁路的特点，结合地形、行车速度、养护维修和运行安全等条件，通过技术经济比选尽可能采用较大的曲线半径。国外的重载铁路最小曲线半径一般为 400～1200 m，困难地段可取 300 m。我国大秦铁路最小曲线半径一般地段为 800 m，困难地段取 400 m。

③ 到发线有效长度

列车重量和长度的增加，在很大程度上受车站到发线有效长的限制。而重载列车运行区段上站线需要延长的长度，又要根据组织开行的重载列车的主要方式确定。由机车在头部牵引重量超过 5 000～6 000t 的整列式重载列车，站线要延长到 1 050～1 250 m；在开行两个普通货物列车合并编组而成的组合列车时，其牵引吨数可达 7 600～8 000 t，股道有效长应延长到 1 500～1 700 m；若牵引吨数达到 8 000 t 以上时则有效长应延长到 1 700～2 300 m 以上，在我国大秦铁路上，车站到发线有效长度为 1 050 m，重载列车会让线的长度为 1 700 m。

(2)重载轨道结构

重载铁路的基本特征是运量多、轴重大。尤其是轴重，它是车辆每一轮对加于轨道上的重力，对轨道结构与线路状态产生着广泛而严重的影响。轨道破损与运量和轴重有密切关系，可见重载列车的荷载对轨道的破坏性是相当严重的。

重载铁路线路应选用重型和特重型的轨道标准。钢轨应采用 60 kg/m 及以上的新轨。为了延长钢轨使用寿命，减少养护维修工作量，宜采用超长轨条无缝线路和可动心轨道岔。此外，在曲线地段、长大下坡制动地段和长隧道内，应采用全长淬火钢轨和轨头硬化钢轨、承载力大的轨枕、扣压力大的弹性扣件等，以减少钢轨由于接触应力所引起的伤损。

(3)重载机车车辆

各国重载列车的牵引动力，除美国和加拿大主要采用内燃牵引外，绝大多数国家均采用电力牵引。

① 重载列车对牵引动力的要求

为满足重载列车的牵引要求，主要是通过增加机车的牵引功率和实现轮轨之间最佳黏着来提高机车的牵引力。此外，机车还需要有足够大的起动牵引力，以保证重载列车在长大坡道线路区段的安全运行。在运行中的牵引和制动过程应能自动调整和控制，并在机车上装设必要的故障检测和诊断系统。

② 重载运输的车辆

车辆应采用载重量大、强度高、自重系数小的大型四轴货车。货车大型化的主要途径是提高轴重。但轴重又受到轨道与桥梁结构强度的限制，因此要求线路结构与轴重提高相协调。如国外已采用 70 kg/m 的钢轨，货车载重量达到 90 t，轴重为 29 t。我国也正在研制轴重 25t 的大型货车，以适应重载运输的需要。

③ 采用性能良好的制动装置

重载列车与普通列车相比，速度并不高，但重量大、编组车辆数多、列车很长，列车需要制动或缓解时，前后部车辆制动与缓解的时间差较大，造成了纵向冲击力的加大。此外，由于辆数多、列车长、重载列车的副风缸数量也多，列车制动管总容积加大，造成了初充气时间长、列车管减压速度和增压速度都较低，且沿列车管长度方向有较严重的“衰减”。这些，都会影响重载列车运行的安全。因此各国都在研究改进制动机的结构，以提高其性能。

3. 重载运输组织

重载列车基本上有三种组织方式，其作业组织方法也各有不同。

(1)整列式重载列车在保证到发线足够长的条件下，其作业组织方法和普通货物列车完全一样。

(2)单元式重载列车由于单元列车机车车辆固定编挂、固定回空、中途列车不拆散、不进行改编作业，因此在车站上只进行接发列车工作，但要作业整列车去往环线的调车作业准备工作。

(3)组合式重载列车是由普通列车合并而成，一般情况下，每小列的作业与普通货物列车无多大区别，只是在发车站发车时因列车太长，由车站值班员用列车无线调度电话通知司机直接发车。列车到达终到站后根据具体情况，采用不同方法，如一次接入，转线分解；一次接入，站内分解；分别接入不同车场；接入分解站分解后，再进入不同到达站等。

总之，根据各国铁路运营条件、技术装备水平、发展重载运输目的的不同，重载运输采用的重载列车、运输类型、组织方式也各有差异。

二、多式联运

1. 国际多式联运

国际多式联运是一种以实现货物整体运输的最优化效益为目标的联运组织形式。它通常以集装箱为运输单元，将不同的运输方式有机组合在一起，构成连续的、综合性的一体化货物运输。通过一次托运、一次计费、一份单证、一次保险，由各运输区段的承运人共同完成货物的全程运输，即将货物的全程运输作为一个完整的单一运输过程来安排。它率先采用于北美、欧洲和远东地区的货物运输，随后逐步在全球实行。国际多式联运很大程度上不同于传统的单一运输方式。根据《联合国国际货物多式联运公约》以及我国交通部和铁道部共同颁布的《国际集装箱多式联运管理规则》的定义，国际多式联运是指按照多式联运合同，以至少两种不同的运输方式，由多式联运经营人将货物从一国境内接管货物的地点运至另一国境内指定地点交付的货物运输。

2. 我国铁路联运

铁路和地方水路以及铁路和公路等干、支线联运，是在许多沿线、沿海、沿河城镇，以铁路车站或港口码头为中心，组织许多地区性的联运线。既为车站、港口集散货物，又通过代办中转业务，以及办理送货到家、取货上门、电话受托等联运服务业务，以方便货主。

我国铁路联运主要以集装箱为主，铁路集装箱运输是现代化铁路货物运输发展的方向。由于集装箱运输易于机械装卸，安全可靠，方便火车、汽车、轮船交接转运的特点，深受用户欢迎，在我国也已初具规模。随着我国国民经济飞速发展，国际贸易不断扩大，国内外对集装箱运输需求也越来越大。铁路集装箱运输这几年虽然发展较快，但仍不能满足国民经济发展需要。因此要求建立完整的物流体系和大力推进铁路参与集装箱多式联运，以使铁路集装箱的发展能够适应市场经济的发展速度。我国铁路联运如图 1-9 所示。

(a)

(b)

(c)

图 1-9　我国铁路联运

三、铁路现代物流

铁路发展现代物流是满足社会经济发展、实现铁路产业升级和可持续发展的重要途径。在全国现代物流业快速发展的这些年,我国铁路货运也在加快改革步伐,探索并发展现代物流,取得了显著成效。

1. 我国铁路物流的发展状况

2003 年以来,铁路陆续推行了一系列货运改革和发展现代物流的新举措,包括组建三个专业运输公司,实施大客户战略,推行"两整合、一建设",试点"集中受理,优化装车",实施"路企直通运输",规划建设铁路物流中心等,并取得了一系列显著的成果。

(1)实施铁路挖潜提效,推进运营组织改革

针对铁路运输能力紧张的局面,在新增运力有限的情况下,按照"生产规模化、经营集约化、服务物流化"的理念,铁路实施内涵扩大再生产,实施大客户战略,推行"两整合、一建设",试点"集中受理,优化装车",不断优化运输组织和推进货运组织改革,要能力、要效率,走出了一条挖潜提效的成功之路。

(2)优化物流节点布局,构建铁路物流网络

2002 年以来,铁道部规划了 18 个大型集装箱中心站,以此推进铁路集装箱运输与现代物流的发展。2007 年初铁道部将全国 18 个集装箱中心站修编为综合物流中心,重点经营集装箱、特货、行包和部分整车业务。目前,上海、昆明等铁路物流中心已建成并运营,大连、郑州、重庆、青岛、成都等铁路物流中心也陆续建成并逐步投入运营。

(3)培育物流市场主体,拓展现代物流服务

铁路发展现代物流,必须加速传统运输企业向现代物流企业的转型,扶持和培育一批市场

化程度高、网络覆盖面广、竞争能力强的物流服务供应商，为客户提供功能齐全、快捷准时的现代物流服务。受经营范围、地理区域等因素的限制，传统的铁路运输企业显然难以实现这一目标。

(4)丰富货运物流产品，打造铁路客户关系

物流产品是铁路物流服务的核心。近年来，随着客户对传统货运的需求不断向专业化、快捷化和多样化方向的转变，铁路以大面积提速调图为契机，在原有货运产品的基础上扩充产品种类，逐步形成了组合优化的货运产品系列。

(5)加快先进技术应用，提高信息服务水平

信息技术的广泛应用是现代物流区别于传统物流的主要标志之一。信息服务不仅是现代物流的一项基本功能，也是整合其他物流服务功能的基本技术手段。铁路发展现代物流，也必须开发应用现代信息技术并努力提高技术装备水平。近几年来，铁路在信息化建设和应用方面做了大量艰苦细致的工作。在货运站段推广应用货运营销及生产管理系统，实现了部、局、站段及部分客户的计算机联网，为简化货运计划办理手续、提高货运计划审批效率、适应货运市场需求提供了技术支持。开发了货运大客户信息系统，目前大客户的所有月计划、日请求车提报以及参考运价、运输条件查询全部经由互联网进行，统一结算系统也已开始运行，极大方便了大客户。铁路和海关共同开发了口岸信息平台系统，实现了铁路与海关间的联网互通、进口货物信息的电子传送和共享等功能，通关效率大大提高，适应了物流国际化发展的需求。

2. 我国铁路物流现存的主要问题

我国铁路物流实践虽然取得一定成绩，但目前还存在许多问题，如设施能力不足、信息技术落后、货运生产仍然比较粗放，社会物流需求得不到完全满足等。

3. 铁路发展现代物流系统的必要性

作为国民经济发展基础行业的交通运输现已逐渐转变为物流系统，这已在越来越多的国家得到了认可和高度重视。我国铁路在国家综合运输体系的重要作用决定其向现代物流发展的必然性。我国正处于国家综合物流运输结构面临重大转型的关键时刻，铁路积极融入社会现代物流体系中，充分发挥铁路的比较优势和实现运输链条各环节的紧密衔接，才能更好为经济社会持续快速发展提供高质量的物流运输服务。

继第六次大提速和部分客运专线投入运营使铁路运输能力初步缓解之后，近年铁路改革与发展的步伐明显提速，未来几年铁路基础设施建设的投资将极大地改善铁路运输现状，2012年铁路客货分线基本完成后铁路运输能力有望得到大幅释放，这将从根本上改变客货混跑所导致的运能紧张的现状，并可快速扩充我国铁路运能、提升技术装备水平，使铁路基本具备全面发展现代物流的条件。

为此，铁路部门正积极推行铁路货运向现代物流改革，不少铁路运输企业如中铁集装箱、中铁特货、中铁快运等公司也在尝试铁路物流服务，但从总体发展水平上看，铁路与公路、水运、民航相比较发展现代物流的进程差距较大。与经济社会发展和市场需求相比，铁路物流发展中还存在许多不容忽视的问题：

(1)货运产品不满足市场需求，市场占有率不高。

(2)货运节点发展物流合力不足，分工不合理。

(3)基于现代物流理念的运输组织方式开发不力。

(4)铁路资源优势发挥欠缺,整合力度不足。

(5)物流企业竞争能力不强。

4. 铁路发展现代物流系统的紧迫性

为谋求更大发展空间,铁路目前存在的诸多问题使其必须向现代物流转型才得以解决,而当前铁路系统内外的发展形势促使铁路必须尽快实现转型。

(1)国家综合运输结构的转型为铁路现代物流的发展提供了难得的契机。

(2)国内物流市场的激烈竞争使铁路现代物流的发展面临着严峻的形势。

(3)铁路货运改革的大力推进给铁路现代物流的发展准备了较好的基础。

由此可见,铁路现在正处于发展现代物流的大好时机,但同时也正处于市场竞争最为激烈的时期,铁路必须充分利用自身优势及政策、环境优势,改革现有作业方式及服务功能,提供全方位的现代物流服务,占据优势市场的同时尽量扩大市场份额,从而在未来的市场上占据更多的主动优势。

5. 铁路发展物流的市场定位

随着我国加入 WTO 和国民经济快速发展,市场需求更加多元化,国内外物流市场竞争日益激烈。近年来我国铁路大规模路网建设,客货分线逐步实现,运输能力得到释放,为铁路物流企业的发展带来了巨大的机遇和空间。铁路物流企业要在激烈的市场竞争中处于不败之地应具备较强的综合能力,而企业的综合能力不仅体现在产品服务上和地域优势上,更体现在市场的营销能力和服务品质。因此,铁路物流企业应立足于自身熟悉和专业的物流领域,开展广泛的市场调查和客户行为分析,根据客户的物流需求为其设计物流服务。以客户为中心,以物流资源链为服务手段,以市场占有率和建立客户忠诚度为导向,制定和开展有针对性的市场营销策略,实现客户的规模化、个性化物流服务,提高物流综合服务水平,构筑自身的核心竞争力,从而与客户建立长期的、双赢的合作关系,成为客户物流供应链中具有独特核心能力的一环。

(1)从货物品类来看,铁路物流的目标市场将主要集中于快速消费品、图书、家电产品、建材产品、电子产品等日常生活用品和高附加值货物,即为“白货市场”,为其提供集装箱运输服务、流通加工服务、仓储服务、金融服务等现代物流理念下的物流服务,进而改善铁路货物运输结构,提升铁路在整个运输物流体系中的地位和作用。

(2)从客户结构来看,铁路物流主要为生产制造企业、加工企业、零售企业等上下游生产贸易提供集仓储、运输、配送等一体化物流服务,与公路货运枢纽、港口、机场等交通节点合作提供多式联运服务,与物流配送企业、传统运输仓储企业、代理企业联盟合作开展门到门全程物流服务。

(3)从服务范围来看,铁路物流在有条件的地区如沿海、沿港以及内陆的口岸地区可以积极开展国际物流服务,并提供海铁联运、国际运输、综合报关、金融服务等国际物流综合性服务;在内陆地区将铁路借助先进的铁路现代物流中心可发展成为区域内重要的物流集散地。

总之,铁路物流市场主要定位于高附加值货物,为大型生产制造企业、加工企业等提供国际国内物流服务,并通过与其他运输方式的联合运输实现铁路现代物流从两根钢轨到“门到门”服务的根本性转变。

复习思考题

1. 货装职工守则的内容是什么？
2. 铁路线路的等级是如何划分的？
3. 铁路线路的种类是如何划分的？都包括哪些站线？
4. 铁路限界包括哪几种？
5. 货物的装载限界是如何规定的？如何进行计算？
6. 货车按用途分为哪几类？
7. 货车由哪几部分组成？
8. 车辆定检标记的含义是什么？
9. 车辆的定位标记是如何规定的？
10. 车辆上的特殊标记有哪些？其表示的含义是什么？
11. 行车作业人身安全通用标准的规定是什么？
12. 手推调车作业应遵守哪些规定？
13. 禁止手推调车作业的情况有哪些？
14. 重载列车有哪几种运输方式？
15. 简述铁路发展现代物流系统的必要性。

第二章　铁路货物运输概述

第一节　概　　述

一、铁路货物运输概述

铁路货物运输是生产过程在流通领域里的继续，是铁路运输的一个重要组成部分。铁路运输企业必须树立市场观念、生产观念、产品观念和营销观念，铁路货运工作必须以“安全、迅速、经济、便利”地运送货物为宗旨，以满足市场的需求。

二、铁路货物运输目的

铁路货物运输的目的，是实现货物由生产地到消费地的位移。它把产品的生产者和消费者联系起来，完成企业间、地区间和国际间的社会产品流转的运输任务，使产品的使用价值得以实现成为可能，是实现社会生产、分配、交换和消费的必要条件。

第二节　铁路货物运输种类及方式

一、铁路货物运输的种类

按照一批货物的重量、体积、性质、形状，铁路货物运输种类分为整车、零担和集装箱。

整车适用于运输大宗货物，零担适用于运输小批量的零星货物，集装箱适用于运输精密、贵重、易损的货物。托运人按照货物重量、性质、形状等特点加以选择，以便合理使用铁路运输工具来安全、经济、迅速、便利地运输货物。在签订货物运输合同时，托运人与承运人都要按照有关规定和所运送货物的特点，合理地选择运输种类。

二、整车运输

（一）整车运输的办理条件

一批货物的重量、体积、形状或性质需要一辆及以上货车运输的，应按整车托运。

1. 货物的重量或体积

我国现有的货车以棚车、敞车、平车和罐车为主，标记载重量（以下简称为标重）大多为60 t及其以上，棚车的容积在 100 m^3 以上，达到这个重量或容积条件的货物，应按整车运输。

2. 货物的性质或形状

有些货物，虽然重量、体积不够一车，但按其性质、形状需要单独使用一辆及其以上货车时，也应按整车运输。

3. 下列情况限按整车办理运输，不得按零担办理（符合集装箱运输条件的可按集装箱托运）

(1)需要冷藏、保温或加温运输的货物。这部分货物主要是易腐货物,这类货物在运输途中需要进行制冷或保温等特殊服务,而且大部分要求使用冷藏车装运。如果此类货物按零担进行托运,那么在途中会频繁开启车门进行装卸作业,这样会危及货物的质量和安全,所以此类货物限按整车办理运输。

(2)规定限按整车办理的危险货物。如爆炸品、剧毒品和一些放射性物品等。因为这些危险货物与其他货物混装于一辆货车运输时,极易发生事故,而且施救困难,所以限按整车运输。

(3)易于污染其他货物的污秽品。例如未经过消毒处理或未使用密封不漏包装的牲骨、湿皮毛、粪便、炭黑等。这类易于污染其他货物和污秽品如按零担运输,不仅在车内容易污染其他货物,而且还会污染环境甚至传染疾病,因此不能按零担办理。

(4)蜜蜂。运输蜜蜂对环境条件要求苛刻,与之配装的货物有极大的限制,而且装运蜜蜂的货车伴随有押运人,运输途中他们又要进行喂饲等工作。零担运输不能满足这些运输要求,同时也不利于铁路运输管理;另外,零担车内货物品种多,容易造成蜜蜂中毒死亡。因此,一批托运的蜜蜂,无论数量多少,都应按照整车货物托运。

(5)不易计算件数的货物。零担货物是按件数和重量承运的,在运输过程中必须按批点件交接,不易计算件数的货物(包括散堆装货物)无法清点交接,所以,只能按整车运输。但是,有些形状特殊、规格不一、点件比较困难的货物,如整张牛皮、成捆的小型钢材,甚至散堆装等货物,通过适当的包装,创造了点数交接的条件,则可以按零担货物运输。

(6)未装容器的活动物(铁路局规定在管内可按零担运输的除外)。活动物在运输途中需要供应饮水、饲料,处理粪便;如不便装入容器而又按零担办理,则不仅零担车内其他货物受其污染,同时活动物也容易中毒死亡;所以原则上应按整车货物托运。

(7)一件货物重量超过 2 t、体积超过 3 m^3 或长度超过 9 m 的货物。

(二)整车运输的特殊形式

1. 整车分卸

“整车分卸”是铁路为了使托运人能经济地运输其数量不足一车,而又不能按零担办理的货物的一种特殊的运输方式。

托运的条件包括:

(1)必须是不得按零担办理的货物,每一分卸站的货物其数量不足一车;

(2)必须是装在同一车内的同一径路上,且最多不超过三个站,并在站内公共装卸场所卸车的货物;

(3)蜜蜂、使用冷藏车装运需要制冷或保温的货物和不易计算件数的货物,不得按整车分卸办理。

按整车分卸托运的货物须在运单右上角注明“整车分卸”字样,基本货物运单内的到站和收货人各栏应填写最终到站的站名和收货人,货物名称、件数和重量各栏,应填写全部货物名称、件数和重量。在托运人声明事项栏内分别注明,分卸站名、货物名称、件数和重量。分卸货物运单只填写分卸站的有关事项。

2. 站界内搬运和途中装卸

(1)按整车运输的货物,在站线与站线、专用线与专用线、站线与专用线之间的运输称为站界内搬运。

有些企业在修建或扩建中，需要将一些大型的设备、器材，从原来的存放、安装地点或卸车地点搬运到另一地点安装使用，但是没有合适的车辆等搬运工具或者没有可以安全通行的道路。如果装车和卸车地点均在铁路沿线，又不跨及两个车站，托运人则可申请使用铁路货车进行站界内搬运。

(2)按整车运输的货物，如果托运人要求在两个车站之间的区间或在不办理货运营业的车站进行装卸车作业，须经所在的铁路局批准方可按途中装卸办理。

在铁路沿线安装的大型变压器，铺设的油管，架设的输电线路等设备、工具和材料，以及铁路线路设备施工维修需要，有时限于交通运输条件，托运人要求铁路运到两个车站之间的铺设、安装地点卸车，或在施工结束后要求在那里将工具和备品装车运回。途中装卸的发站或到站，可根据托运人的要求，以装车地点的前方和卸车地点的后方紧邻的办理货运业务的车站为发、到站。其装卸车的组织工作，由托运人或收货人自行负责，但车站应派人至装车或卸车地点进行防护和检查装卸车、堆放货物的安全距离是否符合要求，其他事项按有关规定办理。

(3)站界内搬运和途中装卸，须在铁路货物运输服务订单内提出，经月度要车计划核准后，可在铁路局管内办理。站界内搬运和途中装卸对正常运输秩序有干扰，存在安全隐患，降低货车使用效率，所以在非特殊情况下，铁路不办理这种运输。

站界内搬运货物，应按实际运输里程(不足 1 km 的尾数进整为 1 km)和该货物适用的运价率计算运费，不另收取送车费。

途中装卸应按规定核收运费，其运价里程，装车一律按后方站，卸车一律按前方站计算，不另收取送车费。

危险货物不得办理站界内搬运和途中装卸。

三、零担运输

重量或体积不够一辆铁路货车运输的货物，在铁路上采用零担方式运输时，称为零担货物。将零担货物从一个地点运输到另一个地点，称为零担货物运输。

除限按整车办理的货物外，一件体积不小于 0.02 m^3(一件重量在 10 kg 以上的除外)、每批件数不超过 300 件的货物，均可按零担运输办理。这是因为一件货物体积过小，不便于装卸、交接和保管，容易发生差错，而一批货物的件数过多会给各个作业环节带来困难，影响作业效率和货物安全与完整。

现铁路仅开办一站直达普通零担货物运输业务。

四、集装箱运输

使用集装箱装运的货物或运输的空集装箱，称为集装箱货物。将集装箱货物从一个地点运输到另一个地点，称为集装箱货物运输。集装箱适合运输精密、贵重、易损的货物。

集装箱运输应按“合理集结、多装直达、均衡运输、减少回空”的原则组织，以开行班列为发展方向。

五、直通运输

按整车托运的货物，为了方便托运人或收货人，免去途中换装作业站或者不同产权归属的交接站办理运输手续，使用一份运输票据完成货物运输任务，这种货物运输方式称作直通运输。

目前我国已开办整车的准、米轨的直通运输，也开办了某些地方铁路与国家铁路的直通运输：

1. 准、米轨间直通运输

由于货物的性质，运输条件以及铁路设备条件的限制，下列货物不办理准、米轨直通运输：

(1)鲜活货物及需要冷藏、保温或加温运输的货物。

(2)罐车运输的货物。

(3)每件重量超过5 t(特别商定者除外)，长度超过16 m或体积超过米轨装载限界的货物。

准、米轨间直通运输的整车货物，一批的重量或体积应符合下列要求：

(1)重质货物重量为30、50、60 t(不适用货车增载的规定)。

(2)轻浮货物体积为60、95、115 m^3。

2. 国家与地方铁路间直通运输

国家铁路与地方铁路由于管理体制不同，收费标准不同，实行一票直通运输时，必须按《国家铁路与地方铁路货物直通运输规则》办理，实行分段计费，一次核收的办法。

六、联合运输

铁路与其他运输工具或我国铁路与国外铁路共同参加，以一份运输单据完成货物的全程服务，这种运输组织方式称为联合运输。

1. 铁路与水路货物联运

铁路与水路货物联合运输简称为水陆联运。

(1)水陆联运货物不再使用水陆联运货物运单。铁路段使用铁路货物运单。水运段运输和港口作业分别根据相关规定订立运输、作业合同。

(2)水陆联运货物不再使用水陆联运货物货票。铁路段使用铁路货票。水运段运输和港口作业分别根据相关规定使用各自的单证。各段运输费用和港口作业费用分别核收。

(3)水陆联运铁路转水路货物(即现在使用水陆联运货物运单的货物)，托运人在“铁路货物运单”托运人记载事项栏填记“铁转水终到××港。换装港代理××”、收货人栏填记终到港收货人，铁路货车直接进港。受委托办理港口作业手续的代理人(或者铁路运单的托运人、收货人)分别与港口铁路车站、港口公司就港口交接手续进行约定。

水陆联运综合了铁路与水路的优势，可以以最短径路，以最快的速度，以最低的运输价格将货物运抵目的地。我国铁路与内河的港口，沿海的港口都已经开展了这项联运服务。铁道部与交通部也联合制定了《铁路和水路货物联运规则》、《水、陆联运货物月度运输计划统一编制办法》和《铁路和水路货物联运费用的清算办法》，详细地规定了两种运输工具联运的原则、办理货物范围、运送条件、运输计划的编制执行、换装作业、运输费用核收和相互清算、货运事故的赔偿处理、联运双方的权利、义务等内容。

2. 国际铁路货物联运

国际铁路货物联运是指参加联运协定(或公约)的国家之间，办理货物运输时，使用一份联运国统一票据，由联运国铁路作为统一承运人，将货物由一国铁路始运站运抵另一国铁路终到站的全过程运输。即使在国境站办理货物移交时，其交接工作也纯属联运国之间的内部作业，无需托运人或收货人参加，为参加联运的国家开辟了一条物资、经济交流的快捷通道，方便了托运人和收货人，简化了诸多烦琐的手续，加快了货物送达速度和资金的周转。

七、快速货物运输

为加速货物运输，提高货物运输质量，适应市场经济的需要，铁路开办了快运货物运输（简称快运），在全路的主要干线上开行了快运货物列车。

1. 快速货物办理事项

托运人按快运办理的货物应在“铁路货物运输服务了订单”内用红色戳记或红笔注明“快运”字样，经批准后，向车站托运货物。同时须提出快运货物运单，车站填写快运货票，货物运单、货票及票据封套上均应注明红色“快运”二字或红框红字的快运标记。

2. 快速货物运输分类

快速货物运输分为托运人要求按快运办理和必须按快运办理两种。

(1)托运人要求办理的快运货物

托运人托运的整车、集装箱、零担运输的货物，除不宜按快运办理的煤、焦炭、矿石、矿建等品类的货物外，托运人要求快运时，经铁路同意，可按快运办理。

(2)必须按快运办理的货物

凡郑州、上海、南昌局与广铁（集团）公司指定的车站承运到深圳北站的整车鲜活货物，必须按快运办理。

八、货运“五定”班列运输

为了适应市场经济发展的需要，向社会提供优质服务，铁路开展了货运“五定”班列运输。

货运“五定”班列（简称班列）是指铁路开行的发、到站间直通、运行线和车次全程不变、发到日期和时间固定、实行以列、组、车或箱为单位报价包干办法，即定点（装车站和卸车站）、定线（运行线）、定车次（直达班列车次）、定时（货物运到时间）、定价（全程运输价格），按公布开行方案组织开行的直达快运货物列车。班列按其运输内容分为集装箱货物班列（简称集装箱班列）、鲜活货物班列（简称鲜活班列）、普通货物班列（简称普通班列）。

班列运输的运到期限，按列车开行天数（始发日和终到日不足 24 h 按 1 日计算）加 2 日计算，运到期限自班列始发日开始计算。技术站等与班列发、到站间接续时间不得超过24 h。

班列在运输组织上实行“五优先、五不准”。即优先配车、优先装车、优先挂运、优先放行、优先卸车，除特殊情况报铁道部批准外，不准停限装、不准分界口拒接、不准保留、不准途中解体、不准变更到站。

第三节　按“一批”办理的条件

按一批办理条件：按一批托运的货物，必须满足托运人、收货人、发站、到站、装卸地点相同（整车分卸的货物除外）的条件。

1. 一批托运的条件

一批货物一般是使用一张货物运单和一份货票(一份运输合同),按照同一运输条件运送的货物。一批是铁路承运货物、计算运输费用和交付货物的一个单位。

2. 一批具体规定

(1)整车货物原则上以每车为一批,跨装、爬装及使用游车的货物,每一车组为一批。

(2)零担或集装箱货物,以每张货物运单为一批。按一批办理的集装箱货物运输,必须是同一箱型,至少一箱,最多不得超过铁路一辆货车所能装运的箱数。

3. 不得按一批办理托运的货物

运输条件不同或根据货物性质不能在一起混装的货物,不得按一批办理托运:

(1)易腐货物和非易腐货物。易腐货物在运输过程中需要冷藏、保温或加温,以防腐烂变质,而非易腐货物则不需要采取这些措施,两类货物按一批装运是不经济的。如苹果与百货商品不得按一批办理托运。

(2)危险货物与非危险货物(另有规定者除外)。因为危险货物在承运、装卸、运输和保管等一系列作业中需要特殊的防护措施,而非危险货物则无此要求,所以不能按一批运输。

(3)根据货物的性质不能混装运输的货物。有些货物性质特殊,如装在同一辆货车内运输,虽不至于发生危险情况,但是货物品质会发生变化。如食品与污秽品、气味不同易发生串味的货物等。

(4)按保价运输的货物与不按保价运输的货物。

(5)投保运输险的货物与未投保运输险的货物。因为涉及承运人与保险公司之间赔偿责任和赔偿金额的确定问题,所以不能作一批托运。

(6)运输条件不同的货物(温度要求、车种要求等)。如必须用敞、平车装运的笨重大件货物与必须用棚车装运的精密、贵重货物,需要办理卫生检疫的货物与不需要办理此项手续的货物,海关监管货物与非海关监管货物等等,均不能按一批托运。有些货物虽属同一品名,但因包装、运输等条件不同,也不能按一批托运。

不能按一批运输的货物,在特殊情况下,如不致影响货物安全、运输组织工作和赔偿责任的确定等,经铁路局承认也可按一批运输。

第四节 货物运到期限和逾期违约金

一、货物运到期限

1. 货物运到期限的概念

货物运到期限是铁路将货物由发站运至到站的最长时间限制,是根据铁路现有技术设备条件和运输组织水平确定的,也是铁路承运部分货物的根据。

货物运到期限是铁路运输合同的重要内容,是对铁路运输企业的要求和约束,也是对托运人或收货人合法权益的保护。

2. 货物运到期限的计算

铁路运输货物应在规定的运到期限内运至到站,这是铁路履行运输合同应负的责任。为此铁路实行货物运到逾期责任追究制度和货物运到逾期支付违约金制度。

货物运到期限按日计算,由下述三部分组成:

(1)货物发送期间($T_{发}$),是完成货物发送的作业时间。发送期间规定为1日。

(2)货物运输期间($T_{运}$),是根据运输速度和运输距离,从发站至到站运输货物所需要的时间。运输期间规定每250运价公里或其未满为1日;按快运办理的整车货物每500运价公里或其未满为1日。

(3)特殊作业时间($T_{特}$):

① 运价里程超过250 km的零担货物,1 t集装箱货物另加2日,超过1000 km加3日。

② 整车分卸货物,每增加一个分卸站另加1日。

③ 准、米轨间直通运输的整车货物另加1日。

对于上述三项特殊作业时间应分别计算,当一批货物同时具备几项时,应累计相加计算。此外,运价里程表中规定需要另加运到期限的,也应加入其内。运到期限用$T_{运到}$表示,其计算方法见式(2-1)

$$T_{运到}=T_{发}+T_{运}+T_{特} \tag{2-1}$$

3. 实际运到日数

货物实际运到日数(用$T_{实}$表示,超过规定的运到期限时即为运到逾期)按下列规定计算:

(1)起算时间:从承运货物的次日起算,指定装车日期的从指定装车的次日起算。

(2)终止时间:到站由铁路组织卸车的货物,到卸车完成时止;由收货人组织卸车的货物,到货车调到卸车地点或货车交接地点时止。

(3)货物运到期限:起码日数为3日。

二、运到逾期违约金

货物实际运到日数超过规定的运到期限时,铁路应按所收运费的百分比向收货人支付违约金。具体计算方法是:

(1)运到期限在10日以内者,可从表2-1中查出应付违约金的百分比。

(2)运到期限在11日以上者,可从表2-2中查出支付违约金的百分比。

表2-1 运到逾期违约金(10日以内)

<table>
<tr><th>违约金 / 逾期总日数 / 运到期限</th><th>1日</th><th>2日</th><th>3日</th><th>4日</th><th>5日</th><th>6日以上</th></tr>
<tr><td>3日</td><td>15%</td><td colspan="5">20%</td></tr>
<tr><td>4日</td><td>10%</td><td>15%</td><td colspan="4">20%</td></tr>
<tr><td>5日</td><td>10%</td><td>15%</td><td colspan="4">20%</td></tr>
<tr><td>6日</td><td>10%</td><td>15%</td><td>15%</td><td colspan="3">20%</td></tr>
<tr><td>7日</td><td>10%</td><td>10%</td><td>15%</td><td colspan="3">20%</td></tr>
<tr><td>8日</td><td>10%</td><td>10%</td><td>15%</td><td>15%</td><td colspan="2">20%</td></tr>
<tr><td>9日</td><td>10%</td><td>10%</td><td>15%</td><td>15%</td><td colspan="2">20%</td></tr>
<tr><td>10日</td><td>5%</td><td>10%</td><td>10%</td><td>15%</td><td>15%</td><td>20%</td></tr>
</table>

表 2-2 运到逾期违约金(11 日以上)

逾期总日数占运到期限天数	违约金	逾期总日数占运到期限天数	违约金
不超过 1/10 时	为运费的 5%	超过 3/10,但不超过 5/10 时	为运费的 15%
超过 1/10,但不超过 3/10 时	为运费的 10%	超过 5/10 时	为运费的 20%

(3)快运货物运到逾期除按表 2-3 规定退还快运费外,货物运输期间按每 250 运价公里或其未满 1 日计算运到期限仍超过时,还应向收货人按上述规定支付违约金。快运货物中途变更到站时,已核收的货物快运费不退还。

表 2-3 快运费退还

发到站间运输里程	超过运到期限天数	退还货物快运费数
1801 km 以上	1 日	30%
	2 日	60%
	3 日以上	100%
1201～1800 km	1 日	50%
	2 日以上	100%
1200 km 以下	1 日以上	100%

【例 2-1】 长沙北站发南京西鲜肉一批,使用 B_{22} 机械冷藏车组装运,8 月 5 日按整车快运承运,于 8 月 15 日调到卸车地点,由收货人组织卸车。该车于 8 月 7 日在鹰潭因水害受阻 2 日,试问该批货物是否逾期?若逾期应如何处理?(长沙北至南京西的运价里程为 1191 km)

解:该批货物的运到期限为:

$$T_{运到}=T_{发}+T_{运}=1+\frac{1191}{500}=4(日)$$

按快运该批货物应于 8 月 9 日前运到,加上因水害在鹰潭滞留 2 日,也应于 8 月 11 日前运到,现 8 月 15 日运到,逾期 4 日,故应向收货人退还全部快运费。

该批货物按非快运的运到期限为:

$$T_{运到}=T_{发}+T_{运}=1+\frac{1191}{250}=6(日)$$

应在 8 月 11 日前运到,加上因水害在鹰潭滞留 2 日,也应于 8 月 13 日前运到,逾期 2 日,故还应向收货人按所收运费的 15%支付货物运到逾期违约金。

三、不支付运到逾期违约金的货物

1. 超限、限速运行和免费运输的货物以及货物全部灭失,铁路不支付违约金。

2. 从铁路发出催领通知的次日起(不能实行催领通知或会同收货人卸车的货物为卸车的次日起),如收货人于 2 日内未将货物领出,即失去要求铁路支付违约金的权利。

收货人组织卸车的货物,自铁路将货车送到卸车地点的次日起,2 日内未卸完时承运人不再承担支付货物逾期违约金。

四、滞留时间的扣除

货物在运输过程中，影响运到期限的因素很多，其中许多因素非铁路责任。因此要从实际运到日数中扣除。非铁路责任的影响因素包括：

(1)因不可抗力的原因引起的。

(2)由于托运人责任致使货物在途中发生换装、整理所产生的。

(3)因托运人或收货人要求运输变更所产生的。

(4)运输活动物，由于途中上水所产生的。

(5)其他非承运人责任发生的。

由于上述原因致使货物发生滞留时，发生滞留的车站，应在货物运单“承运人记载事项”栏内注明滞留时间和原因。到站应将各种情况所发生的滞留时间加总，加总后不足 1 日的尾数进整为 1 日。

五、运到逾期违约金的支付办法

1. 对承运人责任逾期的货物，由到站用“车站退款证明书(财收—16)”支付违约金，在车站运输收入进款中支付，由收入检查部门冲减货物运输收入，车站应在运单及货票丁联反面空白处加盖“逾期×天、应支付违约金××元(大写数字)，凭××号退款证明书支付”的字样。

2. 货物运到逾期承运人依照规定仅支付“违约金”不负担由此产生的其他任何后果责任(间接损失部分)。

第五节　专用线(专用铁路)管理

铁路专用线、专用铁路(以下统称专用线)运输是铁路运输的重要组成部分。为加强专用线的管理，搞好路企协作，提高管理水平和工作质量，确保行车和货物安全，加速车辆周转，提高经济效益。

目前，专用线占铁路 70%以上的装卸作业量。因此，组织好专用线、专用铁路的运输工作，有着极其重要的意义。

一、专用线、专用铁路概念

专用线：是指由企业或者其他单位管理的与国家铁路或者其他铁路线路接轨的岔线。

专用铁路：是指由企业或者其他单位管理，专为本企业或者本单位内部提供运输服务的铁路。

专用线一般由厂矿、企业委托铁路代为修建和养护维修。车辆取送作业由铁路的机车办理。

专用铁路的修建和养护维修以及车辆的取送作业则由厂矿、企业自行负责。车站与厂矿、企业在商定的交接地点办理车辆交接。

二、专用线办理货物品类

专用线办理的货物运输品类，应符合《铁路专用线专用铁路名称表》的规定。需要变更时，要经铁路局批准，由铁道部公布。专用线办理铁路集装箱运输时，须经铁道部批准。专用线产权单位不得发到与本单位生产、经营无关的货物。

三、专用线运输协议

专用线产权单位使用专用线进行铁路运输要与车站签订运输协议。专用线产权单位不得发到与本单位生产、经营无关的货物。开展专用线共用应坚持自愿互利、有偿共用和就地、就近、方便货主的原则。在保证专用线产权单位运输的条件下，由共用单位、产权单位、车站三方签订共用协议。铁路车站在签订协议前应征得铁路局的同意。专用线产权单位要向当地经贸委（经委、计经委、交委、交办）申报。临时性共用要签订临时共用协议。协议签订后，必须严格执行，各负其责，组织实施。

企业租用路产专用线须经铁路局批准，由企业、车站及专用线产权单位三方签订协议，报铁路局备案。

企业专用线产权变更后的铁路运输，须重新签订协议。路产专用线产权变更，要逐级上报，由铁路局批准。

1. 运输协议签订时间

车站与其接轨的专用线产权单位，于每年 12 月底之前，签订下年度专用线运输协议。

2. 运输协议内容

设备状况，交接地点和方法，一次（批）作业车数，装卸作业时间，预确报制度，货车清扫、洗刷、消毒工作，运输生产安全措施及费用清算等。

车站与企业签订运输协议前应征得铁路局同意，站企双方签字盖章后生效，并报铁路局备案。

3. 运输协议变更或解除

铁路与企业间的运输协议，一经确定，不得随意改变。路企一方要求变更或解除已有的协议，应在两个月前提出，由双方协商解决。因变更或解除协议使一方遭受损失的，由责任方负责赔偿。

第六节　货运事故种类和等级

一、货运安全管理的方针

铁路货运安全管理的方针是“安全第一、预防为主”。

“安全第一”明确了安全与运输、安全与效益，安全与其他各项工作的关系，确立了安全管理在货运工作中的首要地位。

“预防为主”规定了安全管理内部各项工作的关系，阐明了安全工作的主要方法和手段。

“安全第一”和“预防为主”，两者之间既相互区别，又相互联系。“安全第一”是“预防为主”的前提；“预防为主”是“安全第一”的重要保证。两者共同构成了货运安全管理工作的有机整体，指明了安全管理的方向。

二、货运事故定义

货物在铁路运输过程中(含交付完毕后点回保管)发生灭失、短少、变质、污染、损坏以及严重的办理差错,在铁路内部均属于货运事故。

三、货运事故种类

货运事故分为七类:

(1)火灾;

(2)被盗(有被盗痕迹);

(3)丢失(全批未到或部分短少,没有被盗痕迹的);

(4)损坏(破裂、变形、磨伤、摔损、部件破损、湿损、漏失);

(5)变质(腐烂、植物枯死、活动物非中毒死亡);

(6)污染(污损、染毒、活动物中毒死亡);

(7)其他(整车、集装箱车的票货分离和误运送、误交付、误编、伪编记录以及其他造成影响而不属于以上各类的事故)。

"被盗"和"丢失"的区别在于是否有盗窃痕迹。对于包装封条开裂、捆匝脱落、内品短少或被调换,除能证明被盗的以外,均按丢失事故处理。货物全批灭失,件数短少,包破内少的按丢失事故处理。货车破封不能一概视为被盗,是否被盗还要看货物有无盗窃痕迹。

"票货分离"的含义系指全批货物(车)与运输票据的分离又查明了货物(车)的下落的;运输票据包括运单、货票、特殊用具(车辆)回送清单和回送事故货物的货运记录。

四、货运事故等级

货运事故按货物损失款额或人员伤亡情况分为三个等级。

1. 重大事故

(1)由于货物染毒或危险货物发生事故,造成人员死亡3人或死亡重伤合计5人以上的。

(2)货物损失及其他直接损失(以下同)款额30万元以上的。

2. 大事故

(1)由于货物染毒或危险货物发生事故,造成人员死亡不足3人或重伤2人以上的。

(2)损失款额10万元以上未满30万元的。

3. 一般事故

(1)未构成重大、大事故的人员重伤事故。

(2)损失款额在2000元以上未满10万元的。

上述人员死亡或重伤是指货物染毒或危险货物发生事故造成的,因其他原因所造成的人员死亡或重伤,则不列为货运事故。

"货物损失"系指货物的直接损失,"其他直接损失"系指因货物原因造成的其他直接损失。

五、记录的种类和用途

记录也是分析事故发生的原因、规律和研究采取防止对策的重要依据。从这个意义来讲,记录是真实地记载事故情况的原始资料，是文字式照片，是写实的材料。因此，必须予以高度的重视，严肃、认真地对待记录的编制工作。

货运记录和普通记录有带号码和不带号码两种。带号码的货运记录每组一式三份。第一页为编制站存查页，第二页为调查页，第三页为货主页；带号码的普通记录每组一式两页，第一页为编制单位存查页，第二页为交给接方（包括收货人）的证明页。货运记录和普通记录号码均由铁路局编印掌握。不带号码的货运记录和普通记录只限作抄件或货运员发现事故时报告用。货运记录和普通记录见格式 2-1 和格式 2-2。

货运记录和普通记录用纸均应建立请领、发放、使用制度。

格式 2-1

× ×铁 路 局

货 运 记 录

（ ）

No

补充编制记录时记人 补充 局 站 年 月 日
所编第 号 记录

一、一般情况

办理种别 货票号码 运输号码 于 年 月 日承运

发站 发局 托运人 装车单位

到站 到局 收货人 卸车单位

车种
车型 车号 标重 吨 年 月 日第 次列车到达
年 月 日 时 分开始卸车 月 日 时 分卸完

封印：施封单位 施封号码

二、事故情况

项 目	货件名称	件数	包装	重 量		托运人记载事项
				托运人	承运人	
票据原记载						
按照实际						
事故详细情况						

三、参加人签章：

车站负责人 编制人

公安人员 收货人 其他人员

四、附件： 1. 普通记录 页 2. 封印 个 3. 其他

五、交付货物时收货人意见

20 年 月 日编制 ××铁路局 车站（公章）

注：1. 收货人（或托运人）应在车站交给本记录的次日起 180 天内提出赔偿要求。

2. 如须同时送一个以上单位调查时，可作成不带号码的抄件。

规格：270 mm×185 mm

格式 2-2

××铁 路 局

普 通 记 录

( ) №

<table>
<tr><td colspan="4">第……次列车在……站与……站间※
发站……发局……托运人……
到站……到局……收货人……
货票号码……车种车型……车号……
货物名称……
于20……年……月……日……时……分第……次列车到达</td></tr>
<tr><td colspan="4">发生的事实情况或车辆技术状态：</td></tr>
<tr><td>厂修</td><td colspan="3"></td></tr>
<tr><td>段修</td><td colspan="3"></td></tr>
<tr><td>辅检</td><td></td><td>轴检</td><td></td></tr>
<tr><td colspan="4">参加人员：姓名　　　　单位戳记
车站
列车段
车辆段
其他
20　年　月　日</td></tr>
</table>

注：1. 带号码的普通记录每组一式两页，第一页为编制单位存查页，第二页为证明页，交给接方(包括收货人)。不带号码的普通记录只限作抄件用。
2. 普通记录号码由铁路局或分局编印掌握。
3. 如换装整理或其他需要调查时，应作抄件送查责任单位。
4. ※表示车长在列车内编制时填写。

规格：185 mm×130 mm

1. 货运记录的编制

《铁路货物运输规程》规定，货物在铁路运输过程中(包括承运前保管和交付完毕后点回保管)发生货损、货差、有货无票、有票无货或其他情况需要证明铁路同托运人或收货人间责任时，都应在当日按批(车)编制货运记录。

《铁路货运事故处理规则》中则明确规定遇有以下九种情况之一，须在发现当日按批(车)编制货运记录：

(1)发生《铁路货运事故处理规则》中所规定的七种货运事故情况之一和《铁路货物运输管理规则》、《铁路货物运输规程》及其引申规则办法中所规定需要编制的情况时。

(2)集装箱封印失效、丢失或封印站名、号码与票据记载不一致或未按规定使用施封锁，集装箱箱体损坏发生货物损失时。

(3)货车装载清单上有记载，或记载被划掉未加盖带有单位名称的人名章，而实际无票据无货物时。

(4)货物运单、货票上记载的内容发生涂改，未按规定加盖戳记时。

(5)集装箱货件外部状态损坏，货件散落时。

(6)托运人组织装车、承运人组织卸车或换装,发生货物损失时。

(7)托运人自备篷布发生丢失时。

(8)一批货物中的部分货件补送或事故货物回送时。

(9)发生无票据、无标记事故货物和公安机关查获铁路运输中被盗、被诈骗的货物以及公安机关缴回的赃款移交车站时,沿途拾得的铁路运输货物交给车站处理时。

2. 普通记录的编制

遇有下列情况之一,须在当日按批(车)编制普通记录:

(1)发生《铁路货物运输管理规则》规定需要编制的情况时。

(2)事故涉及车辆技术状态时。

(3)货车发生换装整理时。

(4)托运人组织装车,收货人组织卸车,货车施封良好,篷布苫盖和敞车、平车、砂石车货物装载外观无异状,收货人提出货物有损失,要求车站证明交接现状时。

(5)集装箱运输的货物,箱体完整,施封良好,货物发生损坏时(到站认为承运人有责任的,应编制货运记录)。

(6)依据其他有关规定,需要证明时。

第七节　货物运价及收入管理

一、货物运价的概念

1. 铁路运价是国家运价政策的体现,也是铁路劳务价值的具体体现。不同运价种类及运输条件对货物运输组织有着不同的影响。铁路运价是根据国家规定的费率,考虑运价里程、运价号、计费重量等具体因素对整车、零担、集装箱货物的运费及杂费和其他专项费用进行核算。

2. 铁路运价是运输价值的货币表现,是国家规定的货物运输的计划价格。由于铁路运输产品不具有实物形态,其价值被追加到被运输的货物价值上去,因此铁路运输货物要按照国家规定的运输价格收取运输费用,以补偿运输生产所消耗的社会劳动量,这个价格就是铁路货物运价。

3. 铁路货物运价是指运输产品的销售价格,即铁路向货主核收的运输费用。铁路货物运输费用是对运输企业所提供的各项生产服务消耗的补偿,包括运行费用、车站费用、服务费用和额外占用铁路设备的费用等。

国务院规定对铁路货物运输价格及杂项作业收费标准实行政府价格听证制度,听证的主要形式是价格听证会。

铁路货物运输价格及杂项作业收费标准必须公告,未公告的不准实施。

二、货物运价的分类

铁路货物运价可按适用范围和货物运输种类不同进行划分。

(一)按适用范围分

铁路货物运价按其适用范围可以分为普通运价、特殊运价、军运运价等。

1. 普通运价

(1)普通运价是铁路货物运价的基本形式，是铁路计算运费的统一运价，凡在路网上办理正式营业的铁路运输线上都适用。现行铁路的整车货物、零担货物、集装箱货物、冷藏车货物运价都属于普通运价。

普通运价是计算运费的基本依据。特殊条件运送的货物是在特殊情况下作了一些特殊规定。例如，超限货物的运价是按照超限货物的超限等级的不同，分别在普通货物运价的运价率上加成50%、100%、150%计算运费。

(2)优待运价是对一定机关或企业运输的一切货物或对于不同的托运人运送给一定机关或企业的货物而规定的低于普通运价的一种运价。例如，托运人自备货车或租用铁路货车装运货物用铁路机车牵引，或铁路货车装运货物用该托运人机车牵引运输时，按所装货物的运价率减成20%计算。

(3)国际联运运价是指为铁路国际联运的货物所规定的运价，包括过境运输和国内段运输运价。

(4)水陆联运运价是指水陆联运货物在区段的运价。

2. 特殊运价

特殊运价是指在一些指定的线路上实行的不同于普通运价的运输价格。

3. 军运运价

军运运价是对军运物资所规定的运价。

(二)按货物运输种类分

1. 整车货物运价

整车货物运价是按整车运送的货物的运价。冷藏车货物运价，是整车货物运价的组成部分。

2. 零担货物运价

零担货物运价是铁路对零担运送的货物所规定的运价。

3. 集装箱货物运价

集装箱货物运价是铁路对按集装箱运送的货物所规定的运价。

三、计算货物运输费用的程序

1. 按《货物运价里程表》计算出发站至到站的运价里程。

2. 根据货物运单上填写的货物名称查找“铁路货物运输品名分类与代码表”、《铁路货物运输品名检查表》，确定适用的运价号。

3. 整车、零担货物按货物适用的运价号，集装箱货物根据箱型、冷藏车货物根据车种分别在“铁路货物运价率表”中查出适用的运价率(即基价1和基价2，以下同)。

4. 货物适用的基价1加基价2与货物的运价里程相乘之积后，再与《铁路货物运价规则》确定的计费重量(集装箱为箱数)相乘，计算出运费。

5. 杂费按《铁路货物运价规则》的规定计算。

四、计算货物运输费用的基本条件

1. 货物运费的计费重量，整车货物以吨为单位，吨以下四舍五入；零担货物以10 kg为单位，不足 10 kg 进为 10 kg；集装箱货物以箱为单位。

运价里程应根据《货物运价里程表》按照发站至到站间国铁正式营业线最短径路（与国家铁路办理直通的合资、地方铁路和铁路局临管线到发的货物也按发、到站间最短径路）计算，但《货物运价里程表》内或铁道部规定有计费经路的，按规定的计费经路计算。运价里程不包括专用线、货物支线的里程。通过轮渡时，应将规定的轮渡里程加入运价里程内计算。水陆联运的货物，应将换装站至码头线的里程加入运价里程内计算。

下列情况发站在货物运单内注明，运价里程按实际经由计算：

① 因货物性质（如鲜活货物、超限货物等）必须绕路运输时；

② 因自然灾害或其他非铁路责任，托运人要求绕路运输时；

③ 属于五定班列运输的货物，按班列经路运输时。

承运后的货物发生绕路运输时，仍按货物运单内记载的经路计算运输费用。

实行统一运价的营业铁路与特价营业铁路直通运输，运价里程分别计算。

2. 押运人乘车费由发站按国铁的运价里程（含办理直通的铁路局临管线和工程临管线）计算，通过合资、地方铁路的将其通过的合资、地方铁路运价里程合并计入，在合资、地方铁路到发的计算到合资、地方铁路的分界站。

D 型长大货物车使用费、铁路集装箱使用费、货车篷布使用费按发站至到站的运价里程（含与国铁办理直通运输的合资、地方铁路的运价里程）计算核收。

3. 货物运费按照承运货物当日实行的运价率计算。杂费按照发生当日实行的费率核收。

一批或一项货物，运价率适用两种以上减成率计算运费时，只适用其中较大的一种减成率；适用两种以上加成率时，应将不同的加成率相加之和作为适用的加成率；同时适用加成率和减成率时，应以加成率和减成率相抵后的差额作为适用的加（减）成率。

每项运费、杂费的尾数不足 0.10 元时按四舍五入处理。

各项杂费凡不满一个计算单位，均按一个计算单位计算（另定者除外）。

零担货物的起码运费每批 2.00 元。

五、运输收入及其构成

铁路运输收入分为客运收入、货运收入、铁路建设基金、代收款。

1. 客运收入是指铁路运输企业在办理旅客运输业务和辅助作业中，使用铁路运输票据，按规定向旅客、托运人、收货人核收的票款、运费、杂费。

2. 货运收入是指铁路运输企业在办理货物运输业务和辅助作业中，使用铁路运输票据按规定向托运人、收货人、核收的运费、杂费。

3. 铁路建设基金是指铁路运输企业在办理货物运输业务过程中，使用铁路运输票据，按规定向托运人、收货人核收的经国家批准征收的铁路建设基金。

4. 代收款是指铁路运输企业在办理旅客、货物运输业务和辅助作业中，使用铁路运输票据或其他专用票据，按规定向旅客、托运人、收货人核收的下列费用：

(1)国际联运应清算给外国铁路的旅客票价收入，行李、包裹、货物运杂费；内地与香港直通运输中应清算给有关铁路方的旅客票价收入，行李、包裹、货物运杂费。

(2)装卸费及其他作业费。

(3)旅客、托运人、收货人预付款。

(4)经铁道部批准的其他代收款。

六、运输收入事故

1. 事故分类与等级

(1)运输收入事故的种类分为现金事故、票据事故和坏账损失。

① 现金事故:现金丢失、被盗、被抢劫。

② 票据事故:在印制、保管、发放、寄送、运输和使用过程中所发生的铁路客货运输票据(含使用过的发送、到达铁路客货运输票据和印刷过程中的半成品)丢失、灭失、被盗、短少。

③ 坏账损失:因失职造成的无法收回的运输收入进款。

(2)运输收入事故的等级分为一般事故、大事故和重大事故。

① 一般事故:损失金额不足1万元。

② 大事故:损失金额1万元及其以上,不足10万元。

③ 重大事故:损失金额10万元及其以上。

2. 事故金额的计算

(1)现金、银行票据和坏账损失按实际损失计算。

(2)卡片式车票和印有固定金额的票据,按票面金额计算。

(3)区段票每张按剪断线最高额计算。

(4)代用票按每组1000元计算。

(5)计算机软纸票按每张1000元计算。

(6)行李票、包裹票、客运杂费收据等未印金额的票据按每组500元计算。

(7)各种货票、货运杂费收据等未印金额的票据按每组1000元计算。

(8)对使用过的到达铁路客货运输票据事故的金额按上述相应票据计算。

(9)对使用过的发送铁路客货运输票据事故金额能确定运输收入实际损失的,按造成的运输收入实际损失计算,不能确定实际损失的按上述相应票据计算。

3. 事故的处理

发生运输收入事故时,应保护好现场,并立即电告收入管理部门和公安部门,及时组织破案。

事故发生后应于5天内向本企业收入管理部门提出“运输收入事故报告表”并附责任人书面材料。重大、大事故应及时书面报告铁道部。发生运输收入事故除经济赔偿外,可视情节轻重对责任者给予行政处分,情节严重的应追究主管领导的行政责任。

一般事故由站、段处理,并报本企业收入管理部门备案。重大、大事故由铁路运输企业处理,并报铁道部收入管理部门备案。

4. 事故的经济赔偿

发生运输收入事故造成的经济损失须由责任者和责任单位赔偿,责任者无力赔偿的部分由事故发生单位负责赔偿,收回的事故赔款列原科目,其中票据事故赔款列其他收入。

第八节　货物保价运输和运输保险

《中华人民共和国铁路法》规定，铁路运输企业对承运的货物自承运时起到交付时止发生的灭失、短少、变质、污染或损坏，承担赔偿责任；并规定托运人可根据自愿，向铁路申请办理保价运输或向保险公司办理货物运输保险。铁路不得以任何方式强迫办理保价运输和货物运输保险。

（一）铁路保价运输

铁路保价运输是铁路运输实行限额赔偿后，为保证托运人合法利益，供其选择的一种赔偿制度，适用于托运人按保价运输承运的货物。但按照《国际铁路货物联运协定》运输的国际联运货物以及自轮运转的（包括企业自备或租用铁路的）铁道机车、车辆和轨道机械除外。

托运人运输的货物，分为保价运输和不保价运输两种，按哪种方式运输，由托运人确定，如托运人要求按保价运输货物时，应在运单"托运人记载事项"栏内注明"保价运输"字样，并在"货物价格"栏内以元为单位，填写货物的实际价格，全批货物的实际价格即为货物的保价金额，货物的实际价格以托运人提出的价格为准，包括税款、包装费用和已发生的运输费用。

车站受理一批保价金额在 50 万元及以上的整车货物、大型集装箱货物，一批保价金额在 30 万元及以上的 1 吨箱、20 英尺集装箱货物和一批保价金额在 20 万元及以上的零担货物，应在货物运单、货运票据封套或货物装载清单上加盖红色"△B"戳记（或用红色书写），并在"运统1"（列车编组顺序表）记事栏内注明"△B"字样。对"△B"货物，车站应及时组织装车和挂运，运送途中严格交接检查。装有贵重、易盗的整车"△B"货物，各铁路局根据需要组织武装押运，押运区段由铁路局决定。

1. 保价方法

托运人应以全批货物的实际价格（以托运人提出的价格为准，包括税款、包装费用和已发生的运输费用）向发站办理保价运输。按保价运输办理的货物，应全批保价，不得只保其中一部分。保价运输货物变更到站后，保价运输继续有效。承运后在未发送时取消托运，货物保价费应全部退还托运人。

2. 保价费用

货物保价费按保价金额乘以适用的货物保价费率计算。保价费率按《铁路货物运输品名分类与代码表》，将保价费率从低到高分为 5 个基本级和 2 个特定级费率，见表 2-4。保价费率不同的货物按一批运输时，应分项填记品名及保价金额，保价费分别计算；保价费率不同的货物合并填记时，保价费适用于其中最高的保价费率。

表 2-4　保价运输货物的保价费率等级

等级	一级	二级	三级	四级	五级	特六级	特七级
保价费率	1‰	2‰	3‰	4‰	6‰	10‰	15‰

3. 保价运输损失的赔偿

承运人从承运货物时起，至将货物交付收货人时止，对保价货物发生的丢失、短少、变质、污染、损坏承担赔偿责任。但由于不可抗力造成的，货物本身的自然属性或合理损耗，托运人、收货人或押运人的过错等造成的损失，承运人不承担赔偿责任。

保价运输的货物发生损失时，按照实际损失赔偿，但最高不超过保价金额。一部分损失时，按损失货物占全批货物的比例乘以保价金额赔偿；逾期未能赔付时，处理站应向赔偿要求人支付违约金。

由于现行的货物运输费用制定并非完全以货物的价值为依据，即货物运费不是和货物的价值成正比，一旦发生货运事故后，铁路要以货物的损失价位赔偿就显得不够合理。所以根据《中华人民共和国铁路法》和《铁路货物运输规程》有关规定，只进行限额赔偿方法。

未按保价运输承运的货物由于铁路责任发生损失时，铁路按实际损失赔偿，但最高不超过铁道部规定的限额赔偿。目前规定的赔偿限额标准如下：

(1)不按件数只按重量承运的货物，每吨最高赔偿 100 元；

(2)按件数和重量承运的货物，每吨最高赔偿 2 000 元；

(3)个人托运的搬家货物、行李每 10 kg 最高赔偿 30 元。

如果货物的损失是由于承运人的故意行为或者重大过失造成的，则不适用赔偿限额的规定，按照实际损失赔偿。执行国家定价的货物，应按照各级物价管理部门规定的价格计算；执行国家指导价格或市场调节价格的货物，比照前项国家定价货物中相同规格或类似商品价格计算；个人托运的搬家货物、行李按货物交付当日按照(全部灭失时为运到期限截止日)当地国有企业或供销部门的零售价格计算。

4. 赔偿的程序

托运人或收货人向承运人提出赔偿要求时，应按批向到站(货物发送前发生的事故向发站)提出“赔偿要求书”，并附上货物运单、货运记录和有关证明文件。托运人或收货人要求赔偿的有效期限为 180 日。货物灭失、损坏的，有效期为承运人交给货运记录的次日；货物全部灭失未编有货运记录的，有效期为运到期限满后的第 31 日。承运人在运到期限满后，经过 30 日仍不能交付的货物，托运人、收货人可按货物灭失向到站要求赔偿。

(二)铁路运输保险

铁路货物运输保险是我国保险事业的一个重要组成部分。办理铁路货物运输保险，可以在被保险货物在运输过程中受到自然灾害和意外事故时，保证投保人的经济损失得到补偿。这项业务配合并完善铁路负责运输制，切实保障托运人的经济利益，进一步加强对货物运输的安全防范工作。

1. 投保货物运输险的条件

货物运输保险由中国人民保险公司办理或其委托铁路代办。托运人运输每件价值在 700 元以上的货物或每吨价值在 500 元以上的非成件货物，需投保货物运输险。不足上述限额的货物也可以投保货物运输险。对投保运输险的货物，托运人应在货物运单“货物价格”栏内，准确填写该批货物总价格，根据总价格确定保险总金额；承运人应在货物运单、货票“托运人记载事项栏”内加盖“已投保运输险，保险凭证×××号”戳记。

2. 发生事故损失的赔偿处理

根据《铁路货物运输合同实施细则》中有关实行保险与负责运输相结合的补偿制定的规定，对投保运输险的货物发生事故损失时，按以下规定赔偿：

(1)由于承运人的责任造成的货物损失。承运人对每件价值在 700 元以上的，按实际损失赔偿，但每件最多不得超过700元；非成件货物每吨价值在500元以上的，按实际损失赔偿，但每吨最多不得超过500元；超过承运人负责赔偿限额的部分，由保险公司在保险金额内给予补偿。每件价值不足700元的成件货物或每吨价值不足500元的非成件货物，由承运人按照货物实际损失赔偿。

(2)不属于承运人责任而属保险责任范围的损失。由保险公司按照实际损失，在保险金额内给予赔偿。

(三)货物保价运输与货物运输保险的区别

货物保价运输与货物运输保险，虽然都有补偿托运人或收货人经济损失的作用，但二者的性质不同，主要表现在以下几个方面：

1. 目的不同

保价的目的是为了解决铁路限额赔偿不足托运人损失而设立的一种特殊的运输制度，是运输责任的延续。保险的目的是为了解决因自然灾害、意外事故等而造成的经济损失的社会救济问题，是一种社会补偿方式。

2. 责任和赔偿的依据不同

保价责任和赔偿的依据是铁路运输法规，保险责任和赔偿的依据是保险法规。

3. 责任范围不同

保价责任范围是铁路责任造成的损失，非铁路责任造成的损失即使办理了保价运输也不负赔偿责任。保险责任范围主要是自然灾害、意外事故等非人为因素造成的损失。根据货物运输保险条款的规定，保险货物因铁路责任造成的损失，保险公司向投保人补偿后，有权向铁路追赔。

4. 货物安全管理不同

保价运输是货运合同的组成部分，铁路作为承运人是货运合同的一方，直接参加货物的运输工作，有条件对保价货物采取特殊的安全管理措施。货物运输保险，保险公司不参加运输管理。

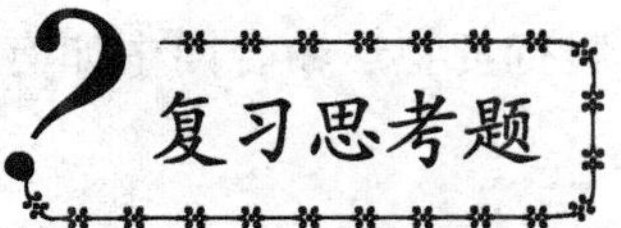

1. 铁路货物运输种类有哪几种？其办理条件是什么？
2. 哪些货物限按整车(不得按零担)运输？
3. 何谓一批？按一批办理的条件是什么？
4. 何谓货物的运到期限？运到期限由哪几部分组成？
5. 专用线、专用铁路的概念是什么？
6. 站界内搬运和途中装卸有哪些具体规定？
7. 何谓“整车分卸”？其托运的条件是什么？
8. 哪些货物运到逾期不支付逾期违约金？
9. 货运事故的种类有哪些？
10. 货物保价运输与货物运输保险的区别是什么？

第三章 铁路货物运输合同

第一节 铁路货物运输合同概述

一、合同的概念

合同是平等主体的自然人、法人、其他组织设立、变更、终止民事权利义务关系的协议。

二、铁路货物运输合同的概念

货物运输合同是明确承运方与托运方之间权利、义务关系的协议。据此，铁路运输企业为适应市场经济的发展和提高货物运输服务质量、规范铁路货物运输服务收费行为，在制订货物运输计划时，按照国家计委和铁道部联合发电要求实行铁路货物运输服务订单制，作为运输合同的组成部分。在实施货物运输时，还应按批向铁路车站递交货物运单，组成完整的货物运输合同。

铁路货物运输合同是铁路承运人将货物从起运地点以铁路运输的方式，运输到约定地点，托运人或者收货人支付运输费用的合同。按《铁路货物运输合同实施细则》的规定，托运人利用铁路运输货物，应与承运人签订货物运输合同。

三、铁路货物运输合同的性质

货物运输合同是当事人约定一方收取报酬，将他方的货物运到约定地点的合同。其中，收取报酬并完成货物运输的一方为承运人，交运货物的一方为托运人。

托运人以铁路运输货物，应与承运人签订货物运输合同，在履行货物运输合同中如有违约的各自承担违约责任。

四、铁路货物运输合同的特征

1. 货物运输合同所规定是铁路运送货物的行为。

2. 铁路货物运输合同具有特殊的合同主体。该特征体现在两个方面：一是合同的一方当事人是固定的，即必须是铁路运输企业；二是合同的主体不限于铁路运输企业和托运人双方，经常出现第三方，即收货人。因此，合同往往是三方面的权利义务关系。

3. 铁路货物运输合同采用格式合同(标准合同)的形式。所谓格式合同是指由订立同类合同的当事人印制的、具有固定式样和特定条款内容的标准文本，双方当事人只需填写其中的空项。

4. 计划性强。货物运输合同受国家计划的制约、大宗货物受年度、季度和月度计划的制约，其他货物运输也受运力和其他条件的限制，要有计划的进行安排。

5. 运输费用由国家定价。

6. 货物运输合同的履行以交付货物给收货人为履行完毕。

五、铁路货物运输合同的签订

托运人利用铁路运输货物，应与承运人签订货物运输合同。

整车货物大宗物资的运输，有条件的可按年度、半年度或季度签订货物运输合同，也可以签订更长期的运输合同；其他整车货物运输，应按月签订运输合同。按月度签订的运输合同可使用“铁路货物运输服务订单”。托运货物时还应按批递交货物运单。

零担货物和集装箱运输的货物，以货物运单作为运输合同，当承运人在货物运单上加盖车站承运日期戳后，合同即告成立。

六、铁路货物运输合同的内容

合同的内容规定合同各方当事人的权利义务和责任。按年度、半年度、季度或月度签订的货物运输合同，应载明下列基本内容：

(1)托运人和收货人的名称；

(2)承运人的名称；

(3)托运货物的名称、数量、重量；

(4)托运货物的包装要求；

(5)起运地点；

(6)到达地点；

(7)运输方式；

(8)托运人的义务；

(9)承运人的义务；

(10)违约责任；

(11)双方约定的其他事项。

七、铁路货物运输合同的履行

货物运输合同生效后，承托双方应当按照合同的规定履行自己的义务。

1. 完全履行

按照合同的全面履行原则，承托双方应当按照合同的约定全面履行自己的义务。承运人应在运到期限内将货物安全、完整地运到约定地点，并及时通知收货人领取货物，方为完全履行义务。托运人则应当向承运人准确表明收货人的名称、货物名称、性质、重量、数量、收货地点等必要情况，并且当货物运到后，收货人应及时提货，方为完全履行义务。

2. 不完全履行

如果承托双方未能按前述要求全面履行自己的义务，则为不完全履行义务。

例：承运人虽将货物运至到站，却发生了丢失、损坏等事故，或收货人在接到催领通知后不及时领取货物，均属不完全履行义务。

八、铁路货物运输合同的变更和解除

由于托运人或收货人的特殊原因，货物承运后，托运人可以向承运人提出变更或解除运输合同的要求。

在承运人将货物交付收货人之前，托运人可以要求承运人终止运输、返还货物、变更到达地或者将货物交给其他收货人，但应当赔偿承运人因此受到的损失。

1. 货物运输合同的变更

经承运人同意，可以按批向货物所在的中途站或到站提出变更到站、变更收货人。

对于下列情况，铁路不办理变更：

(1)违反国家法律、行政法规、物资流向、运输限制和蜜蜂的变更；

(2)变更后的货物运到期限大于容许运输期限；

(3)变更一批货物中的一部分；

(4)第二次变更到站。

货物运输合同在承运前变更办法另行规定。

2. 运输合同的解除

整车货物和大型集装箱在承运后挂运前，零担货物和其他型的集装箱在承运后装车前，托运人可以向发站提出取消托运，承运人同意，运输合同即告解除。

3. 变更和解除合同的程序

(1)提出领货凭证和货物运输变更要求书。

(2)提不出领货凭证时，应提出来其他有效证明文件，并在货物运输变更要求书内注明。

(3)车站在处理受理时，应在货票记事栏内记明变更的根据，改正运输票据、标记(货签)等有关记载事项，并加盖车站日期戳或带有站名的名章。变更到站时，并应电报告知新到站及其主管铁路局收入检查室和发站。

办理货物运输变更或取消托运，托运人或收货人应按规定支付费用。

九、铁路货物运输合同各方的权利和义务

(一)承运人、托运人双方的义务

1. 托运人应承担的义务

(1)按照货运合同约定的时间和要求向承运人交付运输的货物。

(2)需要包装的货物，应当按照国家包装标准或行业包装标准进行包装；没有统一规定包装标准的，要根据货物性质，在保证货物运输安全的原则下进行包装；并按国家规定标打包装储运图示标志；笨重货物还应在每件货物或其包装上标打货物的重心位置。

(3)按规定需要凭证运输的货物，应提具有关的证件和资料。

(4)对整车货物，提供装载货物所需的货车装备物品和货物加固材料。

(5)托运人组织装车的货物，装车前应对车厢完整和清洁状态进行检查，并按规定的装载技术要求进行装载，在规定的装车时间内将货物装载完毕或在规定的停留时间内将货车送至交接地点。

(6)在运输途中需要特殊照料的货物，须派人押运。

(7)向承运人交付规定的运输费用。

(8)将“领货凭证”及时交给收货人并通知其向到站领取货物。

(9)按保价运输的货物，须提出货物声明价格清单，支付货物保价费。

(10)国家规定必须保险的货物,托运时托运人应投保货物运输险。

2. 承运人应承担的义务

(1)按照货运合同约定的时间、车种、数量,调拨状态良好、清扫干净的货车。

(2)在车站公共装卸场所装卸的货物,除特定者外,负责组织装卸。

(3)将承运的货物按照合同规定的期限和到站,完整、无损地交给收货人。

(4)对托运人或收货人组织装车或卸车的货物,将货车调到装、卸地点或商定的交接地点。

(5)由承运人组织卸车的货物,向收货人发出到货催领通知。

(6)发现多收运输费用,及时退还托运人或收货人。

3. 收货人应承担的义务

(1)缴清托运人在发站未交或少交以及运送期间发生的运输费用和由于托运人责任发生的垫款。

(2)及时领取货物,并在规定的免费暂存期限内,将货物搬出车站。

(3)收货人组织卸车的货物,应当在规定的卸车时间内将货物卸完或在规定的停留时间内将货车送至交接地点。

(4)由收货人组织卸车的货物,卸车完毕后,应将货车清扫干净并关好门窗、端侧板、盖、阀,规定需要洗刷除污的货车应进行洗刷除污。

(二)承、托双方的权利

合同中,一方的义务就是另一方的权利。承运人和托运人双方签订货运合同后,双方均应按合同约定的有关内容办理货物的运输,不论哪方违反货运合同的任一项内容,另一方均有权利按合同规定的内容要求其负违约责任。

十、承、托双方责任的划分

承、托双方按合同规定,违反合同的一方均应向对方负违约责任和相应的赔偿责任。

1. 承运人赔偿责任范围

承运人从承运货物时起(办理承运前保管的车站,从接收货物时起),至将货物交付收货人或依照规定移交给其他机关企业时止,对货物发生灭失、损坏负赔偿责任。但因下列原因之一造成的灭失、损坏除外:

(1)不可抗力。

(2)货物本身性质引起的碎裂、生锈、减量、变质或自燃等。

(3)货物的合理损耗。

(4)货物包装的缺陷,承运时无法从外部发现或未按国家规定在货物上标打包装储运图示标志。

(5)托运人自装的货物,加固材料不符合承运人的规定条件或违反装载规定,交接时无法发现的。

(6)押运人未采取保证货物安全的措施。

(7)托运人或收货人的其他责任。

2. 托运人或收货人的赔偿责任

由于托运人、收货人的责任或押运人的过错使铁路运输工具、设备或第三者的货物造成损

失时,托运人或收货人应负赔偿责任。主要原因包括:

(1)匿报或错报货物品名或重量。

(2)货物包装的缺陷,承运时无法从外部发现或未按国家规定在货物上标打包装储运图示标志。

(3)托运人自装货物,加固材料不符合承运人的规定条件或违反装载规定,交接时无法发现的。

3. 承、托双方责任的明确

托运人、收货人应按有关规定与承运人办理交接手续,以明确双方的责任。

(1)凭封印交接的货物

① 由托运人装车、承运人卸车的货物,封印完整而货物发生货损、货差,除能证明属承运人责任的外,由托运人负责;封印脱落、损坏发生货损、货差,除能证明属托运人责任的外,由承运人负责。

② 由承运人装车、收货人卸车的货物,封印完整时收货人应会同承运人拆封,如发生货损、货差或者封印脱落、损坏发生货损、货差,除能证明属托运人或收货人责任的外,由承运人负责。

(2)凭现状或件数交接的货物

由托运人装车、承运人按现状或件数接收的货物,如发生货损、货差由承运人负责、但是,对在交接时无法从外部发现的货损、货差,除能证明属承运人责任的外,由托运人或收货人负责。

第二节　铁路货物运输服务订单

一、"铁路货物运输服务订单"的含义

"铁路货物运输服务订单"在铁路运输企业办理货物运输和运输服务时使用,是铁路货物运输合同的组成部分。铁路货物运输服务订单具有运输服务项目选择、报价和运力安排的功能。铁路货物运输服务订单由铁路承运人提供,见格式3-1。

二、"铁路货物运输服务订单"的使用办法

"铁路货物运输服务订单"在铁路运输企业办理货物运输服务时使用,是铁路货物运输合同的组成部分,具有运输服务项目选择、报价和运力安排的功能。

托运人要求货物运输和货物运输服务时,填写铁路货物运输服务订单一式两份。车站对内容进行审核,按订单所提要求计算各项收费并填写报价金额。托运人对报价无异议的,对整车货物的铁路货物运输服务订单按铁路货运计划管理有关规定办理;对零担、集装箱、班列货物,车站根据货场能力、运力安排和班列开行日期随时受理,自主决定是否承运,在零担、集装箱、班列货物的铁路运输服务订单上加盖车站日期戳,并与托运人一份,留存一份。在实施铁路货物运输时,托运人还应按批向铁路车站递交货物运单。

格式 3-1

铁路货物运输服务订单

发站	名称	略号
发货单位盖章	省/部名称＿＿＿＿ 发货单位名称＿＿＿＿ 地址＿＿＿＿	代号＿＿＿＿ 代号＿＿＿＿ 电话＿＿＿＿

提表时间：＿＿＿＿年＿＿＿＿月＿＿＿＿日

要求运输时间：＿＿＿＿日至＿＿＿＿日

受理号码：＿＿＿＿

顺号	到局：代号：			收货单位				货物			车种代号	车数	特征代号	换装港	终到港	报价（元/吨）（元/车）	备注
	到站	到站电报略号	专用线名称	省/部名称	省/部代号	名称	代号	品名名称	品名代码	吨数							
1																	
2																	
3																	
4																	
5																	

供托运人自愿选择的服务项目（由托运人填写，需要的项目打✓）

□1. 发送综合服务　□5. 清运、销纳垃圾

□2. 到达综合服务　□6. 代购、代加工装载加固材料

□3. 仓储保管　□7. 代对货物进行包装

□4. 篷布服务　□8. 代办一关三检手续

说明或其他要求事项

□保价运输

承运人签章

年　月　日

说明：1. 涉及承运人与托运人、收货人的责任和权利，按《铁路货物运输规程》办理。

2. 实施货物运输，托运人还应递交货物运单，承运人应按报价核收费用。装卸等需发生后确定的费用，应先列出费目，金额按实际发生核收。

3. 用户发现有超出国家发改委、铁道部、省级物价部门公告的铁路货运价格及收费项目、标准收费的行为和强制服务、强行收费的行为，有权举报。

举报电话：　　物价部门：　　铁路部门：

第三节　铁路货运票据及性质、格式、使用范围

一、货物运单

货物运单是托运人与承运人之间，为运输货物而签订的一种运输合同。它是确定托运人承运人、收货人之间在运输过程中的权利、义务和责任的原始依据。

1. 货物运单

货物运单既是托运人向承运人托运货物的申请书，也是承运人承运货物和核收运费、填写货票以及编制记录、受理赔偿的依据。

货物运单由两部分组成，左边为货物运单，右边为领货凭证，见格式 3-2。

格式 3-2

货物指定于　月　日搬入

货位：

计划号码或运输号码：

运到期限　　日

××铁路局

货物运单

承运人/托运人装车
承运人/托运人施封

托运人→发站→到站→收货人　　货票第　　号

托运人填写					承运人填写				
发站		到站(局)			车种车号		货车标重		
到站所属省(市)自治区					施封号码				
托运人	名称				经由	铁路货车篷布号码			
	住址		电话						
收货人	名称				运价里程	集装箱号码			
	住址		电话						
货物名称	件数	包装	货物价格	托运人确定重量(kg)	承运人确定重量(kg)	计费重量	运价号	运价率	运费
合计									
托运人记载事项：					承运人记载事项：				

注：本单不作为收款凭证，托运人签约须知见背面。　　托运人盖章或签字　年　月　日　　到站交付日期戳　　发站承运日期戳

规格：350 mm×185 mm

领货凭证

车种及车号

货票第　　号

运到期限　　日

发站		
到站		
托运人		
收货人		
货物名称	件数	重量
托运人盖章或签字		
发站承运日期戳		

注：收货人领货须知见背面。

领货凭证（背面）

收货人领货须知

1. 托运人应及时将领货凭证寄交收货人。收货人接到领货凭证后，及时向到站联系领取货物。
2. 收货人领取货物已超过免费暂存期限时，应按规定支付货物暂存费。
3. 收货人在到站领取货物，如遇货物未到时，应要求到站在本证背面加盖车站日期戳证明货物未到。

（注：本须知排印时，应放在凭证背面下端）

货物运单（背面）

托运人须知

1. 托运人持本货物运单向铁路托运货物，证明并确认和愿意遵守铁路货物运输的有关规定。
2. 货物运单所记载的货物名称、重量与货物的实际完全相符，托运人对其真实性负责。
3. 货物的内容、品质和价值是托运人提供的，承运人在接收和承运货物时并未全部核对。
4. 托运人应及时将领货凭证寄交收货人，凭以联系到站领取货物。

（注：本须知排印时，应放在运单背面右下端）

货物运单中粗线左侧"托运人填写"部分和领货凭证各栏由托运人用钢笔、毛笔、圆珠笔或用加盖戳记的方法填写。托运人对其在货物运单中所填记事项的真实性，应负完全责任。

货物运单右侧各栏由承运人填写。托、承双方在填写时均应对货物运单所填记的内容负责，并按照《铁路货物运输规程》的要求填写正确、齐全、真实、详细、清楚，使用简化字要符合国家规定，不得使用自造字。运单各栏有更改时，在更改处，属于托运人填记事项，应由托运人盖章证明；属于承运人记载各项，应由车站加盖站名戳记证明。

为了分清承运人与托运人之间的责任，承运人对托运人填记事项，除货物在承运后，变更到站或收货人时，由处理站根据托运人提出的"变更要求书"，代为分别更正"到站(局)"、"收货人"和"收货人地址"栏所填记的内容，并加盖站名戳记外，其余项目一般不得更改。

2. 集装箱货物运单

承运集装箱货物时，一律使用集装箱货物运单和集装箱专用货票，具体格式见表，其运单提货联作用同领货凭证。集装箱专用货票除丙联(托运人报销联)为红色印刷外，其余各联均为蓝色印刷。原集装箱运输中心专用的"运费杂费收据"仅限在集装箱运输公司直接管理的车站使用，将抬头"中铁集装箱运输中心"改为"中铁集装箱运输公司"。

集装箱货物运单见格式 3-3，提货联见格式 3-4。

3. 剧毒品货物运单

剧毒品货物运输使用专用货物运单，见格式 3-5。

样式规定：

(1)使用黄色纸张印刷，黄色参照标准色为 Y100M30K10。

(2)在"货物运单"字体右侧增加"(剧毒品运输专用)"，字体比"货物运单"字体小 1.5 号。

(3)在货物运单中央以底网形式印刷一 9 cm×9 cm 骷髅图案，网点密度为 60%。

二、物品清单

托运人按一批托运的货物品名过多，不能在运单内逐一填记或托运搬家货物以及同一包装内有两种以上的货物，需提出物品清单一式三份。物品清单见格式 3-6，加盖车站日期戳后，一份由发站存查；一份随运输票据递交到站；一份退还托运人。

除个人托运的物品外，可以使用具有物品清单内容的其他单据代替物品清单。

三、货　　票

1. 货票的性质

货票是铁路货物运输的凭证，是一种具有财务性质的票据。它是清算运输费用，确定货物运到期限，统计铁路所完成的工作量和计算货运工作指标的依据。

2. 货票的用途

货票共四联，见格式 3-7。甲联发站存查，乙联发站一发局，丙联承运及收款凭证为发站一托运人，丁联运输凭证为发站一到站存查。乙、丙联样式同甲联。

货票纸张的尺寸为 265 mm×190 mm，每一格宽为 1/3 英寸(约 8.5 mm)。丙联使用红色印刷，丁联纸质应较其余各联稍厚。

格式 3-3

集　装　箱　运　单

中铁集装箱运输有限责任公司

集装箱货物运单

托运人→发站→到站→收货人

货物指定于　　月　　日搬入　　　　　　　　　　承运人/托运人装车

货位：

运到期限　　日　　　　　　　　　　　　　　　　货票号码：

发　站		到　站		车种车号			货车标重	
到站所属省(市)自治区						运输方式	国内运输□　海铁联运□ 班列联运□ 站 到 站□　站 到 门□ 到 站 门□　门 到 门□	
发货地点			交货地点					
托运人 名　称				电　话				
托运人 地　址				E-mail				
收货人 名　称				电　话				
收货人 地　址				E-mail				
货物品名	集装箱箱型	集装箱箱类	集装箱数量	集装箱号码	施封号码	托运人确定重量(kg)	承运人确定重量(kg)	运输费用
合　计								
托运人记载事项：			添附文件：		货物价格：	承运人记载事项：		

注：本运单不作为收款凭证，（托运人、收货人）须知见背面。

托运人盖章签字

年　　月　　日

到站交付日期戳

发站承运日期戳

格式 3-4

集装箱运单(提货联)

中铁集装箱运输有限责任公司

集装箱货物运单

托运人→到站→收货人

货物指定于　　月　　日搬入　　　　　　　　承运人/托运人装车

货位：

运到期限　　日　　　　　　　　　　　　　　货票号码：

发 站			到 站		车种车号		货车标重	
到站所属省(市)自治区						运输方式	国内运输□ 海铁联运□ 班列联运□ 站 到 站□ 站 到 门□ 到 站 门□ 门 到 门□	
发货地点			交货地点					
托运人 名 称					电 话			
托运人 地 址					E-mail			
收货人 名 称					电 话			
收货人 地 址					E-mail			
货物品名	集装箱箱型	集装箱箱类	集装箱数量	集装箱号码	施封号码	托运人确定重量(kg)	承运人确定重量(kg)	运输费用
合 计								
托运人记载事项：			添附文件：		货物价格：	承运人记载事项：		

提货联

注：本运单不作为收款凭证，（托运人、收货人）须知见背面。

托运人盖章签字

年　　月　　日

到站交付日期戳

发站承运日期戳

集装箱货物运单（提货联背面）

1. 中铁集装箱运输有限责任公司集装箱货物运单（以下简称集装箱运单），是承运人与托运人之间为办理集装箱货物铁路运输所签订运输合同的证明。

2. 托运人托运集装箱货物时，请向承运人按批提出集装箱运单一式二联。每批应是同一箱型，至少一箱，最多不得超过铁路一辆货车所能装运的箱数，且集装箱总重之和不得超过货车的容许载重量。

3. 集装箱运单两联相应各栏记载内容须保持一致，托运人对其所填项目内容的真实性负责。

4. 托运人持集装箱运单托运集装箱货物，即确认并证明愿意遵守集装箱货物铁路运输的有关规定。

5. 集装箱运单"发货地点"和"交货地点"栏，托运人选择站到站的运输方式不填写发货或交货地址，如选择门到站、站到门、门到门的运输方式，则应填写详细具体的发货地址或交货地址。

6. 集装箱运单"提货联"用于领取集装箱货物。托运人托运集装箱货物后应及时将集装箱运单"提货联"交收货人，收货人要及时与承运人联系领取货物。

7. 其他未尽事宜按照铁道部有关规定办理。

格式 3-5

货物指定于　月　日搬入

货位：

计划号码或运输号码：

运到期限　　日

成　都　铁　路　局

货物运单（剧毒品运输专用）

托运人→发站→到站→收货人

承运人/托运人装车
承运人/托运人施封

货票第　　号

托　运　人　填　写					承　运　人　填　写				
发站		到站(局)			车种车号		货车标重		
到站所属省(市)自治区					施封号码				
托运人	名称				经　由	铁路货车篷布号码			
托运人	住址		电话						
收货人	名称				运价里程	集装箱号　码			
收货人	住址		电话						
货物名称	件数	包装	货物价格	托运人确定重量(公斤)	承运人确定重量(公斤)	计费重量	运价号	运价率	运费
合　计									
托运人记载事项：					承运人记载事项：				

注：本单不作为收款凭证，托运人签约须知见背面。　托运人盖章或签字　年　月　日　到站交付日期戳　发站承运日期戳

领货凭证

车种及车号

货票第　　号

运到期限　　日

发　站		
到　站		
托运人		
收货人		
货物名称	件数	重量
托运人盖章或签字		
发站承运日期戳		

注：收货人领货须知见背面。

领货凭证（背面）	货物运单（背面）
收货人领货须知 1. 托运人应及时将领货凭证寄交收货人。收货人接到领货凭证后，及时向到达站联系领取货物。 2. 收货人领取货物已超过免费暂存期限时，应按规定支付货物暂存费。 3. 收货人在到站领取货物，如遇货物未到时，应要求到站在本证背面加盖车站日期戳证明货物未到。	**托运人须知** 1. 托运人持本货物运单向铁路托运货物，证明并确认和愿意遵守铁路货物运输的有关规定。 2. 货物运单所记载的货物名称、重量与货物的实际完全相符，托运人对其真实性负责。 3. 货物的内容、品质和价值是托运人提供的，承运人在接收和承运货物时并未全部核对。 4. 托运人应及时将领货凭证寄交收货人，凭以联系到站领取货物。
（注：本须知排印时，应放在凭证背面下端）	（注：本须知排印时，应放在运单背面右下端）

格式 3-6

物 品 清 单

发站＿＿＿＿＿＿　　　　货票第＿＿＿＿＿＿号

货件编号	包　　装	详细内容			件数或尺寸	重　　量	价　　格
		物品名称	材质	新旧程度			

托运人盖章或签字＿＿＿＿＿＿年　　月　　日

注意事项

1. 个人托运的物品（如搬家货物、行李），分为保价运输和不保价运输两种，由托运人选定。发生货损、货差时，保价运输的，按保价运输有关规定赔偿；不保价运输的，每重 10 kg（不满 10 kg 按 10 kg 计算），最多赔偿人民币 30 元，实际损失低于这个标准的，按货物实际损失的价格赔偿。
2. 本清单由托运人填写，一式三份，记载必须真实、正确。
3. “物品名称”栏要详细填写，如衣服应记明外衣、衬衫、男式、女式、童装等；“材质”栏应写明棉、毛、呢、绒、化纤等；“件数”栏如系衣料应记明尺寸。“价格”栏只供按保价运输托运时填写。
4. 个人物品内不得夹带下列物品：
(1)金、银、钻石、珠宝、首饰、古玩、文物字画、手表、照相机。
(2)有价证券、货币、各种票证。
(3)危险货物。

规格：270 mm×185 mm

3. 货票的填制

整车货物装车后，零担货物过秤完毕，集装箱货物装箱后或接收重箱后，货运员将签收的运单移交货运室（内勤）填制货票，核收运杂费。

货票应根据货物运单的内容逐栏填记，金额不得涂改，填写错误时按作废处理。

收清各项运输费用后，车站在货物运单和货票上加盖车站日期戳，加盖的车站日期戳应清晰、正确。并在货物运单及领货凭证的接缝处加盖车站承运日期戳，便将领货凭证撕下连同货票丙联一并交给托运人。

货票丁联“收货人盖章或签字”栏，由收货人领取货物时，盖章或签字。

格式 3-7

××铁路局

货　　票

甲联

计划号码或运输号码

货物运到期限　　日

发站存查

A00001

发站			到站(局)		车种车号		货车标重		承运人/托运人　装车	
托运人	名称				施封号码				承运人/托运人　施封	
	住址		电话		铁路货车篷布号码					
收货人	名称				集装箱号码					
	住址		电话		经由		运价里程			
货物名称	件数	包装	货物质量(kg) 托运人确定	货物质量(kg) 承运人确定	计费重量	运价号	运价率	现付 费别	现付 金额	
								运费		
								装费		
								取送车费		
								过秤费		
合计										
记事								合计		

规格:270 mm×185 mm

发站承运日期戳

经办人盖章

4. 运单货票的折叠

货物运单和货票,使用“货运票据封套”的,应左右对齐折叠,不使用“货运票据封套”的,应上下对齐折叠。

5. 货票的保管

货票是国家批准的专业发票,属于有价证券,是核算运输进款的原始凭证。使用后的货票应保管 3 年。

四、货运票据封套

1. 货运票据的使用范围

为便于交接和保持运输票据的完整,下列货物的运输票据应使用货运票据封套,封固后随车递送。货运票据封套见格式 3-8。

(1)国际联运货物和以车辆寄送单回送的外国铁路货车。

(2)一辆车内装有两批以上的货物。

(3)整车分卸货物。

(4)以货运记录补送的货物。

(5)附有证明文件或代递单据较多的货物。

格式 3-8

货运票据封套

车种车号		标记载重量	
货物到站		到局	篷布号码
运单号码			
货物品名		货物实际重量(吨)	
收货人及卸车地点			
施封号码			
记　　事			

发站戳记

经办人章

180 mm

240 mm和290 mm两种

2. 货运票据封套的填写

封套封面上各栏应根据实际情况填记并加盖车站日期戳和带站名的经办人名章，一车有两个以上到站的封套，“货物到站”栏应按顺序填写，并冠以(1)、(2)、(3)等顺序号码。途中各到站卸后抹去本站站名和与前方卸车站无关的事项，填写需要增加的内容，并在更改处加盖带有站名的经办人名章。

整零车封套的“运单号码”栏只填记“内装票据××份”，“货物品名”栏填记“整零”字样。

国际联运出口(或过境)货车的封套“货物到站栏”填记出口国境站名，并均应在站名下标一“㊐”字。

装运危险货物时，应在封套的“记事”栏内注明危险货物的类项和编组隔离标记。

装运鲜活货物时，应在封套的“记事”栏内注明“活动物”或“易腐货物”字样，易腐货物还应填记“△K”标记。

装运集装箱按规定需要使用货票封套时，货物品名栏填记箱型及箱数，货物实际重量栏填记集装箱货物重量，不含箱重。

装运保价货物时，应在“记事”栏内填记“△B”标记。

有关货车编组、解体、挂运时应注意的其他事项(包括规定的标记、符号)，也应在“记事”栏内注明。

3. 货运票据封套的封固

封套内运输票据的正确完整由封固单位负责。

货运票据封套除加盖经办人名章外，还应加盖监封人员章。

货运票据封套封口前，经办人、监封人必须同时对票据封套记载的事项和实际运单、货票核对，保证运输票据齐全。

4. 货运票据封套的拆封

货运票据封套除卸车站或出口国境站外，不得拆开封套。当运输途中发生特殊情况必须拆开封套时，由拆封套的单位编制普通记录证明(附入封套内)，并再行封固，在封口处加盖带有单位名称的经办人名章。

五、货车装载清单

货车装载清单是装车货运员对同一车内装载货物的完整而真实的记录。它记载了每批货物运单号码、货物名称、件数、重量和发到站等内容，作为卸车核对货物的一种依据。

下列货物需填写货车装载清单：

(1)整车国际联运出口货物和过境货物。

(2)水陆联运货物。

(3)整零车和集装箱运输的货物。

六、特殊货车及运送用具回送清单

1. 特殊货车及运送用具回送清单的用途

特殊货车及运送用具回送清单(格式 3-9)是铁路内部根据规定运送下列铁路所属的货车或用具(产权属铁道部)的运输及交接凭证。

格式 3-9

特殊货车及运送用具回送清单

<table>
<tr><td>发　站</td><td colspan="2"></td><td>到站(局)</td><td colspan="2"></td><td>经　由</td><td></td></tr>
<tr><td>车种车号</td><td colspan="2"></td><td>施封号码</td><td colspan="2"></td><td>回送命令号码</td><td></td></tr>
<tr><td colspan="6">回送的货车或运送用具</td><td colspan="2">附　注</td></tr>
<tr><td>种　类</td><td>号　码</td><td>数　量</td><td>种　类</td><td>号　码</td><td>数　量</td><td colspan="2" rowspan="8">发站日期戳　发站经办人签字
到站日期戳　到站经办人签字</td></tr>
<tr><td></td><td></td><td></td><td></td><td></td><td></td></tr>
<tr><td></td><td></td><td></td><td></td><td></td><td></td></tr>
<tr><td></td><td></td><td></td><td></td><td></td><td></td></tr>
<tr><td></td><td></td><td></td><td></td><td></td><td></td></tr>
<tr><td></td><td></td><td></td><td></td><td></td><td></td></tr>
<tr><td></td><td></td><td></td><td></td><td></td><td></td></tr>
<tr><td></td><td></td><td></td><td></td><td></td><td></td></tr>
</table>

规格：230 mm×120 mm

2. 特殊货车及运送用具回送清单的使用范围

(1)按规定免费挂运的非运用车。

(2)卸(送)空罐车(润滑油专用空罐车应凭收货人提出的货物运单填制货票免费回送)，散装粮食车(L_{17}型)，散装水泥车(K_{15}、U_{60}型)，长大货物车(D 型)，运梁专用车(N_{15}型)，机械冷藏车(B 型)，毒品专用车(W 型)，集装箱专用车(X 型、J5SQ 型车)。

(3)向指定车站回送需要洗刷除污的货车。

(4)铁路空集装箱。

(5)运营用衡器。

(6)按规定以调度命令免费回送的装卸机械和工具。

(7)军用移动设备(军用备品)、运用移动站台和装卸备品、军用捆绑加固材料(装置)。

(8)货车篷布及根据调度命令调拨、送修及修好返回的防湿篷布。

(9)铁道部规定免费回送的其他物品。

3. 特殊货车及运送用具回送清单的填制

回送清单由车站负责填发，各栏要填写清楚、正确，按调度命令回送的应将命令号码记入"回送命令号码"栏内。有更改时应加盖带有站名的经办人名章。

回送清单应具备车站编制的顺序号码，加盖车站日期戳，并有经办人签名或盖章，方为有效。

回送清单一式两份，一份留站存查，一份随同货车(或用具)递送到站。

复习思考题

1. 合同的含义是什么?
2. 托运人应承担的义务和享有的权利有哪些?
3. 收货人应承担的义务和享有的权利有哪些?
4. 货物运单的性质是什么?
5. 托运货物时，在什么情况下托运人还须提出物品清单?
6. 货物运输合同变更的范围是如何规定的?
7. 货物运输变更的手续和处理方法是如何规定的?
8. 承运人不受理哪些货物运输合同的变更?
9. 哪些货物需要填制货车装载清单?
10. 货票的性质及用途是什么?

第四章　铁路货物运输计划与营销

第一节　铁路货物运输计划概述

一、货运计划的含义

铁路货物运输计划（简称货运计划）是对铁路货物运输的具体组织和安排，是铁路与市场相联系的桥梁与纽带，是铁路货运营销的重要内容，是制订技术计划和其他运输生产计划的依据，是铁路日常运输组织工作的重要组成部分，也是实现运输效益最大化的重要手段。

货运计划是铁路承运人对托运人的承诺，托运人向铁路运输部门提出的铁路货物运输服务订单（简称订单）经铁路局部门承诺后即成为运输合同的组成部分。

二、货运计划的任务

货运计划的基本任务是：根据党和国家的经济政策、运输政策和市场需求，在国家宏观调控和计划运输的原则指导下，充分发挥运输工具的效能，密切产、供、运、销的关系，根据市场供求变化，合理安排各个部门、各种货物的运量，完成铁路年度运输任务，追求最佳的经济效益，最大限度地满足国民经济发展和市场的需要。

货运计划管理的主要任务是组织开发货源，分析研究市场，开展市场营销，管理合同运量，受理和审定铁路货物运输服务订单，编制货运计划，收集装车信息，提供信息服务，充分发挥运输工具的效能，完成铁路资产经营目标，确保重点物资运输，更好地满足国民经济发展的需要。

三、货物运输计划的分类

铁路货物运输计划按其编制期限可分为长远计划（5 年或 10 年）、年度计划、月度计划和日常计划。

四、货物运输计划的作用

1. 经济合理地使用铁路运输设备，充分满足国民经济各部门对铁路运输的需求，提高铁路在社会运输市场的竞争力，促进国民经济发展。

2. 科学地组织货源货流，最大限度地组织合理运输、直达运输和均衡运输，挖掘运输潜力。

3. 促进铁路自身的计划管理，为铁路内部安排各种计划提供可靠的运量依据。

五、货运计划管理的基本原则

货运计划管理的基本原则是：以市场为导向，组织货源，方便货主，兑现承诺；以提高运输效率、效益和管理水平为目标，开展计划运输、合理运输、直达运输和均衡运输；以综合平衡为手段，体现确保重点、兼顾一般的物资运输政策，实现均衡运输。

第二节　铁路月度货物运输计划

一、月度货物运输计划管理

1. 月度货物运输计划的任务

(1)及时核对货源，正确分配各物资部门、铁道部大客户及各单位的运量，确保重点物资优先纳入月度货物运输计划。

(2)正确分配各铁路局、站段的运输任务，保证各地区经济协调发展。

(3)大力组织均衡运输，最大限度地组织战略装车和卸车点的直达、成组运输，经济合理地使用铁路运输设备，提高铁路运输效率。

2. 月度货物运输计划的内容

在铁路货物运输计划的内容中，最基本和最具体的，就是经过核定后的铁路货物运输服务订单所包括的各项内容。为了便于日常掌握和分析，各级铁路机构还要根据不同的工作需要，汇总成规定格式和规定内容的各项计划。其内容包括：

(1)全路品类别的发、到铁路局运量计划，见表 4-1、表 4-2。

(2)国际联运各口岸品类别运量计划，见表 4-3。

(3)主要港口水陆联运、外贸到港计划，见表 4-4。

(4)通过困难区段运量计划。

(5)直达列车和成组装车计划。

(6)品类别静载重计划。

(7)重点托运人、重点物资运量计划。

(8)站段品类别装车计划。

表 4-1　月份发、到铁路局运输计划

到达铁路局 / 品类		发送吨	静载重	装车数		哈尔滨	沈阳	北京	…	限制口					自局去向			
				日平均	全月					1	2	3	4	…				
合计	00																	
煤	01																	
石油	02																	
焦炭	03																	
金属矿石	04																	
⋮	⋮																	

表 4-2 月份货物品类装车计划

品类 发送铁路局	合计		煤	石油	焦炭	金属矿石	钢铁及有色金属				
	一日平均车数	全月吨数									
合计											
哈尔滨											
沈阳											
北京											
⋮											

表 4-3 国际铁路联运进、出口计划

品类 口岸、路局		合计		煤	石油	焦炭	金属矿石	钢铁及有色金属				
		一日平均	全月									
满洲里	齐											
	哈											
	计											
绥芬河	齐											
	计											
⋮												

表 4-4 港口货物品类装卸车计划

品类 港口		合计		煤	石油	焦炭	金属矿石	钢铁及有色金属				
		一日平均	全月号									
大连	计											
	其中:外贸											
秦皇岛	计											
	其中:外贸											
⋮	⋮											
	⋮											

3. 月度货物运输计划管理的具体内容

通常，计划管理包括计划的制订、贯彻、分析、调节和执行结果的考核等一系列内容。月度货物运输计划管理的主要内容包括：受理并审核铁路货物运输服务订单运量，编制货运计划，管理合同运量，收集装车信息，组织开发货源，分析研究市场，进行货运生产组织和市场营销活动。

二、货源调查的任务

货源调查组织工作以车站为基础，实行车站、路局两级负责制。运量较大的车站应建立调查小组，运量小的车站也应指定专人负责。货源调查小组的主要任务是：

(1)经常对物资生产、收购、供应、调拨、仓储情况进行调查研究，摸清情况，积极组织计划运输，合理运输和均衡运输。

(2)负责本吸引区的货源核实和平衡工作，提出切合实际的“原提、核实、建议”运量。“原提”运量必须如实反映托运单位的运输需要，应包括全部要车计划所提数字。“核实”运量必须反映能确保装车的真实货源。“建议”运量则是根据已核实的货源与运能进行平衡后，把需要与可能结合起来的更为积极可靠的运量。

(3)协助托运单位改进运输计划管理工作，不断提高计划的质量。

(4)坚持“摸、核、排、对、组”的货源组织方法。“摸”是要车计划提出之前，对货源进行摸底；“核”是要车计划提出之后，对货源进行核实；“排”是对已核实的货源，对照方针政策，结合运能和效益要求，进行物资排队，平衡安排运量，提出建议数字；“对”是计划核定批准后，与托运单位进一步核对货源；“组”是组织实现计划，组织直达成组装车。

(5)积累经济调查资料，经常进行分析研究，掌握各种物资的发展变化规律，不断总结经验，改进货物运输计划工作。

三、货源货流组织

货运计划把分散的货源按去向梳编成货流，形成车流。

货运计划优先安排关系国计民生的重点物资，保证国家重点行业的和重点单位的运输需要，这在运力紧张的情况下，意义更为重要，体现了党和国家的方针政策及社会主义制度的优越性。

货运计划在核定计划时，对违反国家有关政策、法令和法规的物资运输一定要严格把关，从而发挥货运计划的调控作用。

货运计划参与制订大宗物资调拨方案，制订实施港口物资的集港、疏运范围，组织合理运输，减少运力及资源的无效损耗；可以集中货流，大力组织直达、成组列车，提高物资送达速度，减少铁路中转改编作业和物资在途时间；可以精心安排均衡运输，有效地压缩托运人、收货人的物资库存和资金占用，适应了运输能力不可储存、不可挪用的特性，充实了计划运输、合理运输、直达运输、均衡运输四大运输组织原则的内涵，既产生了巨大的社会效益，也有利于提高铁路运输效益。

货运计划结合铁路实际情况安排货物运输，可以最充分地利用运输能力，最大限度地组织空车方向和运力非限制方向的货源，有效地减少了空车走行，对提高铁路经济效益发挥着重要作用。

货运计划集中掌握着货源货流的大量信息，对于铁路了解掌握运输需求、新线建设及旧线改造、调整列车运行图、编组计划和铁路运输日常组织指挥都提供了重要信息和可靠依据。

第三节　货物运输计划编制程序

铁道部根据各铁路局提报的建议计划和当前运输能力、运输任务完成情况及各项客观因素，每月下旬下达各铁路局次月货运任务和运输生产技术指标。主要包括：日均装车数，重点品类装车数，通过限制区段装车数，到局装车数，国际联运计划、水陆联运和重点物资装车计划，使用车去向，各分界口别交接车和排空数，各局运用车车数，周转时间和主要车种使用比例等。铁路局根据铁道部下达指标作相应分配和安排。

一、订单的提报

订单是承运人和托运人双方关于铁路货物运输的要约和承诺，它主要包括货物的时限、发站、到站、发货人、收货人、品名、车种、车数、吨数等与运力安排相关的内容。

1. 托运人办理整车货物（包括以整车形式运输的集装箱）运输应提出订单一式两份；与铁路联网的托运人，可通过网络向铁路提报。

2. 铁路货物运输服务订单所反映的内容，是托运部门对铁路运输的具体要求。经核定批准后的订单，成为承托双方均须信守的运输合同。因此，对货物运输服务订单的填写必须严肃、认真，各栏内容要真实、可靠，各种代号代码要准确无误，符合规定要求。

3. 凡经铁路运输的整车货物，托运人必须提出订单。托运人可根据自己的运输需求，以订单的形式，随时向铁路计算机联网点提出任何时间段的要车要求。大宗稳定货源，托运人可通过计算机网络直接向装车局提出。

4. 实行物资归口管理的货物，需由归口管理部门确认同意。

5. 托运人应于每月 19 日前向铁路提报次月集中审定的订单，其他订单可以随时提报。

6. 订单内容应正确填写，字迹清楚，不得涂改。

二、订单的受理与核实

1. 货运计划人员负责订单的受理与核实工作，应热情接待托运人，随时受理并认真核实订单。

2. 核实的主要内容包括车站营业办理限制，发货单位的全称与印章是否一致；是否应填写特征代码，特征代码是否正确；车种和品名是否相符；货物品名是否规范；车数与吨数是否匹配等。

3. 受理人员应当在符合条件的订单上加盖受理人员个人名章，返还托运人一份，留存一份。对不符合条件的订单，应要求托运人重新提报。

4. 核对无误后及时将订单输入计算机并上报。

三、订单的审定

1. 订单审定权限，必须坚持铁道部、铁路局货运计划部门两级管理的原则。

2. 国际联运、水陆联运和到港货物运输以及国家指定的重点物资运输的订单，由铁道部负责审定。

3. 第二款以外的订单由铁路局负责审定。

4. 订单审定方式包括集中审定、随时审定、立即审定和自动审定。

(1)集中审定是指为编制次月月编计划，对每月 19 日前提报的次月订单进行定期审定。铁路局网上受理客户每月 15 日 18 点前提报次月月编计划。

(2)随时审定是指对未列入月编计划的订单，进行随时受理随时审定。

(3)立即审定是指对救灾抢险等必须迅速运输的特殊物资，根据受理人员输入的特定标志，由计算机系统立即赋予审定号码。

(4)自动审定是指在规定的审定权限内，按去向、车种、车数和品类等内容组合设置自动审定条件，由计算机系统自动赋予审定号码。

5. 铁道部、铁路局应当及时传输订单的审定结果，指定的联网点负责及时通知非联网的装车站，装车站负责及时通知托运人。

6. 审定后的订单当月有效，不准变更。对铁路原因造成的未能按时装车的订单，应在随时审定中给予优先安排。

四、订单运量的管理

1. 各联网站货运计划人员，对托运人提出的订单运量要随时受理、随时审定，要及时输入计算机并上报。

2. 铁路局对本级管理权限的订单运量要及时审定，审定后及时并入计划数据库。对上级管理范围的订单运量，上级审定返回后，并入局计划数据库。局计划数据库的内容要及时返回到联网站或装车站，并通知托运人。

3. 订单运量及相关内容经承、托双方确定后不得变更。

4. 订单运量在双方规定的时限内有效，如未兑现且双方商定需要延期执行时，按新订单办理。

5. 车站对托运单位提出的运输服务订单无核减权，但要负责核实货源，并及时输机上报。

五、货运计划编制

货运计划分月编计划(集中审定)和日常计划(随时审定、立即审定和自动审定)相结合的审批办法。应优先安排国家重点物资运输。

1. 月编计划的编制

编制月度货运计划之前，车站、车务段要做好货源摸底核实工作，掌握吸引区内货源，主要企业的生产、销售情况，在充分进行货源核实的基础上，提报原提运量。铁道部大客户和铁路局网上受理客户的货运计划通过互联网直接向铁路局提报，铁路局要优先受理。

货运编制规程包括：

(1)每月 19 日前，铁路局向铁道部上报次月集中审定原提订单。

(2)每月 19 日前，铁道部向铁路局下达重点物资运输计划和计划编制注意事项。

(3)每月 20 日 12 时前,铁路局向铁道部提出次月日均装车、主要品类装车数和到局别使用车数建议数。

(4)每月 21 日 17 时前(逢星期六提前一天,星期日顺延一天,特殊情况另行通知),铁道部向铁路局下达次月货运计划指标,主要包括日均装车、主要品类装车数、限制区段装车数和到局别使用车数建议数。同时下发国际联运、水陆联运和到港货物订单审定结果。

(5)铁路局根据上级下达的指标和内容,结合运输实际,集中审定次月订单。

(6)集中审定的订单运量不得大于上级下达的各项指标控制数。为便于过渡时期编制技术计划,当出现审定后的订单运量小于日均装车控制数时,铁路局应对订单运量与日均装车控制数的差数作出技术处理,发货人和收货人输入“预留”,运输特征代码输入“10”。

(7)每月 25 日前,铁路局向铁道部上报次月订单审定结果。

(8)对集中审定以外的订单,应根据预留运量、运输实际情况和客户需求,进行随时受理随时审定。

(9)各级货运计划部门应独立汇总处理有关报表。

(10)货运计划有关资料保存期为一年。

2. 日常计划的编制

日常计划是月编计划的补充,根据运输需求及货源变化情况,可随时提报,在日常计划中对订单采用随时审定的方式审定,也可根据需要采取立即审定和自动审定的方式。铁道部大客户和铁路局网上受理客户的货运计划通过互联网直接向铁路局提报,铁路局要随时受理。

六、煤炭货运计划编制

1. 对卸车量较大、重车积压矛盾突出的煤炭重点用户,应按照用户提报的需求建议,依据煤炭订货合同,结合铁路运输实际情况,安排煤炭运输计划。

2. 铁道部负责对跨局运量较大、分界口交接困难的重点用户煤炭运输计划进行综合平衡。每月 20 日前,铁道部向铁路局下达重点用户煤炭装车计划控制数,铁路局根据控制数具体审定重点用户煤炭运输服务订单,审定结果不得超过控制数。

七、直达运输和成组装车

1. 直达运输

直达列车和成组装车计划是月度货运计划的一个重要组成部分。能充分发挥战略装车点和战略卸车点以及路企直通运输的优势,提高运输效率。

直达运输是按规定的牵引总量和长度,由装车站(战略装车点)或编组站编成,通过一个或多个编组站(包括有作业的区段站)而不进行改编的列车所进行的货物运输。

直达列车按组织地点和方式分为装车地组织的始发直达列车和技术站组织的技术直达列车。从货运组织的角度,主要考虑装车地的始发直达列车。

由装车地组织的直达列车,按其组织形式不同,可分为以下几种类型:

(1)始发直达列车——由一个车站所装车辆组成的直达列车。

(2)阶梯直达列车——在同一区段或相邻区段的几个车站装车后组成的直达列车。

(3)循环直达列车——以一定类型和数量的货车编成，在固定的装、卸站之间不拆散，循环往返运行的直达列车。

货物直达运输，要充分发挥战略装车和战略卸车点的作用，重视对大宗物资的组织运输。大宗物资货源稳定、流向集中，如煤炭、矿石、石油、粮食等，究竟采用哪种形式的直达列车运输，应根据货源、货流情况、车站装卸能力、空车供应方式以及收发货单位的需求等条件确定，在编制计划时应尽可能地使其供销关系集中，力争稳定，总目标是能加速车辆周转，加速货物送达，提高运输效率。

2. 成组装车

成组装车是指一个车站装车 5 辆以上，连挂在一起，同一列挂出，到达一个车站卸车的车组；如果条件不足，可组织通过多个编组站不进行改编作业到达多个卸车站的车组。

成组装车可以减少编组站改编作业，减少装卸地点取送甩挂次数，加速车辆周转和压缩停、中时。

第四节　请求车管理

一、请求车依据

请求车的依据为批准的月编货物运输计划、日常货物运输计划、托运人提出的货物运单、抢险救灾物资及紧急军用物资的命令等。

二、请求车内容

请求车内容包括发、到站，发、收货人，品名、吨数、车种、车数以及运输限制条件。

三、提出请求车计划

1. 在车站内装车的货物，原则上是必须全部到货位后，方可提出请求车计划。但经发货单位和车站双方确认，在当日 18:00 前可全部进站的货物，或在装车前可全部进站的鲜活易腐货物可提出请求车计划。

2. 在专用线内装车的货物，属于连续性生产的，应以前日实际生产外运量为基础，参考可能装车的存量，由发货单位和车站双方协商提出请求车计划。

四、实行请求车公示制

装车站要认真核实货源，只要货物准备到位，就要按时、按规定全部上报请求车计划，不得以任何理由拒绝受理；并在营业场所对当日请求车上报情况、批准结果和前日装车计划兑现情况进行公示，接受托运人的监督。

五、运货五上报及查询按货运计划、运货五与货票信息共享系统操作

车站提报日要车计划使用“货运工作日况报告附表”(运货五)见表 4-5。

表 4-5　货运工作日况报告附表

运货五

年　月　日　　　　　　　　　　　　　　　　　　　　　调度区(所)

项目 / 站或日期	请求车									承认车						实际			积压待运货物			记事	
	开始积压日期	运输计划号码	发货单位	到达		品名	其中			夜间	日间	修正	命令号码	车辆来源		6点	18点	其中计划内	发货单位	到站	品名	车种车数	
				局	站		包括车种计	计划内	计划批准					6点前	6点后								
1	2	3	4	5	6	7	8	9	10	11	12	13	14	15	16	17	18	19	20	21	22	23	24

第五节　重点物资运输

一、重点物资概念

重点物资是指国家明确指定运输的物资和关系国计民生需紧急运输的各类物资。具体范围如下：

(1)国家明确指令运输的煤炭、石油、粮食、棉花等能源和战略性物资及军用物资。

(2)防洪抗旱、抢险救灾、支农(化肥、农药)等急需运输的物资。

(3)铁路生产和建设急需用的钢轨、轨枕、桥梁、道岔、建筑材料、机构设备等路用材料。

(4)国务院各部委和各省、自治区、直辖市政府提出的关系工农业生产和人民生活急需运输的各类物资。

(5)对外贸易急需运输的国际联运、进出口物资。

(6)五定班列、大客户和铁道部确定的跨局大宗直达货物。

(7)铁道部临时指定运输的其他物资。

二、重点物资的计划安排

1. 铁道部重点运输计划包括：国家指令性应急运输计划、军运计划、发局别重点品类别装车计划，发局别重点客户别装车计划及跨局五定班列、大客户直达列车和其他大宗货物直达列车开行计划。

2. 每月 19 日前铁道部运输局向各局下达编制月度运输计划注意事项，提出重点运输原则要求，同时以查定表形式下达次月《重点客户别装车计划》、《重点物资装车计划》；每月 21 日前下达《重点品类别装车计划》、《军运计划》，《跨局五定班列和大宗货物直达列车计划》。每月月底印发月度《运输生产经营计划》。

对未及时纳入月编计划的日常重点运输，铁道部、铁路局根据实际需要，以查定表的形式下达。

3. 重点运输任务一经下达，只要货源落实，必须列入月编（日常）计划，不得核减，安排顺序为铁道部重点、铁路局重点，要优先安排上一级重点运输计划。各级运输计划部门在调整运量、去向等计划时，必须保证重点运输需求。每月 25 日前铁路局将重点运输计划安排结果上报铁道部。

4. 重点运输列入计划后，铁路局货运计划部门应在执行期前，将注明批准计划号的重点运输安排传送货工调度部门督导执行。

三、重点物资运输组织

1. 对于列入月度货物运输计划（包括日常货运计划）的各类重点物资，日常工作中都要坚持"三优先"，即优先安排去向，优先安排空车，优先安排挂运，保证及时运输。除特殊情况或托运人原因外，要保质保量完成计划，不得欠装。

2. 对铁道部下达的专项运输任务和必须运输的救灾物资，各级运输部门接到通知后，都要指定专人负责，主动与有关部门联系，落实货源，安排好装车日期和日历进度，保证按期完成。

3. 铁道部下达的装车命令中指定装运的重点物资，各铁路局都要优先组织装运，按期装出。

四、重点物资统计分析

1. 货运计划及货运工作部门指定专人对重点运输及相关情况进行统计分析。

2. 铁路局对重点运输应按品类、运量、去向、发到单位分别建立明细台账，按月统计分析兑现情况。

3. 铁路局根据管内实际情况，对重点物资品类、重点地区、重点客户的铁路运输情况建立资料台账，进行定期和不定期分析，为重点运输预测和日常决策提供可靠依据。

4. 铁路局每月 5 日前将上月重点运输统计分析资料上报铁道部运输局主管部门。

第六节　归口物资管理

所谓物资运输归口管理，是指各物资生产、供应单位的月度要车计划，按其物资调拨权限，分别由所属中央主管部门或地方各级政府主管单位统一归口，并统一向铁路提出运输需求的管理办法。

现行需归口管理的物资包括食盐、运输木材、烟草专卖品和麻醉药品、精神药品。

一、食　　盐

1. 食盐是指货物品名为铁路货物运输品名代码 1410 的货物。

2. 食盐的铁路、水路运输计划，由各省盐务局或其授权的盐业公司统一归口提报。

3. 托运食盐必须持有食盐准运证，铁路整车运输和公路运输一车一证；铁路零担、集装箱运输和水路运输一单（即一份货物运单）一证，一次有效。无食盐准运证的，运输部门不予承运。

4. 食盐准运证(格式 4-1)一式三联,第一联存根,第二联随货同行,第三联寄销区省盐务局(盐业公司、兼营公司)。经铁路运输及水路、公路跨省运输的,使用中国轻工总会盐业管理办公室签发的食盐准运证,该证由产区省盐务局根据销区省盐务局要盐计划,向中国轻工总会盐业管理办公室领取;经水路、公路省内运输的,食盐准运证由省盐业局签发。

格式 4-1

食盐准运证(省内调拨)

调出单位(盖章)＿＿＿＿＿＿＿＿＿＿＿＿ 调入单位(盖章)＿＿＿＿＿＿＿＿＿＿＿＿

<table>
<tr><td>品　名</td><td>单　位</td><td>数　量</td><td colspan="2">起止港站</td><td colspan="2">运输工具</td></tr>
<tr><td></td><td></td><td></td><td colspan="2">自　　　至</td><td colspan="2"></td></tr>
<tr><td colspan="7">铁路、水路运输有效期　　天,公路运输有效期　　天,过期作废</td></tr>
<tr><td colspan="7">公路运输:　车型:　　车号:　　主要路线:</td></tr>
<tr><td>签发单位</td><td>(盖章)
年　月　日</td><td>开证单位</td><td colspan="2">(盖章)
年　月　日</td><td>承运单位</td><td>(盖章)
年　月　日</td></tr>
</table>

二、运输木材

木材,是指国家标准和行业标准所列全部木材(包括:原条、原木、枕木、坑木、电柱、电杆、脚手杆、车立柱、椽材、各种锯材等),以及省规定管理的木材及其半成品和大宗制品。

1. 运输木材必须持有林业主管部门核发的木材运输证件。木材运输证件分为《出省木材运输证》(格式 4-2 与格式 4-3)和《省内木材运输证》。《出省木材运输证》由林业部统一印制,由木材起运地的省(含自治区、直辖市)林业主管部门或其委托的单位核发;《省内木材运输证》由省林业主管部门统一印制,并制定核发与管理办法。

国家统一调拨的木材按《中华人民共和国森林法》及其实施细则的有关规定执行。

2. 凡需要通过铁路、水路、公路运输木材出县、出省的,必须凭有效的木材运输证件到铁路、交通部门办理运输手续。否则,铁路、交通部门不予承运。

3. 铁路、水路、公路、运输木材计划提报,由省林业主管部门或其委托的单位归口管理。林业主管部门要对提交运输木材来源的合法性等进行严格审查、并在铁路、水路、公路木材运输要车要船计划表上注明"国家统一调拨木材"和"非国家统一调拨木材"后报铁路、水路公路部门审批。

4. 铁路、水路、公路部门运输木材，属国家统一调拨的，仍按现行办法执行；对非国家统一调拨木材，凭有效的木材运输证件承运。

5. 为方便运输木材，原则上实行“一车一证”或“一单一证”(即一张运单一份木材运输证)。对批量运输的木材，林业主管部门可按“四同一”，即同一起止地点、同一起运时间、同一货主、同一运输工具，核发一份运输证件。

格式 4-2

出省木材运输证

________________省(区、市)

发证依据					
木材产地	省(区、市)　县(市)　局(场)				
发货单位(人)					
收货单位(人)					
运输方式					
运输起讫	自(　)经(　)至(　)省、区、市(　)县、市				
有效期限	(　)天　至20　年　月　日止　过期作废				
树(材)种	品　名	规　格	数　量		备　注
			根(块、件)数	材　积(m^3)	
合计(大写)	万　千　百　十　根(块,件)数　千　百　十　立方米				
发证累计________立方米，其中：本省(专、市)自产材________立方米					
管理机关　签证机关(章) 签证人：________ 专用章签发日期：　年　月　日　申领人：					

注：1. 本证由起运地省级林业主管部门盖章有效；

2. 一车(船)一证，证货相符，全程有效；

3. 不准涂改、买卖、转证或重复使用；

4. 运达本证规定地点的木材，需再次转运出省(区、市)的，应凭本证在当地省级林业主管部门重新办理出省林材运输证。

格式 4-3

木材检查站查验登记

1 查验单位： （章） 查验人： 年　月　日	2 查验单位： （章） 查验人： 年　月　日	3 查验单位： （章） 查验人： 年　月　日
4 查验单位： （章） 查验人： 年　月　日	5 查验单位： （章） 查验人： 年　月　日	6 查验单位： （章） 查验人： 年　月　日
7 查验单位： （章） 查验人： 年　月　日	8 查验单位： （章） 查验人： 年　月　日	9 查验单位： （章） 查验人： 年　月　日
10 查验单位： （章） 查验人： 年　月　日	11 查验单位： （章） 查验人： 年　月　日	12 查验单位： （章） 查验人： 年　月　日

三、烟草专卖品

烟草专卖品是指卷烟、雪茄烟、烟丝、复烤烟叶、烟叶、卷烟纸、滤嘴棒、烟用丝束、烟草专用机械。卷烟、雪茄烟、烟丝、复烤烟叶统称烟草制品。

1. 烟草专卖品准运证由省级以上烟草专卖行政主管部门或其授权的机构审批、发放。烟草专卖品准运证的管理办法由国务院烟草专卖行政主管部门制定。

2. 跨省、自治区、直辖市运输进口的烟草专卖品、国产烟草专用机械和烟用丝束、滤嘴棒以及分切的进口卷烟纸，应当凭国务院烟草专卖行政主管部门或其授权的机构签发的烟草专卖品准运证办理托运或其授权的机构签发的烟草专卖品准运证办理托运或者自运。跨省、自治区、直辖市运输除国产烟草专用机械、烟用丝束、滤嘴棒以及分切的进口卷烟纸以外的其他国产烟草专卖品，应当凭国务院烟草专卖行政主管部门或省级烟草专卖行政主管部门签发的烟草专卖品准运证办理托运或者自运。在省、自治区、直辖市内跨市、县运输的烟草专卖品，应当凭省级烟草专卖行政主管部门或其授权的机构签发的烟草专卖品准运办理托运或者自运。运输依法没收的走私烟草专卖品，应当凭国务院烟草专卖行政主管部门签发的烟草专卖品准运证办理托运或者自运。

有下列情形之一的，为无烟草专卖品准运证运输烟草专卖品：

(1)超过烟草专卖品准运证规定数量和范围运输烟草专卖品的；

(2)使用过期、涂改、复印的烟草专卖品准运证的；

(3)无烟草专卖品准运证又无法提供在当地购买烟草专卖品的有效证明的；

(4)无烟草专卖品准运证运输烟草专卖品的其他行为。

3. 运输卷烟、雪茄烟、烟丝、烟草种子、烟叶、卷烟纸、滤嘴棒、烟用丝束、烟草专用机械，必须持有省级以上的烟草专卖局开具的准运证。铁路、交通、民航等运输部门，对无准运证的托运行为不予办理。

4. 运输卷烟、雪茄烟、烟丝、复烤烟叶、烟叶、卷烟纸、滤嘴棒、烟用丝束、烟草专用机械等烟草专卖品的，必须持有烟草专卖品准运证。

(1)烟草专卖品准运证的规格、式样和签发准运证专用印章的印模式样由国家烟草专卖局统一制定。

(2)烟草专卖品运输过程中准运证必须随货同行，所运输的烟草专卖品不能使用同一运输工具运输的，应分别开具准运证。

(3)烟草专卖品应在准运证有效期限内完成运输。不能在准运证有效期限内完成运输的，应及时到发证机关更换准运证。

(4)烟草专卖品准运证(格式 4-4)只能有效使用一次，并严格遵守准运证上规定的各项要求。

新版准运证样式，有效尺寸为 245 mm×178 mm，两边各增加 10 mm 的宽度，预留有标准打印齿孔，供计算机打印使用。一式三联，采用无碳复写，针式打印。其中，第一联(红色)是存根，第二联(蓝色)交承运单位，第三联(绿底黑色)随货同行。每联的上方均有准运证编号、微机编号和合同(调拨单)编号。国家烟草专卖局使用的准运证编号为国烟专准字后加入位数的流水号；各省级局使用的准运证编号为冠以省(自治区、直辖市)简称的烟专运字加八位数的流水号。微机编号是计算机自动生成的系统编号。合同(调拨单)编号是准运证开具所依据的合同(调拨单)的编号，需要在开证时输入。每联的方框内为准运证开具的主要内容，包括调出单位、调入单位、品名、规格、单位、数量、起止地点、运输方式、有效日期、开证日期、签发机关和备注等十二个栏目。每联的下方是经办人、批准人和领证人的签名。

格式 4-4

烟草专卖品准运证

(国)烟专准字　　　　№××××　　　　微机编号：　　　　合同(调拨单)编号：

调出单位			调入单位	
品　名	规　格	单　位	数　量	起止地点
运输方式		有效期　　日		开证日期　年　月　日
备　注				签发机关(印章)
经办人：		批准人：		领证人：

第一联　存根

烟草专卖品准运证

(国)烟专准字　　　　№××××　　　　微机编号：　　　　合同(调拨单)编号：

调出单位			调入单位	
品　名	规　格	单　位	数　量	起止地点
运输方式		有效期　　日		开证日期　年　月　日
备　注				签发机关(印章)
经办人：		批准人：		领证人：

第二联　交承运单位

烟草专卖品准运证

(　)烟专准字　　　　№××××　　　　微机编号：　　　　合同(调拨单)编号：

<table>
<tr><td>调出单位</td><td colspan="2"></td><td>调入单位</td><td></td></tr>
<tr><td>品　名</td><td>规　格</td><td>单　位</td><td>数　量</td><td>起止地点</td></tr>
<tr><td></td><td></td><td></td><td></td><td></td></tr>
<tr><td colspan="2">运输方式</td><td colspan="2">有效期　　日</td><td>开证日期　　年　月　日</td></tr>
<tr><td>备　注</td><td colspan="3"></td><td>签发机关(印章)</td></tr>
<tr><td colspan="5">经办人：　　　　批准人：　　　　领证人：</td></tr>
</table>

第三联　随货同行

烟草专卖品准运证

(国)烟专准字

调出单位＿＿＿＿＿＿＿＿调入单位：＿＿＿＿＿＿＿＿　　№00060033

<table>
<tr><td>名　称</td><td>规　格</td><td>计量单位</td><td>数　量</td><td>起 止 点</td><td>备注</td></tr>
<tr><td></td><td></td><td></td><td></td><td>自　　至</td><td rowspan="4"></td></tr>
<tr><td></td><td></td><td></td><td></td><td>自　　至</td></tr>
<tr><td></td><td></td><td></td><td></td><td>自　　至</td></tr>
<tr><td></td><td></td><td></td><td></td><td>自　　至</td></tr>
<tr><td colspan="6">有效期(　　)天，过期作废</td></tr>
<tr><td>签发单位</td><td colspan="2">(盖章)
年　月　日</td><td>承运单位</td><td colspan="2">(盖章)
年　月　日</td></tr>
</table>

国家烟草专卖局(97)50000中标国安防伪技术公司承制

第一联　存根备案

说明：1. 本证有效期最长为45天。使用本证时，必须货证相符。

2. 卷烟、雪茄烟以件(50条)为计量单位；烟用丝束、盘纸以吨为单位；滤嘴棒以万支为单位；烟草专用机械以台(组)为单位；烟丝、烟叶以吨(担)为单位。

3. 此准运证仅限于省(市、自治区)际间运输使用。

批准人：

经办人：

领证人：

烟草专卖品准运证

(国)烟专准字

调出单位________________ 调入单位________________ №00060033

国家烟草专卖局(97)50000中标国安防伪技术公司承制

名 称	规 格	计量单位	数 量	起止点	备注
				自 至	
				自 至	
				自 至	
				自 至	
有效期( )天,过期作废					
签发单位	(盖章) 年 月 日	承运单位	(盖章) 年 月 日		

第二联 交承运单位

说明:1. 本证有效期最长为45天。使用本证时,必须货证相符。
2. 卷烟、雪茄烟以件(50条)为计量单位;烟用丝束、盘纸以吨为单位;滤嘴棒以万支为单位;烟草专用机械以台(组)为单位;烟丝、烟叶以吨(担)为单位。
3. 此准运证仅限于省(市、自治区)际间运输使用。

批准人:
经办人:
领证人:

烟草专卖品准运证

(国)烟专准字

调出单位________________ 调入单位________________ №00060033

国家烟草专卖局(97)50000中标国安防伪技术公司承制

名 称	规 格	计量单位	数 量	起止点	备注
				自 至	
				自 至	
				自 至	
				自 至	
有效期( )天,过期作废					
签发单位	(盖章) 年 月 日	承运单位	(盖章) 年 月 日		

第三联 随货同行

说明:1. 本证有效期最长为45天。使用本证时,必须货证相符。
2. 卷烟、雪茄烟以件(50条)为计量单位;烟用丝束、盘纸以吨为单位;滤嘴棒以万支为单位;烟草专用机械以台(组)为单位;烟丝、烟叶以吨(担)为单位。
3. 此准运证仅限于省(市、自治区)际间运输使用。

批准人:
经办人:
领证人:

四、麻醉药品、精神药品

1. 麻醉药品和精神药品是指列入国务院药品监督管理部门会同国务院公安部门、国务院卫生主管部门公布的麻醉药品、精神药品目录所列的药品和其他物质。其中精神药品又分为第一类精神药品和第二类精神药品。

2. 托运或自行运输麻醉药品和第一类精神药品的单位，应当向所在地（省、自治区、直辖市）药品监督管理部门申领《麻醉药品、第一类精神药品运输证明》（简称运输证明），申请领取运输证明须提交以下资料：

(1)麻醉药品、第一类精神药品运输证明申请表（格式 4-5）；

(2)加盖单位公章的《药品生产许可证》或《药品经营许可证》复印件（仅药品生产、经营企业提供）；

(3)加盖单位公章的《企业营业执照》或登记证书复印件；

(4)经办人身份证复印件、法人委托书；

(5)申请运输药品的情况说明。

3. 运输证明样式由国务院药品监督管理部门制定，由省、自治区、直辖市药品监督管理部门印制。运输证明正本 1 份，根据实际需要可发给副本若干份，必要时可增领副本（运输证明正本、副本见格式 4-6）。运输证明有效期为 1 年（不跨年度）。运输证明在有效期满前 1 个月按照上述规定重新办理、过期后 3 个月内将原运输证明上缴发证机关。

4. 承运麻醉药品和第一类精神药品时，承运单位要查验、收取运输证明副本。运输证明副本随货同行以备查验。在运输途中承运单位必须妥善保管运输证明副本、不得遗失。货物到达后，承运单位应将运输证明副本递交收货单位。

收货单位应在收到货物后 1 个月内将运输证明副本交还发货单位。

铁路运输应当采用集装箱或行李车运输麻醉药品和第一类精神药品。采用集装箱运输时、应确保箱体完好，施封有效。

麻醉药品和第一类精神药品到货后，承运单位应当严格按照有关规定与收货单位办理交货手续、双方对货物进行现场检查验收、确保货物准确交付。

5. 运输第二类精神药品无需办理运输证明。

6. 托运麻醉药品和精神药品的单位应确定托运经办人，选择相对固定的承运单位。

托运经办人在运单货物名称栏内填写“麻醉药品”、“第一类精神药品”或“第二类精神药品”字样，运单上应当加盖托运单位公章或运输专用章。收货人只能为单位，不得为个人。

铁路承运麻醉药品和精神药品时，应当及时办理运输手续，尽量缩短货物在途时间，并采取相应的安全措施，防止麻醉药品、精神药品在装卸和运输过程中被盗、被抢或丢失。

格式 4-5

麻醉药品、第一类精神药品运输证明申请表

<table>
<tr><td>申请运输单位</td><td colspan="3"></td></tr>
<tr><td>地　址</td><td colspan="3"></td></tr>
<tr><td>经 办 人</td><td></td><td>身份证号</td><td></td></tr>
<tr><td>联系电话</td><td></td><td>移动电话</td><td></td></tr>
<tr><td>运输期限</td><td colspan="3">自　年　月　日起至　年　月　日止</td></tr>
<tr><td colspan="4">申请运输麻醉药品、第一类精神药品名称：</td></tr>
<tr><td colspan="4">申请单位盖章
年　月　日</td></tr>
</table>

药品名称以国家批准的药品注册证明文件为准。

格式 4-6

麻醉药品、第一类精神药品运输证明(正本)

编号:省汉字简称—年号—正本流水号

根据国务院发布的《麻醉药品和精神药品管理条例》,允许持证单位运输本证明所列的麻醉药品和第一类精神药品。

发货单位名称：
发货单位联系电话：
发证机关联系电话：
运输证明有效期限:自　起至　止
准予运输麻醉药品、第一类精神药品名称：
发证机关盖章 年　月　日

麻醉药品、第一类精神药品运输证明(副本)

编号:省汉字简称—年号—正本流水号—副本流水号

根据国务院发布的《麻醉药品和精神药品管理条例》,允许持证单位运输本证明所列的麻醉药品和第一类精神药品。

发货单位名称：
发货单位联系电话：
发证机关联系电话：
证明有效期限:自　起至　止
准予运输麻醉药品、第一类精神药品名称：
发证机关盖章 年　月　日

第七节　铁路货运大客户运输

一、铁路货运大客户

为确保重点物资运输，提高铁路货运服务质量，优化铁路货运组织，巩固扩大铁路货源，发展铁路与运输大客户战略合作关系，需做好对铁路货运大客户(以下简称大客户)的运输服务管理工作。

铁路货运大客户是指在社会经济发展中具有重要影响、在铁路运输中具有大宗稳定货源和运量，按规定程序与铁路签署长期战略合作协议的企业。

大客户服务实行全路统一服务内容、统一服务标准、统一发展条件、统一信息技术服务平台。

1. 大客户运输服务管理的基本原则：确保重点，相互支持，互惠互利，合作共赢。

2. 大客户运输服务管理的基本任务：对大客户年运量、月计划、日装车、运费结算、信息服务等实行统一管理，为大客户提供手续简便、计划优先、运量保证的优质铁路货物运输服务。

3. 符合下列条件的企业，可以作为大客户服务对象：

(1)经国家行政主管机关登记注册，符合国家产业政策，具有良好的市场信誉，是向铁路支付运费的独立法人主体。

(2)遵守国家用的法律法规以及铁路有关规章制度，能按照铁路运输集中统一指挥的原则配合铁路搞好货运组织工作，愿与铁路建立长期战略合作伙伴关系。

(3)具有均衡、稳定的铁路货源，每年铁路货物发送量 100 万 t 以上或运输付费 5 000 万元以上。

(4)所涉及的装车点应具备铁路信息网络接入条件和整列装车作业条件。

4. 铁路与符合条件的企业按下列程序建立大客户运输服务关系：

(1)铁路局大客户管理部门应对符合大客户条件的企业开展营销宣传，主动与发展对象进行沟通，受理企业提出的《铁路货运大客户服务意向书》。

(2)铁路局就《铁路货运大客户战略合作协议》的有关事项与企业进行协商，对达成合作共识的，形成铁路局大客户发展建议，报铁道部。

(3)铁道部大客户管理部门审核并批复铁路局上报的大客户发展建议；对符合条件的，委托铁路局与大客户办理战略合作协议签字和发放大客户证书。

(4)铁路局接到铁道部的批复后，组织铁路局局长(或其委托代理人)和企业法人代表(或其委托代理人)正式签署《铁路货运大客户战略合作协议》，并向企业颁发“铁路货运大客户证书”。

5. 大客户企业接到铁道部核发的大客户证书后，分别与铁道部资金清算中心签订《铁路大客户运输费用结算协议》、与铁道部信息技术中心签订《铁路货运大客户系统技术支持服务协议》。

二、大客户货运计划的确定

1. 年度运量计划

大客户的年度运量每年核定一次。大客户每年 12 月上旬提出次年运输需求，填写“铁路货运大客户年度运量表”报铁路局。铁路局受理并核实大客户运输需求，与大客户共同协商后，提出次年度运量建议，于 12 月中旬报铁道部运输局。铁道部运输局统筹协调后核准大客户次年的年度运量计划，于 12 月底批复下达到铁路局。铁路货运大客户年度运量表经大客户企业、铁路局和铁道部运输局三方签字盖章后生效。

铁路局根据铁道部核定的大客户年度运量计划，本着直达运输、均衡运输的原则与大客户签署《铁路货运大客户年度运量互保协议》。

铁路局核实大客户年度运输需求时，应与大客户充分协商，要考虑大客户产运需购销合同和上年实际，考虑市场需求和铁路运力增长及国家调控等因素，在大客户有需求时，运量增幅应高于所在地区铁路运量平均增长水平。对于货源保证、重点优先、付款信用好和装卸效率高的优质客户，其运量需求要优先满足。

铁道部对大客户年度运量计划中具备跨局直达列车开行条件的，组织有关铁路局铺画跨局直达列车运行图，为大客户提供稳定可靠的运力保证。

2. 月度运输计划

铁路部门通过中国铁路商务网受理大客户提报的月度运输计划原提订单，每月 19 日前受理次月月编计划原提订单，当月的日常计划原提订单随时受理。

大客户所涉及的国际联运、水陆联运货物运输计划由铁道部协商交通部等有关部门审定，其余运输计划由各铁路局审定。

按大客户的运量进度安排大客户月度运输计划和编制旬运输方案。

铁道部、铁路局对大客户月编运输计划、运输方案在月度《运输生产经营计划》中下达。

3. 日常运输组织

铁路局调度部门通过中国铁路商务网接收大客户提报的日请求车和通知大客户日承认车信息，通过铁路内部运货五系统将大客户的日请求车和承认车信息下达装车站并同时上报铁道部。

铁路局调度部门要严格按大客户月度运输计划和旬运输方案组织装车，确保月度运量计划兑现。

装车站要加强与大客户的日常沟通协调，落实货源，优化大客户装车作业组织，提高运输效率，确保按日装车计划兑现。

因铁路原因造成欠装的，要创造条件给予补装。因客户原因造成欠装的，视运力情况而定，运力条件允许的要给予支持。铁路局记录欠装具体原因，每月汇总后报铁道部运输局。

遇客观原因造成限装时，铁路优先安排大客户的国家重点运输。

三、铁路货运客户信息的管理

货运客户包括纳入铁路货运大客户管理的企业，需铁路运输重点掌握的企业（不含纳入大客户管理的企业)和需要铁路局集中掌握运输信息的企业三类。按装卸车属性可分为装车客户和卸车客户两类。

客户信息管理的内容包括客户基本信息、生产信息、运输信息和客户收发特征信息等。

客户信息管理的工作任务包括客户信息注册、变更和注销管理,客户信息的统一发布和货运客户注册管理系统的日常维护和升级。

信息规范及相关要求客户编码规范。

客户编码采用7位无含义数字编码,既有大客户编码遵照原定规则。客户所有信息及客户间层次关系均通过客户库中的属性包括:

(1)唯一性。每个客户只有一个代码,每个代码只表示唯一的一个客户。

(2)永久性。客户注册后,客户名称等信息发生变更,代码保持不变。

(3)不可重用性。客户注销后,编码即作废,永不复用;客户信息库中,该客户信息仍然保留,便于追踪历史轨迹。

第八节　铁路货运市场营销

市场营销是各级货运计划部门的重点工作,其主要任务是分析市场、研究市场,组织开发货源,及时提出货运产品开发和改进运输生产组织的意见和措施。应加强货源分析工作,对发到局别和主要品类别的货源货流变化等情况,每月进行一次简要分析,每季度进行一次全面分析。要经常深入厂矿企业和货物集散地组织货源,详细了解掌握托运人的生产、供应和销售情况,按照运输市场发展趋势,不断改进货运计划管理工作。

用好用活运价政策,深入用户调查研究,对适当降低运价即可争取到铁路上来的顺路装车大宗稳定货源,及时提出一事一议的优惠运价方案,批准后组织实施。

分析研究竞争对手的情况,结合铁路运输情况,及时提出运输管理改革的意见和建议。

一、铁路货运市场营销

面对激烈的市场竞争,铁路运输企业必须树立市场观念、生产观念、产品观念和营销观念。货运营销意识和策略是铁路占有更多运输市场份额,并从中获得最大经济效益的重要手段。

铁路货运市场营销是指发生在铁路货物运输领域内的市场营销,它以拥有运输工具为托运人提供运输服务的承运人为卖方,以拥有货物需要承运人使用运输工具运往目的地的托运人为买方。其中承运人是营销者,货主是潜在的顾客。铁路运输企业是服务性企业,其生产的产品是旅客和货物的“位移”。因此,与生产有形产品的企业相比,铁路运输企业的货运市场营销有其自身的特点。

1. 满足货主的要求与欲望是铁路运输企业货运营销的目的,因此铁路货运工作必须以“安全、迅速、经济、便利地运送货物”为宗旨。

2. 提供货物位移服务是铁路货运市场营销活动的中心。

3. 组织全行业的整体营销是实现铁路运输企业目标的重要手段。

二、铁路货运市场调查与预测

1. 铁路货运市场调查

铁路货运市场调查是指铁路运输企业为了实现自身经济利益目标及社会公益目标，对地方经济和重点企业产、供、销进行的调查研究工作。通过市场调查，了解掌握货源构成及流向、流量等。为货源组织工作准备资源，为保证运输计划有节奏、均衡地实施提供客观依据。

铁路货运市场调查的目的是为企业各级管理人员进行科学预测、确定经营方针、编制运输计划、改善经营决策提供依据。铁路货物运输市场调查对运输企业生产经营具有十分重要的作用。

2. 铁路货运生产预测

铁路货物运输市场预测，是指在铁路货物运输市场调查的基础上，揭示运输市场供求关系发展变化的规律性，以及影响运输市场供求关系的各种复杂因素，运用科学的方法对运输市场的变化进行预测，从而为铁路运输确定发展目标以及制定运输经营决策提供科学的依据。

运输市场预测的内容非常广泛。运输市场需求量、供给能力、运输价格、运输市场占有率、运输市场营销发展趋势、运输企业经济效益和社会效益等，都可以是运输市场预测的内容。但对铁路运输企业来讲，最基本和最重要的是铁路货运市场需求预测。

第九节　货物运输计划统计分析

货运计划部门应建立工作质量分析考核制度，积累资料，总结经验，加强管理，不断提高。考核内容与计算办法如下：

1. 订单审定率

$$订单审定率=\frac{审定车数}{托运人提出车数}\times 100\%$$

2. 订单兑现率

$$订单兑现率=\frac{装车数}{审定车数}\times 100\%$$

3. 装车增长率

$$装车增长率=\left(\frac{考核期统计装车数}{同期统计装车数}-1\right)\times 100\%$$

4. 数据准确率

$$数据准确率=\left(1-\frac{统计装车数-装车数}{统计装车数}\right)\times 100\%$$

5. 完成任务率

$$完成任务率=\frac{统计装车数}{计划车数}\times 100\%$$

注：1. 审定车数中不含“预留”运量。2. 统计装车数为运输统计部门提供的数据。3. 装车数为货运计划部门通过 FMOS 收集的实际车数。

车站在统计月度运输计划统计分析的基础上，每月应编制“月度货物运输计划执行情况考核分析表”（表 4-6）以便作为定期分析的依据。

表 4-6 （　　）月份运输计划执行情况考核分析

项目 品类	总装车数	货运计划									质量分析		
		计划合计	月编计划		日常计划		落空				货源兑现率	月编兑现率	日常兑现率
			计划	完成	计划	完成	小计	铁责	发责	其他			
0	1	2	3	4	5	6	7	8	9	10	11	12	13
煤炭													
石油													
焦炭													
金属矿石													
⋮													
合计													

定期分析除去考核分析表内各项要求外，还应包括以下内容：

(1)装车、卸车数，发送吨数计划完成情况及影响计划完成的原因。

(2)始发直达列车，短途整列及成组装车完成的情况。

(3)重点运输任务的完成情况。

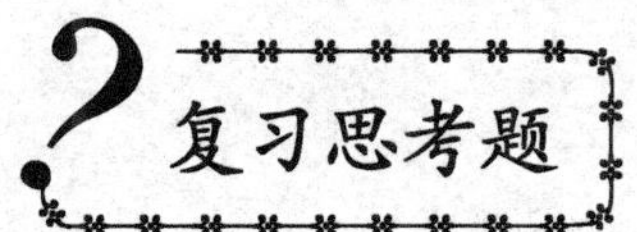

1. 铁路货物运输计划是什么？
2. 核实订单主要包括哪些内容？
3. 请求车的依据和内容各是什么？
4. 月度货物运输计划的内容有哪些？
5. 货物运输计划统计分析的内容各有哪些？
6. 哪些条件的企业是铁路大客户服务的对象？
7. 简述货运计划编制的程序。
8. 大客户信息管理的内容包括哪些？
9. 货物运输计划管理的基本原则是什么？
10. 货源调查小组的主要任务有哪些？

第五章　集装货物运输

第一节　集装箱运输概述

集装箱运输是交通运输现代化的产物，是物流现代化的重要组成部分，是先进的货物运输方式，可以方便地实现多种运输方式的联运，从而使运输过程更趋于合理化。随着世界经济全球化的发展、各国经济贸易国际化水平的提高以及知识经济时代的到来，集装箱运输在我国改革开放、对外贸易中的优越性和重要性在更深程度上得到发挥和体现。

一、集装箱的定义

集装箱是一种运输工具。根据国际标准化集装箱技术委员会(简称 ISO/IC104)的建议，凡具备下列条件的运输货物的容器，均可称为集装箱：

(1)具有足够的强度，可长期反复使用。

(2)适于多种运输方式运送，途中无需倒装货物。

(3)设有快速装卸的设施，便于从一种运输方式转移到另一种运输方式。

(4)便于箱内货物装满和卸空。

(5)容积不小于 1 m^3。

二、集装箱的分类

集装箱可根据集装箱重量和尺寸、箱主、所装货物种类和箱体结构及是否符合国家或行业标准不同来分类。

(1)按重量和尺寸分为 1 吨箱、20 英尺箱、40 英尺通用集装箱及经铁道部批准运输的其他重量和尺寸的集装箱。

(2)按箱主可分为铁路箱(承运人提供的集装箱)和自备箱(托运人自有或租用的集装箱)。

(3)按所装货物种类和箱体结构可分为普通货物箱和特种货物箱。普通货物箱包括通用箱和专用箱，专用箱包括封闭式通风箱、敞顶箱、台架箱和平台箱等；特种货物箱包括保温箱、罐式箱、干散货箱和按货物命名的集装箱等。

(4)按是否符合国家和铁道行业标准分为标准箱和非标箱。

三、集装箱的标记代号及主要技术参数

1. 我国集装箱的标记代号

(1)箱主代号。它是集装箱所属部门的代号，由四个大写拉丁字母表示。为区别其他设备，规定第四位字母为“U”。例如 TBJU 为铁道部的集装箱，COSU 表示中国远洋运输公司的

集装箱,RZDU 表示俄铁集装箱,KZTU 表示哈铁集装箱。

(2)箱号。箱号又称为集装箱的顺序号。国际标准箱的箱号由 6 位阿拉伯数字组成,如实有数字不足 6 位时,应在实有数字前用"0"补齐,如"059791";箱主代号和箱号之间至少留一个字符的间隔。

(3)核对数字。它是用来检查箱主代号与箱号是否一致的数字,用一位阿拉伯数字表示,与箱号之间有一个字符的间隙或者在核对数字上加一个框。

国际标准规定,箱主代号、箱号和核对数字布置成单行横排标记。

(4)国家或地区代号。国家或地区代号表示集装箱的国籍,使用两个字母标记。例如 CN 表示中国、US 表示美国、HK 表示中国香港、KR 表示韩国、JP 表示日本。

(5)其他标记。在集装箱上还标有集装箱总重、自重和容积、制造厂名及出厂日期、检修厂名及检修日期等标记。

另外,我国铁路运输的 20 吨以上的集装箱应有集装箱检验单位徽记、国际集装箱安全公约(CSC)安全合格牌照、国际铁路联盟认证标记,其中国际集装箱安全公约安全合格牌照上应标有维修检验日期或有连续检验计划标记,且箱体标明的集装箱号码应与牌照一致。

2. 集装箱的主要技术参数

为适应集装箱运输发展的需要,制定了铁路箱有关技术参数及集装箱专用平车主要技术参数,见表 5-1、5-2。

表 5-1 铁路箱有关技术参数

箱型	箱类	箱主代码	起始箱号	截止箱号	自重(t)	箱体标记最大允许总重(t)	外形尺寸(mm)		
							长	宽	高
1吨	通用集装箱	TJ1	200000	304000	0.18	0.82	900	1300	1300
20英尺	通用集装箱	TBJ	300011	301710	2.24	30.48	6058	2438	2591
			350001	361914	2.24	30.48	6058	2438	2591
			361915	362414	1.86	30.48	6058	2438	2591
			362415	362748	2.24	30.48	6058	2438	2591
			370001	390000	2.24	30.48	6058	2438	2591
			400001	400500	2.98	30.48	6058	2438	2591
			400501	400800	2.18	30.48	6058	2438	2591
			400801	401187	2.13	30.48	6058	2438	2591
			402708	403907	2.18	30.48	6058	2438	2591
			403908	404231	2.21	30.48	6058	2438	2591
			404232	404431	2.23	30.48	6058	2438	2591
			404432	404731	2.52	30.48	6058	2438	2896
			404732	405231	2.41	30.48	6058	2438	2591
			405232	405931	2.18	30.48	6058	2438	2591
			510001	575000	2.21	24.00	6058	2438	2591
			580000	629999	2.24	30.48	6058	2438	2591
			900001	900002	—	30.48	6058	2550	2896

续上表

箱型	箱　类	箱主代码	起始箱号	截止箱号	自重(t)	箱体标记最大允许总重(t)	外形尺寸(mm)		
							长	宽	高
20英尺	通用集装箱	TBJ	950000	950019	2.70	20.00	6058	2438	3200
			950020	950039	2.72	24.00	6058	2438	3200
			950040	950231	2.42	24.00	6058	2438	3200
	弧型罐式集装箱	TBG	500000	500001	6.30	30.48	6058	2438	2896
			500052	501999	6.30	30.48	6058	2438	2896
	干散货集装箱	TBB	500000	511149	3.10	30.48	6058	2438	2591
	散装水泥罐式集装箱	TBG	540001	543050	4.95	30.48	6058	2438	2896
	水煤浆罐式集装箱	TBG	520001	520100	4.25	30.48	6058	2438	2591
	折叠式台架集装箱	TBP	200001	210000	2.50	30.00	5610	3155	3400
	框架罐式集装箱	TBG	510001	511000	4.64	30.48	6058	2438	2591
			530000	530049	4.40	30.48	6058	2438	2591
			530050	530199	4.00	30.48	6058	2438	2591
			530200	530699	4.40	30.48	6058	2438	2591
			550000	550099	4.50	30.48	6058	2438	2591
25英尺	板架式汽车集装箱	TBP	000087	000088	4.30	28.30	7675	3180	348
			100000	100831	4.30	28.30	7675	3180	348
			101000	101999	4.30	28.30	7675	3300	348
40英尺	通用集装箱	TBJ	300003	300005	3.88	30.48	12192	2438	2896
			700000	700119	3.79	30.48	12192	2438	2896
			710000	715999	3.88	30.48	12192	2438	2896
45英尺	冷藏集装箱	TBL	920001	920500	7.18	30.48	13716	2438	2896
50英尺	双层汽车集装箱	TBQ	800000	801599	10.53	30.48	15400	2500	3200
			801600	801899	11.61	30.48	15400	2500	3200
	板架式汽车集装箱	TBQ	200000	200399	10.90	60.00	15400	3300	270

表 5-2　集装箱专用平车主要技术参数

序号	车型	载重(t)	自重(t)	换长	速度(km/h)	车辆长度(mm)	车辆宽度(mm)	承载面高(mm)	空车重心高(mm)
1	X_{6A}	50	18.2	1.3	80	13938	3180	1160	720
	X_{6AT}								
	X_{6AE}								
2	X_{6B}	60	22.5	1.5	120	16338	3170	1166	753
	X_{6BT}								
	X_{6BK}								

续上表

序号	车型	载重(t)	自重(t)	换长	速度(km/h)	车辆长度(mm)	车辆宽度(mm)	承载面高(mm)	空车重心高(mm)
3	X_{6C}	60	20	1.5	120	16 338	3 170	1 174	740
	X_{6CT}								
	X_{6CK}								
4	X_{1K}	61	19.5	1.3	120	14 738	3 170	1 160	730
5	X_{2K}	78	22	1.8	120	19 466	2 920	290	650
	X_{2H}								
6	X_{3K}	61	21	1.8	120	19 388	2 926	1 145	690
7	X_{4K}	72	21.8	1.8	120	19 416	2 870	1 140	685
8	X_{6K}	61	18.1	1.2	120	13 230	2 850	1 140	695

3. 集装箱的换算方法

集装箱换算箱数按折合为 20 英尺集装箱的数量计算，即以国际标准 20 英尺箱为一个换算箱进行换算，计算单位：TEU(Twentyfeet Equivalent Unit 的缩写)。

目前使用的各箱型集装箱 TEU 换算系数见表 5-3。

表 5-3 集装箱 TEU 换算系数表

箱　型	换算系数	箱　型	换算系数
1 吨	0.05	40 英尺	2.00
20 英尺	1.00	48 英尺	2.40
25 英尺	1.25	50 英尺	2.50

四、集装箱运输基本条件

在铁路办理集装箱货物运输时，必须符合下列基本条件：

(1)集装箱仅限在集装箱办理站(包括办理集装箱的专用铁路、铁路专用线)是全国营业铁路办理集装箱运输业务的车站。集装箱办理站名在《货物运价里程表》中公布。集装箱在集装箱办理站间办理运输。

(2)集装箱应按国家或铁道行业标准涂打相应的标记和标志。20 英尺以上的集装箱应有集装箱检验单位徽记、国际集装箱安全公约(CSC)安全合格牌照、国际铁路联盟认证标记，其中国际集装箱安全公约安全合格牌照上应标有维修检验日期或有连续检验计划标记，且箱体标明的集装箱号码应与牌照一致。

(3)集装箱所装货物应适合集装箱运输的要求，不得腐蚀、损坏箱体。性质互抵的货物不得混装于同一箱内。易于污染箱体的货物不得使用铁路通用集装箱装运。在一定季节和区域内不易腐烂的易腐货物，经承运人确定，可使用通用集装箱装运。

(4)托运的集装箱，每箱总重不得超过其标记总重和铁道部规定的限制重量。在集装箱总重有限制的办理站间运输时，不得超过限制总重。集装箱内单件货物的重量超过 100 kg 时，应在运单"托运人记载事项"栏内分别注明实际重量。在专用铁路、铁路专用线卸车的集装箱，应在运单"托运人记载事项"栏内注明"在×××专用铁路(铁路专用线)卸车"。

(5)集装箱运输危险货物要严格按照《铁路危险货物运输管理规则》的规定，托运人、承运人、收货人和办理地点符合要求，箱体除符合铁道部有关技术标准外还要适应所装货物的要求。

(6)集装箱军事运输按有关规定办理。

(7)不符合集装箱运输条件的，不能按集装箱办理运输。

五、集装箱“一批”办理的条件

集装箱运输，以货物运单作为运输合同。托运人托运集装箱应按批提出运单。集装箱装运多种品名的货物不能在运单内逐一填记时，托运人应按箱提出物品清单一式三份。加盖车站日期戳后，一份由发站存查；一份随同运送票据递交到站；一份退还托运人。

(1)每批必须是标记总重相同的同一箱型，最多不得超过一辆铁路货车所能装运的箱数。

(2)铁路箱和自备箱不得按一批办理。

第二节　集装箱的作业流程和作业质量

基本要求是进一步细化完善集装箱作业流程和作业质量要求，提高集装箱办理站的作业质量和效率。

1. 发送作业

(1)发送作业流程如图 5-1 所示。

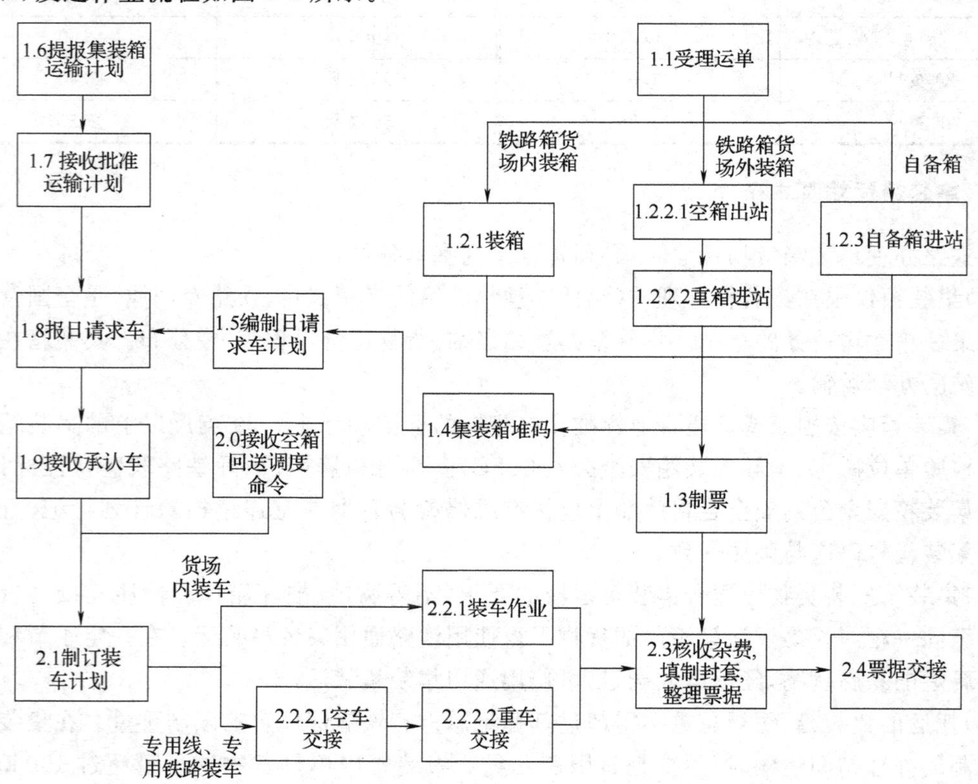

图 5-1　集装箱发送作业流程

(2)发送作业质量要求见表5-4。

表5-4 集装箱发送作业质量要求

序号	作业项目	作业内容	质量要求
1.1	受理运单	1. 统一受理和审核运单。 2. 安排装箱计划,批准集装箱进站日期	1. 按运单填制办法逐项审核,符合集装箱运输条件,符合一批办理托运条件,符合车站营业办理范围,戳记齐全,所附证明文件齐全有效。 2. 预先分配空箱,与托运人预约领取空箱、进货时间
1.2.1	装箱	1. 核对运单信息。 2. 货物装箱。 3. 施封。 4. 称重	1. 确认信息无误。 2. 在指定区域装箱。装箱前,确认箱体状态良好,将集装箱上残留的无关标识、杂物清除干净。装箱时,充分利用箱内容积,码放稳固,装载均匀,不超载、不集重、不偏重、不偏载、不撞砸箱体。已采取防止货物移动、滚动或开门时倒塌的措施。特种货物箱、专用箱符合其铁路运输技术条件、试运方案有关规定。装箱完毕后,锁闭箱门、孔盖、阀门等部件。 3. 通用集装箱重箱必须施封,施封时左右箱门锁舌和把手必须入座,在右侧箱门把手锁件施封孔施封一枚,用10号镀锌铁线将箱门把手锁件拧固并剪断余尾。特种货物箱、专用箱施封符合其铁路运输技术条件、试运方案有关规定。 4. 称重设备是经过检定的计量衡器。逐箱称重。集装箱超过规定载重量的,纠正后方可运输
1.2.2.1	空箱出站	1. 核对信息。 2. 确认集装箱状态良好后将其交给托运人。 3. 填写"铁路箱出站单",将相关信息录入追踪系统	1. 确认信息无误。 2. 箱体状况符合《通用集装箱在铁路车站检查的技术要求》(TB/T 3207—2008)和相关专用集装箱和特种货物集装箱试运通知要求。托运人认为箱体状态不良时,应予以更换。 3. 各项内容填记和录入准确、及时、完整
1.2.2.2	重箱进站	1. 核对信息。 2. 根据实际情况确定是否对箱内货物品名和装载状况进行检查。 3. 称重。 4. 确认集装箱状态良好后予以接收。 5. 填写"铁路箱出站单",将相关信息录入追踪系统	1. 确认箱号等信息无误。 2. 检查比例符合车站要求,检查台账完整,发现问题妥善处理。 3. 称重设备是经过检定的计量衡器。逐箱称重。集装箱超过规定载重量的,纠正后方可运输。 4. 对照"铁路箱出站单"认真检查箱体状况,发现箱号或封印内容与运单记载不符或未按规定关闭箱门、拧固、施封的,应要求托运人改善后接收。箱体破损的按要求填写"集装箱破损记录",危及货物和运输安全的不得接收。 5. 各项内容填记和录入准确、及时、完整
1.2.3	自备箱进站	1. 核对信息。 2. 根据实际情况确定是否对箱内货物品名和装载状况进行检查。 3. 称重。 4. 确认集装箱状态良好后予以接收	1. 核对信息无误。 2. 检查比例符合车站要求,检查台账完整,发现问题妥善处理。 3. 称重设备是经过检定的计量衡器。逐箱称重。集装箱超过规定载重量的,纠正后方可运输。 4. 认真检查箱体状况,发现箱号或封印内容与运单记载不符或未按规定关闭箱门、拧固、施封的,应要求托运人改善后接收。箱体破损危及货物和运输安全的不得接收
1.3	制票	1. 填制货票。 2. 核收费用	1. 各项目填制准确、完整。 2. 运杂费核收无误
1.4	集装箱堆码	集装箱堆码	分区码放。箱门关闭,码放整齐,箱门朝向一致。多层码放时,角件对齐,不超过限制堆码层数
1.5	编制日请求车计划	编制日请求车计划	日请求车计划与批准的运输计划相匹配,待发箱已最大限度纳入日请求车计划
1.6	提报集装箱运输计划	1. 进行适箱货源调查。 2. 编制集装箱月度装箱计划。 3. 提报集装箱月度货物运输计划	1. 掌握集装箱货物的流量、流向,随时掌握变化情况。 2. 核实货源,合理组织安排,最大限度地将适箱货源纳入集装箱运输。 3. 保证月度装箱计划的落实

续上表

序号	作业项目	作业内容	质量要求
1.7	接收批准运输计划	接收批准运输计划	接收及时、准确完整
1.8	报日请求车	报日请求车	日请求车与批准运输计划相匹配。提报及时、规范
1.9	接收承认车	接收承认车	接收及时、准确完整
2.0	接收空箱回送调度命令	接收空箱回送调度命令	接收及时、准确完整
2.1	制订装车计划	1. 制订装车计划。 2. 检查现车。 3. 调整装车计划	1. 承认车计划不落空。 2. 现车满足装车要求。 3. 车种车型符合要求，装载在同一辆货车上的集装箱重量差不超过规定值，同一到站、去向的集装箱装载在相邻车辆上，装卸搬运总距离合理
2.2.1	装车作业	1. 报告空车送到货物线时间。 2. 装车前，进行票、箱、车三检，报告作业开始时间。 3. 装车。 4. 装车后，对车辆装载状态进行检查。 5. 填写货车装载清单，报告作业完了时间和重车取走时间。 6. 将装载清单信息录入追踪系统	1. 报告及时、准确。 2. 货票齐全，票箱相符；箱体状态良好，箱顶无杂物，施封有效；车辆无杂物，平车锁头齐全、状态良好，符合使用要求。报告及时、准确。 3. 装车作业稳起轻放，不冲撞箱体、不偏载，不错装、不漏装。 4. 箱体外状良好。装载加固符合要求，平车装载时，锁头入位，门挡立起；敞车装载时，集装箱居中。 5. 填记准确、完整，报告及时、准确。 6. 录入及时、准确、完整
2.2.2.1	空车交接	空车交接	车辆满足装车要求，车上无杂物，集装箱平车锁头完好
2.2.2.2	重车交接	1. 核对运单和现车。 2. 检查车辆装载情况。 3. 信息录入	1. 凭运单核对现车，确认箱号车号一致。 2. 装载加固符合要求，平车装载时，锁头入位，门挡立起；敞车装载时，集装箱居中。 3. 装载清单填记清楚准确，有关信息及时录入集装箱追踪系统
2.3	填制封套，整理票据	整理票据，填记封套，加盖有关戳记	运单、货票、装载清单相符，封套填记完整、正确，戳记齐全
2.4	票据交接	票据交接	有关票据交接完整、及时、准确

2. 到达作业

(1)到达作业流程如图 5-2 所示。

(2)到达作业质量要求见表 5-5。

表 5-5　集装箱到达作业质量要求

序号	作业项目	作业内容	质量要求
3.1	交接	1. 票据交接。 2. 接收重车	1. 有关票据交接完整、及时、准确。 2. 及时报告重车送到货物线时间，认真核对现车数据，确认车号、封套一致，车辆装载状态良好，发现问题按规定及时处理
3.2	编订卸车计划	制订卸车计划	箱区箱位分配合理，装卸搬运总距离合理
3.3	到货通知	发催领通知	不迟于卸车次日。收货人拒领或无法找到收货人时，及时按规定处理

续上表

序号	作业项目	作业内容	质量要求
3.4	卸车	1. 报告作业开始时间。 2. 卸车前，确认车号。 3. 按卸车计划卸车。 4. 卸车后，检查箱体状况，凭票核对箱号、箱数、施封锁内容，注明箱位，在货票上加盖卸车日期戳，将车辆清理干净。 5. 报告作业结束和取走空车时间。 6. 将装载清单信息录入追踪系统	1. 报告及时、准确。 2. 车号正确。 3. 稳起轻放，不冲撞箱体，不错卸、不漏卸。 4. 确认票、箱一致，箱体状况良好，施封有效，发现异状，如实编制记录。 5. 报告及时、准确。 6. 录入及时、准确、完整
3.5	集装箱堆码	集装箱堆码	分区码放。箱门关闭，码放整齐，箱门朝向一致。多层码放时，角件对齐，不超过限制堆码层数
3.6	内交付	1. 整理相关票据。 2. 核对收货人身份。 3. 按规定核收费用，加盖交付日期戳，将相关票据交给收货人	1. 相关票据完整、正确，便于查找。 2. 收货人提出的领货凭证及有效证明文件与货票上记载的收货人名称、货票号码相符，戳记齐全，不误交。 3. 不误收，不漏收，戳记正确
3.7.1	掏箱	掏箱	在指定区域掏箱。开启箱门前与收货人共同确认箱号、箱体外状、施封状态和施封内容。督促收货人掏箱完毕后将箱内清扫干净，关闭箱门，特种箱有关部件按要求复位
3.7.2	铁路箱重箱出站	1. 核对运单。 2. 交付。 3. 填写“铁路箱出站单”，将有关信息录入追踪系统	1. 不错交、不误交。 2. 与收货人共同确认箱号、箱体外状、施封状态和施封内容，在货物运单上加盖“货物交讫”戳记。 3. 各项内容填记和录入准确、及时、完整
3.7.3	自备箱出站	1. 核对运单。 2. 交付	1. 不错交、不误交。 2. 与收货人共同确认箱号、箱体外状、施封状态和施封内容，在货物运单上加盖“货物交讫”戳记
3.8	铁路箱空箱进站	1. 对照“铁路集装箱出站单”，计算站外停留时间，检查箱体质量。 2. 返回还箱收据，将“铁路集装箱出站单”装订成册。 3. 将有关信息录入追踪系统	1. 督促收货人按规定日期返回集装箱。按规定核收延期使用费。对发生破损的集装箱编制记录，向责任者核收修理费用。 2. 顺号装订，妥善保管。 3. 录入及时、准确、完整
3.9	重车交接	1. 核对运单和现车。 2. 检查车辆装载情况	1. 凭运单核对现车，确认箱号车号一致。 2. 装载加固符合要求，平车装载时，锁头入位
4.0	空车交接	1. 检查车辆状况。 2. 信息录入	1. 车辆无杂物，捆绑物清除干净。 2. 卸车信息及时准确录入集装箱追踪系统

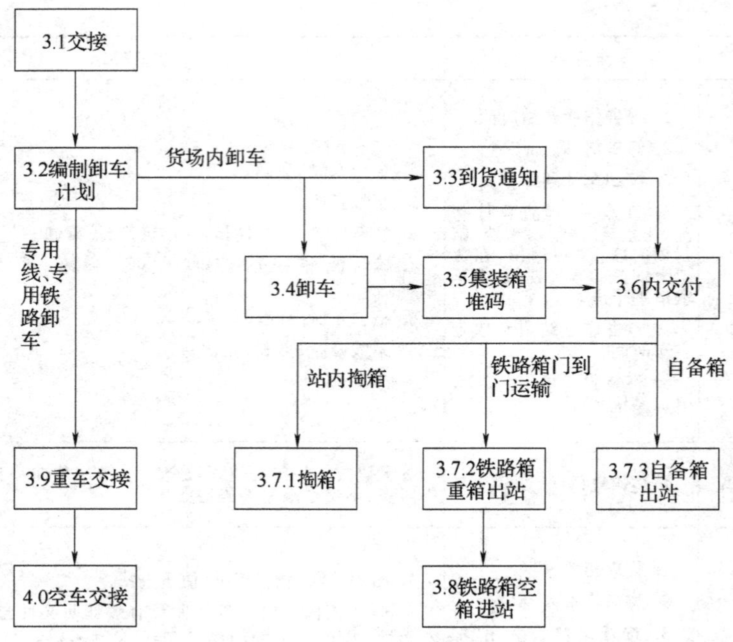

图 5-2　集装箱到达作业流程

第三节　集装箱“门到门”运输

自从集装箱运输出现以来，相继出现了集装箱快运直达列车、国内集装箱联运、国际集装箱多式联运（实行“一次托运，包干计费，一票到底，全程负责”）等方式。但它们基本上都是以“门到门”运输为基本形式。

一、集装箱“门到门”运输

集装箱“门到门”运输，就是从发货人的工厂、仓库或生产基地开始装箱、装车，通过铁路、公路、水运和航空等不同运输方式，直接运送到收货人的工厂、仓库或生产基地卸车、卸箱的一种运输方式。形象地讲，就是“取货上门、送货到家”。集装箱“门到门”运输是集装箱运输的重要组成部分。

二、“门到门”运输的优越性

1. 保证货物安全、减少货物搬捣次数。
2. 有利于节约包装材料和费用。
3. 提高装卸效率，加速车辆货物周转。
4. 简化货运手续、方便客户。
5. 避免货场堵塞，保证货物畅通。

三、“门到门”运输的组织形式

1. 按联运方式划分

(1)铁路专用线之间的“门到门”运输。货物运送方式为：

专用线—铁路—专用线

(2)铁路、公路联运集装箱“门到门”运输。货物运送方式为：

托运人—公路—铁路—公路—收货人。

(3)铁路、公路、水路联运集装箱“门到门”运输。货物运送方式为：

托运人—公路—铁路—水运—铁路—公路—收货人。

2. 按承运单位划分

(1)地方运输单位专业车队实行统一承包，开展接取送达业务。

(2)企业单位自办“门到门”运输，由企业单位自有汽车办理集装箱的接取送达作业。

(3)车站办理接取送达业务，由铁路自备汽车办理集装箱的接取和送达作业。

四、“门到门”运输制度

为保证“门到门”运输业务的正常开展，从实际出发制定了必要的制度。使各有关单位相互协作，共同完成“门到门”运输业务。

铁路车站：要实行“三优先”，即优先配箱、优先批运、优先装车。

物资单位：要实行“三集中”，即集中货源、集中仓库、集中去向。

运输公司：要实行“三固定”，即固定车队、固定车辆、固定人员。

五、“门到门”运输作业方法

随着“门到门”运输的发展，其作业方法也在不断改进，但其实际运用的方法主要有以下几种：

(1)重去空回：由物资单位或汽运公司将到达重箱从车站送到收货人仓库，卸货后，再将空箱送回车站。

(2)空去重回：由物资单位或汽运公司将空箱从车站送到发货人仓库，装箱后，再将重箱送回车站。

(3)重去重回：由物资单位或汽运公司将到达重箱从车站送到仓库卸货后，当即装上发送的货物，再将重箱送回车站。

(4)空重循环运输：由汽运公司将到达重箱由车站送到甲地收货人仓库卸货后，再将空箱送到乙地发货人仓库装入发送的货物，然后将重箱送回车站。

以上几种作业方法中，“重去重回”和“空重循环”是水平较高的作业方法。

第四节　集装箱的运输管理

为满足集装箱运输的各方面要求，集装箱运输实行全路统一管理。铁路局、铁路集装箱专业运输公司(以下简称公司)均应设专人负责集装箱运输管理，共同完成集装箱运输工作。

集装箱办理站应设置集装箱货运人员，负责集装箱运输管理和装卸车组织。公司在主要集装箱办理站的箱管人员应掌握集装箱作业动态和信息，对发现的问题及时沟通车站解决。

一、集装箱办理站应具备的条件

集装箱办理站(包括输集装箱运输的专用铁路、铁路专用线)应具备下列条件:

(1)有与其运量相适应的,适合集装箱堆存、装卸和修理的场地。

(2)具备集装箱计量称重及安全检测条件。

(3)配备集装箱专用装卸机械和吊具,装卸机械的起重能力要满足所装卸集装箱总重量的要求。

(4)具备计算机管理和与全路联网的条件,满足自动化管理和信息传输的需要。

(5)办理专用集装箱和特种货物集装箱的,还必须具有相应的生产和安全设备设施(如:机械、站台、充电、充液、充装设备等)。

(6)铁道部规定的其他条件。

二、集装箱场地管理

集装箱场是存放集装箱、办理集装箱运输作业及站外人员、车辆进出的场所。因此应固定作业场地,场地应当硬面平整、排水畅通、减少作业交叉、畅通无阻、安全高效,须与笨重货物分开堆放。

1. 集装箱应固定作业场地,分区码放,与其他货物分开存放。

2. 集装箱装卸和搬运时稳起轻放,防止冲撞。

3. 装卸部门码放集装箱时,必须关闭箱门,码放整齐,箱门朝向一致;多层码放时,要角件对齐,不得超过限制堆码层数。

三、集装箱管理

集装箱管理是集装箱运输管理的主要内容之一,具有重要的作用。

1. 集装箱办理站对到发、堆放、进出站及待修、待报废的集装箱必须按箱号跟踪管理,保证信息准确、完整、传输及时。

2. 办理集装箱运输业务的专用铁路、铁路专用线,应由车站货运人员按照车站集装箱货场条件对铁路箱进行管理。

进出站的铁路箱应使用“铁路箱出站单”管理。发到的集装箱应使用“集装箱到发登记簿”(表 5-6)进行管理。单证保管期限为 1 年。

表 5-6 集装箱到发登记簿

<table>
<tr><th rowspan="3">箱号</th><th colspan="9">到达</th><th colspan="8">发出</th><th colspan="9">停时计算</th><th rowspan="3">记事</th></tr>
<tr><th rowspan="2">卸车日期</th><th rowspan="2">车种车号</th><th rowspan="2">发站</th><th rowspan="2">货票号码</th><th rowspan="2">收货人</th><th rowspan="2">货位号</th><th rowspan="2">卸车货运员</th><th rowspan="2">交付日期</th><th rowspan="2">交付货运员</th><th rowspan="2">承运日期</th><th rowspan="2">到站</th><th rowspan="2">货票号码</th><th rowspan="2">施封号码</th><th rowspan="2">托运人</th><th rowspan="2">装车日期</th><th rowspan="2">车种车号</th><th rowspan="2">装车货运员</th><th colspan="2">卸车</th><th colspan="2">转出</th><th colspan="2">转入</th><th colspan="2">装车</th><th rowspan="2">停留时间</th></tr>
<tr><th>日期</th><th>时间</th><th>日期</th><th>时间</th><th>日期</th><th>时间</th><th>日期</th><th>时间</th></tr>
<tr><td></td><td></td><td></td><td></td><td></td><td></td><td></td><td></td><td></td><td></td><td></td><td></td><td></td><td></td><td></td><td></td><td></td><td></td><td></td><td></td><td></td><td></td><td></td><td></td><td></td><td></td><td></td><td></td></tr>
<tr><td></td><td></td><td></td><td></td><td></td><td></td><td></td><td></td><td></td><td></td><td></td><td></td><td></td><td></td><td></td><td></td><td></td><td></td><td></td><td></td><td></td><td></td><td></td><td></td><td></td><td></td><td></td><td></td></tr>
<tr><td></td><td></td><td></td><td></td><td></td><td></td><td></td><td></td><td></td><td></td><td></td><td></td><td></td><td></td><td></td><td></td><td></td><td></td><td></td><td></td><td></td><td></td><td></td><td></td><td></td><td></td><td></td><td></td></tr>
<tr><td></td><td></td><td></td><td></td><td></td><td></td><td></td><td></td><td></td><td></td><td></td><td></td><td></td><td></td><td></td><td></td><td></td><td></td><td></td><td></td><td></td><td></td><td></td><td></td><td></td><td></td><td></td><td></td></tr>
</table>

3. 车站应根据货源情况建立开箱检查制度，防止匿报货物品名。

4. 车站应每日整理“铁路箱出站单”，与站外存箱单位核对存箱数量，填制“铁路箱站外存留日况表”（见表5-7），及时催还未按时送回车站的铁路箱。

车站应按月清查站内外的铁路箱。发现账实不符时，应查明原因，及时上报。

表5-7 ______英尺（吨）铁路箱站外存留日况表

____年____月

日　期	昨日存留箱数	出站箱数	进站箱数	当日存留箱数	记　事

四、集装箱留置时间规定

1. 发送的集装箱应于承运人指定的进站日期当日进站完毕。到达的集装箱，应于承运人发出催领通知的次日起算，2日内领取集装箱货物，并于领取的当日内将箱内货物掏完或将集装箱搬出。集装箱货物（含空自备箱）在车站存放超过上述免费暂存期限的，应按规定核收货物暂存费。

2. 托运人或收货人使用铁路箱超过下列期限的，自超过之日起核收集装箱延期使用费。

（1）站内装箱时，应于承运人指定的进货日期当日装完。站内掏箱时，应于领取的当日内掏完。

（2）到达的集装箱应于承运人发出催领通知的次日起算，2日内领取集装箱。

（3）集装箱门到门运输重去空回或空去重回时，应于领取的次日送回；重去重回时应于领取的3日内送回。

五、运输组织

1. 集装箱运输应按“合理集结、多装直达、均衡运输、减少回空”的原则组织，以开行班列为发展方向。铁路局和公司要不断优化运输组织方案，提高班列开行质量，加快集装箱周转。

2. 集装箱运输实行全路集中统一调度指挥，集装箱调度纳入全路运输生产调度系统。各级集装箱调度根据铁道部下达的月度集装箱装车计划审批和下达月度装箱计划，按计划组织装箱，调整集装箱保有量和箱流去向，组织实施集装箱班列运输方案，掌握集装箱扣修和修竣情况，全面、准确掌握集装箱专用平车动态，及时处理发生的问题。

3. 集装箱运输实行优先审批计划、优先配车、优先挂运、优先排空箱的政策，统计报表单独统计。

4. 车站应预先受理运单，集结后按方向有计划地组织装箱。

5. 集装箱月度装箱计划由车站向集装箱调度提报。其主要内容有发送箱数、发送吨数、去向、排空和接空箱型、箱数等。

6. 集装箱应组织一站直达车装运。铁路局应制定管内中转集结办法，避免积压，尽快运抵到站。

7. 发站对承运超过7日未能装出的集装箱应及时报告集装箱调度处理。

8. 铁道部下达铁路局铁路箱保有量。日常运输出现不平衡或积压时，应进行调整。调整以装运重箱为主，回送空箱和停限装为辅。铁路箱保有量的计算公式如下：

铁路箱保有量＝铁路箱日均发送箱数×平均停时

9. 铁路箱空箱凭集装箱调度命令调整经铁路运输时。凭“特殊货车及运送用具回送清单”记明箱号、命令号免费回送；技术服务其他运输方式时，交出站凭调度命令填制“铁路箱出站单”，接收站在“铁路箱出站单”乙联上加盖站名日期戳后交送箱人返回交出站。交出站按发出空箱、接收站按到达空箱统计。

待修、待报废的铁路箱只准回送到修理或报废地点。

10. 根据运输需要，可备用适当数量状态良好的铁路空集装箱。铁路箱备用备满24 h，不足24 h解除备用时，自备用时起，仍按运用箱计算在站停留时间。铁路箱的备用和解除须由铁道部集装箱调度下达调度命令。

11. 新造铁路箱应凭集装箱调度命令投入运用；对报废的铁路箱，涂掉标记、摘除铭牌后，凭集装箱调度命令剔除。

12. 铁路箱从国境站出境时，发站凭集装箱调度命令装车，国境站凭集装箱调度命令放箱出境。

六、铁路箱质量管理

1. 铁路箱质量管理由公司负责。铁路箱应进行定期检验或实施连续检验计划。破损的铁路箱要及时修理由具有资质的单位进行，确保铁路箱的质量满足铁路运输安全要求。

2. 1吨铁路箱定检时间第一次为4年，第二次为3年，使用期限9年。10吨铁路箱定检时间第一次为5年，第二次为4年，使用期限12年。20英尺及以上通用标准铁路箱定检时间第一次为5年，第二次以后为2.5年。特种货物铁路箱、专用铁路箱和非标通用铁路箱的定检时间和使用年限另行规定。实施连续检验计划的，按有关规定办理。

3. 铁路箱修理实行状态修，达到扣修条件的铁路箱应及时修理。公司应在铁路箱发到量较大的车站设立铁路箱站修点。

4. 铁路箱需修理时，由车站填写“铁路箱修理通知书”。需要回送其他车站修理时，凭集装箱调度命令，在“特殊货车及运送用具回送清单”内填记“修理箱”字样，到站填制“铁路箱修理通知书”送修。

5. 铁路箱发生破损、丢失和因损坏报废时，车站应填写“集装箱破损记录”作为责任划分和赔偿依据，由责任单位承担费用。

责任按下列原则划分：

(1) 卸车发现破损时，由装卸人员通知卸车货运员。除能判明属于行车事故和偷盗造成的破损外，责任列装车站装卸单位。

(2)装卸车作业中发生的破损，责任列装卸单位。

(3)站内外存放的铁路箱发生破损，除能判明责任者外，责任列存放地单位。

(4)进站的铁路箱发现破损，责任列送箱人。

6. 铁路箱丢失或因损坏报废时按市场重置价格赔偿。铁路箱破损按实际发生费用(包括修理费、修理回送费、延期使用费及吊装搬运费等)赔偿。

七、安全管理

1. 铁路局和公司均应建立、健全集装箱运输管理和安全保障体系,制定安全管理基本制度,保证必要的安全设施设备投入,完善作业标准,加强对从业人员的培训,建立安全责任制和考核机制,实施责任追究,确保集装箱运输安全。

2. 铁路局和公司分别负责其下属单位的运输安全管理,并承担相应的安全责任。因匿报品名、装载加固不良和违章运输等原因发生事故时,办理站属公司的,由公司负责;不属公司的,由主管铁路局负责。

3. 集装箱运输发生货运事故时,按《铁路货运事故处理规则》等有关规定处理。

4. 集装箱运输发生行车事故时,按《铁路交通事故调查处理规则》等有关规定处理。

八、集装箱信息和统计

1. 集装箱运输应建立全路统一的运输管理信息系统,使用统一的票据、表格和电子单证,实现集装箱运输动态管理和实时信息查询,逐步实现与港口、口岸、大客户等电子数据交换。

2. 铁路局和公司应设专人负责计算机网络及信息系统日常维护工作,确保系统安全、平稳运行、数据准确,实现对集装箱的实时动态管理。

3. 铁路局和公司应共同制定信息管理考核办法,加强监督检查,确保集装箱信息采集和上报及时、准确、完整。

4. 集装箱办理站应使用全路统一标准的集装箱管理信息系统,及时、准确录入集装箱承运、装卸车、出入站等信息。每日 18:00 时作出"集装箱运用报告",逐级上报集装箱调度。集装箱运用报告按"集装箱运用报告填制说明"的要求填制。

集装箱运输的主要指标分为数量指标和质量指标:数量指标包括集装箱发送箱(TEU),集装箱发送吨,集装箱运输收入,国际集装箱发送箱(TEU);质量指标包括集装箱在站平均停留时间(日),集装箱保有量(TEU),集装箱周转时间(日)。

第五节　集装化运输

一、定　　义

凡使用集装用具或自货包装、捆扎等方法,将散装、小件包装,不易使用装卸机械作业的货物,按规定集装成特定的单元后运往到站,皆称为集装化运输。

二、集装化用具

在集装化运输中,用以集装货物的箱、盘、笼、袋、夹、绳等称为集装用具。主要集装用具有集装盘、集装笼、集装桶、集装袋、集装网、集装捆、集装架、预垫绳等。

集装用具应符合以下基本条件:

(1)有足够的刚度和强度。

(2)能充分利用货车容积和载重力。

(3)有利于货场码放,能够保证货物、人身、行车安全,不损坏车辆。

(4)具有机械作业需要的起吊装置或叉孔。

(5)循环用具能够拆解、折叠、套装、便于回送。

三、集装化运输的基本条件

1. 集装化运输的货物,以集装后组成的特定单元(盘、架、袋、网、捆、等)为一件。每件集装货件的体积应不小于 $0.5\ m^3$ 或重量不小于 500 kg。

2. 棚车装运的集装化货物,每件重量不得超过 1 t,长度不得超过 1.5 m,体积不得超过 $2\ m^3$。到站限制为叉车配属站。

3. 敞车装运的集装化货物,每件重量不超过到站最大起重能力(征得到站同意时除外)。

4. 集装化货物应捆绑牢固,表面平整,适合多层码放;码放要整齐、严密,并按规定具有包装储运标志。以绳索、预垫等方式运输竹、木等货物时,必须满足卸车时机械作业的要求。

5. 集装化货物与非集装化货物不能一批运输,一批运输的多种集装化货物,按零担运输时,应采用同一集装用具。

四、集装化运输组织

1. 集装化货源组织

凡适合于集装并通过集装之后能够取得经济效益的货物都是货源。对托运人要求集装化的应给予满足;对托运人未要求集装化的,铁路货运部门应想办法动员物资单位集装化运输;对尚未集装化运输但向车站提出集装化要求的,必要时应派员前往联系,协商研究解决。

凡盖有"集装化运输"戳记的月度订单,优先批准、优先安排、优先装运。

2. 托运

(1)托运人要求运输整车集装化货物时,应在月度订单中注明"集装化"字样。

(2)托运人托运集装化货物,应在运单"托运人记载事项"栏内注明集装化字样;运单"件数"栏内应填写集装后的件数;"包装"栏内填写集装用具名称。

(3)发站受理集装化货物时,应在运单右角上加盖"××站集装化运输"戳记。

(4)车站不得将批准的集装化运输计划以非集装化运输。

3. 承运和交付

车站对集装化货物,按集装化的件数承运。承运时只检查集装化的件数和货件外部状态。到站交付时,也按集装化后的件数和货件外部状态交付。如收货人提出内部货物发生损坏、丢失,除能证明属于铁路责任外,均由托运人负责。

4. 集装用具的回送

集装化货物运抵到站后,对企业自备的集装用具,应一并交给收货人。对需要回送的集装用具,收货人凭特价运输证明书办理回送,车站应优先运输。回送时,在车站征得用具所有人同意后,可将回送的集装用具出租利用。对到站回送的铁路集装用具,应填写"特殊货车及运送用具回送清单"办理回送。

5. 集装化运输工作考核指标

(1)集装化运输比重。

(2)整车集装化运输比重。

(3)零担集装化运输比重。

铁路可集装货物是指钢铁、水泥、木材、化肥及农药、粮食、棉花、盐、日用工业品、化工原料及其制品、工业机械、农业具、农副土特产品、零担及其他类货物。

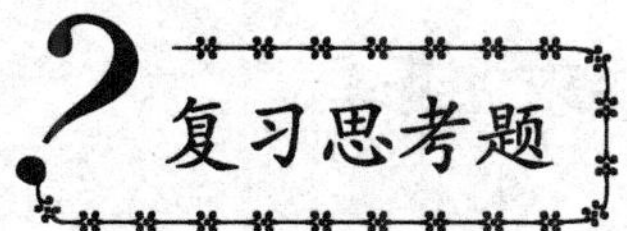

1. 集装箱按箱主及所装货物种类和箱体结构是如何分类的?

2. 下列符号分别表示什么含义?

TBJ U 001234 [3]

3. 集装箱按一批托运有什么规定?

4. 集装箱运输的主要指标有哪些?

5. 确定下列货物能否用通用集装箱装运?

运动服　挂面　废钢铁　苹果　地板块　柴油

6. 集装箱装车时除装车作业的一般要求外,还要注意哪些问题?

7. 装入集装箱内的货物应如何装载确保货物安全?

8. 什么是集装箱"门到门"运输? 组织形式有哪几种?

9. 某托运人托运铁路20吨箱3个、自备20吨箱3个,问应按几批托运? 为什么?

10. 集装化运输的基本条件是什么?

第六章　鲜活货物运输

第一节　鲜活货物运输基本要求

一、鲜活货物定义

鲜活货物是指在铁路运输过程中需要采取制冷、加温、保温、通风、上水、加冰等特殊措施，以防止出现腐烂、变质、冻损、生理病害、病残死亡等问题的货物。

鲜活货物都是有生命或生命现象以及经过冷冻加工的货物，在流通、保管过程中需要有适宜的储运环境、生存条件来维持其生命、生理状态或物态。这是鲜活货物运输区别于其他货物运输的主要特点，也正是鲜活货物在铁路运输过程中必须采取特殊的防护措施和服务工作的原因所在。

二、鲜活货物分类

鲜活货物按其自然属性分为易腐货物和活动物两大类。

不同品类的鲜活货物有不同的生理特征和理化性质，对运输环境、生存条件的要求也不尽相同。例如，易腐货物需要保持适宜的温度和湿度，才不致腐烂变质；活动物必须满足其生存的基本条件才不会病残死亡。为此，铁路在运输易腐货物时，必须采取相应的制冷、保温、加温、通风、浇水等措施来调控运输环境的温度和湿度，保证货物的质量；运输活动物时，则要采用供给饲料、饮用水及换水、增氧等方法来满足其生存的基本需求，防止活动物掉膘或病残、死亡。所以，只有根据不同品类的鲜活货物采取不同的特殊措施，才能保证货物的质量和安全。

易腐货物包括肉、蛋、乳制品、速冻食品、冻水产品、鲜蔬菜、鲜水果等，常见品名见《铁路鲜活货物运输规则》“易腐货物机械冷藏车运输条件表”。易腐货物在鲜活货物中占的比例较大，按其温度状况（即热状态）的不同，可分为三类：

1. 冻结货物

是指经过冷冻加工成为冻结状态的易腐货物。

2. 冷却货物

是指经过冷却处理，温度在冻结点以上的易腐货物。

3. 未冷却货物

是指未经过任何冷处理，完全处于自然状态的易腐货物。如采收后以初始状态提交运输的瓜果、鲜蔬菜等。

按照热状态来划分易腐货物种类的目的，是为了便于正确确定易腐货物的运输条件（如车种、车型的选用，装载方法的选取，以及运输方式、控温范围、冰盐比例、途中服务的确定等），合理制定运价，提高综合经济效益。

活动物包括:禽、畜、兽、蜜蜂、活水产品等。

托运的鲜活货物必须质量良好,无病残,包装适合货物性质并能保证铁路运输安全。

三、鲜活货物运输种类

鲜活货物适用于整车运输,鲜活货物集装箱运输按有关规定办理,铁路不办理鲜活货物零担运输。

第二节 易腐货物运输

一、易腐货物托运承运

1. 按一批托运的规定

(1)易腐货物与非易腐货物不得按一批托运;

(2)不同热状态的易腐货物不得按一批托运;

(3)按一批托运的整车易腐货物一般限运同一品名。不同品名的易腐货物,如运输温度要求接近、货物性质允许混装的,可按一批托运,在同一机械冷藏车内组织混装运输。此时,托运人应与发站和乘务组商定运输条件,签订运输协议,并将运输条件记录在货物运单"托运人记载事项"栏和"机械冷藏车作业单"内。

热状态相同、品名不同的易腐货物,必须满足在冷藏车内保持或要求的运输温度接近,才允许拼装在同一冷藏车内按一批托运。

可以拼装在同一辆冷藏车内按一批托运的货物,在运输途中更适于按哪种品名货物的运输温度控温更好,托运人比铁路了解更透彻,考虑到托运人对货物性质更为熟悉,《铁路鲜活货物运输规则》规定混装运输应由托运人与发站、乘务组商定运输条件(4)货物性质有抵触,不能按一批托运。

某些易腐货物虽然都属于同一热状态货物,运输温度接近但货物性质有抵触,易造成其他货物受到湿损和污染,影响货物的质量和卫生状态,故也不能按一批托运。另外,由于某些易腐货物会释放出一些有害气体(如乙烯)或易吸收异味(如禽蛋)时,也不宜与其他货物混装按一批托运。另外,由于某些易腐货物会释放出一些有害气体(如乙烯)或易吸收异味(如禽蛋)时,也不宜与其他货物混装按一批托运。一般情况下,不得混装运输的货物包括:具有强烈气味的货物和容易吸收异味的货物;易产生乙烯气体的货物和对乙烯敏感的货物;水果和肉类,蔬菜和乳制品。

2. 运单特殊填写

托运人托运易腐货物除按普通货物规定填写运单外,还应遵守下列特殊规定:

(1)"货物名称"栏。托运人托运易腐货物,应在货物运单"货物名称"栏内填记货物名称,注明品类顺号及热状态。

(2)"托运人记载事项"栏。应注明容许运输期限,容许运输期限须大于铁路规定的运到期限三天;使用机械冷藏车运输时,应具体注明装载货物的运输温度要求和运输条件。

(3)票据记载。发站应在货物运单、货票、封套上分别加盖红色"易腐货物"、△K(△K表示须快速挂运的货车)戳记。发站、列车编组站要将△K符号转记在"列车编组顺序表"记事栏内。

3. 货物质量、温度和包装

托运人托运易腐货物时，货物的质量、温度、包装和选用的车辆，均须符合“易腐货物运输条件表”和“易腐货物运输包装表”的规定。发站应认真抽查托运货物的温度、质量、包装及安全防护用品是否符合要求。使用机械冷藏车装运时，发站应在装车时会同乘务组对货物的温度、质量、包装和安全防护用品进行抽查，并将抽查情况记录在“机械冷藏车作业单”内。货物包装和破验部位的恢复由托运人负责。

易腐货物的初始质量和包装是优质运输易腐货物的重要前提。不能满足运输要求或不适于提交运输而予以承运，必然造成货物损失，浪费了运输能力。因此货物的质量和包装应由托运人负责。同时铁路在运输过程中除对合同规定的义务应承担责任外，还应负责监督托运人、收货人承担合同规定的义务。

货物质量、包装、温度达不到要求时，承运人有权拒绝承运货物。

4. 未列名的易腐货物运输规定

由于鲜活货物品类繁多，《铁路鲜活货物运输规则》中的“易腐货物运输条件表”不可能列载出所有的易腐货物品名。使用机械冷藏车运输未列名的易腐货物时，应按如下规定试运。

(1)试运前，托运人应与发站商定运输条件，提出“铁路易腐货物试运申请表”一式三份，托运人、发站、发送铁路局各一份。

(2)发站将“铁路易腐货物试运申请表”报铁路局，经批准后组织试运，铁路局将有关情况上报铁道部备案并抄送相关铁路局。

(3)托运人应将试运批准号和运输条件记录在货物运单“托运人记载事项”栏和“机械冷藏车作业单”内。

(4)发站在确认首批试运货物安全抵达到站后，方可发出次批试运货物。同一发站、品名、运输条件的货物，首批试运不得超过 4 车。试运期不得超过 1 年。

(5)试运期间，如货物在运输过程中出现腐烂、变质、冻损等问题，须立即停止试运。发站应组织有关人员分析事故原因，并将结果报铁路局。需要继续试运的必须制定改进措施，重新办理试运手续。

(6)试运结束后，发站应将试运总结报铁路局，铁路局将有关情况报铁道部。

5. 进口易腐货物运输

使用机械冷藏车运输进口易腐货物，以及经过基因修改、非正常天然繁殖、使用过生长激素和经过化学药物处理等降低了耐储运性的易腐货物时，托运人应与发站和乘务组商定运输条件，签订运输协议，并将运输条件记录在货物运单“托运人记载事项”栏和“机械冷藏车作业单”内。

6. 不按规定条件运输的易腐货物

使用机械冷藏车运输易腐货物，托运人要求不按《铁路鲜活货物运输规则》规定条件办理时，应在确认货物不致出现腐烂、变质、冻损等问题的前提下，与发站和乘务组商定运输条件，签订运输协议，并将运输条件记录在货物运单“托运人记载事项”栏和“机械冷藏车作业单”内。

二、装车作业

1. 车辆选用

为了质量良好地运输易腐货物，铁路应根据货物特性拨配适当的车辆装车。

根据铁路货车使用范围，装运易腐货物应选用冷藏车装运，确因冷藏车不足时，承运人可根据托运人的要求，按"使用棚、敞车运输易腐货物的措施"的规定办理。

2. 冷藏车使用规定

冷藏车包括机械冷藏车和冷板冷藏车等车型。目前我国铁路数量最多的是机械冷藏车。冷藏车是运输易腐货物的专用车辆，但使用时应遵守以下规定：

(1)机械冷藏车装载货物的重量，不得超过车辆的标记载重量。

(2)无包装的水果、蔬菜(西瓜、哈密瓜、南瓜、冬瓜除外)等易污染、损坏车内设备的易腐货物不得用冷藏车装运。

为保护车辆，保证货物安全，便利装卸作业，加速车辆周转，无包装的水果、蔬菜、卤鱼等不得使用冷藏车装运。因为水果、蔬菜带有大量的田间热并产生呼吸热，不加包装货压货直接堆在车内，不但易增加机械伤，影响货物质量，而且车内冷空气无法畅通循环，积热难以散发，货物易腐烂变质。另外，无包装的水果、蔬菜也不便于装卸，延长作业时间。但西瓜、哈密瓜、南瓜、冬瓜等，本身比较结实，体积也较大，只要不过高堆码，底层货物不会被压坏，货物间也有一定的自然间隙，冷空气能在货堆内循环流通，货物的热量可以得到散发，故可以用冷藏车装运。卤鱼有盐水渗出，对冷藏车内部的金属构件(如底格板、内壁板等)有腐蚀作用，故不得使用冷藏车装运。

(3)冷藏车严禁用于装运污染、腐蚀和损坏车辆的非易腐货物(如煤炭、化肥、砖瓦、水泥等)。

(4)使用机械冷藏车(包括空车回送和回空代用)，应由发站逐级上报铁道部调度部门，经铁道部调度命令承认后方可使用。车站应将调度命令号码填记在"机械冷藏车装车通知单"内。

3. 车辆检查

车辆状态是保证易腐货物运输质量的基础，故铁路调配的装运易腐货物的车辆必须是状态良好的，不能保证易腐货物质量的车辆，严禁使用。装车单位应在易腐货物装车前检查车门及车内设备是否良好，车内是否清洁卫生。对不能保证货物质量的车辆，承运人应及时予以调换。

4. 车辆预冷

用冷藏车运输易腐货物时，在装车前必须预冷，待车内温度降低到规定温度后，方可装车。对车辆进行预冷，是保证易腐货物质量的一项重要的技术作业。装车前如有足够的时间对冷藏车进行预冷，使车内温度达到所装货物的适温范围最为理想。这样就可大大减少运输途中的冷消耗，有利于货物降温和保持合适的运输温度，有利于提高冻结或冷却货物的质量。

考虑到目前我国铁路冷藏运输的技术水平及运输组织工作的实际情况，《铁路鲜活货物运输规则》对机械冷藏车的预冷作了不同的规定：冻结货物为－3℃～0℃；香蕉为11℃～15℃；菠萝、柑橘为9℃～12℃；其他易腐货物为0℃～3℃。

5. 装车要求

(1)易腐货物应按《铁路鲜活货物运输规则》附件一、三规定的方法装载。

(2)经过预冷的冷藏车装车时，应采取措施保持车内温度。

(3)在装卸车作业中应使用不致损坏车内设备的工具,不得挤碰循环挡板和挤占车体压筋之间的空隙,上层货物距离循环挡板至少应留出 50 mm 的空隙,不得在货物分层间使用影响通风的隔板。

(4)货物在车内的堆码,应当保证两侧车门能够方便开启。

(5)开关车门时,严禁乱砸硬撬。

(6)在采取保温、防寒、防湿等措施时,严禁以钉、钻、铆等方式损坏冷藏车车体。

6. 装卸时间

冷藏车的装卸车作业时间越长,冷藏运输时,对车辆和货物的冷消耗越多,装车后降温就越困难,卸车后货温上升的幅度也越大。因此,车站、托运人、收货人应加强装(卸)车的组织工作,缩短装(卸)时间。

(1)单节机械冷藏车每辆装(卸)车作业时间(不包括洗车和预冷时间,下同)不得超过 3 h。

(2)货物车为 4 辆的机械冷藏车组,每组装(卸)车作业时间不得超过 6 h,每车的装(卸)车作业时间不得超过 3 h。

由于托运人(收货人)的责任而超过规定的装(卸)车时间,应核收货车使用费。

7. 填写“冷藏车作业单”

使用机械冷藏车时,填写“机械冷藏车作业单”(格式 6-1)。冷藏车作业单是掌握易腐货物运输的原始记录,是改进易腐货物冷藏运输工作,分析事故原因,划分承运人、托运人和收货人之间以及铁路内部有关部门之间责任的依据。所以装卸车单位、发站、到站及机械冷藏车乘务组都要认真填写“冷藏车作业单”,并做好作业单的传递交接工作。

格式 6-1

机械冷藏车作业单

№000000

一、始发站作业记录

1. 发站________到站________、车种、车型、车号________货票号________。
2. 货物品名、热状态________________;包装种类、状态________。
3. 货物质量抽查情况:______________________________。
4. 货物装载方法________________________________。
5. 商定的运输条件______________________________。
6. 车辆预冷时间________h,车内预冷温度________℃。
7. 货物进站时间____月____日____时。装车时间____月____日____时____分开始到____月____日____时____分止,其中制冷时间____月____日____时____分开始到____月____日____时____分止。
8. 装车时车内温度________℃,车外温度________℃,货物的承运温度________℃。
9. 试运批准号:______________________________。
10. 其他需说明情况:

托运人或经办人签字(盖章)________。机械冷藏车机械长签字(盖章)________。

铁路专用线(专用铁路)签字(盖章)________;发站货运员签字(盖章)________。

二、到站作业记录

1. 到达车次________次，时间________月________日________时________分。
2. 车辆调入时间____月____日____时____分。卸车时间____月____日____时____分起至____月____日____时____分止，其中制冷时间____月____日____时____分开始到____月____日____时____分止。
3. 卸车时温度：车内温度____________℃，车外温度____________℃。
4. 货物质量：感官观察____________，冻结货物温度____________℃。
5. 车内洗刷情况____。
6. 其他需说明情况：

收货人或经办人签字（盖章）________。机械冷藏车机械长签字（盖章）________。
铁路专用线（专用铁路）签字（盖章）________；到站货运员签字（盖章）________。

三、机械冷藏车温度记录

日/时分												
外　温												
车内温度												
日/时分												
外　温												
车内温度												
日/时分												
外　温												
车内温度												
日/时分												
外　温												
车内温度												
日/时分												
外　温												
车内温度												
日/时分												
外　温												
车内温度												
日/时分												
外　温												
车内温度												

机械冷藏车机械长（签字）____________　　　　列车戳____________

注：1. 未冷却货物可不填记货物的承运温度。

2. 冷却及未冷却的货物以卸车时车内温度为货物交接温度。

3. 机械冷藏车温度记录填满时，可在本页反面画格填写。

4. “机械冷藏车作业单”一式三份，一份由发站留存，一份随车递送到站保存，一份由机械冷藏车乘务组交配属单位存档。

5. 本作业单保存期为1年。

规格 A4 竖印（共2页）

第三节 活动物运输

一、托运和承运

1. 查验规定的检疫证明

托运人托运活动物时，应按国家有关规定提出检疫证明，在货物运单"托运人记载事项"栏内注明检疫证明的名称和号码，并将随货同行联牢固地粘贴在运单背面，随货物递到站交收货人。没有检疫证明的，发站不得承运。

为了预防和消灭家畜、家禽的传染病和寄生虫病，保护畜牧业生产发展和人民的身体健康，根据国务院颁布的《家畜家禽防疫条例》的规定，到市场出售和外运的家畜及家禽产品，都必须持有检疫证明（实验动物、观赏动物、演艺动物、家养野生动物应参照家畜、家禽办理）。

2. 猛禽猛兽托运要求

托运猛禽、猛兽时，托运人应与发站商定运输条件和运输防护方法，报发送铁路局批准。跨局运输时，发送铁路局应将商定的事项通知相关铁路局。托运人应在货物运单"托运人记载事项"栏内注明商定的运输条件和运输防护方法。

3. 蜜蜂运输

蜜蜂运输时，托运人要按车填写物品清单（一式三份，一份留站存查，一份随票递送到站，一份交托运人）。物品清单要记明蜜蜂的空箱数、有蜂箱数、押运人所带的生活用品，饲养工具及蜜蜂饲料等。

二、装　　车

1. 车辆选用

(1)装运活动物应选用专用车辆、敞车或有窗的棚车。

(2)装运牛、马、骡、驴、骆驼等大牲畜，应使用带有㊍标记的木地板货车；确因木地板货车不足需要使用其他货车时，应采取衬垫等防滑措施。

(3)发往深圳北的活牛不得使用敞车装运。

(4)装运活鱼不得使用全钢棚车及车窗不能开启的棚车（采用增氧机运输的除外）。托运人随车携带增氧机时，必须配带1～2只灭火器。随车携带的动力用柴油不得超过100 kg。柴油应盛装于小口塑料桶内，口盖必须拧紧，严密不漏。严禁使用汽油动力增氧机，严禁携带汽油上车。

拨配的车辆是否适合装运活动物由托运人检查确定，并在运单"托运人记载事项"栏内记明同意使用车辆的车型、车号。托运人认为车辆不适合时，承运人应予以调换。

2. 装载要求

(1)禽、畜可单层或多层装载，每层的装载数量由托运人根据季节、运输距离、活动物的体积及选用的车种车型等情况确定。

(2)装运活动物的车辆可开启门窗，但应采取措施防止大牲畜头部伸出。

(3)蜜蜂的装载，应纵向排列、稳固堆码，并留有足够的通风道，预留押运人休息的位置。

在顶部蜂箱上不准乘坐人员，不准装载自行车和其他杂物。

另外蜜蜂进站时，托运人必须在蜂箱巢门外安装好纱罩，防止蜜蜂飞出蜇人，遮蔽信号，影响车站作业和行车安全。蜂箱巢门未安装纱罩的，发站不得承运。

三、押　　运

运输活动物时，托运人必须派熟悉动物特性的押运人随车押运，负责做好动物的饲养、饮水、换水、洒水、看护和安全工作。因此运送活动物时，有关押运人的人数、携带物品应按规定办理。

1. 押运人数

押运人每车 1～2 人，托运人要求增派押运人时，须经发站承认，但合计人数不得超过 7 人。

2. 押运人携带品的规定

押运人携带物品只限途中生活用品和途中需要的饲料和饲养工具。为放蜂需要带的狗必须装在铁笼内，并交验检疫证明。押运人不得携带危险品和违反政令限制的物品。

四、发现问题的处理

运输过程中发现活动物染疫、疑似染疫、病死或死因不明时，押运人应及时通知车站。车站发现上述情况时，应及时向当地动物防疫部门报告并按动物防疫部门的规定妥善处理，同时拍发电报通知发、到站和上级主管部门。严禁乱扔染疫、疑似染疫的活动物，病死或死因不明的活动物尸体。

活动物的排泄物以及垫料、包装物、容器等污染物应由押运人或收货人在铁路指定站或到站清除，并按动物防疫部门的规定处理，不得中途随意向车外抛撒，不得违规在中途站清扫和冲洗。

复习思考题

1. 何谓鲜活货物？鲜活货物的分类是什么？
2. 托运易腐货物时，运单填记上有何特殊要求？
3. 易腐货物按一批托运的条件是什么？
4. 判定下列货物能否按一批托运。

(1)大豆和马铃薯

(2)冰蛋和鲜蛋

(3)冷却的荔枝(1℃～5℃)和冷却的柠檬(7℃～10℃)

(4)未冷却的大白菜(0℃～3℃)和未冷却的萝卜(0℃～3℃)

(5)冻虾(－15℃以下)和速冻甘蓝(－15℃以下)

5. 不按规定条件运输的易腐货物有何规定？
6. 机械冷藏车预冷温度有哪些规定？

7. 机械冷藏车装卸时间有哪些规定？

8. 托运活动物时须提出什么证明？

9. 装运活动物的车辆在使用上有何规定？

10. 活动物押运人人数及携带品有何规定？

第七章　货物装载加固

第一节　基本技术条件

一、装载加固的基本技术条件

货物装载加固的基本技术要求是:使货物均衡、稳定、合理地分布在货车上,不超载、不偏载、不偏重、不集重;能够经受正常调车作业以及列车运行中所产生的各种力的作用,在运输全过程中,不发生移动、滚动、倾覆、倒塌或坠落等情况。

偏载:货物总重心在车地板上的投影位于车地板纵中心一侧,且偏离超过限度。

偏重:货物总重心在车地板上的投影位于车地板横中心一侧,造成转向架承重或两转向架承重之差超过规定限度。

调车速度:《铁路技术管理规程》规定空线牵引不大于 40 km/h,推进不大于 30 km/h,装爆炸品、压缩气体、液化气体、超限货物的车辆不大于 15 km/h,接近被连挂车辆不大于 5 km/h;

限速连挂速度:《铁路危险货物运输管理规则》规定不得超过 2 km/h。

二、车辆使用要求

装车前应正确选择车辆,遵守货车使用限制表(表 7-1)及有关规定。未经铁道部运输局批准,各类货车装载的货物不得超出货车的设计用途范围。

表 7-1　货车使用限制表

顺号	限制条件 车种 / 货物名称	棚车	敞车	底开门车	有端侧板平车	无端侧板平车	有端板无侧板平车	铁地板平车	共用车	备注
1	散装的煤、灰、焦、炭、砂、石、土、矿石、砖	×				×	×	×	×	无端侧板平车或有端板(渡板)无侧板平车(共用车除外),在使用有挡板或竹笆作围挡并安有支柱时,可装运煤、灰、焦、炭、砂、石、土、矿石、砖。
2	金属块			×		×	×	×	×	无端侧板平车或有端板(渡板)无侧板平车(共用车除外),在使用有挡板或竹笆作围挡并安有支柱时,可装运散装的金属块。
3	空铁桶				×	×	×	×	×	应加固并外置绳网
4	木材				×	×	×	×	×	原木不得使用棚车装运
5	集装箱	×		×				×		1吨集装箱可装棚车
6	超长货物	×	×	×				×		
7	超限货物	×		×				×		
8	钢轨	×		×				×		
9	组成的机动车辆	×	×	×				×		组成的摩托车、手扶拖拉机及小型车辆可使用棚车,在到站有起重能力时,可使用敞车

注:×为不准使用的车种。

货车的技术参数由铁道部运输局公布，常用敞车、平车、长大货物车技术参数参见《铁路货物装载加固规则》附录。凡货车车体上的标记技术参数与附录不一致时，以车体上的标记技术参数为准。货车制造、检修单位应确保货车车体上涂打的标记技术参数的准确性。

凡未经铁道部运输局公布的，技术参数不全的敞车、平车及长大货物车，一律不得使用。

三、平车装运货物长度(宽度)超出车地板的规定本

1. 对车辆的要求

使用有端、侧板的平车装载长度或宽度超出车地板的货物，可将端、侧板放下，同时用镀锌铁线将其与车体捆绑牢固或用锁铁卡紧。

涂打“㊀”的平车在运行时，端板应处于立起关闭状态。特殊情况下，在安装车钩缓冲停止器后允许将端板放倒运行；或将两平车相邻端的一辆平车的端板采取可靠吊起措施后，可将另一辆平车的端板放倒运行。

2. 装载要求

货物突出平车车端装载，突出端的半宽不大于车辆半宽时，允许突出端梁 300 mm；大于车辆半宽时，允许突出端梁 200 mm。凡超过此限时，应使用游车。

根据两平车连挂车钩的间距，正常车辆连挂时两端部间最小间距为 908 mm(N_6)，车钩处于压缩状态时每一车钩压缩量为 75 mm，运行于曲线 300 m 半径线路上，曲线内侧货物端部较中间向前 35 mm。当相邻车辆均装有突出端梁 300 mm 的货物时，而货物端部(曲线内侧)还有 88 mm(908－300×2－75×2－35×2＝88)安全量。

四、装车后货物总重心的投影位置的规定

货物的重心为货物质量所在位置。

货物的中心为货物的几何中心。

1. 原则

总重心投影应位于车辆纵横中心线的交点上。

2. 偏离的规定

(1)横向偏离量不得超过 100 mm。

(2)纵向偏离时，每个车辆转向架所承受的货物重量不得超过货车容许载重量的 1/2，且两转向架承重之差不得大于 10 t。

横向偏离考虑转向架心盘直径为 300 mm，不超过 100 mm 时，货物重心能落在车辆转向架心盘内；纵向考虑两转向架的磨耗及运行安全。

五、重车重心高的规定

1. 重车重心高

将车辆和所装货物看作整体，该整体的重心距轨面高度为重车重心高。

2. 规定

重车重心高度从钢轨面起，超过 2 000 mm 时应按表 7-2 的规定限速运行。限速运行时，由装车站以文电向铁路局请示，铁路局以电报批示，跨局运输则应同时抄给有关铁路局，并符

合《铁路货物装载加固规则》的规定（限速运行时，发站应在货物运单、票据封套、编组顺序表及货车表示牌上注明“限速××公里”字样）。

表 7-2　重车重心超高限速表

重车重心高度 H(mm)	区间限速(km/h)	通过侧向道岔限速(km/h)
$2\,000<H\leqslant 2\,400$	50	15
$2\,400<H\leqslant 2\,800$	40	15
$2\,800<H\leqslant 3\,000$	30	15

六、货物装载高度（宽度）的规定

货物的装载高度、宽度和计算宽度，除超限货物外，不得超过货物装载限界和特定区段装载限制。

货物的装载高度：指距轨面起算的高度。

货物的装载宽度：指装车后货物外缘距车辆纵中心线的位置。

计算宽度：除货物宽度外，还考虑车辆运行产生的偏差量。

七、货车装载货物重量的规定

1. 货车装载货物重量的范围

(1)货物的重量（包括包装重量）。

(2)防护物重量。

(3)装载加固材料及装置的重量。

2. 货车装载重量的规定

货车装载的货物重量不得超过货车容许载重量。

3. 货车容许载重量范围

(1)货车标重。

(2)对符合《铁路货物运输规程》第 26 条特定情况的货物，还可以多装，多装部分不得超过货车标记载重量的 2%。

(3)允许增载量。

(4)规定的装载量：一定的装载方法规定的装载量（达不到货车的标重）。

4. 货车允许增载量

(1)货车增载规定。

① 对符合《铁路货物运输规程》第 26 条特定情况的货物，还可以多装，多装部分不得超过货车标记载重量的 2%。

② 使用 60 吨平车装运军运特殊货物，允许增载 10%。

③ 国际联运的中、朝、越铁路货车，以标记载重量加 5%为货车容许载重量。

(2)以下车种车型不允许增载：

① 企业自备车中标记载重 60 t 及其以上敞车外的其他车种车型；

② P_{13}、P_{60}、P_{61}、P_{62}（含 P_{62K}、P_{62T}）、P_{70} 等型棚车；

③ N_6、N_{15}、N_{16}、N_{17}（含 N_{17A}、N_{17K}、N_{17AK}、N_{17AT}、N_{17G}、N_{17GK}、N_{17GT}、N_{17T}）、N_{60} 等型平车；

④ 罐车(G)、矿石车(K)、家畜车(J)、水泥车(U)、粮食车(L)、保温车(B)、集装箱车(X)、共用车(NX)、毒品车(W)、长大货物车(D)以及长钢轨运输车(T)；

⑤ 涂打有禁增标记的货车。

(3)危险货物按照《铁路危险货物运输管理规则》的规定办理，严禁增载。

(4)在允许增载规定范围内的货物重量超过标记载重量的，按货物实际重量计费。

5. 货车装载重量的确定

货车装载重量应使用计量衡器确定；暂不具备条件的，可按装载高度、货物密度确定。按装载高度确定重量的散堆装货物，托运人应根据货物的粒度、含水量等变化情况随时测定其密度，每季至少应测定一次，装车时，应按所装车辆的容积和货物密度，量尺划线，确定装载高度。货物密度的测定办法，由铁路局统一制定。

散堆装货物装车后必须平顶。

散堆货物装载高度计算公式：

$$H_{装}=\frac{P_{容}}{L\times B\times d_{货}}(\mathrm{mm}) \tag{7-1}$$

式中 $H_{装}$——装载高度，保留3位小数，mm；

$P_{容}$——货车容许载重量，t；

L,B——货车标记的车内长、宽尺寸，mm；

$d_{货}$——装车期间货物的平均密度，$\mathrm{t/m^3}$。

【例7-1】 某站使用输送带装河沙，使用车种为C_{62B}型车，河沙密度为1.45 $\mathrm{t/m^3}$，确定划线的高度。

C_{62B}车内长、宽为12 500 mm、2 900 mm。

货车容许载重量＝60 t＋增载3 t＝63 t。

$$划线高度=\frac{P_{容}}{L\times B\times d_{货}}=\frac{63}{12.5\times 2.9\times 1.45}=1.199\ \mathrm{m}=1\,199\ \mathrm{mm}。$$

八、成件包装货物的装载加固

1. 装载要求

应排列紧密、整齐。当装载高度或宽度超出货车端侧墙时，应层层压缝，梯形码放，四周货物倾向中间，两侧超出侧墙的宽度应一致。袋装货物袋(扎)口朝向车内。

2. 加固方法

对超出货车端侧墙高度的成件包装货物应用绳网或绳索串联一起捆绑加固。也可用挡板(壁)、支柱，镀锌铁线(盘条)等加固。袋装货物起脊部分应使用上封式绳网或绳索加固。

九、使用加固材料及加固一般要求

1. 禁止用菱苦土、水泥、砖、石等材料做加固材料、装置。

2. 篷布不能作为加固材料。

3. 常用加固方法。

拉牵加固，挡木或钢挡加固，围挡加固，掩挡加固，腰箍下压式加固，整件捆绑等。

4. 加固一般要求。

(1)拉牵形式:可采用八字形、倒八字形、交叉、又字形或反又字形等方式。

(2)使用多股线材加固,绞棍绞紧时不能损伤铁线、盘条。

(3)使用钢丝绳加固时,应采取配套的钢丝绳夹,使用紧线器连接装置时,紧线器与钢丝绳强度应匹配。

(4)使用挡木或钢挡加固时,其高度不宜过大,与车地板之间要求有足够的联结强度。

(5)掩挡的有效高度应符合要求,掩挡与车地板的联结强度必须足以保证掩挡自身不发生移动或倾覆。

(6)使用腰箍下压式加固时,每道腰箍的预紧力必须达到设计要求。

(7)必要时,加固线与货物、车辆棱角接触处采取防磨措施。

5. 其他要求。

加固货物所有绳索或加固捆绑拴结后余尾部分,长度不得超过 300 mm,一般不短于 100 mm。使用铁地板长大货物车装载货物,可采用焊接加固,焊接时应采取安全接地措施。卸车时应由卸车单位恢复车辆原状。禁止在车辆上挖孔。

第二节　货车局部地板面承受的重量

一、避免集重装载

不同的车辆根据车底架所用材质及结构,确定了一定负重面长度的最大容许载重量。单件货物装载时难以做到在车地板上均匀分布,会形成车地板局部承受货物重量。

在实际工作中,不容许集重装载的存在,必须采取避免集重的措施。避免集重装载的方法主要有使用横垫木、使用纵横垫木、更换局部地板面承受载重量大的车辆等方法。

二、平车、凹底平车、长大平车局部地板面承受的重量

1. 车辆横中心线两侧等距离范围内承受均布载荷或对称集中载荷时,容许载重量见表 7-3、表 7-4、表 7-5。

2. 货物支重面长度小于所需两横垫木之间的最小距离时,可按需要先铺设两根横垫木,然后在横垫木上加纵垫木,将货物均衡地装在纵垫木上。

表 7-3　平车局部地板面承受均布载荷或对称集中载荷时容许载重量表(摘)

地板负重面长度(mm)	两横木中心线间最小距离(mm) \ 容许载重量(t) \ 车型	N_6、N_{17*}、NX_{17}	N_{60}	N_{16}	NX_{17B}	NX_{70}、NX_{70H}
1000	500	25	25	25	25	30
2000	1000	30	27.5	27.5	30	35
3000	1500	40	30	30	40	45
4000	2000	45	33	32	45	50
5000	2500	50	35	35	50	55
6000	3000	53	40	37.5	53	57
7000	3500	55	45	40.5	55	60

续上表

地板负重面长度(mm)	两横木中心线间最小距离(mm) 容许载重量(t)　车型	N_6、N_{17*}、NX_{17}	N_{60}	N_{16}	NX_{17B}	NX_{70}、NX_{70H}
8000	4000	57	50	44	57	63
9000	4500	60	55	49	61	65
10000	5000		60	55		70
11000	5500			60		

表 7-4　凹底平车局部地板面承受均布载荷或对称集中载荷时容许载重量表(摘)

地板负重面长度(mm)	两横木中心线间最小距离(mm) 容许载重量(t)　车型	D_2 210 t	D_5 60 t	D_6 110 t	D_7 150 t	D_8 180 t	D_{10} 90 t	D_{15} 150 t	D_{32} 320 t
1000	500	175	33	87	120	150	60		
1500	750		35	88.5	121.5	151.5	65	129	
2000	1000	178	37	90	123	153	67		
3000	1500	180	40	93	126	156	70	131	
3500	1750		42	95	128	158	72		
4000	2000	183	43.5	97	130	160	73.5		
4500	2250		45	99	131.5	161.5	75	134	
5000	2500	187	47	101	133	163	77		
5500	2750		48.5	103	135	165	78.5		
6000	3000	190	50	105	137	167	80	137	
7000	3500	196	55	110	141	171	83.5		300
7500	3750		60		143	173	85	142	
8000	4000	200			145	176	87		
9000	4500	210			150	180	90	150	315
10000	5000								320.0

表 7-5　长大平车局部地板面承受均布载荷或对称集中载荷时容许载重量表(摘)

地板负重面长度(mm)	两横木中心线间最小距离(mm) 容许载重量(t)　车型	D_{22G} 210 t	D_{26A} 260 t	D_{22} 120 t	D_{27} 150 t	D_{70} 70 t
2000	1000	30		42	42	32
4000	2000	48		48	48	36
6000	3000	55		55	55	40
8000	4000	60	260	60	60	44
10000	5000	65		65	65	46
12000	6000	70		70	70	48
14000	7000	75		75	75	50
16000	8000			80	80	70
16500	8250		260			
18000	9000	85		85	85	
20400	10200	120				

三、敞车局部地板面承受货物重量

1.60 吨敞车

对于 C_{62A}、C_{62A*}、C_{62A*K}、C_{62AK}、C_{62A*T}、C_{62B}、C_{62BK}、C_{62BT}、C_{64}、C_{64K}、C_{64H} 及 C_{64T} 型敞车装载应符合以下规定：

(1)仅在车辆两枕梁之间、横中心线两侧等距离范围内承受均布载荷(图 7-1)时，容许载重量见表 7-6。

(2)仅在车辆两枕梁之间、横中心线两侧等距离范围内承受对称集中载荷(图 7-2)时，容许载重量见表 7-7。

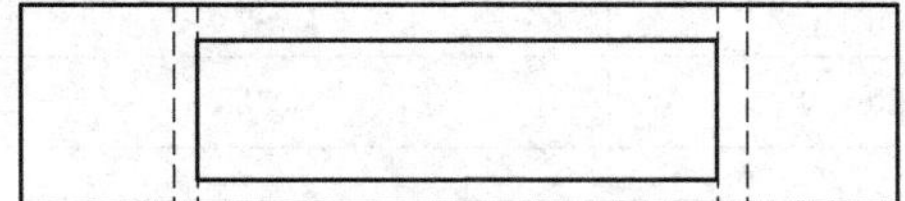

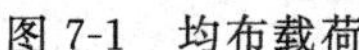

图 7-1　均布载荷

图 7-2　对称集中载荷

表 7-6　60、61 t 敞车两枕梁间均布载荷时容许载重量表

车辆负重面长度(mm)	车辆负重面宽度(mm)	容许载重量(t)
2 000	1 300≤B<2 500	15
	B≥2 500	20
3 000	1 300≤B<2 500	16
	B≥2 500	23
4 000	1 300≤B<2 500	17
	B≥2 500	26
5 000	1 300≤B<2 500	18.5
	B≥2 500	29
6 000	1 300≤B<2 500	20
	B≥2 500	32
7 000	1 300≤B<2 500	23.5
	B≥2 500	35.5
8 000	1 300≤B<2 500	27
	B≥2 500	39
9 000	1 300≤B<2 500	30
	B≥2 500	43

表 7-7 60、61 t 敞车两枕梁间承受对称集中载荷时容许载重量表

两横垫木中心线间距离(mm)	横垫木长度(mm)	容许载重量(t)
1 000	1 300≤L<2 500	13
	L≥2 500	17
2 000	1 300≤L<2 500	14
	L≥2 500	20
3 000	1 300≤L<2 500	17
	L≥2 500	21
4 000	1 300≤L<2 500	24
	L≥2 500	30
5 000	1 300≤L<2 500	32
	L≥2 500	42
6 000	1 300≤L<2 500	43
	L≥2 500	49
7 000	1 300≤L<2 500	46
	L≥2 500	55
8 000	1 300≤L<2 500	50
	L≥2 500	60(61)
8 700		60(61)

(3)两枕梁直接承受货物重量且两枕梁承受的货物重量相等时，全车装载重量可以达到车辆容许载重量。

(4)在车辆两枕梁内外等距离(装载长度不超过 3.8 m)、宽度不小于 1.3 m 范围内(小于 1.3 m 时加垫长度不小于 1.3 m 的横垫木)承受均布载荷时，全车装载重量可以达到标记载重量。

如果需要在货物下加垫横垫木或条形草支垫(稻草绳把)时，应分别加垫在枕梁上及其内外各 1 m 处，如图 7-3 所示。

(5)靠车辆两端墙向中部连续装载货物，每端装载长度超过 3.8 m 时，如图 7-4 所示，应遵守下列规定：

① 装载宽度 $B\geqslant 2.5$ m 时，全车装载可以达到车辆标记装载量。

② 装载宽度 1.3 m$\leqslant B<2.5$ m 时，全车装载重量不得超过 55 t。

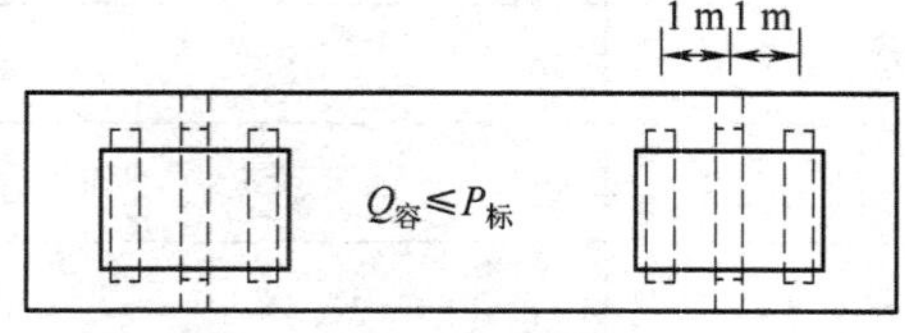

图 7-3 长度不大于 3.8 m 加垫横木装载

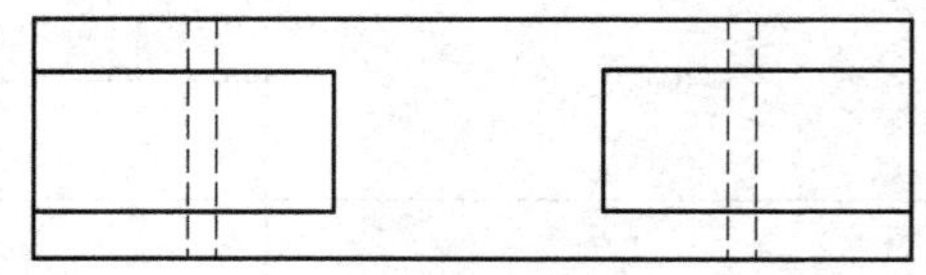

图 7-4 长度大于 3.8 m 加垫横木装载

(6)在车辆两枕梁内外等距离，宽度不小于 1.3 m 范围和车辆中部三处承载时，中部货物重量不得大于 13 t，如图 7-5(a)所示，全车装载重量不得超过 57 t。

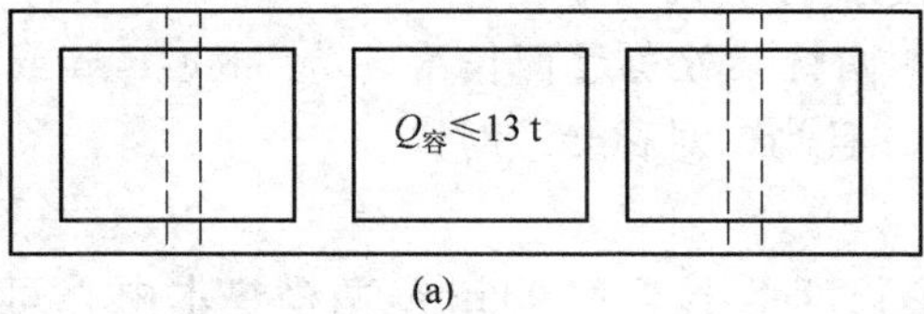

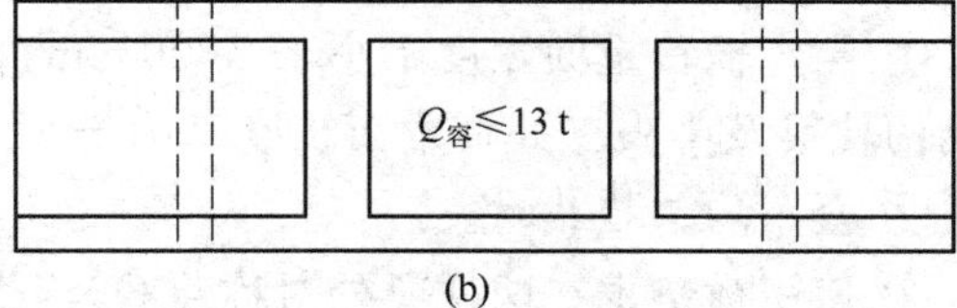

图 7-5　三处承载示意图

(7)靠车辆两端墙向中部连续装载，每端装载长度超过 3.8 m，且在车辆中部装载货物时如图 7-5(b)所示，应遵守下列规定：

① 中部所装货物的重量不得超过 13 t。

② 当两端货物的装载宽度 $B \geqslant 2.5$ m 时，全车装载重量不得超过 57 t。

③ 当两端货物的装载宽度 1.3 m$\leqslant B <$2.5 m 时，全车装载重量不得超过 55 t。

(8)仅靠防滑衬垫防止货物移动时，全车装载重量不得超过 55 t。

2. 70 吨敞车

70 吨 C_{70}、C_{70H} 型敞车局部地板面承受均布载荷或对称集中载荷时，遵守下列规定：

(1)仅在车辆两枕梁之间、横中心线两侧等距离范围内承受均布载荷时，容许载重量见表 7-8。

表 7-8　C_{70}、C_{70H} 敞车两枕梁间承受均布载荷容许载重量表

车辆负重面长度(mm)	车辆负重面宽度(mm)	容许载重量(t)
2 000	1 300≤B<2 500	25
	B≥2 500	30
3 000	1 300≤B<2 500	28
	B≥2 500	39
4 000	1 300≤B<2 500	34
	B≥2 500	40
4 500	1 300≤B<2 500	34
	B≥2 500	40
5 000	1 300≤B<2 500	36
	B≥2 500	42
6 000	1 300≤B<2 500	42
	B≥2 500	45
7 000	1 300≤B<2 500	44
	B≥2 500	48
8 000	1 300≤B<2 500	48
	B≥2 500	52
9 000	1 300≤B<2 500	52
	B≥2 500	62

(2)仅在车辆两枕梁之间、横中心线两侧等距离范围内承受对称集中载荷时,容许载重量见表 7-9。

(3)下列情况 C_{70}、C_{70H} 型敞车全车装载量可以达到标记载重量:

① 当车辆负重面宽度不小于 2 000 mm,在车辆两枕梁处负重面长度各为 3 800 mm 或在车辆两枕梁及中央三处负重面长度不小于 2 000 mm 且均匀对称装载时。

② 全车均匀装载时。

③ 使用横垫木在两枕梁处对称装载,当横垫木长度不小于 2 000 mm,两横垫木中心间距为 1 000 mm 时。

表 7-9　C_{70}、C_{70H} 敞车两枕梁间承受对称集中载荷时容许载重量表

两横垫木中心线间距离(mm)	横垫木长度(mm)	容许载重量(t)
1 000	1 300≤L<2 500	26
	L≥2 500	30
2 000	1 300≤L<2 500	32
	L≥2 500	36
3 000	1 300≤L<2 500	35
	L≥2 500	39
4 000	1 300≤L<2 500	42
	L≥2 500	46
5 000	1 300≤L<2 500	48
	L≥2 500	54
6 000	1 300≤L<2 500	58
	L≥2 500	64
7 000	1 300≤L<2 500	60
	L≥2 500	68
8 000	1 300≤L<2 500	64
	L≥2 500	70

车地板负重面长度(或两横垫木中心线距离)容许载重量表的距离是按每 1 000 mm 递增,在实际装载中往往出现不足 1 000 mm 的,这时可采用插入法计算,公式见式(7-2)。

$$Q=Q_1+\frac{Q_2-Q_1}{L_2-L_1}\times(L-L_1)\quad(\mathrm{t})\tag{7-2}$$

式中　Q——车地板负重面长度(或两横垫木中心线距离)的容许载重量,t;

Q_1、Q_2——两相邻负重面长度的容许载重量,t;

L——需要计算的货物实际负重面长度,mm;

L_1、L_2——两相邻负重面长度,mm。

四、装载要求

1. 平车、凹底平车、长大平车局部地板面承受重量时,应遵守下列有关规定:

(1)车辆横中心线两侧等距离范围内承受均布载荷或对称集中载荷时,容许载重量表的规定。

(2)货物支重面长度小于所需两横垫木之间的最小距离时，可按需要先铺设两根横垫木，然后在横垫木上加纵垫木，将货物均衡地装在纵垫木上。

2. 敞车局部地板面承受货物重量时，应遵守 61 t 敞车、70 t 敞车装载的有关规定。

第三节　货物重心投影位置和重车重心高的计算

货物重心投影位置对超限、超重、超长货物极为重要，是检查货物装载是否合理及正确计算货车在运行中作用于货物上的力值及需要加固材料的重要依据之一。

一、货物总重心投影在车辆纵向位置的确定

《铁路货物装载加固规则》规定，装车后货物总重心投影应位于货车纵横中心线交叉点上，必须偏离时横向偏离不得超过 100 mm。纵向偏离每个转向架承受重量不得超过货车容许载重的 1/2 且两转向架承重之差不得大于 10 t。

1. 车辆转向架承重的计算

以一辆车装一件货物为例，货物装载如图 7-6 所示。

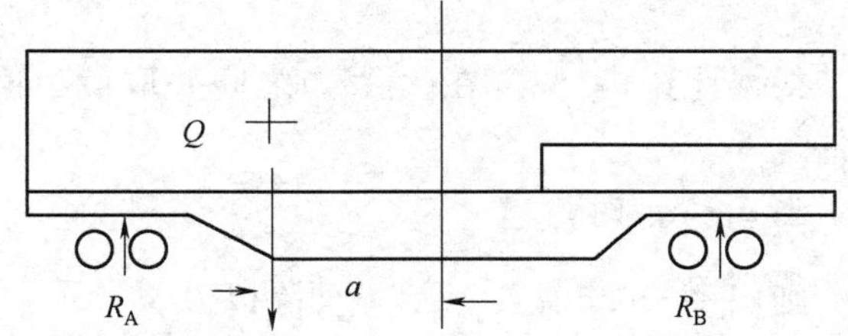

图 7-6　一辆车装一件货物示意图

根据力矩平衡原理，以车辆转向架 R_B 为支点。

$$R_A=Q\left(a+\frac{l}{2}\right)=Q\left(0.5+\frac{a}{l}\right) \tag{7-3}$$

$$R_B=Q-R_A=Q\left(0.5-\frac{a}{l}\right) \tag{7-4}$$

式中　R_A、R_B——车辆转向架承受的货物重量，t；

Q——货物重量，t；

a——货物重心至货车横中心线所在垂直平面的距离，mm；

l——车辆转向架中心销间距离，mm。

2. 货物重心最大容许位移量 $a_{容}$ 的确定

根据《铁路货物装载加固规则》规定；两转向架承重应满足下列条件：

(1)$R_A\leqslant\frac{P_{容}}{2}$

(2)$R_A-R_B\leqslant 10$ t

根据条件(1)和 R_A 计算公式可求得 a_1

$$\frac{P_{容}}{2}=\left(0.5+\frac{a_1}{l}\right)$$

$$P_{容}=Q+2Q\frac{a_1}{l}$$

$$2Q\frac{a_1}{l}=P_{容}-Q$$

$$a_1=\left(\frac{P_{容}}{2Q}-0.5\right)l \tag{7-5}$$

根据条件(2)和 R_A、R_B 计算公式可求得 a_2

$$R_A=Q\left(0.5+\frac{a_2}{l}\right) \qquad R_B=\left(0.5-\frac{a_2}{l}\right)$$

$$Q\left(0.5+\frac{a_2}{l}\right)-Q\left(0.5-\frac{a_2}{l}\right)=10$$

$$0.5Q+Q\frac{a_2}{l}-0.5Q+Q\frac{a_2}{l}=10$$

$$2Q\frac{a_2}{l}=10$$

$$a_2=\frac{5}{Q}l \tag{7-6}$$

根据计算 $a_{容}$ 只能在(a_1、a_2)之间并取最小值才能满足《铁路货物装载加固规则》的两个条件。

当 $a_1<a_2$ 时，

则 $\left(\frac{P_{容}}{2Q}-0.5\right)l<\frac{5}{Q}l$ 同除以 l

$$\frac{P_{容}}{2Q}-0.5<\frac{5}{Q} \qquad \text{同乘以 } 2Q\text{，则}$$

$$P_{容}-Q<10\ \text{t} \qquad \text{用 } a_1=a_{容}\text{，则}$$

$$a_{容}=\left(\frac{P_{容}}{2Q}-0.5\right)l \tag{7-7}$$

当 $a_1>a_2$ 时，

则 $\left(\frac{P_{容}}{2Q}-0.5\right)l>\frac{5}{Q}l$ 同除以 l、同乘以 $2Q$，则

$$P_{容}-Q>10\ \text{t} \qquad \text{用 } a_2=a_{容}\text{，则}$$

$$a_{容}=\frac{5}{Q}l \tag{7-8}$$

当 $a_1=a_2$ 时，两式均可使用，但 a_2 计算简便；所以《铁路货物装载加固规则》附件 2 规定：

当 $P_{容}-Q<10$ t 时，$a_{容}=\left(\frac{P_{容}}{2Q}-0.5\right)l$

当 $P_{容}-Q\geqslant 10$ t 时，$a_{容}=\frac{5}{Q}l$

3. 一车装运多件货物时，货物总重心的计算

一车装多件货物时，如图 7-7 所示，货物的重心是指所装多件货物的总重心。这个总重心是否偏移，需要通过计算才能确定。

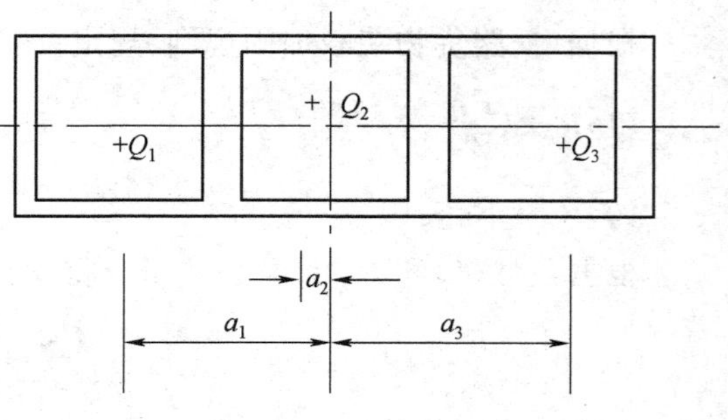

图 7-7　一车装三件货物示意图

根据力矩平衡原理以车辆横中心线为作

用点(轴)其计算公式见式(7-9)。

$$\pm Q_1 a_1 \pm Q_2 a_2 \pm \cdots \pm Q_n a_n = a(Q_1 + Q_2 + \cdots + Q_n) \tag{7-9}$$

即

$$a = \frac{\pm Q_1 a_1 \pm Q_2 a_2 \pm \cdots \pm Q_n a_n}{Q_1 + Q_2 + \cdots + Q_n}$$

式中　$Q_1, Q_2, \cdots, Q_n$——每件货物的重量,t;

$a_1, a_2, \cdots, a_n$——每件货物重心至车地板横中心线的距离,mm;

a——多件货物的总重心至车地板横中心线的距离,mm。

计算时,所有位于车地板横中心线一侧的货物重心至横中心线的距离应取同一符号(图 7-7)。若货物重心在左侧时取"+"号,则在右侧的货物重心就取"-"号,"+"和"-"表示偏移的方向,计算结果 a 值为"+"表示总重心位于横中心线左侧,a 值为"-"表示总重心位于横中心线右侧。

二、货物总重心投影在车辆横向位置的确定

货物重心在车辆横向偏离超过规定时,将会使车辆一侧弹簧负重较大,甚至压死旁承有导致重车倾覆的危险,实验和研究证明货物重心在车辆横向偏离不超过规定(100 mm),不致影响行车安全,超过时必须改变装载方法或配重措施,以调整重心位置。

1. 重心位置的确定

货车只装一件货物时,根据货物的计划装载方案或装车后直接测量即可得知偏离距离是否符合规定。

当装多件货物时,总重心位置应按式(7-10)计算

$$b = \frac{\pm Q_1 b_1 \pm Q_2 b_2 \pm \cdots \pm Q_n b_n}{Q_1 + Q_2 + \cdots + Q_n} \tag{7-10}$$

式中　b——货物总重心至车地板纵中心线水平距离同,mm;

b_1、b_n——每件货物重心至车地板纵中心线的距离,mm。

计算时,所有位于车地板纵中心线的货物重心至纵中心线的距离应取同一符号,计算结果 b 值的符号表示总重心所在位置,其绝对值是其偏移量。

2. 配置货物的重量或重心位置的计算

大件货物装车时,为了避免超限或缩小超限程度,或货物形状特殊等原因,货物重心不但不能位于货车纵中心线上,而且往往要求计算距纵中心线的距离是否超过规定值(100 mm)。超过时,为了确保行车和货物安全,应采取配重措施。

根据力矩平衡原理,以车辆纵中心线为轴线得平衡方程式:

$$Qb = Q_{配}\ b_{配}$$

$$b_{配} = \frac{Qb}{Q_{配}} \tag{7-11}$$

$$Q_{配} = \frac{Qb}{b_{配}} \tag{7-12}$$

式中　$Q_{配}$——配重货物的重量,t;

$b_{配}$——配重货物重心距车辆纵中心线的距离,mm;

Q——配重前的货物重量,t;

b——配重前货物重心偏离车辆纵中心线的距离，mm。

三、重车重心高的计算

重车重心高系指货物装车后，货物和车辆的总重心（即重车重心）至钢轨平面的高度。重车重心越高倾覆力矩越大，列车运行越不稳定；反之重车重心越低倾覆力矩越小，车辆走行越稳定。所以《铁路货物装载加固规则》规定："重车重心高超过 2 000 mm 时应限速运行。"为了不超过 2 000 mm 应采取配置降低重车重心高度。

1. 一车负重重车重心高的计算

以轨面为支点

$$H=\frac{h_{车} Q_{车}+h_1 Q_1+\cdots+h_n Q_n}{Q_{车}+Q_1+\cdots+Q_n} \tag{7-13}$$

式中 H——重车重心高，mm；

$h_{车}$——车辆重心由轨面起算的高度，mm；

$Q_{车}$——车辆自重，t，同一车型自重不同取较小值；

$Q_1,Q_2,\cdots,Q_n$——每件货物的重量，t；

$h_1,h_2,\cdots,h_n$——装车后每件货物重心自轨面起算的高度，mm。

2. 跨装时重车重心高的计算

$$H=\frac{Q_{车1}h_{车1}+Q_{车2}h_{车2}+Qh}{Q_{车1}+Q_{车2}+Q} \tag{7-14}$$

式中 $Q_{车1},Q_{车2}$——分别为两负重车自重，t；

$h_{车1},h_{车2}$——分别为两负重车空车重心自轨面起算的高度，mm；

Q——货物重量，t；

h——装车后每件货物重心自轨面起算的高度，mm。

3. 采取配重措施降低重车重心高

当重车重心高超过 2 000 mm 时，在实际工作中可选用重心较低自重较大的车辆或采取配重措施，降低重车重心高。配重货物的重量可按下述方法计算。

配重时，应按最大限度考虑：$Q_{配}\leqslant P_{标}-Q$，配重后的重车重心高 $H=2\,000$ mm。

得关系式

$$2\,000=\frac{Q_{总} H+Q_{配} h_{配}}{Q_{总}+Q_{配}}$$

可得配重货物最小需要重量的计算公式见式(7-15)。

$$Q_{配}=\frac{Q_{总}(H-2\,000)}{2\,000-h_{配}} \tag{7-15}$$

如果已知配重货物的重量，则配重货物的重心高度计算方法见式(7-16)。

$$h_{配}=2\,000-\frac{Q_{总}(H-2\,000)}{Q_{配}} \tag{7-16}$$

公式的推导过程如下：

$$2\,000(Q_{总}+Q_{配})=Q_{总} H+Q_{配} h_{配}$$

$$2\,000Q_{总}+2\,000Q_{配}=Q_{总} H+Q_{配} h_{配}$$

$$Q_{总} H-2\,000Q_{总}=2\,000Q_{配}-Q_{配} h_{配}$$

$$Q_{总}(H-2\,000)=Q_{配}(2\,000-h_{配})$$

$$Q_{配}=\frac{Q_{总}(H-2\,000)}{2\,000-h_{配}}(\mathrm{t}) \tag{7-17}$$

$$h_{配}=2\,000-\frac{Q_{总}(H-2\,000)}{Q_{配}} \tag{7-18}$$

式中　$Q_{配}$——配重货物的重量，t；

$Q_{总}$——配重前，车辆和货物的总重，t；

$h_{配}$——装车后配重货物由轨面起的重心高度，mm；

H——未配重前的重车重心高，mm。

第四节　装载加固材料及装置

一、装载加固材料

加固材料根据用途分为拉牵捆绑材料，衬垫材料，掩、挡类材料及其他材料。按材质分为钢铁类（线材、型材、制材），木材类及其他（绳、网、绞棍、橡胶等）。现分述如下：

1. 拉牵捆绑材料

拉牵捆绑材料有镀锌铁线、盘条、钢丝绳和钢丝绳夹、固定捆绑铁索、绳索、螺旋式紧线器、84型紧固器、腰箍等。

2. 衬垫材料

垫木和隔木、条形草支垫、稻草绳把、稻草垫、橡胶垫等。

3. 掩、挡类材料

支柱、挡木、钢挡、锅炉挡铁、掩挡（三角挡、掩木、方木、凹木）、铁泥塑料挡、围挡及挡板（壁）等。

4. 其他加固材料

绳网、焦炭网、绞棍、圆钢钉、扒锔钉、U形钉（夹）、钢板夹等。

二、装载加固装置

常用的装载加固装置有：货物转向架、钢支架、钢座架、车钩缓冲停止器等。

（一）货物转向架

货物转向架每幅两个，一个具有死心盘，中心销孔为一圆孔；另一个具有活心盘，中心销孔为一长孔。每个转向架由上架体和下架体组成。

1. 货物转向架的编号

货物转向架用三段代码方式编号，由所属局名简称、类型，单架承载能力代码段，车组中间能否加挂游车代码段和顺序代码段组成，且各个代码之间用一字线相连。除单架承载能力代码段作为类型代码的下标外，其余代码均用相同字形、字号表示。

2. 货物转向架的使用

货物转向架编号应标打在转向架的明显部位。托运人托运货物时，应在货物运单托运人记事栏说明转向架编号。车站凭统一编号的转向架办理交接检查，无编号或无技术档案的转向架不准使用。

两车一组跨装货物时，活心盘中心销定位于中央，三车一组跨装货物时，中间加挂游车时，活心盘中心销置于活心盘孔内的位置，距中间游车一端（内侧）180 mm，距另一端（外侧）120 mm。活心盘孔在上架体上时则相反。

3. 货物转向架管理

新造货物转向架前，制造单位应向铁路局提出申请，由铁路局上报铁道部批准后生产。新造货物转向架经铁道部认定的技术检测机构进行技术检测，检测合格并由铁道部批准、铁路局编号后方准上路使用。

铁路局对管内批准的各类货物转向架进行编号管理，并责成使用单位建立使用、管理、维护和报废制度。铁路局每年一次定期检查转向架的技术状态。每五年一次，对已批准生产的各类转向架由铁道部认定的技术检测机构重新进行技术检测。

货物转向架不准擅自租借非使用，确因临时需要，须经装车铁路局批准。

（二）车钩缓冲停止器

1. 主要性能指标

（1）由钢板和螺杆等部件组成，其钢板厚度不小于 20 mm。

（2）拴杆直径不小于 16 mm。

（3）置于冲击座和钩头背间的钢板，在冲击座一侧，应制作成梯形或圆弧形（圆弧半径不大于 100 mm），宽度（B，最宽处）应小于冲击座至钩头背间距离的 3～5 mm。车钩缓冲停止器的结构及尺寸如图 7-8 所示。

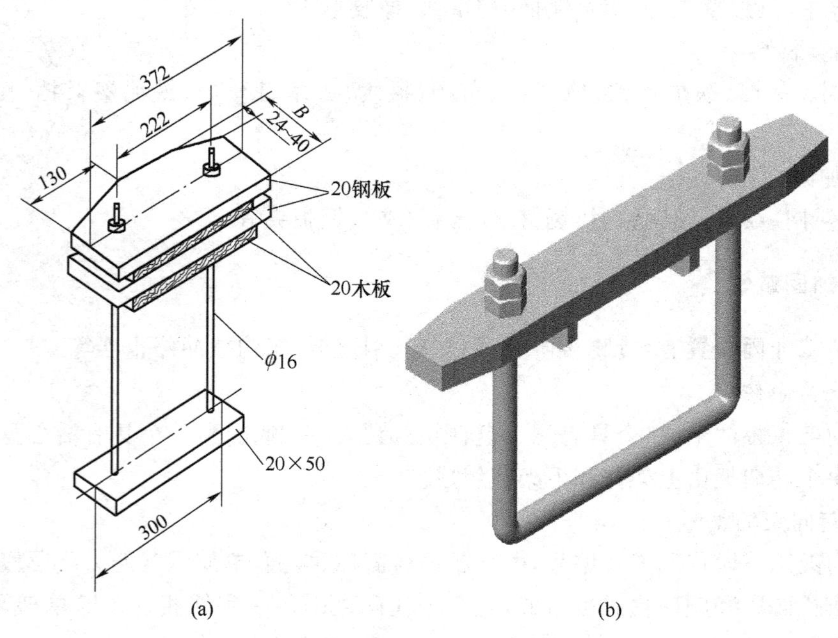

图 7-8　车钩缓冲停止器（单位：mm）

2. 使用方法

在车钩自然状态下，将车钩缓冲器安装在货车冲击座和车钩钩头背之间。

3. 注意事项

卸车后或回送前，应拆卸车钩缓冲停止器。

(三)钢支架、钢座架

钢支架、钢座架应根据货物形状、重量、使用车辆等条件制作，其强度、规格、防滑及加固措施应能满足货物运输安全要求。

铁路局应制定钢支架、钢座架运用管理办法，并报铁道部运输局备案。

第五节　运输过程中作用于货物上的各种力

一、车辆运行的振动形态

1. 沉浮振动

车辆在运行中，由于车体与走行部之间具有的弹簧伸缩作用，使车体产生沿 Z 轴方向上下振动产生垂直加速度。

2. 点头振动

车辆经过钢轨接头受到冲击、车轮踏面擦伤、轮对偏重偏心及线路不平产生的绕横向水平轴的运动，车辆(货物)离横中心线越远产生的垂直力越大。

3. 侧滚振动

由于轨缝错开、线路左右轨面不平，线路养护不良或轮对踏面擦伤及经过道岔曲线离心作用使车体绕纵向中心轴回转运动。产生横向水平和垂直加速度。离纵向轴越远则加速度越大。

4. 伸缩运动

列车由于起动、减速或经过上下坡道产生牵引压缩冲击力，通过车钩缓冲装置作用于车底架的前后冲击座上，使车体沿纵向轴前后振动，从而产生纵向水平加速度。

5. 侧摆振动

车辆经过道岔、曲线、轨缝错开冲击产生横向水平振动，使货物产生横向水平加速度。

6. 摇头(蛇形)振动

由于轮轨间隙、踏面斜度及踏面基圆不同而产生绕 Z 轴的回转振动。

车辆的各种振动形式均不是单独出现的，而是其几种形式同时发生形成的复杂振动。伸缩产生纵向加速度、沉浮点头产生垂直加速度、侧摆摇头产生横向加速度、侧滚产生横向加速度。

二、作用于货物上的力

车辆运行及调车作业受到各种振动及摩擦力的作用，使车上所装货物也受到各种力的作用，力的产生原因及计算方法如下：

1. 纵向惯性力(T)

纵向惯性力的作用是使货物纵向移动，重心过高时会倾覆。影响因素包括货物重量、列车速度、制动距离。计算公式见式(7-19)。

$$T=t_0\times Q(\mathrm{kN}) \tag{7-19}$$

式中　t_0——每吨货物的纵向惯性力，kN/t；

Q——货物重量，t。

(1)刚性加固，指将货物直接焊在车地板上或四周加焊钢挡，以及用螺栓将货物底部拴固在车底架的加固方法。

采用刚性加固时

$$t_0=26.69-0.13Q_{总}(\text{kN/t}) \tag{7-20}$$

式中　$Q_{总}$——重车总重，t。

当 $Q_{总}>130$ t 时，按 130 t 计算。

(2)柔性加固指拉牵加固、横腰箍加固等加固方法。

采用柔性加固时

$$t_0=0.0012Q_{总}^2-0.32Q_{总}+29.85(\text{kN/t}) \tag{7-21}$$

式中　$Q_{总}$——重车总重，t；跨装运输时，按跨装车组总重计算。

当 130 t$<Q_{总}\leqslant$150 t 时，$t_0=6.78$ kN/t；

当 $Q_{总}>150$ t 时，$t_0=5.88$ kN/t。

2. 横向惯性力(N)

(1)产生的原因和作用。横向惯性力由三部分组成：第一，车辆在运行过程中由各种振动(如摇头、侧滚、侧摆)产生的横向惯性力。该力的方向与车体摆动的方向相反，并在车辆横向左右交替变化着。第二，车辆行经曲线或过侧向道岔时产生的离心力。离心力与车辆的运行方向垂直，所以能使货物。第三，曲线外轨超高产生的水平分力，该力的方向与离心力方向相反，能抵消一部分离心力，其大小与外轨超高值有关。

(2)影响横向惯性力大小的因素。横向惯性力大小不仅与货物的重量，线路的质量，车辆走行部分性能，在曲线上运行的速度，曲线半径大小以及外轨超高程度等因素有关，而且与货物的重心在车辆上的位置也有密切的关系。货物的重心位于车辆横中心线上时，横向惯性力较小；当货物重心发生纵向位移时，货物的重心离横中心线越远，横向惯性力越大。

(3)计算公式

$$N=n_0\times Q \tag{7-22}$$

式中　n_0——每吨货物的横向惯性力，kN/t；

Q——货物重量，t。

$$n_0=2.82+2.2\frac{a}{l} \tag{7-23}$$

式中　a——货物重心偏离车辆横中心线的距离，mm。跨装时，为货物转向架中心销偏离车辆横中心线的距离，mm；

l——负重车转向架中心距(具有多层转向架群的货车为底架心盘中心距)，mm。

3. 垂直惯性力

$$Q_{垂}=q_{垂}\times Q \tag{7-24}$$

式中　$q_{垂}$——每吨货物的垂直惯性力，kN/t；

Q——货物重量，t。

(1)使用敞车和普通平车装载时的垂直惯性力。

$$q_{垂}=3.54+3.78\frac{a}{l} \tag{7-25}$$

式中 a——货物重心偏离车辆横中心线的距离,mm;跨装时,为货物转向架中心销偏离车辆横中心线的距离,mm;

l——负重车转向架中心距,mm。

(2)使用长大货物车装载时的垂直惯性力。

$$q_{垂}=4.53+7.84\frac{a}{l} \tag{7-26}$$

4. 风力

$$W=qF \tag{7-27}$$

式中 q——侧向计算风压,kN/m^2;

受风面为平面时,$q=0.49\ kN/m^2$;

受风面为圆球体或圆柱体侧面时,$q=0.245\ kN/m^2$;

F——侧向迎风面的投影面积,m^2。

5. 摩擦力

(1)产生原因和作用。装在货车上的货物受外力作用时,货物与车地板或垫木之间会产生摩擦力。该力的方向与作用在货物上各种外力的方向相反,它是阻止货物在车辆上水平移动的力。

(2)影响摩擦力大小的因素。摩擦力的大小与货物重量以及相互摩擦物体表面的性质,即摩擦系数有关。摩擦系数的数值与相互接触的物体的材质和接触面的状况(粗糙情况)有关。

(3)计算

纵向摩擦力
$$F_{纵}=9.8MQ \tag{7-28}$$

横向摩擦力
$$F_{横}=M(9.8Q-Q_{垂}) \tag{7-29}$$

式中 Q——货物重量,t;

$Q_{垂}$——货物的垂直惯性力,kN;

M——摩擦系数。按表7-10取值。

计算横向摩擦力时应考虑垂直惯性力。因为作用于货物上的横向力,其最大值是在行经曲线或通过侧向道时产生,此时,垂直惯性力也较大,而且车宽与车长之比很小,所以在计算横向摩擦力时,必须考虑垂直惯性力摩擦力的不利影响。

表7-10 铁路货物常用摩擦系数表

物体名称	摩擦系数	物体名称	摩擦系数
木与木	0.45	橡胶垫与木	0.60
木与钢板	0.40	橡胶垫与钢板	0.50
木与铸钢	0.60	稻草绳把与钢板	0.50
钢板与钢板	0.30	稻草绳把与铸钢	0.55
履带走行机械与车辆木地板	0.70	稻草垫与钢板	0.44
橡胶轮胎与车辆木地板	0.63	草支垫与钢板	0.42

三、各种力的作用位置

纵、横、垂直惯性力作用在货物重心上。

风力的着力点作用于受风面的几何中心。

摩擦力作用在货物与车或垫木的接触面上。

第六节　货物稳定性的计算

稳定力矩指自身重力与力臂的乘积。

倾覆力矩指作用与货物上外力与力臂的乘积。

所谓货物的稳定性：从物理学的角度上要求就是自身重力所形成的稳定力矩必须大于作用在货物上外力所产生的倾覆力矩（或滚动力矩），此时货物才稳定，否则货物就会发生倾覆（或滚动）。经由铁路运输考虑到列车运行的情况，货物的稳定系数必须符合式(7-30)的要求，不符时必须采取加固措施。

$$\eta=\frac{\text{稳定力矩}}{\text{倾覆力矩}}\geqslant 1.25 \qquad (7\text{-}30)$$

式中，1.25是指货物的稳定系数。

货物稳定性的计算方法及保持货物稳定的条件如下：

一、货物倾覆方面的稳定性

如图7-9所示，货物由于受到通过其重心的纵向惯性力(T)和横向力(N)的作用，分别产生使货物有可能发生纵向或横向倾覆的力矩(Th或Nh)，同时风力在货物上形成一个横向倾覆力矩($Wh_{风}$)。货物的重力则形成一个阻止货物发生纵向或横向倾覆的稳定力矩(Qa或Qb)。当货物在没有进行加固的情况下，如果货物的纵向惯性力或横向惯性力和风力之和达到最大值所形成的倾覆力矩大于货物重力所形成的稳定力矩时，货物就要倾覆。

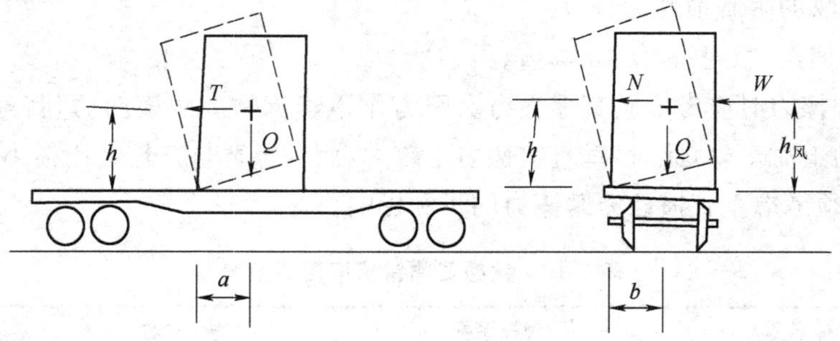

图7-9　货物倾覆示意图

1. 在未经任何加固的情况下，具有水平支承面的货物免于倾覆的条件

在纵向方面

$$\eta=\frac{9.8Qa}{Th} \qquad (7\text{-}31)$$

在横向方面

$$\eta=\frac{9.8Qb}{Nh+Wh_{风}} \qquad (7\text{-}32)$$

式中　a、b——货物重心所在横向或纵向垂直平面至货物倾覆点之间的距离，mm；

h——货物重心自倾覆点所在水平面起算的高度，mm；

$h_{风}$——风力合力作用点倾覆点所在水平面起算的高度，mm。

当 $\eta \geqslant 1.25$ 时，货物不会发生倾覆；当 $\eta < 1.25$ 时，货物有可能倾覆。

当货物的支承面较大时，稳定力臂也较大，因而稳定力矩大，货物比较稳定；当货物的重心较高时，倾覆力矩较大，货物的稳定性就较差。所以货物在倾覆方向的稳定性主要取决于货物支承面的长度、宽度和货物的重心高度。

货物的倾覆可能在货车运行的纵向或横向发生。在货物支承面长度和宽度相等的情况下，由于车辆运行过程中作用于货物上的纵向惯性力大于横向力和风力之和，所以货物顺着车辆长度方向产生纵向倾覆的可能性大。但是，通常货物支承面的宽度远远小于其长度，因此，需要通过计算，分别确定货物在纵向和横向的稳定系数。

2. 在加有挡木的情况下，货物免于倾覆的条件

货物装车后，为了防止货物水平移动，一般在货物的两端或两侧加有挡木，如图 7-10 所示。在此情况下，货物免于倾覆的条件为：

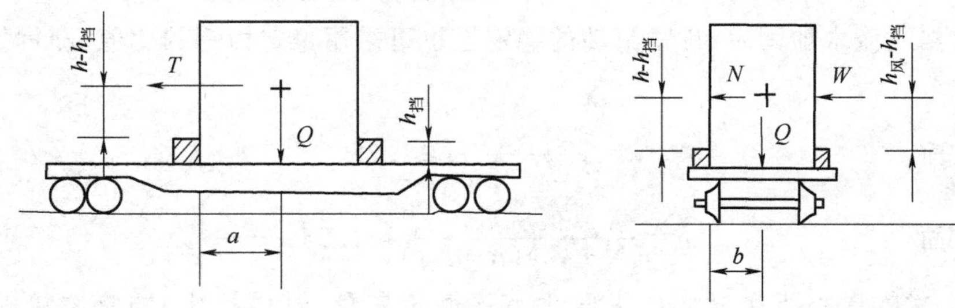

图 7-10　货物装载加挡木示意

在纵向方面

$$\eta=\frac{9.8Qa}{T(h-h_{挡})}\geqslant 1.25 \tag{7-33}$$

在横向方面

$$\eta=\frac{9.8Qb}{N(h-h_{挡})+W(h_{风}-h_{挡})}\geqslant 1.25 \tag{7-34}$$

式中　$h_{挡}$——挡木的高度，mm。

在实际应用中，由于挡木和车地板的联结强度有限，因此克服倾覆的可能性很小。

二、水平移动方面的稳定性

如果货物的纵向惯性力大于纵向摩擦力，货物会发生纵向水平移动。当横向力与风力之和大于横向摩擦力时，货物会产生横向水平移动。为了防止货物的纵向或横向水平移动，必须采取一定的加固措施，加固材料应当承受的纵向力和横向力可按式(7-35)、式(7-36)计算：

防止纵向移动

$$\Delta T=T-F_{纵} \tag{7-35}$$

防止横向移动

$$\Delta N=1.25(N+W)-F_{横} \tag{7-36}$$

在运行中，每一次个别的振动对货物的横向水平位移一般影响较小，但经过多次反复地振动，就可能达到危险的程度。而且，当重车以比较高的速度通过曲线或侧向道岔时，将产生横

向力的最大值。为了确保安全，在考虑横向加固时，将横向惯性力和风力之和再加上 25%，以增加横向加固的强度。

三、滚动方面的稳定性

圆柱(筒)、球形以及带轮货物，装车以后如不进行加固，在运行过程中由于受到各种力的作用，很容易发生滚动，所以一般均应采取加固措施。

用掩木(或三角木、挡木)进行加固，如图 7-11 所示。

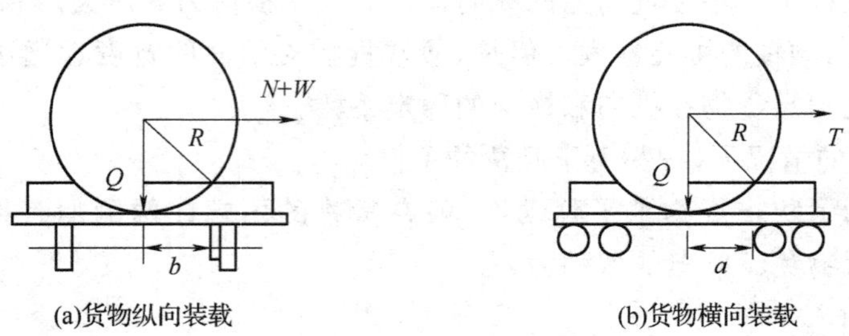

图 7-11　圆柱(筒)、球形以及带轮货物加固示意图

使用三角挡或掩木加固后，货物滚动的稳定性也可采用稳定力矩的比值，即货物滚动稳定系数来衡量。

在纵向方面
$$\eta=\frac{9.8Qa}{T(R-h_{掩})}\geqslant 1.25 \tag{7-37}$$

在横向方面
$$\eta=\frac{9.8Qb}{(N+W)(R-h_{掩})}\geqslant 1.25 \tag{7-38}$$

式中　a、b——货物重心所在横向或纵向垂直平面至三角挡(或掩木)与货物接触点之间距离，mm；

R——货物或轮子半径，mm；

$h_{掩}$——掩木或三角挡与货物接触点自货物或轮子最低点所在水平面起算的高度，mm。

当 $\eta\geqslant 1.25$ 时，货物不会发生滚动；当 $\eta<1.25$ 时，货物就有滚动的可能。

第七节　铁路装载加固方案的管理

一、装载加固方案的分类

1. 装载加固定型方案

纳入铁道部有关规章规定，固定装载加固方法。

2. 装载加固暂行方案

在一定时限内，符合装载《铁路货物装载加固规则》的条文要求，但不是必须经常遵守的暂时规定的方案。暂行方案由铁路局制定。

3. 试运方案

超出加固规则要求，在一定的范围内进行铁路运用试验的装载加固方案，一般进行研究试验用。试运方案不跨年度，连续试运期限不超过三年。

与定型方案和暂行方案中的货物规格(包括单件重量、重心位置、外形尺寸、支重面长度和宽度等)相近,装载加固方法相同并且使用相同车辆装载的货物时,可比照该定型方案或暂行方案装运的比照方案。比照方案由铁路局批准。

二、方案的审批、修改、权限管理

1. 定型方案的补充、修改和试运方案由铁道部运输局审批管理。装车站建立试运方案台账、票据记事栏说明方案编号。

2. 暂行方案、比照方案由铁路局审批管理,报铁道部备案暂行方案。暂行方案分一次性方案和批量方案。(批量方案有效期一般不超过三年)。

三、装载加固方案的内容

包括货物规格、准用货车、装载加固材料(装置)、装载方法、加固方法、其他要求等内容(如是否超限、使用防护材料、辅助用品、篷布、篷布网)。

四、无装载方案(含比照方案)审报管理

凡使用铁路敞车、平车、长大货物车及敞、平车类专用货车装运成件货物一律按方案装车(方案包括定型、暂行、试运方案),无方案的,由托运人在托运货物之前向装车站申报计划装载加固方案(含比照方案申请)和相关资料,装车站按规定报批。装车单位按批准后的方案组织装车。

托运人向装车站申报计划装载加固方案时,应提供货物的外形尺寸、单件重量、重心位置、支重面长度及宽度及货物运输安全的特殊要求等相关资料。申报暂行方案时,还应同时提出装载加固计算说明书;申报试运方案时,还应同时提出铁道部规定的方案论证和试验报告。

提报计划装载方案(比照)托运人在方案上签字,托运人为单位的还要加盖公章。对货物的活动部位(部件)、货物的装载加固特殊要求以及货物和运输安全方面的其他重要情况,托运人须提出书面说明。

五、制定装载方案的要求

1. 应符合《铁路货物装载加固规则》的有关规定。

2. 充分利用货车允许装载量及货物装载限制。

3. 加固材料规格、加固方法,应能保证货物运输和车辆安全。

4. 凡有比照方案的货物尽量按比照方案办(但不能比照试运方案和有效期超过的暂行方案)。

六、申报试运方案的规定

1. 对托运人的要求

(1)托运人向装车站申报计划方案时,应提供货物的外形尺寸、单件重量、重心位置、支重面长度及宽度、货物运输安全的特殊要求等相关资料。

(2)申报试运方案时,还应同时提出由铁道部认定的方案论证、技术检测机构出具的方案论证和试验报告。

(3)托运人应在计划方案上盖章或签字,并对内容的真实性负完全责任。对货物的活动部位(部件)、货物的装载加固特殊要求以及涉及货物和运输安全方面的其他重要情况,托运人须提出书面说明。

2. 对车站的要求

(1)装车站收到托运人提出的计划试运方案、方案论证和试验报告后,逐级审核上报铁道部运输局。

(2)装车站应严格控制和掌握试运方案的试运范围,未经铁道部运输局批准,任何单位不得扩大试运范围和延长试运时间。试运方案不跨年度,连续试运期限一般不应超过3年;暂行方案有效期及比照方案有效期由铁路局规定。

(3)装车站要建立试运方案管理台账,对试运方案从严掌握,在货物运单"承运人记载事项"栏和货票"记事"栏内记明方案编号。

(4)到站要对按试运方案装车的货物装载加固状况进行重点检查和确认;到站、中途站发现问题时,除按规定处理外,同时向铁道部运输局及发送铁路局、发站拍发电报,电报中应记明以下事项:发站、到站、装车单位、承运日期、方案编号、存在的问题、处理情况等。

3. 对铁路局的要求

(1)铁路局按批准的试运方案组织试运。试运工作要精心组织,根据实际情况可进行押运或跟踪监测。试运结束后铁路局应按要求及时提出试运总结报告,并报铁道部运输局。

(2)铁路局应严格控制和掌握试运方案的试运范围,未经铁道部运输局批准,任何单位不得扩大试运范围和延长试运时间。试运方案不跨年度,连续试运期限一般不应超过3年;暂行方案有效期及比照方案有效期由铁路局规定。

4. 继续执行方案的要求

凡需继续执行的暂行方案(比照方案)和试运方案,方案执行单位须在有效期结束前一个月将方案执行情况(试运方案为试运总结)和下一步运用请求逐级审核上报方案批准单位,经审查批准后方可继续实施。逾期未申报者,原暂行方案(比照方案)和试运方案自行废止。

复习思考题

1. 货物装载加固基本要求是什么?

2. 使用平车装载突出车端的规定要求是什么?

3. 平车、凹底平车、长大平车避免集重装载的方法有哪些?

4. 超长货物托运时,应向承运人提出哪些资料?

5. 敞车局部地板面承受货物重量应遵守的规定有哪些?

6. 敞车靠车辆两端墙向中部连续装载,每端装载长度超过3.8 m,且在中部装载货物时,应遵守哪些规定?

7. 货物装车后总重心投影位于车辆位置有哪些规定？
8. 货车装载货物重量范围有哪些规定？
9. 常用的装载加固装置有哪些？
10. 制定装载方案的要求有哪些？

第八章　超长、超限、超重货物运输

第一节　超长货物运输

一、超长货物定义

一车负重，突出车端，需要使用游车或跨装运输的货物，称为超长货物。在确定所运货物是否属于超长货物时，应考虑以下问题：

(1)货物突出车端装载时，突出端长度在允许范围内时，不算超长货物。

① 当货物突出端半宽不大于车辆半宽时，允许突出端梁 300 mm。

② 当货物突出端宽度大于车辆半宽时，允许突出端梁 200 mm。

(2)确定某种货物是否超长，与所使用车辆有密切关系。

(3)确定某货物是否超长，与选用装载方法有一定关系。

二、超长货物装载形式

1. 一车负重，突出装载，使用游车运输，如图 8-1 所示。

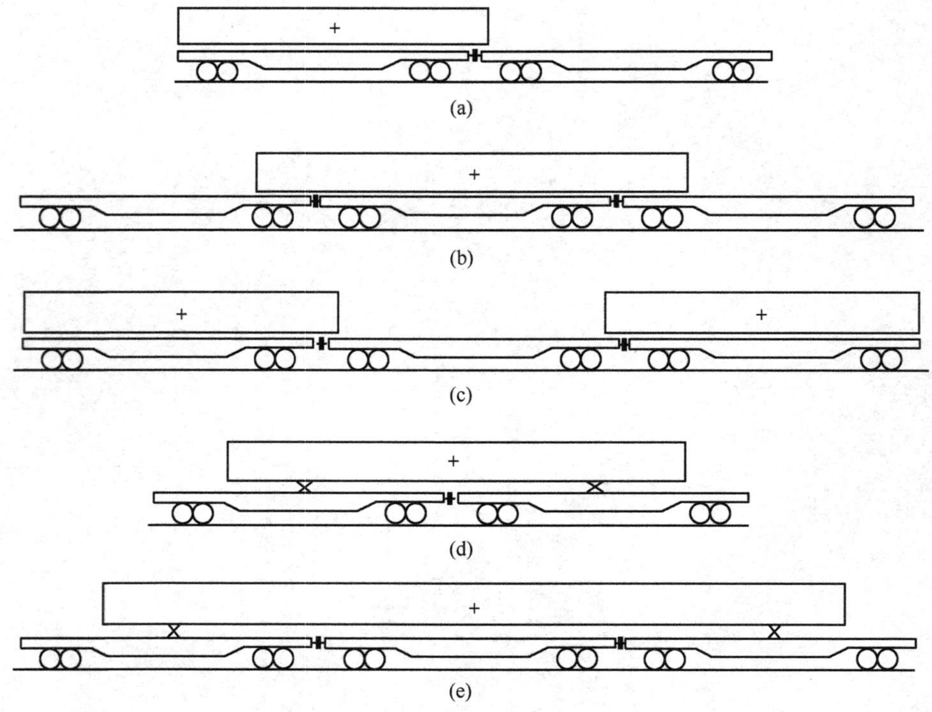

图 8-1　超长货物的装载方法

(1)一端突出装载:即一车负重,一端突出装载,使用一辆游车。

(2)两端突出装载:即一车负重,两端突出装载,两端各使用一辆游车。

2. 使用两辆及其以上平车跨装运输,如图 8-1 所示。

(1)两车负重,不使用游车。

(2)两车负重,中间使用游车。

(3)两车负重,两端使用游车。

(4)两车负重,中间及两端均使用游车。

三、一车负重装载技术条件

货物的全部重量由一辆货车承担,在负重车的一端或两端加挂游车的装载方法,称为一车负重的装载方法。一车负重装载超长货物应遵守下列规定:

1. 均重货物使用 60 t、61 t 平车两端均衡突出时,其装载量不得超过表 8-1 的规定。

表 8-1　60 t、61 t 平车两端均衡突出装载量

突出车端长　度 L(mm)	$L<1\,500$	$1\,500\leqslant L<2\,000$	$2\,000\leqslant L<2\,500$	$2\,500\leqslant L<3\,000$	$3\,000\leqslant L<3\,500$	$3\,500\leqslant L<4\,000$	$4\,000\leqslant L<4\,500$	$4\,500\leqslant L<5\,000$
容许载重量容许 Q(t)	58	57	56	56	55	54	53	52

注:表内所列重量,包括加固材料的重量。

2. 均重或非均重货物一端突出端梁装载时,重心最大容许纵向偏移量应根据计算确定,即

当 $P_{容}-Q<10$ t 时,$a_{容}=\left(\dfrac{P_{容}}{2Q}-0.5\right)l$

当 $P_{容}-Q\geqslant10$ t 时,$a_{容}=\dfrac{5l}{Q}$

3. 所用横垫木或支(座)架的高度,应根据下式确定。

为使装有超长货物的连挂车组通过线路纵向变坡点时,货物突出部分的底部与游车底板不相接触,以保证行车和货物安全,垫木高度应通过计算得出最低高度,如图 8-2 所示。

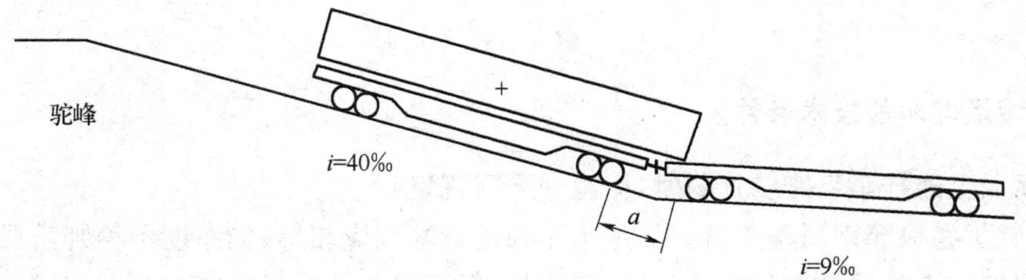

图 8-2　横垫木或支架高度计算

$$H_{垫}=0.031a\pm h_{车差}+f+80 \tag{8-1}$$

$$a=(L_{车}-l-l_{轴})/2+(L_{货}-L_{车}) \tag{8-2}$$

式中　a——货物突出端至负重车最近轮轴轴心所在垂直面的距离,mm;

$\pm h_{车差}$——游车地板高度与负重车地板高度差,游车地板比负重车地板高时,取正值,反之取

负值，mm；

f——货物突出端的挠度，mm；

80——安全量，mm；

$L_{车}$——货车长度，mm；

l——车辆销距，mm；

$l_{轴}$——固定轴距，mm；

$L_{货}$——货物长度，mm。

当货物突出车端部分底部低于其支重面时，垫木高度还应加上突出部分低于货物支重面的尺寸；当货物突出车端部分底部高于货物支重面时，垫木高度应减去货物突出车端部分高于货物支重面的尺寸。

4. 共用游车时，两货物突出端间距不小于 500 mm（图 8-3）。

500 mm 的规定，主要考虑在车辆运行条件下，使货物与货物之间仍能保持一定的安全距离。

75 mm×4（车钩压缩量）＋200 mm（安全间隙）＝500 mm

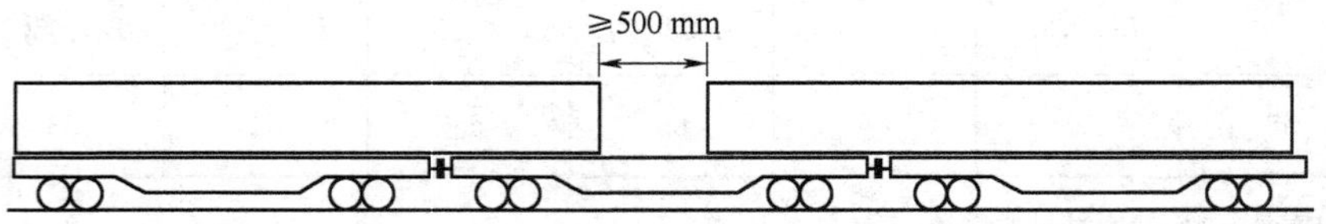

图 8-3 共用游车货物间距

5. 游车上装载的货物，与货物突出端间距不小于 350 mm（图 8-4），货物突出部分的两侧不得装载货物。

75 mm×2（车钩压缩量）＋200 mm（安全间隙）＝350 mm

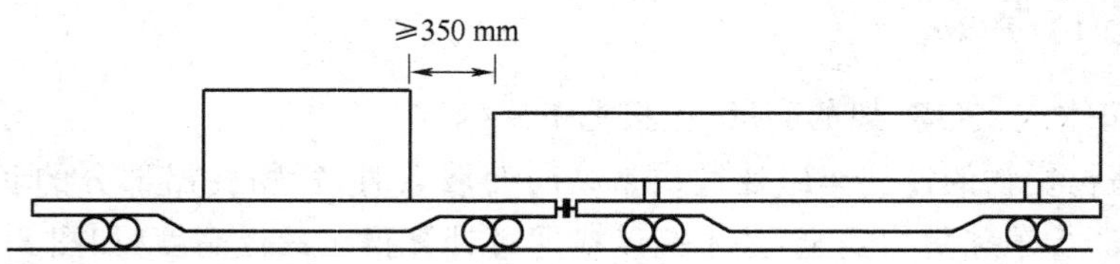

图 8-4 游车加装货物间距

四、跨装运输时的技术条件

用两辆以上连挂车组跨装货物时，应遵守下列规定：

(1)跨装货物只允许两车负重。负重车车底地板高度应相等，如高度不等则需要垫平。

对未达到容许载重量的货车，可以加装货物，但不得加装在货物的两侧（图 8-5），与跨装货物端部间距不小于 400 mm（图 8-6）。

(2)在两辆负重车的中间只准加挂一辆游车，如图 8-7 所示（N_{15}型运梁专用平车允许加挂两辆游车）。

(3)货物转向架的支重面长度应遵守不集重的规定。货物转向架应放在车地板的横中心线上，必须纵向位移时，应符合货物重心偏离货车横中心线的最大容许距离 $a_{容}$ 的规定。

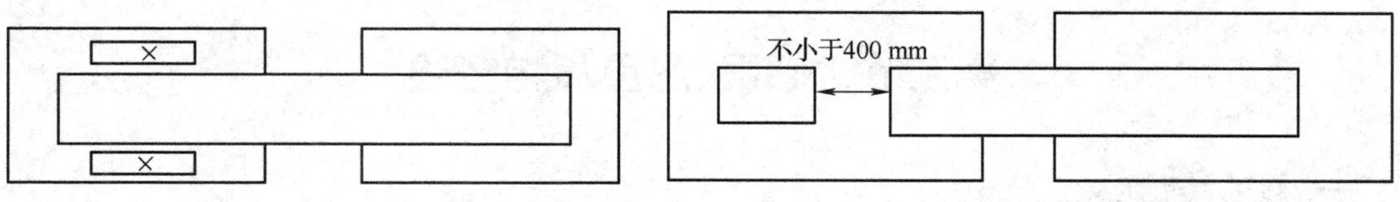

图 8-5　不得加装在货物两侧示意图　　　　图 8-6　跨装货物端部间距不小于 400 mm

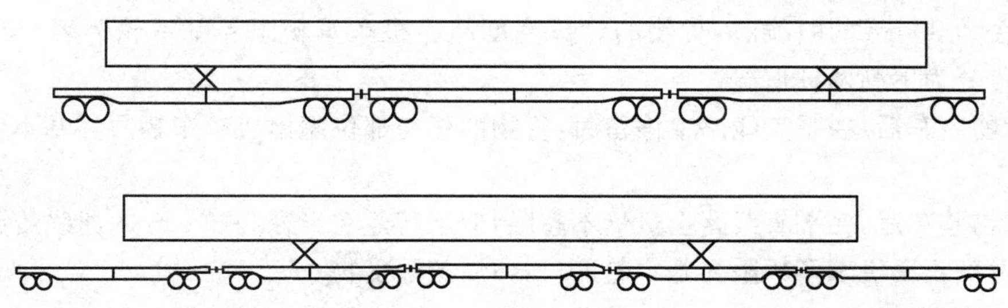

图 8-7　只加挂一辆游车示意图

(4)货物转向架的上架体与跨装货物，下架体与车辆分别固定在一起。加固方法不得影响车辆通过曲线，并将提钩杆用镀锌铁线捆紧。

(5)中间加挂游车的跨装车组通过 9 号及其以下道岔时，不得推送调车，以防脱轨。遇设备条件不容许或限速时，可以以不超过 5 km/h 的速度匀速推进。

(6)跨装车组禁止溜放。

(7)跨装车组应使用车钩缓冲停止器。

五、超长货物的受理和承运

由于超长、集重货物具有长度长重量大的特点，对铁路运输有特殊的要求，因此托运人托运超长、集重货物时，除按一般手续办理外，还应向承运人提出有关资料。

1. 托运人应提供的资料

(1)货物外形尺寸图。

(2)应以"＋"符号注明货物重心位置及有关尺寸。

(3)货物支重面的长度和宽度。

(4)计划装载加固方案。

承运人在接受托运人的托运要求时，除检查运单填写正确与否，还要检查托运人所提供的资料是否齐全。

2. 票据特殊记载

装运超长货物，发站应在货物运单、票据封套、编组顺序表及车牌上注明"超长货物"字样，以连挂车组装运时，应注明"连挂车组不得分摘"字样。

3. 装载要求

(1)超长、集重货物装车后，车辆转向架任何一侧旁承游间不得为零(弹性旁承及旁承承载结构的货车除外)。遇球形心盘一侧为零时，可用千斤顶将压死一侧顶起，落顶后出现游间，表明货物装载符合要求。

(2)超长、集重货物装车后，应用白色或红色油漆标画易于判定货物是否移动的检查线。

第二节　超限、超重货物概述

一、超限货物定义

货物装车后，车辆停留在水平直线上，货物的任何部位超出机车车辆限界基本轮廓者或车辆行经半径为 300 m 的曲线时，货物的计算宽度超出机车车辆限界基本轮廓者，均为超限货物。具体可分为下列两种情况：

(1)货物装车后，在平直线路上停留时，货物的任何部位超出机车车辆限界基本轮廓，称为超限货物。

(2)货物装车后，在平直线路上虽然不超限，但当行经在半径为 300 m 的曲线线路上时，货物的计算宽度超出机车车辆限界基本轮廓时，亦属超限货物。

二、超限货物的种类

1. 根据超限部位划分

根据超限货物的超限部位，以线路中心线为标准，按装车站最初挂运列车的运行方向，分为左侧超限和右侧超限，如两侧宽度均超过机车车辆限界时，称为两侧超限。两侧超限又分为对称超限和非对称超限。

2. 根据超限高度划分

根据超限部位在高度方面位置不同，又分为上部超限、中部超限和下部超限。

(1)上部超限：自轨面起高度超过 3 600 mm，任何部位超限者。

(2)中部超限：自面起高度在 1 250 mm 至 3 600 mm 之间，任何部位超限者。

(3)下部超限：自面起高度在 150 mm 至未满 1 250 mm 之间，任何部位超限者。

三、超限货物等级的划分

1. 一级超限：自轨面起高度在 1 250 mm 及其以上超限但未超出一级超限限界者。

2. 二级超限：超出一级超限限界而未超出二级超限限界者，以及自轨面起高度在 150 mm 至未满 1 250 mm 间超限但未超出二级超限限界者。

3. 超级超限：超出二级超限限界者。

划分超限等级的目的，是为了具体说明超限货物的超限程度，按超限等级确定超限货物的运送条件，确定请示范围及文电内容，同时超限等级也是发站计算核收超限货物运费的依据。

四、超重货物

超重货物是指装车后，重车总重活载效应超过桥涵设计活载标准(中—活载)的货物。

根据货物的超重程度，超重货物分为三个等级：一级超重、二级超重和超级超重。超重货物分级表见表 8-2。

其中 Q 为活载系数。①一级超重：$1.00<Q\leqslant1.05$；②二级超重：$1.05<Q\leqslant1.09$；③超级超重：$Q>1.09$。

表 8-2 超重货物分级表

项目 等级	长大货车型号	重车总重 p(t)	长大货车型号	重车总重 p(t)
一级	D_2	$314<P\leqslant330$	D_{26B}	$371<P\leqslant390$
	D_{2A}	$P>329$	D_{28}	$369<P\leqslant388$
	D_{2G}	$326<P\leqslant342$	DK_{29}	$370.8<P\leqslant389.5$
	D_{9G}	$372<P\leqslant391$	D_{30A}	$369<P\leqslant388$
	D_{17}	$P>197$	D_{30G}	$437<P\leqslant459$
	D_{18A}	$P>310$	D_{32}	$491<P\leqslant515$
	D_{18G}	$P>331$	D_{32A}	$P>545$
	D_{19G}	$372<P\leqslant391$	350 t 落下孔车	$490<P\leqslant514$
	D_{23G}	$310<P\leqslant326$	D_{35}	$502<P\leqslant527$
	DK_{23}	$P>296$	DQ_{35}	$508<P\leqslant533$
	D_{25A}	$P>374$	DK_{36}	$P>545.7$
	DA_{25}	$P>361$	DK_{36A}	$P>521.3$
	D_{26}	$371<P\leqslant390$	D_{38}	$543<P\leqslant571$
	D_{26AK}	$P>332$	D_{45}	$580<P\leqslant609$
二级	D_2	$330<P\leqslant343$	D_{30A}	$388<P\leqslant403$
	D_{2G}	$342<P\leqslant355$	D_{30G}	$P>459$
	D_{9G}	$P>391$	D_{32}	$515<P\leqslant535$
	D_{19G}	$391<P\leqslant406$	350 t 落下孔车	$P>514$
	D_{23G}	$P>326$	D_{35}	$527<P\leqslant548$
	D_{26}	$P>390$	DQ_{35}	$P>533$
	D_{26B}	$P>390$	D_{38}	$571<P\leqslant592$
	D_{28}	$P>388$	D_{45}	$609<P\leqslant632$
	DK_{29}	$P>389.5$		
超级	D_2	$P>343$	D_{32}	$P>535$
	D_{2G}	$P>355$	D_{35}	$P>548$
	D_{19G}	$P>406$	D_{38}	$P>592$
	D_{30A}	$P>403$	D_{45}	$P>632$

注：以上均为货物装载无偏心情况，如有偏心，则应按实际装载偏心另行计算等级。

第三节　偏差量和计算宽度

一、计算点和检定断面

计算点指超限货物任意一个部位，需要计算超限等级的点。此点是以计算点至线路中心线垂直面的宽度和至钢轨平面的高度而确定的。

检定断面指计算点所在的与线路中心线垂直的横断面。是以钢轨平面为横坐标，以线路中心线的垂直线为纵坐标的坐标轴，它是确定超限等级的横断面。

当超限货物车行经在平直线路上时，确定超限等级的宽度是实测宽度；当超限货物车行经在曲线线路上时，确定超限等级的宽度是计算宽度。

二、确定计算宽度的主要因素

确定计算宽度的主要因素包括货物检定断面的实测宽度，货物偏差量，附加偏差量，以及曲线线路建筑限界内外侧水平距离的加宽值。

1. 货物检定断面的实测宽度

货物检定断面的实测宽度指计算点至负重车中心线垂直的水平距离。通常用米尺测量而定。用符号“B”表示。

2. 货物偏差量

当超限车行经在平直线路上时，两转向架中心销的垂直投影落在线路中心线上，货车纵中心线与线路中心线相重合。当超限车行经在曲线线路上时，两转向架中心销的垂直投影落在线路中心线上。货车纵中心线在两销间偏向内方，称为内偏差；在两销之外偏向外方，称为外偏差，用符号“C”表示。此值可以计算确定。

3. 附加偏差量

附加偏差量是当车辆走行部分游间和曲线处轨距加宽所产生的附加偏差量。此值仅在计算外偏差量时才计算，用符号“K”表示。

4. 曲线线路建筑限界内、外侧水平距离的加宽值《铁路超限超重货物运输规则》所采用的曲线内、外侧水平距离加宽值为 36 mm，它是以车长为 13.2 m，销距为 9.35 m 的平车，行经半径为 300 m 的曲线线路时，所产生的内、外偏差量(均为 36 mm)作为曲线线路建筑限界内外侧水平距离的加宽值。在确定曲线线路基础建筑限界的实际宽度时，已经考虑该值，所以确定计算宽度时，须减去 36 mm。

计算宽度(用“X”表示)为上述因素的代数和。

三、货物偏差量(C)

1. 偏差量的命名

图 8-8 中，圆弧为半径 300 m 曲线(《铁路超限超重货物运输规则》规定，以行径半径 300 m的曲线线路时的计算宽度作为确定超限

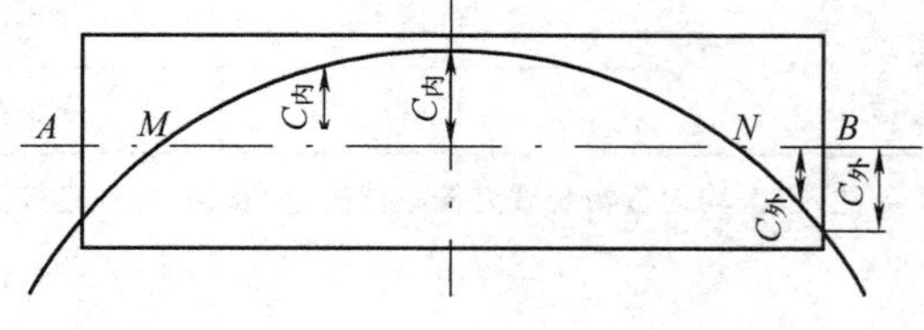

图 8-8　货物偏差量的命名

等级的依据)的线路中心线;AB 直线为货车纵中心线,M、N 为货车两转向架中心销在线路中心线上的投影。

当货物的检定断面位于装载车两转向架中心销之间的任何部位时,称为内偏差,以"$C_内$"表示。当货物的检定断面位于装载车两转向架中心销之间的中央部位时为最大。当货物的检定断面位于装载车两转向架中心销外方货物的任何部位时,称为外偏差,以"$C_外$"表示。当货物的检定断面位于装载车两转向架中心销外方的端部时为最大。

2. 一车负重时偏差量的计算

用一辆六轴及以下货车装载时,如图 8-9、图 8-10 所示。

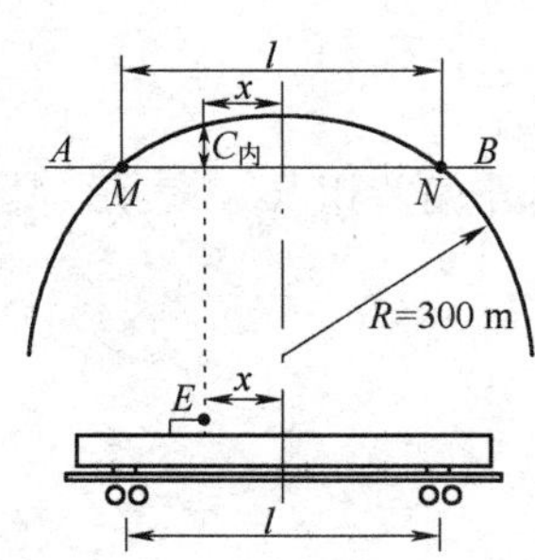

图 8-9　货物内偏差量计算示意图

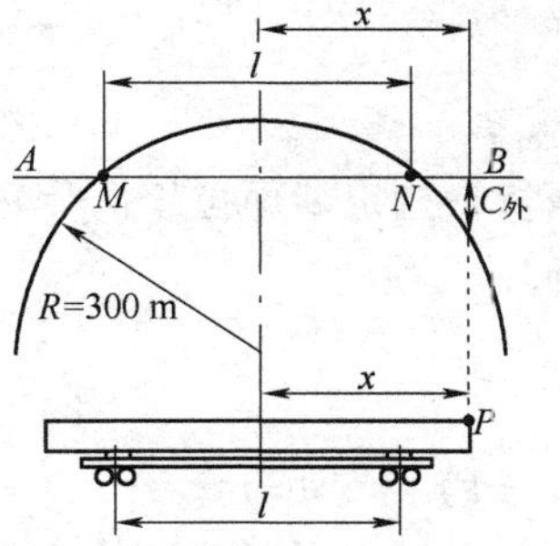

图 8-10　货物外偏差量计算示意图

货物检定断面处的内偏差量,即车辆纵中心线在货物检定断面处偏离线路中心线的距离,其计算公式见式(8-3)。

$$C_内=\frac{l^2-(2x)^2}{8R}\times 1\,000(\mathrm{mm}) \tag{8-3}$$

当 x 等于 0 时,内偏差量的最大值的计算公式见式(8-4)。

$$C_内=\frac{l^2}{8R}\times 1\,000(\mathrm{mm}) \tag{8-4}$$

货物检定断面处的外偏差量,即车辆纵中心线在货物检定断面处偏离线路中心线的距离,其计算公式见式(8-5)。

$$C_外=\frac{(2x)^2-l^2}{8R}\times 1\,000(\mathrm{mm}) \tag{8-5}$$

式中　l——车辆转向架中心距(简称"销距"),m;

x——货物检定断面至车辆横中心线的距离,m;

R——取 300 m 的曲线半径,《铁路超限超重货物运输规则》以行经在半径为 300 m 的曲线线路上时的计算宽度作为确定超限等级的依据。

偏差量 $C_内$、$C_外$ 计算结果精确到毫米。

3. 使用普通平车跨装时,偏差量的计算

使用两辆以上平车跨装运送超限货物,当超限车行经在曲线线路上时,由于跨装负重车上货物转向架中心销向曲线内方位移,货物在曲线内侧的偏差量将有所增大。其数值取决于负重车销距的长度及货物转向架的跨装支距长度。如图 8-11 所示。

(1)当货物检定断面位于两货物转向架中心销之间时,其内偏差用"$C_内$"表示,其计算公式见式(8-6)。

$$C_{内}=\frac{L^2+l^2-(2x)^2}{8R}\times 1\,000(\text{mm}) \tag{8-6}$$

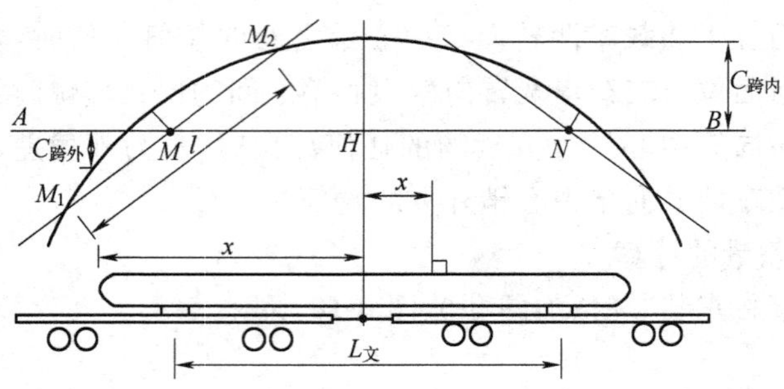

图 8-11　跨装货物偏差量计算

(2)当货物检定断面位于两货物转向架中心销外方时，其外偏差用“$C_{外}$”表示，其计算公式见式(8-7)。

$$C_{外}=\frac{(2x)^2-L^2-l^2}{8R}\times 1\,000(\text{mm}) \tag{8-7}$$

式中　L——跨装支距，m；

l——负重车的转向架中心距，m；

x——货物检定断面至跨装支距中心线的距离，m。

4. 使用六轴以上长大货物车装载时，偏差量的计算

使用多层转向架的特种平车装载超限货物，当超限车行经在曲线线路上时，由于特种平车转向架群的中心销向曲线内方位移，货物在曲线内侧的偏差量将有所增大。其数值取决于负重车销距的长度及特种平车转向架群的支距长度。

(1)当货物检定断面位于大底架两心盘中心之间时，其计算公式见式(8-8)。

$$C_{内}=\frac{L_1^2+\cdots+L_n^2-(2x)^2}{8R}\times 1\,000(\text{mm}) \tag{8-8}$$

(2)当货物检定断面位于大底架两心盘中心外方时，其计算公式见式(8-9)。

$$C_{外}=\frac{(2x)^2-L_1^2-\cdots-L_n^2}{8R}\times 1\,000(\text{mm}) \tag{8-9}$$

式中　$L_1,\cdots\cdots,L_n$——分别为长大货物车由向上向下各层底架心盘中心距，m。其中，n 为长大货物车底架层数；

x——货物检定断面至车辆横中心线的距离，m。

四、附加偏差量(K)

超限车行经在曲线线路上时，当货物的外偏差 $C_{外}$ 大于内偏差 $C_{内}$ 时，还必须考虑附加偏差量。附加偏差量是指由于走行部分的游间、曲线线路轨距的加宽量及车辆在线路上蛇行运动的摆动量而产生的偏差量。

1. 影响附加偏差量的主要因素(图 8-12)

(1)车辆走行部分的游间。现行车辆走行部分均采用转向架装载。转向架由摇枕、侧梁、弹簧减震装置、轴箱润滑装置、轮对以及下心盘和旁承等部件组成。各部件之间，都存在着一定的间隔，这些间隔称为游间。当车辆行经曲线线路时，由于游间的影响，将产生外偏差的增

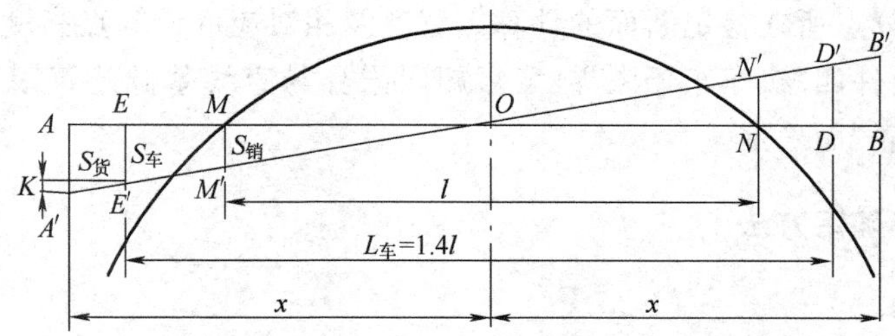

图 8-12　货物附加偏差量的计算

注：$S_销$—车辆中心销的摆动量；$S_车$—车辆两端的摆动量；$L_车$—车地板长；$S_货$—货物两端的摆动量；x—货物检定断面至车辆横中心线的距离

大值。

(2)曲线线路轨距的加宽量。为了使机车车辆能顺利通过曲线，防止外轨侧面磨耗和抵压外轨、曲线线路轨距应适当加宽。

(3)车辆在曲线线路上蛇形运动的摆动量。

2. 货物附加偏差量 K 的计算

(1)用一辆六轴及以下货车装载时

$$K=75\left(\frac{2x}{l}-1.4\right)\quad(\text{mm})\tag{8-10}$$

(2)用普通平车跨装时

$$K=75\left(\frac{2x}{L}-1.4\right)\quad(\text{mm})\tag{8-11}$$

(3)用六轴以上长大货物车装载时

$$K=75\left(\frac{2x}{L_1}-1.4\right)\quad(\text{mm})\tag{8-12}$$

式中　l——负重车的转向架中心距，m；

L——跨装支距，m；

L_1——长大货物车上层底架心盘中心距，m。

当$\frac{2x}{l}\leqslant1.4$，$\frac{2x}{L}\leqslant1.4$，$\frac{2x}{L_1}\leqslant1.4$ 时，货物附加偏差量不计算；同一件货物，计算点不同时，K 值亦不同。

五、确定计算宽度

1. 当货物的检定断面位于车辆两心盘中心之间时，其计算公式见式(8-13)。

$$X_内=B+C_内-36\quad(\text{mm})\tag{8-13}$$

2. 当货物的检定断面位于车辆两心盘中心外方时，其计算公式见式(8-14)。

$$X_外=B+C_外+K-36\quad(\text{mm})\tag{8-14}$$

式中　B——实测宽度，即货物的检定断面的计算点至车辆纵中心线所在垂直平面的距离，mm。

第四节　超限等级的确定

确定超限等级是请示装运办法、确定运输条件及核算运输费用的依据。

超限等级是计算点所在检定断面的计算点宽度及相对应的计算点高度的数值，查《超限超重货物运输规则》附件四“机车车辆限界、各级超限限界与直线基础建筑限界距离线路中心线所在垂直平面尺寸表”而确定。

一、超限等级的确定方法

1. 标点

标出需要计算的点。在端视图上标出不同高度、不同宽度的点。

在等宽条件下，计算点在 1 250 mm 以上时，标高不标低；不足 1 250 mm 时，标低不标高。

2. 选面

选择检定断面。在侧视图上选出与所标出的点相对应的检定断面，当高度和宽度相同时，应选偏差量大的检定断面。

在两转向架中心销之间，应选近(距货车横中心线)不选远；在两转向架中心销之外，应选远(距转向架中心销)不选近。

3. 计算

确定计算点高度、宽度：

(1)计算点高度($h_{计}$)。一般包括货车地板高度、垫木高度和计算点至货物支重面的高度，即 $h_{计}=h_{车地板}+h_{垫}+h_{货}$。

(2)计算点宽度为线路中心线的垂直面至计算点的宽度。在直线线路上为货物的实宽，在曲线线路上为货物的计算宽度。

4. 查表

根据计算点高度和计算点宽度查《铁路超限超重货物运输规则》附件四，确定超限等级。

二、计算点的选择

1. 当车辆转向架中心销距小于或等于 9 350 mm 时，$C_{内}\leqslant 36$ mm，按实际宽度确定超限等级。

2. 当货物为等断面体时，只需计算 $C_{内}$ 或 $C_{外}$。若 $\frac{2x}{l}\leqslant 1.4$ 时，计算 $C_{内}$；若 $\frac{2x}{l}>1.4$ 时，计算 $C_{外}$。货物长度较小时，计算 $C_{内}$，选用销距较小的车辆可以降低超限程度；货物长度较长时，计算 $C_{外}$，选用销距较大的车辆可以降低超限程度。

3. 当使用一辆普通平车装运超限货物时，其检定断面位于两转向架中心销之间(中央部位除外)任何部位时，一般不需要计算 $C_{内}$ 和 $C_{外}$，可直接按货物的实测宽度确定超限等级和运送条件。

4. 当使用平车装运超限货物时，只有在下列条件时，方需计算除中央部位外的 $C_{内}$。

(1)货物转向架中心销(或车辆主梁中心销)间(车辆中央部位除外)有突出部分。

(2)货物突出部分的实测宽度大于其在车辆横中心线处的实测宽度。

(3)有数个突出部分，其突出部分相近，应计算确定计算宽度。

(4)有数个突出部分，其高度、宽度相等时，应以距车辆横中心线最近的突出点作为计算点。

5. 当使用平车装运超限货物时，只有在下列条件时，方需计算除货物端部外的 $C_{外}$：

(1)货物转向架中心销(或车辆主梁中心销)间外方任何部位(货物端部除外)有突出部分时。

(2)货物突出部分的实测宽度大于货物端部的实测宽度。

(3)若货物有数个突出部分,其高度不同、实测宽度相等时,应以高度最高,距车辆横中心线最远的突出点作为计算点。

6. 当货物外形较为复杂时,应自上而下分别计算 $X_{内}$、$X_{外}$ 后进行比较,确定超限等级。

第五节 超限货物测量

正确测量超限货物装车前后各部位尺寸,是确定超限货物等级和运送条件的重要依据。如果测量发生误差,一方面可能会使非超限货物变为超限货物或使超限货物变为非超限货物,另一方面可能会使超限货物降低或升高。这样就会造成不必要的限速、绕道运输以及会车上的困难,直接影响货物在运输中的完整和超限货物列车的运行安全,增加产品的运输费用,减少合理收入。因此,必须按规定进行严格测量。

一、测量的基本要求

1. 测量前要合理选择计划装载方案,根据货物的重量、重心位置、外形和结构特点结合装运车辆的技术条件,综合考虑。

2. 装车前按计划对装载方案进行测量,以超限车的运行方向为前方来确定货物的左侧和右侧。测量货物的各个不同高度均从货物底部支重面起算,测量其各个不同高度处的宽度均从货物重心所在的纵向垂直平面起算。

3. 测量高度应严格按垂直距离测量,宽度应严格按水平距离测量,装载货物的高度应包括垫木的高度,宽度应包括铁线、钢丝绳、腰箍等加固材料在内,测量要有完整的记录,数据必须齐全。测量结果应与“托运超限超重货物说明书”中的有关数据进行核对。

4. 装车后按实际装载状态进行测量,高度从轨面起算;宽度从车辆纵中心线所在的垂直平面起算,并测量检定断面距车辆横中心线间的水平距离。

5. 超限货物的测量尺寸,均以毫米为单位。

二、测量用的工具

为了准确地测量超限货物的外形尺寸,车站必须备有质量良好的测量工具,并指定专人妥善保管和维修,常用的测量工具及计算用具主要有以下几种:

(1)钢卷尺及皮尺;

(2)水平尺;

(3)吊锤;

(4)辅助测量用的木板条;

(5)小型电子计算器;

(6)具有广角镜性能的照相机;

(7)袖珍绘画垫板。

三、装车前的测量

装车前的测量是指按上述基本要求测量货物本身的有关尺寸。主要目的是为了给确定能否经铁路安全运送，拟定装载方案和为请示电报提供资料。测量时应按计划的装载状态进行；以重心位置为准，顺车长为货长，顺车宽为货宽，并以初次挂运方向为左侧和右侧。

1. 长度

测量货物的最大长度、支重面长度、重心至端部的距离、检定断面至重心的距离。如图 8-13 所示。

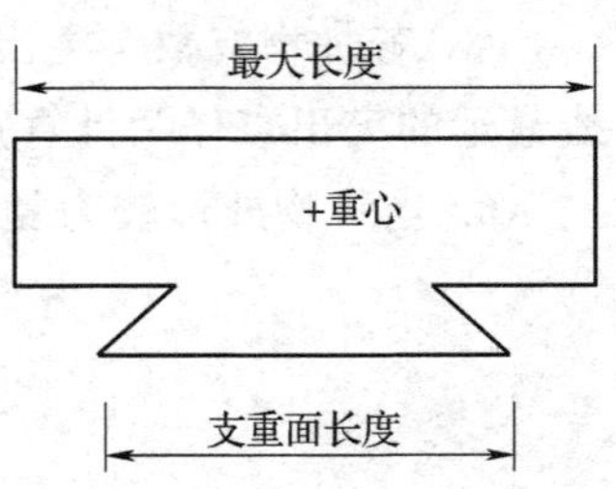

图 8-13　货物长度的测量

2. 高度

由底部支重面起，测量货物中心高度和侧高度。

(1)中心高度：货物的最大高度为中心高度。

当货物纵中心线与货物重心所在垂直平面一致时，从货物支重面起至货物重心所在纵向垂直平面上的最大高度为货物的中心高度，如图 8-14(a)所示；当其高度低于侧高度时，应以最大高度为中心高度，如图 8-14(b)所示。

当货物纵中心线与货物重心所在垂直平面不一致时，以最大高度为中心高度，如图 8-14(c)、(d)所示。

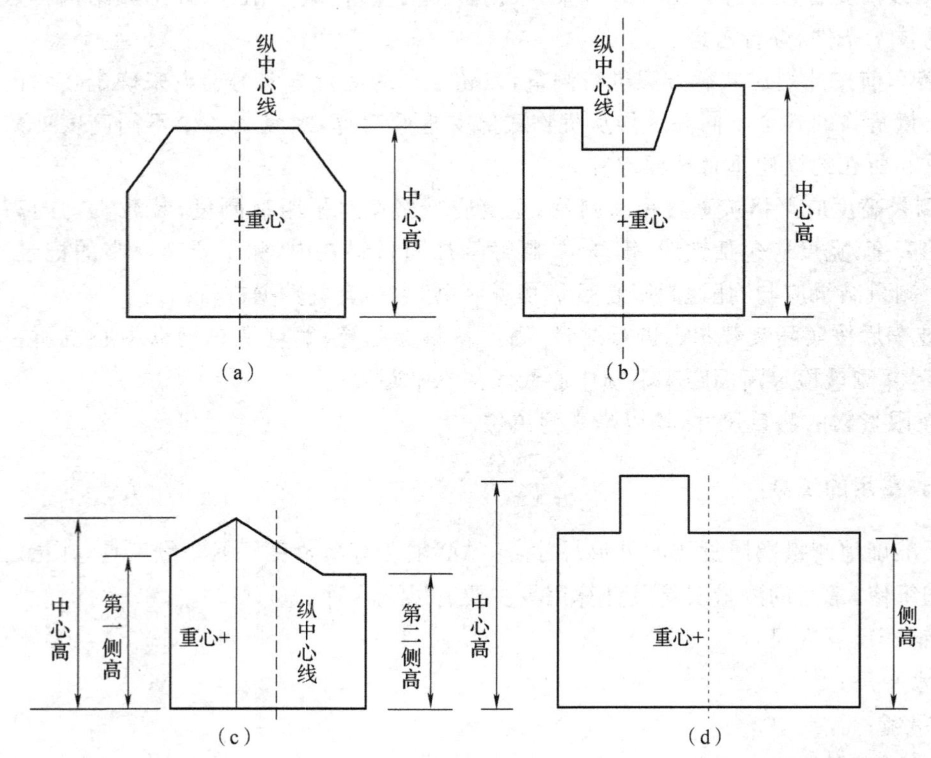

图 8-14　货物中心高度的测量

(2)侧高度：中心高度处以下货物两侧不同宽度处的高度称为侧高度。以货物重心为标准(货物的重心应位于车地板的纵中心线上)，按超限列车运行方向分左、右两侧进行测量。如有多个不同的侧高度时，不分左右，由高到低依次编为第一侧高、第二侧高等，分别测出其不同的侧高度，如图 8-15 所示。

3. 宽度

测量中心高度处的宽度和不同侧高度处的宽度。

(1)中心高度的宽度。由货物重心所在的纵向垂直平面起，测量最大高度处的左侧和右侧的宽度，如图 8-16 所示。

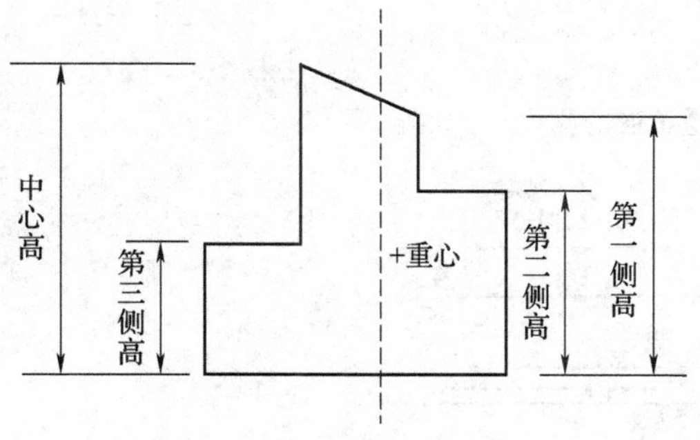

图 8-15　货物侧高度的测量

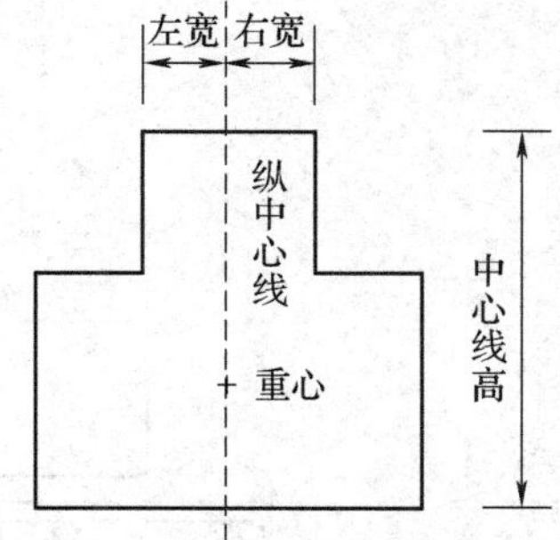

图 8-16　货物中心高度的宽度测量

(2)两侧不同高度处的宽度。应分别测量其每一不同侧高度处的左侧和右侧的宽度，如图 8-17 所示。

(3)圆形货物的宽度。圆形货物中心高度处的左右侧宽为"0"，因此应测量其侧高度处的左、右宽度，如图 8-18 所示。

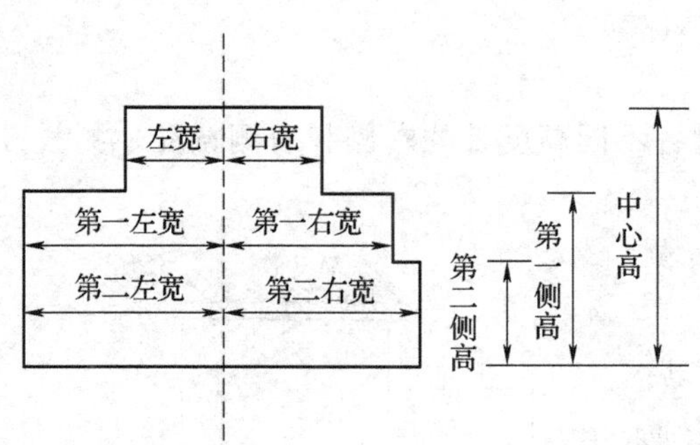

图 8-17　货物不同侧高的宽度测量

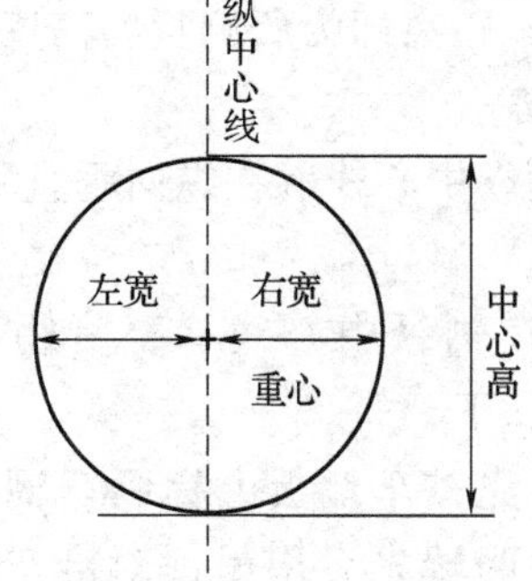

图 8-18　圆形货物的宽度测量

四、装车后的测量方法

超限货物装车后应按实际的装载状态和测量要求进行复测，其主要目的是检查装载状态是否符合上级批示电报指示的尺寸要求和正确填写"超限货物运输记录"。

1. 长度

(1)跨装时，测量支距的长度和分别测量两支点外方的长度，如图 8-19 所示。

(2)突出装载时，测量突出车辆端梁外方的长度；如两端突出不相等时，应分别测量，如图 8-20 所示。

2. 高度

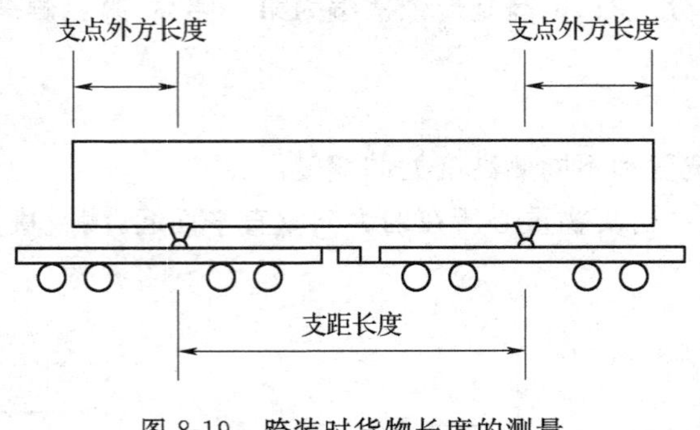

图 8-19　跨装时货物长度的测量

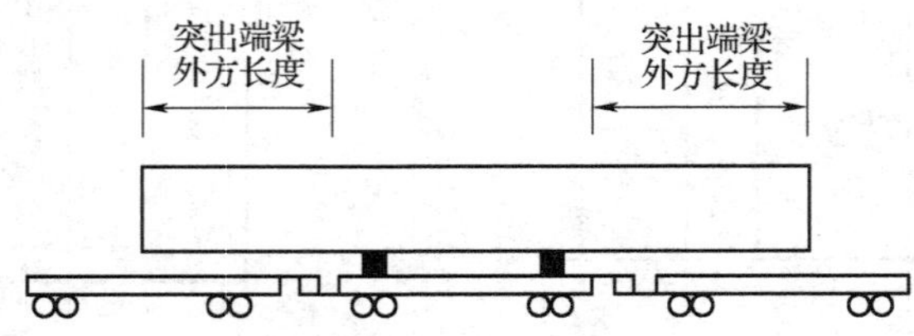

图 8-20　突出装载时货物长度的测量

由轨面起测量其中心高度和每一侧高度。测量高度时，应由中心高或侧高处垂直量至钢轨平面，其测量方法如下：

用一根硬质木板条，一端置于所测货物高度处并用水平尺使其保持水平，另一端伸出车辆侧梁以外，系一吊锤，在钢轨面上也放一根木板条，使其与轨面成水平位置，皮尺沿铅垂线直接量至轨面，其距离即为所测货物高度，如图 8-21 所示。

3. 宽度

由车辆纵中心线所在纵向垂直平面起分别测量各不同高度处的左侧和右侧宽度。测量方法如下：

(1)将车辆纵中心线移至货物顶面后，再进行测量，其移法如下：

装车前先在车地板上标画车辆纵中心线，装车后在货物顶面两端先后用吊锤对准车辆纵中心线，依垂线竖直方向，在货物顶面确定甲、乙两点，两点之连线即车辆纵中心线，此时可在货物顶面测量每一高度处的水平宽度，如图 8-22(a)所示。

(2)当货物某高度处的宽度大于车宽的一半时，也可以从该高度处系一吊锤，测量垂线与车地板边的水平距离，再加上车地板的一半，即为该高度处的宽度，如图 8-22(b)所示。

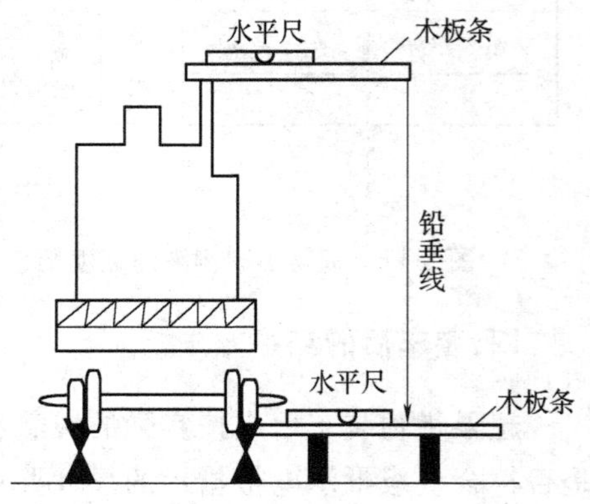

图 8-21　装载后货物高度的测量

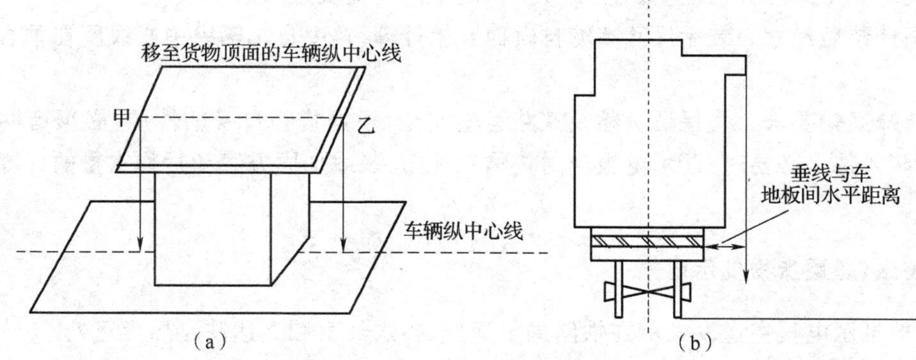

图 8-22　装载后货物宽度的测量

第六节　超限、超重货物运输电报

超限、超重货物运输电报包括超限、超重货物运输请示电报、批示电报和车辆挂运请示电报。

一、超限、超重货物运输请示电报

车站请示电报主送铁路局货运处。铁路局请示电报主送铁道部运输局营运部。请示电报主要内容包括：

(1)发站、到局、到站。

(2)货物概况，注明货物品名、件数、重量、全长、支重面长度、货物重心高度、货物的重心位置，自轮运转货物还应注明自重、轴数、轴距、固定轴距、长度、转向架中心销间距离、制动机形式、运行限制条件以及其他特殊运输条件要求等。

货物重量含装载加固装置和材料等重量。货物重心高度含垫木或支架等高度，并需注明其中垫木或支架高度为××mm。支重面长度为垫木或支架等之间距离时，需注明两横垫木或支架之间距离为××mm。

(3)货物外形尺寸，应包括固定包装、装载加固装置和材料，高度自货物支重面或货物底部开始计算，宽度自货物重心所在的纵向垂直平面开始计算，不同高度处的宽度按自上而下顺序排列，尺寸均以毫米为单位。货物外形尺寸表述必须完整、准确、正确。

(4)拟使用车种、车型及辆数。

(5)装载方法、包括不突出车端板装载、突出车端板装载、两车跨装。

① 不突出车端板装载。注明每车装载件数及合装、分装等具体装载方法。

② 突出车端板装载。除注明每车装载件数及合装、分装等具体装载方法，还应注明货物突出车端的长度、突出端的宽度及高度，突出端的底部距游车车地板的高度，两端同时突出的应分别注明。需要使用游车的，注明使用游车的车种、车型及辆数。

③ 两车跨装装载：两负重车中间或两端需要使用游车的，注明中间或两端使用游车的车种、车型及辆数。注明货物跨装支距、突出支点长度和突出端的宽度及高度，同时突出两支点的应分别注明。货物突出支点后，又突出负重车车端板的，注明突出端底部距游车车地板的高

度，两端同时突出的应分别注明。注明货物转向架的高度及重量。

(6)预计装后尺寸。装后尺寸高度自轨面开始计算，宽度自车辆纵中心线所在垂直平面开始计算。

(7)特殊运输要求。为保证货物及铁路运输安全，根据货物自身的性质，必须有明确的特殊运输限制条件。必要时，请示电报应附货物三视图、装载加固方案和货物重量的计算证明材料等资料。

二、超限、超重货物批示电报

铁道部批示电报主送发站所在铁路局货运处，抄送经由和到达铁路局货运处。

铁路局批示电报主送发站、本局调度所、车辆段及货检站等。铁路局直接批示的本局发送的超限超重货物运输电报须抄送经由和到达铁路局货运处。

批示电报主要内容包括：

(1)发站、经由、到站；

(2)货物概况；

(3)使用车种、车型及辆数；

(4)装载方法；

(5)货物装后尺寸；

(6)装运办法，装运办法的内容一般用电报代号表述，运输超限超重货物电报代号见表 8-3。

① 重车重心不超高时表述为 A×级超限，Z×级超重，KNOM。

② 重车重心超高时表述为 A×级超限，Z×级超重，R 1 950 mm，2 029 mm，G 50 km/h，L 20 km/h，W 15 km/h，KNOM。

③ 较复杂情况时根据具体情况批示。

表 8-3　运输超限超重货物电报代号

顺序	代字	被代用的文字	附　注
1	A	超限等级	代号后写几级
2	B	左右宽度按发站挂运列出的进行方向。遇运行途中方向相反且无法通过限界时，由自局解决。不可能时须事先请邻局协助	
3	C	凡距离线路中心线几毫米、高度超过几毫米，如道岔表示器等设备，在列车通过前拆除，通过后立即恢复正常位置	代号后分子为距线路中心线宽度的毫米数，分母为自轨面起高度的毫米数
4	D	通过接近限界的速度限制，按《铁路超限超重货物运输规则》第 33 条办理	
5	E	禁止接入距离线路中心线几毫米，高度超过几毫米的站台的线路	代号后分子为距离中心线宽度的毫米数，分母为自轨面起高度的毫米数
6	F	禁止接入距离线路中心线几毫米的水鹤的线路	代号后写距线路中心线的毫米数
7	G	区间限制速度	代号后写限速值
8	H	由该局管内工务段指派专人添程监视运行状况	
9	I	由该局管内车辆段指派专人添程监视运行状况	
10	J	由该局管内电务段指派专人添程监视运行状况	

续上表

顺序	代字	被代用的文字	附　注
11	K	会车条件按《铁路超限超重货物运输规则》第32条办理	
12	L	通过300 m以下半径的曲线线路时，限制速度	代号后写限速值
13	M	途中货检站按规定检查无碍后继续运送	
14	N	各邻接调度密切联系注意运行状态，接运和挂运按《铁路超限超重货物运输规则》第28、31条办理	
15	O	沿途由值乘车长负责监督运行	
16	P	需要货物转向架和使用车钩缓冲停止器	
17	Q	由发货人指派技术人员护送至到站	
18	R	货物重心高度	代号后写毫米数
19	S	重车重心高度	代号后写毫米数
20	W	经过侧向道岔限制速度	代号后写限速数
21	Z	超重等级	代号后写几级

铁路超限超重货物运输电报专用印章式样如图8-23所示，车站请示电报、挂运电报加盖的印章由铁路局自行规定。

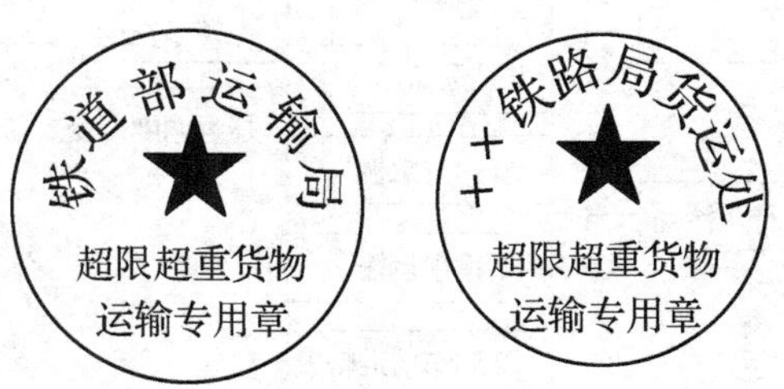

图8-23　电报专用印章

三、超限、超重货物请示挂运电报

车站挂运电报主送铁路局调度所，抄送铁路局货运处。

挂运电报主要内容包括：批示电报号、发站、到站、货物品名、件数，使用车种、车型及辆数、装载完成时间，装后尺寸复测，装后货物装载加固状态及车辆状态检查确认情况等。

第七节　超限、超重货物运输组织

超限、超重货物运输作业是铁路货物运输作业的重要组成部分。

为了确保安全、经济、迅速地运送超限、超重货物，铁路局和站段必须高度重视超限、超重货物运输安全管理工作，铁路局要成立以主管运输副局长为主任的超限、超重货物运输管理委员会，各有关站段要成立以主管站段长为组长的超限、超重货物运输管理领导小组。委员会和领导小组要建立工作制度、明确工作职责和工作程序，落实安全责任。

铁路局货运处是铁路局超限、超重货物运输管理的责任牵头部门，主要负责超限、超重货物运输电报的请示、批示，以及相关行政许可的资质审查等。铁路局调度所负责超限、超重车的运输组织和运行掌握，以及装运超限、超重货物所需空车的调配。

超限超重货物作业主要流程图如图 8-24 所示。

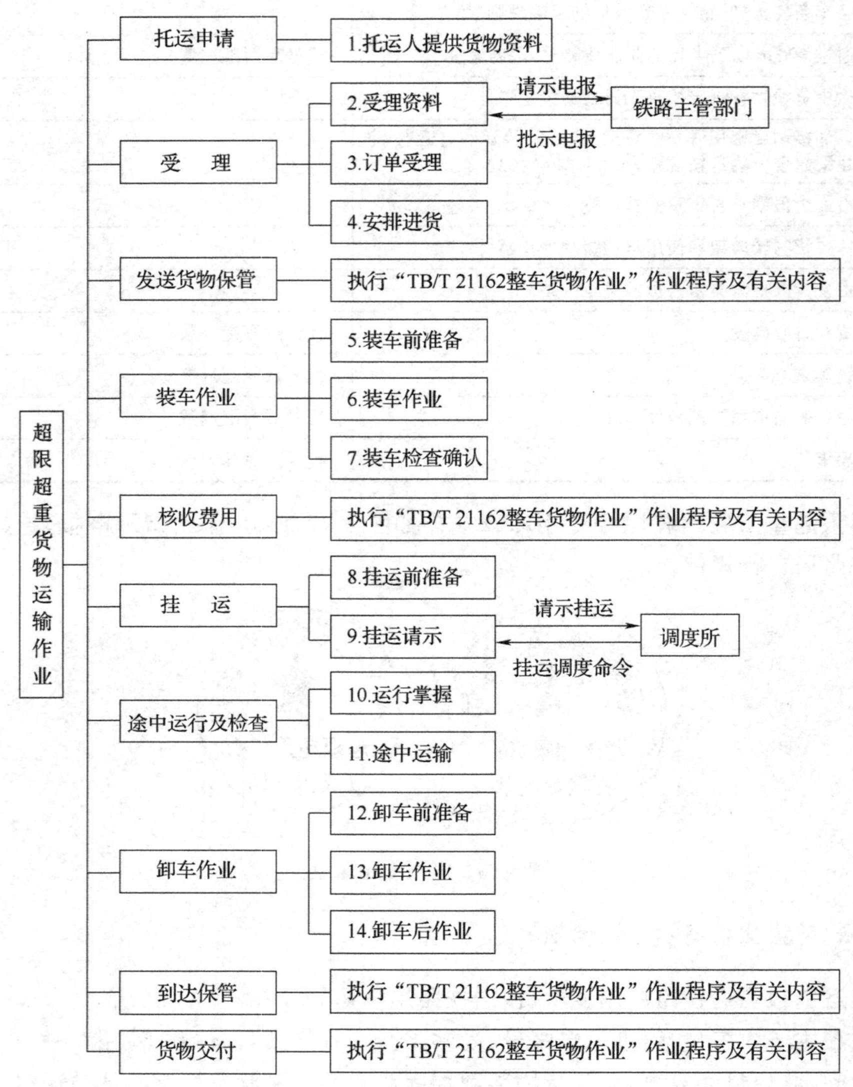

图 8-24　超限超重货物作业主要流程图

超限、超重货物运输实行关键作业质量签认制度和关键作业工序间交接签认制度。货物受理和装车作业填记××车站超限超重货物发送作业质量监控表，超限超重车装车质量由装车站段主管站段长签认，特殊情况时可由站段长授权货运主任签认。

一、托运与承运

1. 超限、超重货物的托运

托运超限、超重货物时托运人除应根据批准的要车计划向车站提出货物运单外还提供相应资料。

托运人应提供的资料包括：

(1)超限、超重货物托运说明书，见格式 8-1。

格式 8-1

超限、超重货物托运说明书

发　局			装车站		预计装后尺寸			
到　局			到　站		由轨面起高度		由车辆纵中心线起	
品　名			件　数				左　宽	右　宽
每件重量		总重量		重心位置	中心高			
货物长度			支重面长度		侧　高			
高度	中心高	宽度	左	右	侧　高			
	侧　高		左	右	侧　高			
	侧　高		左	右	侧　高			
	侧　高		左	右	侧　高			
要求使用车种			标记载重		侧　高			
卸装时的要求								
其他要求					车地板高度			
					垫木或转向架高度			
					预计装在车上货物重心位置距轨面的高度			
					重车重心高度			

注：粗线栏内由铁路填记

发货单位　　戳记　　　　　　　　　　20　　年　　月　　日提出

(2)货物外形尺寸三视图(图中应标明货物的有关尺寸、支重面长度)，并以“＋”号标明货物重心位置。

(3)申请装运超限、超重货车的车种、车型及车数，计划装载加固方案。

(4)自轮运转超限货物，应有自重、轴数、轴距、固定轴距、长度、转向架中心销间距离、制动机型式及限制条件。

(5)其他规定的资料。

2. 受理

托运人提供的货物技术资料及相关证明文件齐全有效、符合规定，且货物发到站(含专用线、专用铁路)具备超限、超重承运人资质的，发站应给予资料受理。

货物受理实行签认制度，包括审核受理资料，对照资料核对货物、确定货物运输条件。

3. 选择装载方案

资料受理后，发站须认真审核资料，必要时应组织有关部门共同研究；对照资料核查货物实际情况、复核货物重量，测量核对货物外形尺寸和重心位置；拟定使用货车的车种、车型及车数，拟定货物装载加固方案。

根据货物的外形情况、重量和结构特点、结合装运车辆的技术条件，综合考虑装车方案。

根据货物外形情况研究顺装、横装或立装等方案，以确定最有利的装载方法。

必要时应采取改变货物包装方式、解体货物或某个部件的措施，以降低超限等级。

货物如不能解体，为通过个别区段的建筑界限，经铁路局确定，准许将木制车底板拆下，以容纳货物的突出部分。拆下的车底板必须原装在车上,并应在运单内说明。

计算超限(装后尺寸)等级和超重等级

4. 超限、超重货物运输请示电报

拟定方案后,车站应向铁路局超限、超重货物运输主管部门提报铁路特种车使用计划、拍发超限、超重货物运输请示电报。

5. 超限、超重货物运输批示电报

铁路局接到发站请示电报后,应及时审核批示或向铁道部拍发超限、超重货物运输请示电报。

接到铁道部或兄弟铁路局批示的电报后,应及时结合管内实际向管内有关站段批示通行条件,管内通行确有困难时,应立即以电报和电话通知电报批示单位和发局。

超限、超重货物运输电报管理审批权限为:

(1)各铁路局间运输的一、二级超限货物和到站跨及三个及其以下铁路局的超级超限货物由发站所在铁路局审批。

(2)到站跨及四个及其以上铁路局的超级超限货物由发站所在铁路局审查后报铁道部审批。

(3)到站跨及三个及其以下铁路局的超重货物由发站所在铁路局审批。

(4)到站跨及四个及其以上铁路局的超重货物由发站所在铁路局审查后报铁道部审批。

(5)超重同时又超限的货物,同超重货物审批权限规定。

超限、超重货物应经由最短径路运输,但受到建筑限界或其他不利因素影响时,可指定径路绕道运输。跨铁路局运输的,经由以铁路局间分界站表述。

6. 审核运单等资料

发站接到铁路局批示电报后,应按规定及时审核、受理托运人提出的铁路货物运输服务订单、货物运单和有关证明文件等资料。

7. 进货验收

根据货物运单上填写的货物搬入日期,发站须及时安排托运人进货,并对照请示电报核查、确认待装货物的尺寸、重心位置和重量等。

二、装车组织

装车作业实行签认制度,内容包括:装车前准备、检查货物装载加固状态、对照电报复核、标画货物检查线及拴挂书写表示牌、填写超限货物运输记录、检查票据记载事项。

1. 装车前工作

装车前,发站应做好以下工作:

(1)应严格按批复的电文内容和要求选择车辆。装车前应通知车辆部门进行技术检查合格,并经货运人员确认符合批示电报和装车要求方能使用。

(2)选择在平直的线路上进行超限车的测量。测量的内容包括车地板的高度、长度和宽度。

(3)确认加固材料和加固装置的规格、数量及质量符合装载加固方案规定。

(4)在负重车上标画车辆纵、横中心线。车辆纵、横中心线是货物装载位置的依据,又是装后测量各部位尺寸的标准线。

(5)在货物上标明重心位置(投影)、索点。货物装车前应按货物重心的位置,在货物的两端或两侧,标画货物纵、横重心的垂直线。货物重心的垂直线是确定货物重心装载位置的主要依据。

(6)开车前向装车人员安排装车事项。

2. 装车时

装车时站段超限、超重运输和装载加固主管人员须到装车现场进行指导。

3. 装车后检查

装车后,须检查、确认货物装载加固符合规定要求。重点检查、确认:

(1)货物实际装载位置符合装载加固方案。

(2)车辆转向架旁承游间符合《铁路货物装载加固规则》要求。

(3)使用的加固材料(装置)规格、数量、质量和加固方法、措施、质量符合货物装载加固方案。

(4)垫木、(支)座架等加固装置、状态良好,完好无损坏。

(5)加固线(钢丝绳、镀锌铁线)已采取防磨措施,捆绑拴结牢固,拴结点无损坏。

(6)焊接处焊缝长度、高度符合规定,焊接质量良好,无虚焊现象。

(7)跨装车组连接处的提钩杆捆绑牢固,车钩缓冲停止器已按《铁路货物装载加固规则》要求安装。

(8)带有制动装置、变速器和旋转装置的货物,制动装置全部制动,变速器置于初速位置,旋转部位锁定牢固。

(9)自轮运转货物的动力传动装置已断开(机车车辆除外),制动手柄在重联位置并固定良好。

确认货物装载加固符合规定要求后,须对照批示电报重点复核、确认:

(1)货物突出车端的尺寸符合规定或批示电报要求。

(2)货物突出端底部与游车车地板的距离、货物突出端与游车上所装货物的距离符合规定。

(3)超限货物装后各部位的尺寸(高度和宽度)符合批示电报。

(4)重车重心高、货物支重面长度(跨装货物支距)等符合批示电报。

(5)其他各有关数据和要求符合批示电报。

4. 标记

装车完毕,确认符合批示电报条件后标画相关标记。

(1)按规定需要“禁止溜放”的货车,应在货车两侧插挂表示牌。

(2)用颜色醒目的油漆标画易于判定货物是否移动的检查线。

(3)在货物两侧明显处用油漆书写、印刷或粘贴“×级超限、×级超重”,书写困难时亦可挂牌标识。

(4)对某些特殊要求的货物,在运单、票据封套、列车编组顺序表及车牌上注明“超限货物”、“超重货物”、或“超限超重货物”、“连挂车组不得分摘”、“限速××公里”、“禁止溜放”(二级以上超限或跨装运输时)等字样。需要限速运行的货物和自有动力行驶的机车,记明铁路局承认命令。

5. 超限、超重货物运输记录

车站装车后要以批示文电为依据进行复测，复测应与上级批准的计划装车尺寸相符，对复测后各超限部位的尺寸，以及运输有关事项，车站应会同工务、车辆等有关部门确认与实际情况相符无误后，填入“超限超重货物运输记录”（格式 8-2），否则应另行请示。途中货物检查时，应将检查结果填记在“超限超重货物运输记录背面”（格式 8-3）。

格式 8-2

超限超重货物运输记录

甲页　　　　一级超限　　　　一级超重　　　　（单位：mm）

<table>
<tr><td>装车局</td><td colspan="2"></td><td>发　站</td><td></td><td>经由线名</td><td colspan="2"></td></tr>
<tr><td>到达局</td><td colspan="2"></td><td>到　站</td><td></td><td>经由站名</td><td colspan="2"></td></tr>
<tr><td>品　名</td><td colspan="2"></td><td>件　数</td><td></td><td>每件重　t</td><td>配重　t</td><td>总重　t</td></tr>
<tr><td>货物长度</td><td></td><td>支重面长　度</td><td></td><td>转向架中心销间距离</td><td></td><td>重车重心高</td><td></td></tr>
<tr><td rowspan="10">装车后尺寸</td><td rowspan="2">中心高</td><td rowspan="2"></td><td rowspan="2">中心高的宽</td><td>左</td><td rowspan="10">记　事</td><td colspan="2" rowspan="10"></td></tr>
<tr><td>右</td></tr>
<tr><td rowspan="2">第一侧高</td><td rowspan="2"></td><td rowspan="2">侧高的宽</td><td>左</td></tr>
<tr><td>右</td></tr>
<tr><td rowspan="2">第二侧高</td><td rowspan="2"></td><td rowspan="2">侧高的宽</td><td>左</td></tr>
<tr><td>右</td></tr>
<tr><td rowspan="2">第三侧高</td><td rowspan="2"></td><td rowspan="2">侧高的宽</td><td>左</td></tr>
<tr><td>右</td></tr>
<tr><td rowspan="2">第四侧高</td><td rowspan="2"></td><td rowspan="2">侧高的宽</td><td>左</td></tr>
<tr><td>右</td></tr>
<tr><td>车　种</td><td></td><td>车　号</td><td></td><td>标记载重</td><td>t</td><td>轴数</td><td></td></tr>
<tr><td rowspan="3">文电内有关指示</td><td colspan="4">铁道部20　年　月　日　部超限超重</td><td colspan="2">号　批准使用</td><td>车</td></tr>
<tr><td colspan="4">铁路局20　年　月　日　超限超重</td><td colspan="2">号　批准使用</td><td>车</td></tr>
<tr><td colspan="4"></td><td colspan="3">本记录在　　站作成，经检查完全符合批示的条件

发　站　签字
段　签字
段　签字
段　签字
段　签字
20　年　月　日</td></tr>
</table>

注：1. 不用的各栏应划去；

2. 按电报批示尺寸填记，小于批示时，将实际尺寸填于记事栏内，大于批示尺寸时，必须重新请示；

3. “重车重心高”栏在不超出 2 000 mm 时须以[/]号标示之；

4. 一式两份，第一份仅为甲页留站存查；第二份为甲、乙页，随货运票据送到达站。

（规格 270 mm×185 mm）

格式 8-3

检查结果纪录

乙页

检查站名		检查站名	
检查站名		检查站名	
检查站名		检查站名	
检查站名		检查站名	
检查站名		检查站名	

（规格 270 mm×185 mm）

三、超限、超重货物运输变更

超限、超重货物变更到站时，受理变更的车站应复测货物装车后尺寸，以电报向铁路局重新请示，并注明原批准单位、电报号码、新到站及车号。受理变更的车站，应对货物的装载加固状况进行检查，并在“超限超重货物运输记录”中签认。

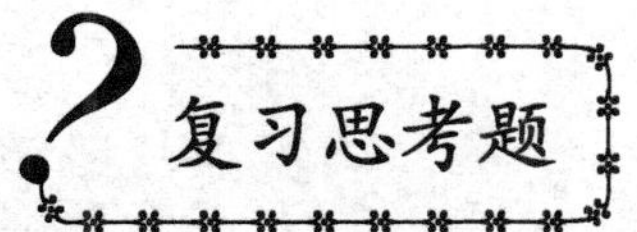

1. 何谓超长货物？
2. 货物突出车端装载时，什么情况可不使用游车？
3. 超长货物一车负重装载时，应遵守哪些规定？
4. 超长货物跨装运输时，应遵守哪些规定？
5. 超长货物装车后在票据上应如何记载？
6. 何谓超限货物？超限货物的种类有哪些？
7. 根据超限货物的程度如何划分超限等级？
8. 何谓超重货物？根据货物的超重程度如何划分超重等级？
9. 超限等级的确定方法步骤有哪些？
10. 托运人托运超限货物时应提供哪些资料？

第九章　危险货物运输

第一节　危险货物运输概述

一、危险货物定义

在铁路运输中，凡具有爆炸、易燃、毒害、感染、腐蚀、放射性等特性，在运输、装卸和储存保管过程中，容易造成人身伤亡和财产毁损而需要特别防护的货物，均属危险货物。

危险货物的危险性主要取决于货物本身的理化性质(内因)，但是与外界的环境条件也密切相关。例如，黄磷只能在有氧气的条件下(外界条件)才能自燃，即黄磷在空气中能自燃，而黄磷不能和水发生反应，在铁路运输中将黄磷封存在水中使之隔绝氧气，即使将水加热至沸腾，黄磷也不会发生自燃。在铁路运输过程中进行的装车、卸车、搬运、配装、库内存放以及调车作业、列车运行等，如果有不当，就会造成外界条件的变化，导致事故的发生。

二、危险货物分类

危险货物按其主要危险性和运输要求划分为九大类。

第 1 类　爆炸品

第 1.1 项　有整体爆炸危险的物资和物品；

第 1.2 项　有迸射危险，但无整体爆炸危险的物质和物品；

第 1.3 项　有燃烧危险并有局部爆炸危险或局部迸射危险或两种危险都有，但无整体爆炸危险的物质和物品；

第 1.4 项　不呈现重大危险的物质和物品；

第 1.5 项　有整体爆炸危险的非常不敏感物质；

第 1.6 项　无整体爆炸危险的极端不敏感物品。

第 2 类　气体

第 2.1 项　易燃气体；

第 2.2 项　非易燃无毒气体；

第 2.3 项　毒性气体。

第 3 类　易燃液体

第 3.1 项　一级易燃液体；

第 3.2 项　二级易燃液体。

第 4 类　易燃固体、易于自燃的物质、遇水放出易燃气体的物质

第 4.1 项　易燃固体；

第 4.2 项　易于自燃的物质；

第 4.3 项　遇水放出易燃气体的物质。

第 5 类 氧化性物质和有机过氧化物

第 5.1 项 氧化性物质；

第 5.2 项 有机过氧化物。

第 6 类 毒性物质和感染性物质

第 6.1 项 毒性物质；

第 6.2 项 感染性物质。

第 7 类 放射性物质

第 8 类 腐蚀性物质

第 8.1 项 酸性腐蚀性物质；

第 8.2 项 碱性腐蚀性物质；

第 8.3 项 其他腐蚀性物质。

第 9 类 杂项危险物质和物品

第 9.1 项 危害环境的物质；

第 9.2 项 高温物质；

第 9.3 项 经过基因修改的微生物或组织，不属于感染性物质，但可以非正常地天然繁殖结果的方式改变动物、植物或微生物物质。

不属于上述 9 类危险货物，在铁路运输过程中易引起燃烧、需采取防火措施的货物，属易燃普通货物，见表 9-1。

表 9-1 易燃普通货物品名表

顺号	品名
1	《铁路危险货物品名表》规定之外的籽棉，皮棉，黄棉花，废棉，飞花，破籽花
2	《铁路危险货物品名表》规定之外的各种麻类和麻屑
3	麻袋(包括废、破麻袋)，各种破布，碎布，线屑，乱线，化学纤维
4	牧草，谷草，油草，蒲草，羊草，芦苇，荻苇，玉米棒(去掉玉米的)，玉蜀黍秸，豆秸，秫秸，麦秸，蒲叶，烟秸，甘蔗渣，蒲棒，蒲棒绒，芒杆，亚麻草，烤烟叶，晒烟叶，棕叶以及其他草秸类
5	葵扇(芭蕉扇)，蒲扇，草扇，棕扇，草帽辫，草席，草帘，草包，草袋，蒲包，草绳，芦席，芦苇帘子，笤帚以及其他芦苇、草秸的制品
6	干树皮，干树枝，干树条，树枝(经脱叶加工)，带叶的竹枝，薪柴(劈柴除外)，松明子，腐朽木材(喷涂化学防火涂料的除外)
7	刨花，木屑，锯末
8	纸屑，废纸，纸浆，柏油纸，油毡纸
9	炭黑，煤粉
10	粮谷壳，花生壳，笋壳
11	羊毛，驼毛，马毛，羽毛，猪鬃以及其他禽兽毛绒
12	麻黄，甘草

注：1. 用敞、平、砂石车装运易燃普通货物时，应用篷布苫盖严密，在调车或编入列车时，应进行隔离。但对干树皮，干树枝。干树条和带叶的竹枝，由于干湿程度、带叶多少不同应否苫盖篷布由发站根据气温和运输距离在确保运输安全的原则下负责确定。

2. 腐朽木材喷防火涂料或采取其他防火措施后，可不苫盖篷布。

3. 本表未列的品名，是否也属于易燃普通货物，由发站报铁路局确定。

4. 以易燃材料作包装、捆扎、填塞物，以竹席、芦席、棉被等苫盖的非易燃货物，以及用木箱、木桶、铁桶包装的易燃普通货物，均按普通货物运输。以敞车装运时，是否应苫盖篷布，由托运人根据货物的运输安全情况负责确定。并在运单托运人记事栏内注明。

三、各类危险货物的主要特性、装卸保管及撒漏处理

(一)第 1 类　爆炸品

1. 特性

本类物质和物品指受到高热、摩擦、撞击、震动或其他外界作用,能迅速发生剧烈化学反应,瞬间产生大量气体和热量,形成巨大的压力,发生爆炸,对周围环境造成破坏的物质和物品。

本类货物包括爆炸性物质、爆炸性物品以及为产生爆炸或烟火实际效果而制造的爆炸性物质和物品中未提及的物质和物品。

2. 装卸、保管及撒漏处理

(1)装卸作业时,开关车门、车窗不得使用铁撬棍、铁钩等铁质工具,必须使用时,应采取防止碰撞,摩擦产生火花等防护措施。装卸搬运时,不得穿铁钉鞋,不得使用铁轮、铁铲头推车和叉车,应有防止碰撞、摩擦产生火花的措施。禁止使用可能发生火花的机具设备。照明应使用防爆灯具。作业时应轻拿轻放,防止摔碰、撞击、拖拉、翻滚。第 1.1 项和 1.2 项爆炸品的装载和堆码高度不得超过 1.8 m,其他各项超过 1.8 m 的,须经铁路局批准。车、库内不得残留酸、碱、油脂等物质。发现跌落破损的货件不得装车,应另行放置,妥善处理。

(2)爆炸品必须存放于专库内,库房应有避雷装置、防爆灯及低压防爆开关,必须符合《铁路危险货物办理站专用线(专用铁路)货运安全设备设施暂行技术条件》,仓库应由专人负责保管。库内应保持清洁,并隔绝热源与火源,在空气温度高于 40 ℃时,要采取通风和降温措施。爆炸品的堆垛间及堆垛与库墙间应有 0.5 m 以上的间隔,要避免日光直晒。

(3)对撒漏的爆炸品应及时用水润湿,撒以松软物后轻轻收集,并通知公安和消防人员处理。禁止将收集的撒漏物品装入原包装件中。

(二)第 2 类　气体

1. 特性

本类气体指符合下述两种情况之一的物质:

(1)在 50 ℃时,蒸气压大于 300 kPa 的物质;

(2)在 20 ℃及 101.3 kPa 标准压力下完全是气态的物质。

本类气体包括压缩气体、液化气体、溶解气体、冷冻液化气体、气体与其他类别物质的蒸气的混合物、充有气体的物品和烟雾剂。

2. 装卸、保管及撒漏处理

(1)装卸作业时,应使用抬架或搬运车,防止撞击、拖拉、摔落、翻滚。防止气瓶安全帽脱落及瓶嘴损坏。装卸机械工具应有防止产生火花的措施。

气瓶装车时应平卧横放。装卸搬运时,气瓶阀不要对准人身。装卸搬运工具、工作服及手套不得沾有油脂、装卸有毒气体时,应配备防护用品,必要时使用供氧装置或防毒面具。

(2)应存放于阴凉通风场所,防止日晒、油污,隔绝热源与火种,当库内温度超过 40 ℃时,应采取通风降温措施。

气瓶平卧放置时,堆垛不得超过 5 层,瓶头朝向同一方,瓶身要填塞妥实,防止滚动,立放时要放置稳固,防止倒塌。

(3)阀门松动漏气应立即拧紧,如无法关闭时,可将气瓶浸入冷水或石灰水中(氨气瓶只能浸入水中);液化气体容器破裂时,应将裂口部位朝上。

气瓶着火时,应向气瓶浇洒大量冷水,或将气瓶投入水中使之冷却,同时将周围气瓶和可燃物搬离现场。

(三)第 3 类　易燃液体

1. 特性

易燃液体指闭杯闪点不高于 60.5 ℃,或开杯闪点不高于 65.6 ℃的液体或液体混合物或在液体及悬浮液中含有固体的液体。

2. 装卸、保管及撒漏处理

(1)装卸前应先通风,开关车门、车窗时不得使用铁制工具猛力敲打,必须使用时应采取防止产生火花的防护措施。作业人员不得穿铁钉鞋。装卸搬运中,防止撞击、摩擦、拖拉、翻滚。装卸机具应有防止产生火花的措施。装载钢桶罐装的易燃液体,要采取防磨措施,不得倒放和卧放。

(2)存放于阴凉通风场所,避免日晒,隔绝热源和火种。堆放要稳固,严禁倒置。库内温度超过 40 ℃时,应采取通风降温措施。容器受热膨胀时,应浇洒冷水冷却,必要时应移至安全通风处放气处理。

(3)容器渗漏时,应及时移至安全通风处更换包装。渗出的液体用干沙土等物覆盖后扫除干净。

灭火时,一般不宜用水,对密度大于水或溶于水的易燃液体,可用雾状水或开花水灭火,但应注意液体被冲散而扩大着火范围。扑救有毒性液体的火灾,应戴防毒面具或站在上风处。发现中毒人员,应立即转移至空气流通处,并送医诊治。

(四)第 4 类　易燃固体、易于自燃的物质、遇水放出易燃气体的物质

1. 特性

(1)易燃固体:在运输环境和条件下容易燃烧或由于摩擦可能引燃或助燃的固体;可能发生强烈反应的自反应物质;不充分稀释可能发生爆炸的固体退敏爆炸品。这些物质燃点低,对高温、撞击、摩擦均较敏感,易被外部火源点燃,燃烧迅速,并可散发出有毒烟雾或气体。

(2)易于自燃的物质:发火物质和自燃物质。这些物质自燃点低,在空气中易于发生氧化反应,放出热量,而自行燃烧。

(3)遇水放出易燃气体的物质:与水接触或受潮可能放出易燃气体,这种气体与空气混合能够形成爆炸性混合物。这种混合物极易被引燃,所产生的冲击波和火焰可能对人和环境造成危害。

2. 装卸、保管及撒漏处理

(1)作业时不得摔碰、撞击、拖拉、翻滚,防止容器破损。特别注意勿使黄磷脱水而引起自燃。装卸搬运机具,应有防止产生火花的措施。雨雪天气无防雨设备时,不能装卸遇湿易燃物品。

(2)应存放于阴凉、通风、干燥场所,防止日晒,隔绝热源和火种,与酸类、氧化剂必须隔离存放。严禁露天存放遇水易燃物品。

(3)对撒漏的物品,应谨慎收集妥善处理。撒漏的黄磷应立即浸入水中,硝化纤维应用水

润湿；金属钠、钾应浸入煤油或液体石蜡中，电石、保险粉等遇水易燃物品撒漏，收集后进行安全处理，不得并入原货件中。

对一些金属粉末，金属有机化合物，氨基化合物和遇水易燃物品着火时，禁用水和二氧化碳灭火剂。扑救浸油的棉、毛、麻类制品火灾时，要注意防止复燃。灭火时，应有防毒措施。

（五）第 5 类　氧化性物质和有机过氧化物

1. 特性

具有强氧化性，易引起燃烧、爆炸。

（1）氧化性物质：本身不一定可燃，但通常因放出氧或起氧化反应可能或促使其他物质燃烧的物质。

（2）有机过氧化物：分子组成中含有过氧基（—O—O—）的有机物质，属热不稳定物质可能发生放热自加速分解等，主要有以下几种特性：可能发生爆炸性分解；迅速燃烧；对碰撞或摩擦敏感；与其他物质起危险反应；损害眼睛。有些有机过氧化物在运输时必须加入稳定剂。对在常温下会自行加速分解的，必须控温运输。

2. 装卸、保管及撒漏处理

（1）装车前，车内应打扫干净，保持干燥，不得残留有酸类和粉状可燃物。卸车前，应先通风后作业。装卸搬运中不得摔碰、拖拉、翻滚、摩擦和剧烈震动。搬运工具上不得残留或沾有杂质。托盘和手推车尽量专用，装卸机具应有防止产生火花的防护装置。

（2）本类物品应存放于阴凉通风场所，防止日晒、受潮，远离酸类和可燃物，特别要远离硫磺、硝化棉、金属粉等还原性物质。亚硝酸盐类与其他氧化性物质应分库或隔离存放。堆垛不宜过高过大，注意通风散热。库内货位应保持清洁，对搬出后的货位应清扫干净。

（3）氧化剂撒漏时，应扫除干净，再用水冲洗，收集的撒漏物品，不得倒入原货件内。过氧化钠等着火时，不能用水扑救，其他氧化性物质用水灭火时，要防止水溶液流至易燃、易爆物品处。

（六）第 6 类　毒性物质和感染性物质

1. 特性

（1）毒性物质在吞食、吸入或与皮肤接触后可能损害人类健康，造成严重损伤甚至死亡。

（2）感染性物质：含有病原体的物质，包括生物制品、诊断样品、基因突变的微生物、生物体和其他媒介，如病毒蛋白等。

2. 装卸、保管及撒漏处理

（1）装卸车前应先行通风。装卸搬运时严禁肩扛、背负，要轻拿轻放，不得撞击、摔碰、翻滚，防止包装破损。装卸易燃毒害品时，机具应有防止发生火花的措施。作业时必须穿戴防护用品，严防皮肤破损处接触毒物。作业完毕及时清洁身体后方可进食和吸烟。

（2）应存放在阴凉、通风、干燥的库内，不得露天存放。与酸类应隔离存放，严禁与食品同库存放，必须加强管理，严防丢失和发生误交付。

（3）固态毒品撒漏时，应谨慎收集处理，如氰化钠可用漂白粉或次氯酸钠处理；液态毒品渗漏时，可先用砂土、锯末等物吸收，妥善处理。被毒性物质污染的机具、车辆及仓库地面，应进行洗刷除污。

发生火灾时，对遇水能发生危险反应的毒性物质（如金属铊、锑粉、铍粉、磷化锌、磷化铝、氟化汞、氰化铅、四氰基乙烯等)不得用水灭火。

处理撒漏毒性物质和扑救毒性物质火灾时,必须穿戴防护服、口罩、手套或防护面具,施救人员要站在上风处。发现头晕、恶心、呕吐等现象,要立即转移至空气新鲜处。

(七)第 7 类 放射性物质

1. 特性

单个放射性核素大于或等于《铁路危险货物运输管理规则》附录 7 中 A_1、A_2 相应限值或放射性核素混合物大于《铁路危险货物运输管理规则》附录 8 相应限制的属放射性物质。此类物质能自发地不断地放出 α、β、γ 射线或中子流,具有不同的穿透能力,过量的射线照射对人体细胞有杀伤作用。有些放射性物质还具有易燃、易爆、腐蚀和毒害等危险性。

2. 装卸、保管及撒漏处理

(1)装卸车前应先行通风,严禁肩扛、背负、撞击、翻滚。作业时间应按《铁路危险货物运输管理规则》中表 7 的要求控制。堆码时应将辐射水平低的放射性包装件放在辐射水平高的包装件周围。在搬运Ⅲ级放射性包装件时,应在搬运机械的适当位置上安放屏蔽物或穿防护围裙,以减少人员受照剂量。

装卸、搬运放射性矿石、矿砂时,作业场所应喷水防止飞尘,作业人员应穿戴工作服,工作鞋、戴口罩和手套,作业完毕应全身清洗。

(2)放射性物质的存放必须专库专用,仓库应通风良好、干燥、地面平坦,应有专人管理,按规定码放。

遇到燃烧、爆炸可能危及放射性物质安全时,应迅速转移至安全处,并派专人看管。

(3)运输中包装件破裂,内容物撒漏时,应立即向有关部门报告。由安全防护人员测量并划出安全区域,悬挂明显标志。

当人体受污染时,应在防护人员指导下迅速除污。若人员受到过量照射时,应立即送医救治。放射性矿石、矿砂的包装件破损时不得运输。

(八)第 8 类 腐蚀性物质

1. 特性

腐蚀性物质指与完好皮肤组织接触不超过 4h,在 14 天的观察期中发现引起皮肤全厚度损毁,或在 55 ℃时,对 S235JR+CR 型或类似型号钢或无覆盖层铝的表面均匀年腐蚀率超过 6.25 mm/年的物质。

本类物质可通过化学作用使生物组织接触时发生严重损伤,在渗透时会严重损害甚至毁坏其他货物和运载工具。有些腐蚀性物质挥发出的蒸气能刺激眼睛、黏膜,吸入后会中毒;有些腐蚀性物质受热或遇水会形成有毒烟雾;有些无机酸性腐蚀性物质具有较强氧化性,接触可燃物易引起燃烧;有些有机腐蚀性物质具有易燃性。

2. 装卸、保管及撒漏处理

(1)作业前应穿戴耐腐蚀的防护用品,对易散发有毒蒸气或烟雾的腐蚀性物质,必须通风作业,并使用防毒面具。货物堆码必须平稳牢固,严禁肩扛、背负、撞击、拖拉、翻滚。装车前卸车后必须清扫车辆,不得留有稻草、木屑、煤炭、油脂、纸屑、碎布等可燃物。

(2)应存放在清洁、通风、阴凉、干燥场所,防止日晒、雨淋。堆码应整齐稳固,不得与可燃物,氧化剂等混存。

(3)发现液体酸性腐蚀性物质撒漏应及时撒上干砂土,清除干净后,再用水冲洗污染处;大量酸液溢漏时,可用石灰水中和。

着火时,不可用柱状水,以防腐蚀液体飞溅伤人;对遇水能剧烈反应及引起燃烧、爆炸或放出有毒气体的腐蚀性物质,严禁用水灭火。

(九)第 9 类　杂项危险物质和物品

本类物质和物品指危险货物第 1 类至第 8 类未包括的物质和物品。主要包括:

(1)危害环境的物质;

(2)高温物质(如运输或要求运输的物质液态温度达到或超过 100 ℃,或固态温度达到或超过 240 ℃);

(3)经过基因修改的微生物或组织,不属于感染性物质,但可以非正常地天然繁殖结果的方式改变动物、植物或微生物物质。

四、危险货物编号

危险货物的类项号是判定属于普通货物与危险货物的主要标志之一,是办理承运手续、配放、确定运输条件的主要依据,一旦发生事故,它还是判定货物性质,采取相应施救方法的依据。

1. 危险货物编号(铁危),由五位阿拉伯数字及英文大写字母组成。

如:过氧化钾 51003　　5　　1　　003

第五类　　第一项　　第三个品名

2. 第 1 位数字表示该危险货物的类别。

3. 第 2 位数字表示该危险货物的项别。

4. 第 3、4、5 位数字表示该危险货物品名的顺序号。

5. 铁危编号后的英文大写字母(如 A、B、C 等)表示同一品名编号具有不同运输条件的危险货物。

如:“51031A 氯酸钾”与“51031B 氯酸钾溶液”。

6. 对性质基本相同,运输条件、消防方法和急救措施相同的危险货物可使用同一编号。

7. 后三位数字 500 以内(不含 500)为一级,500 以上为二级。

8. 一、二、七、九类不分级;三类按项分级;四、五、六、八类按品名顺序号分级。

第二节　办理站和专用线(专用铁路)办理规定

一、办理站的类型

危险货物办理站是指站内、专用线、专用铁路办理危险货物发送、到达业务的车站。按类型分为五种:

(1)专办站:指主要办理危险货物运输的车站。

(2)兼办站:指主要办理普通货物运输,兼办危险货物运输的车站。

(3)集装箱办理站:指在站内办理危险货物集装箱运输的车站。

(4)专用线接轨站:指仅在接轨的专用线、专用铁路办理危险货物作业的车站。

(5)综合办理站:指前四项中两项以上的车站。

二、《铁路危险货物运输办理站(专用线、专用铁路)办理规定》的主要内容

凡是具有承运人、托运人资质的单位在办理危险货物运输时,按《铁路危险货物运输办理站(专用线、专用铁路)办理规定》执行。

《铁路危险货物运输办理站(专用线、专用铁路)办理规定》的主要内容:

(1)危险货物办理站名表,规定站内办理危险货物的发到品类。

(2)危险货物集装箱办理站名表,规定站内办理危险货物集装箱发到站名及允许的箱型。

(3)剧毒品办理站名表,规定剧毒品发到的品名、发到站及专用线、运输方式。

(4)专用线、专用铁路办理规定一览表,规定铁路罐车、集装箱(罐)、整车装运危险货物发到的品名;与车站衔接的专用线、专用铁路产权单位名称、共用单位名称;轨道衡计量以及集装箱(罐)作业条件(起重能力、起重设备类型)等。

三、办理危险货物运输的办理站(专用线、专用铁路)的管理

1. 凡在《铁路危险货物运输办理站(专用线、专用铁路)办理规定》中未列载的办理站(专用线、专用铁路)不得办理危险货物运输。批准办理危险货物运输的办理站(专用线、专用铁路)只准办理列载的危险货物,如需增加或修改有关内容,由铁路局报铁道部批准。

2. 新建、改建的铁路危险货物运输项目立项前,须由铁道部认定的专业技术机构做运输安全综合分析,并提出研究报告。

新建危险货物专用线的储存、装卸等设施与铁路正线及车站(含货场)的安全距离须符合《铁路运输安全保护条例》第十七条有关规定。对安全距离不符合要求的既有专用线,原则上不再办理增加品名、共用单位等有关业务。

新建气体类危险货物装车作业的专用线(专用铁路),需具备专用线(专用铁路)与接轨站之间的网络通道和相应的视频监控设备。

3. 新增危险货物办理站按《铁路危险货物运输管理规则》、《铁路危险货物承运人资质许可办法》等相关规定办理。

4. 在专用线(专用铁路)办理危险货物运输时,托运人、收货人须与接轨站签订《专用线(专用铁路)运输协议》、《危险货物运输安全协议》(见《铁路危险货物运输管理规则》附件 12)和《危险货物专用线共用协议》。

5. 危险货物总发到年运量 5 万 t 以下的,原则上不再增加专用线开办危险货物运输发到业务。

6. 专用线原则上不进行危险货物运输共用。危险货物到达确需共用时,年到达量须在 3 万 t 以上,并由产权单位、共用单位、车站三方签订《危险货物专用线共用协议》(见《铁路危险货物运输管理规则》附件 13),经运输安全综合分析达到安全要求。

《危险货物运输安全协议》、《危险货物专用线共用协议》每年签订一次,首次签订协议以《铁路危险货物运输办理站(专用线、专用铁路)办理规定》公布为生效期。

7. 专用线(专用铁路)应与设计时办理危险货物运输内容一致,装运和接卸危险货物运输品类,要有专门的仓库、雨棚、栈桥、鹤管、输送管线、储罐等附属设施和安全防护设备,达不到上述要求的(如无上述仓库、雨棚等,或无栈桥采用罐车、汽车对装对卸方式等),不得办理危险货物运输。

8. 办理危险货物的办理站、专用线(专用铁路)每三年须由铁道部认定的专业技术机构进行运输安全综合分析。

9. 新增办理站、专用线(专用铁路)和共用单位,以及新增品名时,须由铁路局提交申请报告及铁道部认定的专业技术机构出具的《运输安全综合分析报告》、国家安监部门认定机构出具的《专用线及其附属设施安全评价报告》等。铁路局对报告中提出影响铁路危险货物运输安全的问题,必须督促整改,并在申请报告中予以明确。

对于已进行运输安全综合分析,分析报告在有效期内的,仅需对新增内容作专项分析。

开展危险货物安全技术综合分析的意义是为了:

(1)加强铁路危险货物运输管理;

(2)确保铁路运输安全;

(3)规范铁路危险货物运输安全综合分析工作;

(4)加强危险货物技术咨询工作管理。

10. 危险货物办理站应建立危险货物运输有关技术档案,具体掌握危险货物的运量、品类、理化特性、包装、运输方式、装卸作业设备、计量方法、消防设施等情况。适时掌握企业危险货物运输发展动态,相应调整管理措施和内容。

第三节　铁路危险货物包装和标志

一、包装的定义

危险货物包装是指以保障运输、储存安全为主要目的,根据危险货物性质、特点,按国家有关法规、标准,专门设计制造的包装物、容器和采取的防护技术。

二、包装的分类

1. 危险货物包装根据其内装物的危险程度划分为三种包装类别:

Ⅰ类包装——盛装具有较大危险性的货物,包装强度要求高;

Ⅱ类包装——盛装具有中等危险性的货物,包装强度要求较高;

Ⅲ类包装——盛装具有较小危险性的货物,包装强度要求一般。

2. 有特殊要求的另按国家有关规定办理。

三、包装的要求

1. 危险货物的运输包装和内包装应按《铁路危险货物品名表》及《铁路危险货物包装表》的规定确定,同时还须符合下列要求:

(1)包装材料材质、规格和包装结构应与所装危险货物性质和重量相适应。包装材料不得与所装物产生危险反应或削弱包装强度。

(2)充装液态货物的包装容器内至少留有5%的余量(罐车及罐式集装箱装运的液体危险货物应符合《铁路危险货物运输管理规则》第十五章有关规定)。

(3)液态危险货物要做到气密封口。对须装有通气孔的容器,其设计和安装应能防止货物流出和杂质、水分进入。其他危险货物的包装应做到严密不漏。

(4)包装应坚固完好,能抗御运输、储存和装卸过程中正常的冲击、振动和挤压,并便于装卸和搬运。

(5)包装的衬垫物不得与所装货物发生反应而降低安全性,应能防止内装物移动和起到减震及吸收作用。

(6)包装表面应保持清洁,不得粘附所装物质和其他有害物质。

(7)包装不得重复使用(特殊包装规定的除外,如钢瓶等)。

2. 危险货物运输包装应取得国家规定的包装物、容器生产许可证及检验合格证。

3. 铁路运输时,应根据铁路运输特点、状况、条件,由符合国家规定条件且铁道部认定的包装检测机构进行包装性能试验。试验要求、方法、合格标准,须符合《铁路危险货物运输包装性能试验规定》(见《铁路危险货物运输管理规则》附件 4)和《铁路危险货物运输包装性能试验要求和合格标准》(见《铁路危险货物运输管理规则》附件 5)。

4. 钢瓶应符合《气瓶安全监察规程》规定;放射性物质包装应按照《放射性物质安全运输规程》(GB11806)的要求进行设计和试验。

5. 采用集装化运输的危险货物,包装须符合《铁路危险货物运输管理规则》规定使用的集装器具必须有足够的强度,能够经受堆码和多次搬运,并便于机械装卸。

四、危险货物运输包装检测批号

危险货物运输包装检测批号如图 9-1 所示。

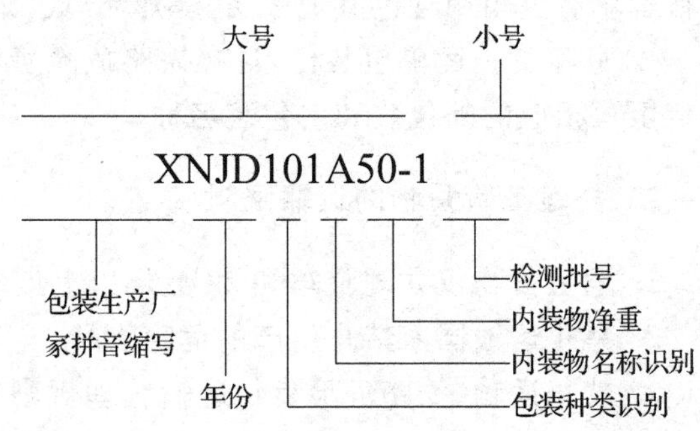

图 9-1 危险货物运输包装检测批号

1. "XNJD":表示为包装生产厂家拼音缩写,且每个包装生产厂家的拼音写法具有唯一性,如:XNJD 为西南交通大学拼音缩写;

2. "10":表示年份,如:10 为 2010 年缩写;

3. "1":表示包装种类识别,1——箱类,2——桶类,3——袋类;

4. "A":表示内装物名称识别,从 A~Z,其并不代表一种特定内装物名称,只是把同一企业不同的产品加以区分;

5. "50":表示内装物净重,如 50 表示内装物净重为 50 kg;

6. "-1":表示检测批号顺号,如-1 表示第一批次;(2~5)表示第二至第五批次。

通常我们把检测号看作两部分,前部分为大号,后部分为小号。大号实行终身制,在一个年度内固定不变,只是每一年度结束时,需要对检测批号中的年份做相应的修改。如 2011 年,则图 9-1 的大号应变更为 XNJD111A50。小号(检测批号)是一个按顺序变动的号码(流水号),每生产一定数量的产品,小号就变动一次。但如果本年度结束进入下一年度,小号又从"-1"起按序号往下排。

大号在合格证的正本和副本里都有反映,而小号则只出现在合格证的副本里。

五、标　　志

1. 货物包装上应牢固、清晰地标明《危险货物包装标志》(见《铁路危险货物运输管理规则》)和《包装储运图示标志》(见《铁路危险货物运输管理规则》)中相应的包装标志和储运标志。

2. 进出口危险货物在国内段运输时必须粘贴或拴挂、喷涂相应的中文危险货物包装标志和储运标志。

第四节　托运和承运

一、运单填写要求

1. 托运人托运危险货物时,应在货物运单"货物名称"栏内填写"危险货物品名索引表"内列载的品名或别名相对应的信息化品名和铁危编号,在运单的右上角用红色戳记标明类项名称,并在货物运单"托运人记载事项"栏内填写"铁路危险货物托运人资质证书"、经办人身份证和"铁路危险货物运输业务培训合格证"号码。

2. 对派有押运员的还需填写押运员姓名、身份证号码和"铁路危险货物运输业务培训合格证"号码,气体危险货物还需填写"液化气体铁路罐车押运员证"号码。

3. 托运爆炸品时,托运人还须出具到达地县级人民政府公安部门批准的"民用爆炸物品运输许可证",托运烟花爆竹时须出具"烟花爆竹道路运输许可证",并注明许可证名称和号码,并在运单右上角用红色戳记标明"爆炸品"或"烟花爆竹"字样。

4. 危险货物运单包装栏须按《铁路危险货物运输管理规则》中"铁路危险货物包装表"的规定填写相应的外包装和内包装名称。

二、托运危险货物的运输限制

1. 危险货物仅办理整车和20英尺以上集装箱运输。

2. 禁止运输国家禁止生产的危险物品。

3. 禁止运输《铁路危险货物运输管理规则》未确定运输条件的过度敏感或能自发反应而引起危险的物品。

4. 对易发生爆炸性分解反应或需控温运输等危险性大的货物,须由铁道部确定运输条件。

5. 凡性质不稳定或由于聚合、分解在运输中能引起剧烈反应的危险货物,托运人应采用加入稳定剂或抑制剂等方法,保证运输安全。

三、受理、承运危险货物时,必须符合的规定

1. "铁路危险货物托运人资质证书"、经办人身份证和"铁路危险货物运输业务培训合格证"与运单记载一致。

2. 运单记载的品名、类项、编号等内容与《铁路危险货物品名表》规定相统一,并核查"铁路危险货物品名表"第12栏内有无特殊规定。

3. 发到站、办理品名、运输方式与《铁路危险货物运输办理站(专用线、专用铁路)办理规定》相统一。

4. 货物品名、重量、件数与运单记载一致。

5. 具有危险货物运输包装检测合格证明。

6. 运单右上角用红色戳记标明编组隔离、禁止溜放或限速连挂等警示标记。

7. 国内运输危险货物禁止代理。

8. 其他有关规定。

第五节　新品名、新包装的运输条件

一、危险货物新品名运输

1. 定义

"危险货物品名索引表"中未列载的品名办理运输时须进行性质鉴定,属于危险货物时,按危险货物新品名试运要求办理运输。

2. 试运办法

托运人提交品名鉴定前,需填写《铁路危险货物运输技术说明书》(见《铁路危险货物运输管理规则》格式1)一式四份。托运人对填写内容和送检样品真实性承担经济、法律责任。送检样品须经铁道部认定的专业技术机构进行鉴定。危险货物新品名试运由铁路局批准。经批准后,发站、铁路局、托运人各留存一份《铁路危险货物运输技术说明书》。

新品名试运须在指定的时间和区段内进行。跨铁路局试运时,由批准单位以电报形式通知有关铁路局。

试运前承运人、托运人双方应签订安全运输协议。

试运时,由托运人在运单"托运人记载事项"栏内注明"比照铁危编号×××新品名试运,批准号×××"字样。试运时间2年。

3. 试运报告

试运结束时,托运人应会同车站将试运结果报主管铁路局。铁路局对试运结果进行研究后,提出试运报告报铁道部。铁道部根据试运报告指定有关部门进行复验,达到要求后正式批准运输。未经批准或超过试运期未上报试运报告的,须停止试运。

二、托运人要求改变包装的处理方法

托运人要求改变包装时应填写"改变运输包装申请表"(见《铁路危险货物运输管理规则》格式2)一式四份。有关试运要求,比照《铁路危险货物运输管理规则》新品名规定程序办理。

改变氯酸盐、高氯酸盐、高氯酸、黄磷等包装需经铁道部批准。

三、可按普通货物条件运输的危险货物

1.《铁路危险货物品名表》第12栏特殊规定符合按普通货物运输条件的,可按普通货物条件运输。

危险货物按普通货物条件运输时,经铁路局批准后,可在非危险货物办理站发运。托运人

应在货物运单"托运人记载事项"栏内注明"×××(铁危编号)可按普通货物运输"。

按普通货物条件运输的危险货物,限使用棚车运送,其包装、标志须符合危险货物的相应规定。

按普通货物运输的,可不办理《铁路危险货物托运人资质证书》。

2. 放射性物质按普通货物条件运输的限制

放射性物质的包装件外表面最大辐射水平不超过 0.005 mSV/h,包装件外表面放射性污染不超过表 9-2 的最大限值和表 9-3 限值的,可按普通货物运输。

表 9-2 包装件放射性污染最大限值

污染表示	β、γ 和低毒性 α 发射体(Bq/cm^2)	其他 α 发射体(Bq/cm^2)
包装件外表面或包装件外层辅助包装和运输工具表面	0.4	0.04

每个包装件放射性内容不超过表 9-3 所列限值。

表 9-3 包装件的放射性活度限值

内容物性质		仪表或制成品		放射性物质包装件限值
		物品限值	包装件限值	
固态	特殊形式	$10^{-2}A_1$	A_1	$10^{-3}A_1$
	其他形式	$10^{-2}A_2$	A_2	$10^{-3}A_2$
液态		$10^{-3}A_2$	$10^{-1}A_2$	$10^{-4}A_2$
气态	氚	$2\times10^{-2}A_2$	$2\times10^{-1}A_2$	$2\times10^{-2}A_2$
	特殊形式	$10^{-3}A_1$	$10^{-2}A_1$	$10^{-3}A_1$
	其他形式	$10^{-3}A_2$	$10^{-2}A_2$	$10^{-3}A_2$

第六节 运输及签认制度

一、车辆使用

1. 危险货物限使用棚车装运(《铁路危险货物品名表》第 12 栏内有特殊规定除外)。装运时,限同一品名、同一铁危编号。

2. 爆炸品、硝酸铵、氯酸钠、氯酸钾、黄磷和钢桶包装的一级易燃液体应选用车况良好的 P_{64}、P_{64A}、P_{64AK}、P_{64AT}、P_{64GK}、P_{64GT} 等竹底棚车或木底棚车装运,并须对门口处金属磨耗板,端、侧墙的金属部分采用非破坏性措施进行衬垫隔离处理。如使用铁底棚车时,须经铁路局批准。

3. 毒性物质限使用毒品专用车,如毒品专用车不足时,经铁路局批准可使用铁底棚车(剧毒品除外)。铁路局应指定毒品专用车保管(备用)站。毒品专用车回送时使用"特殊货车及运送用具回送清单"。

二、装、卸作业

危险货物装卸作业使用的照明设备及装卸机具必须具有防爆性能,并能防止由于装卸作业摩擦、碰撞产生火花。装卸作业前,应对车辆和仓库进行必要的通风和检查,向装卸工组说明货物品名、性质、作业安全事项并准备好消防器材和安全防护用品。作业时要轻拿轻放，堆码整齐稳固，防止倒塌，严禁倒放、卧装(钢瓶等特殊容器除外)。装卸车作业要求如下：

1. 装车作业

(1)检查车辆。检查车种车型与规定装运货物相符，查看门窗状态、进行透光检查，确认车辆检修是否过期。

(2)检查货物。检查货物品名、包装、件数与运单填写是否一致，以及货物包装是否符合规定。

(3)装车作业。传达安全注意事项及装载方案，检查消防器材和安全防护用品装载货物(含国际联运换装)不得超过车辆(含集装箱、罐式箱)标记载重量及罐车允许充装量，严禁增载和超装超载。

(4)装车后工作。检查堆码及装载状态，查验门窗是否关闭良好，做好施封加锁及装车台账登记工作等。

2. 卸车作业

(1)检查车辆。车辆状态及施封检查，核对票据与现车，确定卸车及堆码方法。

(2)卸车作业。传达安全作业注意事项及卸车方案，检查消防器材和安全防护用品。

(3)卸车后工作。填记卸货登记簿。对受到污染的车辆，及时回送洗刷所洗刷除污。清理车辆残存废弃物交由收货人负责处理。因污染、腐蚀造成车辆损坏的，要按规定索赔。

三、洗刷除污

1. 必须洗刷除污的货车

(1)装过剧毒品的毒品车。

(2)发生过撒漏、受到污染(包括有刺激异味)的货车。

(3)回送检修运输危险货物的货车。

2. 回送洗刷及洗刷后的处理

货车洗刷消防工艺必须符合《铁路货车洗刷除污方法》附件 8。回送洗刷除污的货车，应在“特殊货车及运送用具回送清单”上注明品名及编号，并在货车两车门内外明显处粘贴“铁路货车洗刷回送标签”(见《铁路危险货物运输管理规则》格式 5)各一张。

货车经洗刷除污达到要求后应撤除货车洗刷回送标签，并在货车两车门内外明显处粘贴“铁路货车洗刷除污工艺合格证”(见《铁路危险货物运输管理规则》格式 6)各一张，并填写“洗刷除污登记表”(见《铁路危险货物运输管理规则》附表-38)。

未经洗刷除污的货车严禁使用或排空。

3. 装过放射性物质的货车、篷布及有关用具的检测

装过放射性物质的货车、苫盖的篷布及有关用具，卸车后须由铁路防疫部门对 α、β、γ 发射体的污染水平进行检测，检测结果必须低于《铁路危险货物运输管理规则》一百三十三条规定的限值，否则必须由收货单位彻底洗刷除污，经检测达到要求后方可排空使用。

4. 缺乏有效洗刷除污手段的货车处理

对装过性质特殊、缺乏有效洗刷除污手段的货车，洗刷所应通知卸车站，要求收货人提供有效的洗刷除污方法和药物，再次洗刷处理。

四、特殊防护

1. 根据危险货物特殊性质，在调车作业和运输编组隔离，车辆技术检查、整备、检修等技术作业中需采取特殊防护事项，要有明确规定，并须书面通知有关单位和人员。有关运输单据和货车上表示方式见表 9-4。

表 9-4　特殊防护事项表

特殊防护事项	货车上的表示	运输票据上的表示
附件 7 中规定禁止溜放和限速连挂的货车	在货车两侧插挂“禁止溜放”或“限速连挂”的货车表示牌	在运单右上角、票据封套上用红色记明“禁止溜放”或“限速连挂”字样。
附件 6 中规定编组需要隔离的货车	①在货车表示牌上要记明三角标志 ②未限定“禁止溜放”或“限速连挂”的货车可用表示牌背面记明三角标记，并插于货车两侧	在运单右上角、票据封套上用红色记明规定的三角标记
《铁路危险货物品名表》第 12 栏中规定停止制动作用的货车	在货车表示牌上记明“停止制动作用”字样	在运单右上角、票据封套上用红色记明“停止制动作用”字样

2. 派有押运员的成组危险货物车辆。要求成组连挂，不得分摘；发站必须在该组车辆每一张运单上注明“成组连挂，不得拆解”，并将该组票据单独装入封套，封套上注明“成组连挂，不得拆解”。

3. 装运需停止制动作用的货车时，车站应通知车辆部门关闭制动机，到站卸车后，应通知车辆部门恢复制动作用。车站及车辆部门应认真登记，做好记录。

4. 装运危险货物应快装、快卸、快取、快送、优先编组、优先挂运。站内停放危险货物车辆时，要采取安全防护措施，对重点危险货物由车站派人看护巡守并通知铁路公安部门。

五、签认制度

爆炸品、硝酸铵、剧毒品（非罐装有特殊规定 67 号）、气体类和其他另有规定的危险货物运输作业实行签认制度。

危险货物运输作业实行签认制度。作业应按规定程序和作业标准进行并签认。要对作业过程内容的完整性、真实性负责，严禁漏签、代签和补签。签认单保存期半年。

落实危险货物运输签认制度的有关要求按“铁路剧毒品运输作业签认单”、“铁路危险货物运输作业签认单”、“危险货物罐车作业签认单”办理。

货检站无改编作业时，由各铁路局结合实际情况确定签认方式。

第七节　危险货物罐车运输

一、危险货物罐车的运用

1. 危险货物罐车装卸作业必须在专用线（专用铁路）办理。

2. 自备罐车装运危险货物应符合《铁路危险货物运输管理规则》《铁路危险货物运输特殊规定》(《铁路危险货物品名表》第12栏)的规定,未做规定的报铁道部制定运输条件。

3. 铁路产权罐车限装品名为原油、汽油、煤油、航空煤油、柴油、石脑油、溶剂油及非危险货物的重油、润滑油。

4. 危险货物自备货车运输时,须由车辆产权单位向过轨车站段提出申请,站段初审后报所属铁路局审核,符合规定的,由所属铁路局签发“危货车安全合格证”。“危货车安全合格证”实行一车一证,车证相符,按规定品名装运,不得租借和混装使用。铁路局应建立“危货车安全合格证”档案,每年进行一次复核。

二、危险货物自备罐车标识

1. 装运危险货物的自备罐车罐体本底色为银灰色,罐体两侧纵向中部涂刷一条宽300 mm表示货物主要特性的水平环形色带:红色表示易燃性,绿色表示氧化性,黄色表示有毒性,黑色表示腐蚀性。

2. 装运酸、碱类的罐体为全黄色,罐体两侧纵向中部应涂刷一条宽300 mm黑色水平环形色带;装运煤焦油、脱晶蒽油、液体萘、二蒽油的罐体为黑色,罐体两侧纵向中部应涂刷一条宽300 mm红色水平环形色带。

3. 装运黄磷的罐体为银灰色,罐体中部不用涂打环形色带。需在罐体两端右侧中部喷涂9、13号危险货物标志图。

4. 环形色带上层200 mm宽涂蓝色,下层100 mm宽涂红色或黄色分别表示易燃气体或毒性气体。环带300 mm为全蓝色时表示非易燃无毒气体。

5. 罐体两侧环形色带中部(有扶梯时在扶梯右侧)以分子、分母形式喷涂货物名称及其危险性,如苯:$\frac{\text{苯}}{\text{易燃,有毒}}$。对遇水会剧烈反应,事故处理严禁用水的货物,还应在分母内喷涂禁水二字,如硫酸:$\frac{\text{硫酸}}{\text{腐蚀、禁水}}$。并按《铁路危险货物运输管理规则》附录3在罐体两端头两侧环形色带下方喷涂相应标志,规格:400 mm×400 mm。

三、承运危险货物自备货车时应审核内容

1. 气体类危险货物

(1)罐车产权单位为托运人的,“铁路危险货物托运人资质证书”的单位名称必须与“危货车安全合格证”、“押运员证”、“铁路危险货物运输业务培训合格证”的单位名称相统一。

(2)罐车产权单位为收货人的,罐车产权单位名称必须与“危货车安全合格证”、“押运员证”、“铁路危险货物运输业务培训合格证”的单位名称相统一。

(3)货物品名、托运人、收货人、发到站、专用线(专用铁路)等须与《铁路危险货物运输办理站(专用线、专用铁路)办理规定》中公布的相统一。

(4)货物品名须与“危货车安全合格证”中的品名及罐体标记品名相统一。

(5)提供《铁路液化气体罐车充装记录》一式两份,一份由发站留存,一份随运单至到站交收货人。

(6)虽符合上述(1)~(4)项条件,但证件过期、定检过期、车况不良、罐体密封不严、罐体标

记文字不清等有碍安全运输的不予办理运输。

2. 非气体类液体危险货物

非气体类液体危险货物运输时比照气体类危险货物规定办理,不审核“押运员证”,有押运规定的,须审核“铁路危险货物运输业务培训合格证”。

3. 其他类危险货物运输比照上述相应规定办理。

四、液体类罐车充装量

充装非气体类液体危险货物时,应根据液体货物的密度、罐车标记载重量、标记容积确定充装量。充装量不得大于罐车标记载重量;同时要留有膨胀余量,充装量上限不得大于罐体标记容积的95%,下限不得小于罐体标记容积的83%。

即允许充装量应同时符合以下重量和体积要求:

1. 允许充装体积

$$0.83V_{标} \leqslant V_{许装} \leqslant 0.95V_{标}$$

2. 允许充装重量

$$W=\rho \cdot V_{许装} \leqslant P_{标}$$

式中 W——允许充装量,t;

ρ——充装介质密度,t/m^3;

$V_{标}$——罐车标记容积,m^3;

$P_{标}$——罐车标记载重,t;

$V_{许装}$——罐车允许充装体积,m^3。

充装量可参照“非气体类液体危险货物罐车允许充装重量及高度表”确定。充装量低于83%时,罐体内未加防波板不得办理运输。

装车单位要严格执行铁路罐车允许充装量的规定,防止超装超载。各铁路局要作出规划,加大安全检测计量设备投入,防止罐车装运的液体危险货物超装超载,确保运输安全。

五、气体类罐车充装量

气体类危险货物在充装前须对空车进行检衡。充装后,需用轨道衡再对重车进行计量,严禁超装。充装量应按计算公式计算,但不得大于标记载重量;计算的充装量大于标记载重量时,充装量以标记载重量为准。

1. 允许充装量的确定方法

$$W_{计算}=\Phi \cdot V_{标}$$

当 $W_{计算} \geqslant P_{标}$ 时

$$W_{许装}=P_{标}$$

当 $W_{计算} < P_{标}$ 时

$$W_{许装}=W_{计算}$$

式中 $W_{计算}$——根据重量充装系数确定的计算充装量,t;

$W_{许装}$——允许充装量,t;

Φ——重量充装系数,t/m^3;

$V_{标}$——罐车标记容积，m^3；

$P_{标}$——罐车标记载重，t。

常见介质的重量充装系数见表 9-5。

表 9-5 常见介质的重量充装系数表

充装介质种类	重量充装系数 $\Phi(t/m^3)$	充装介质种类	重量充装系数 $\Phi(t/m^3)$
液 氨	0.52	混合液化石油气	0.42
液 氯	1.20	正 丁 烷	0.51
液态二氧化硫	1.20	异 丁 烷	0.49
丙 烯	0.43	丁烯、异丁烯	0.50
丙 烷	0.42	丁 二 烯	0.55

注：液化气体重量充装系数，按介质在 50℃时罐体内留有 6%～8%气相空间及该温度下的比重求得。

2. 检衡复核充装量公式

当 $W_{空检} \geqslant W_{自重}$ 时

$$W_{实装} = W_{总重} - W_{自重}$$

当 $W_{空检} < W_{自重}$ 时

$$W_{实装} = W_{总重} - W_{空检}$$

要求 $W_{实装}$ 不得大于 $W_{许装}$，即：$W_{实装} \leqslant W_{许装}$。

式中 $W_{实装}$——实际充装量，t；

$W_{自重}$——罐车标记自重，t；

$W_{总重}$——重罐车检衡重量，t；

$W_{空检}$——罐车空车检衡重量，t。

六、罐体充装前和卸车后的检查确认

1. 装车前，托运人应确认罐车是否良好，罐体外表应保持清洁，标记文字应能清晰易辨。罐体有漏裂，阀、盖、垫及仪表等附件、配件不齐全完好或功能不良的罐车禁止使用。

2. 气体类危险货物充装前必须有专人检查罐车，按规定对罐体外表面、罐体密封性能、罐体余压等进行检查，不具备充装条件的罐车严禁充装。罐车充装后，充装单位应会同押运员复检充装量，检查各密封件和封车压力状况，认真详细填记“充装记录”，符合规定时，方可申请办理托运手续。

3. 危险货物罐车装、卸车作业后，须及时关严罐车阀件，盖好人孔盖，拧紧螺栓，严禁混入杂质。

4. 装运危险货物的罐车重车重心限制高度不得超过 2 200 mm。

5. 气体类危险货物罐车卸后罐体内须留有不低于 0.05 MPa 的余压。

七、运输变更的规定

气体类危险货物罐车运输不允许办理运输变更或重新托运，如遇特殊情况需要变更或重新托运时需经铁路局批准。

危险货物运输变更或重新托运必须符合《铁路危险货物运输管理规则》的有关规定。

八、事故施救

危险货物罐车运输途中发生泄漏、火灾及其他行车事故时，车站应立即启动应急预案，迅速向铁路有关部门、地方政府、公安、消防及环保、卫生防疫部门报告，并速请熟悉货物性质及罐体构造部门协助处理。要设立警戒区，组织人员向逆风方向疏散，防止危险货物流入水域。易燃、有毒液体发生泄漏时，应及时阻断火源。对标有"禁水"标记的罐车，严禁用水施救。对有毒气体施救时应站在上风方向，防止中毒事故发生。

第八节　危险货物集装箱运输

一、装运品名、运输方式及场地要求

1. 铁路危险货物集装箱（以下简称危货箱）限装同一品名、同一铁危编号的危险货物，包装须与《铁路危险货物运输管理规则》规定一致。装箱须采取安全防护措施，防止货物在运输中倒塌、窜动和撒漏。

2. 运输时只允许办理一站直达并符合《铁路危险货物运输办理站（专用线、专用铁路）办理规定》要求。

3. 危货箱办理站（专用线、专用铁路）应设置专用场地，并按货物性质和类项划分区域；场地须具备消防、报警和避雷等必要的安全设施；配备装卸设备设施及防爆机具和检测仪器。

4. 危货箱的堆码存放应符合《铁路危险货物配放表》中的有关规定。

二、办理品类的规定

危货箱仅办理《铁路危险货物品名表》中下列品类：

1. 铁路通用箱

(1)二级易燃固体(41501～41559)

(2)二级氧化性物质(51501A～51530)

(3)腐蚀性物质

① 二级酸性腐蚀性物质(81501～81535，81601A～81647)

② 二级碱性腐蚀性物质(82501～82524)

③ 二级其他腐蚀性物质(83501～83514)

2. 自备危货箱

(1)本条第1项规定的品名

(2)毒性物质(61501～61940)

3. 集装箱装运上述第1、2项以外的危险货物，以及改变包装的需经铁道部批准，有关试运程序比照《铁路危险货物运输管理规则》第六章有关规定办理。

三、车辆的使用

1. 办理罐式箱运输时，托运人、收货人、发到站、专用线（专用铁路）、货物品名等须与《铁

路危险货物运输办理站(专用线、专用铁路)办理规定》相符。限使用集装箱专用平车(含两用平车)运输。

2. 凡检修过期的不得办理运输。

3. 罐式箱使用期限不得超过 15 年。

四、包装标志的拴挂

托运人应根据危险货物类别在箱体上拴挂相应危险货物包装标志。拴挂位置及数量:箱门把手处各 1 枚,箱角吊装孔各 1 枚,共计 6 枚,需拴挂牢固,不得脱落。标志采用塑料双面彩色印刷,规格为 100 mm×100 mm。

五、装卸车作业及掏装箱的要求

1. 车站办理危货箱时,应对品名、包装、标志、标记等进行核查,防止匿报、谎报危险货物或在危货箱中夹带违禁物品。

2. 严禁在站内办理危货箱的装箱、掏箱作业。

3. 危货箱装卸车作业前,货运员须向装卸工组说明货物性质及作业安全事项,作业时应做到轻起轻放,不得冲撞、拖拉、刮碰。

4. 收货人应负责危货箱的洗刷除污,并负责撤除危险货物标志。无洗刷能力时,可委托铁路部门洗刷,费用由收货人负担。洗刷除污不符合规定要求的不得再次使用。

六、危货箱安全合格证

1. 自备危货箱运输时,须由产权单位向过轨站段提出申请,站段初审后报所属铁路局审核,符合规定的,由所属铁路局签发《危货箱安全合格证》。

2.《危货箱安全合格证》实行一箱一证。

3. 铁路局应建立《危货箱安全合格证》档案,每年进行一次复核。

第九节　剧毒品运输

一、铁路剧毒品运输跟踪管理的范围、使用运单的规定

1. 剧毒品系指《铁路危险货物运输管理规则》“品名索引表”中第 6 类一级毒性物质(编号 61001～61499)。在《铁路危险货物运输管理规则》《铁路危险货物品名表》第 12 栏内注有特殊规定 67 号者,均实行铁路剧毒品运输跟踪管理,运输时须全程押运。

2. 剧毒品运输采用剧毒品黄色专用运单,并在运单上印有骷髅图案。未列入剧毒品跟踪管理范围的剧毒品不采用剧毒品黄色专用运单,不实行全程押运,但仍按剧毒品分类管理。

3. 整列运输剧毒品由铁道部确定有关运输条件。

二、装运品名限制及签认制度

1. 同一车辆只允许装运同一品名、铁危编号的剧毒品。

2. 装车前,货运员要认真核对剧毒品到站、品名是否符合《铁路危险货物运输办理站(专

用线、专用铁路)办理规定》;要检查品名填写是否正确,包装方式、包装材质、规格尺寸、车种车型、包装标志等是否符合《铁路危险货物运输管理规则》规定。

3. 各铁路局要根据专用线办理剧毒品运输的情况,配齐专用线货运员。

4. 装卸作业时,货运员要会同托运人确认品名、清点件数(罐车除外),监督托运人进行施封,并检查施封是否有效。

5. 须在车辆上门扣用加固锁加固并安装防盗报警装置。

6. 剧毒品运输过程须进行签认,签认单分为《铁路剧毒品发送作业签认单》、《铁路剧毒品途中作业签认单》、《铁路剧毒品到达作业签认单》。

三、剧毒品跟踪管理

1. 剧毒品运输安全要作为重点纳入车站日班计划、阶段计划。车站编制日班计划、阶段计划时要重点掌握,优先安排改编和挂运。

2. 车站要根据作业情况建立剧毒品车辆登记、检查、报告和交接制度,值班站长要按技术作业过程对剧毒品车辆进行跟踪监控。

3. 跨铁路局运输的剧毒品,由铁道部调度负责跟踪。在铁路局管内运输的剧毒品,由铁路局调度负责。各级调度部门要及时组织挂运,成组运输的不得拆解,无特殊情况不得保留,必须保留时,要通知公安等有关方面采取监护措施。

4. 剧毒品运输实行三级计算机跟踪管理。

(1)铁路剧毒品运输计算机跟踪管理系指以危险货物办理站为基础,在铁道部、铁路局和车站,根据不同层次管理要求建立的信息管理系统。

(2)跟踪管理工作由铁道部负责方案规划和监督指导,铁路局负责方案实施和日常管理,铁路信息技术部门负责软件维护、更新、完善等技术支持,保证系统正常运转。

(3)办理剧毒品运输的车站须与剧毒品计算机跟踪管理系统联网运行。需具备原始信息及时发送和接收能力,要求配备相应的传输、通讯、打印等信息跟踪管理设备。

(4)装车站要将剧毒品货票所载信息,及时生成“剧毒品运输管理信息登记表”,实时报告剧毒品运输跟踪管理系统。内容包括剧毒品车的车号(集装箱箱型、箱号及所装车号)、发到站、“铁路危险货物托运人资质证书”编号、品名及编号、件数、重量和承运、装车日期等。

(5)挂有剧毒品车辆的列车,应在“运统 1”记事栏中注明“D”字样,并将剧毒品车辆的车种车号、发到站、货物品名、挂运日期、挂运车次等信息及时报告给铁路局行车确报系统和剧毒品运输跟踪管理系统。

(6)中途站发现装有剧毒品的车辆或集装箱无封、封印无效以及有异状时,应立即甩车,报告所属铁路局,并通知公安部门共同清点。同时按规定及时以电报形式,向发到站及所属铁路局和铁道部报告有关情况。继续运送时,按本条第 4 项办理。

(7)剧毒品到站后和卸车交付完毕后,立即将车种车号(集装箱箱型、箱号及所装车号)、发到站、“铁路危险货物托运人资质证书”编号、托运人、收货人、品名及编号、件数、重量、到达日期、到达车次、交付日期等信息上网报告剧毒品运输跟踪管理系统,并在 2 h 内通知发站。

四、剧毒品进出口运输办理规定

1. 受理、承运进出口剧毒品比照《铁路危险货物运输管理规则》第三十三条、第一百三十七条办理。

2. 出口剧毒品，办理站除按规定要求填写联运运单外，还需填写国内剧毒品专用运单两份(专用运单仅作为添附文件，连同联运运单装入封套内，并在封套外加盖剧毒品专用戳记)，一份发站留存，一份随联运运单到口岸站存查。

3. 出口剧毒品到达口岸站后，需撤出专用运单并将运单所载信息和口岸站作业信息输入剧毒品运输跟踪管理系统。

4. 进口剧毒品由口岸站填写剧毒品专用运单两份，一份口岸站留存，一份随联运运单到站存查。并将剧毒品专用运单所载信息和作业信息输入剧毒品运输跟踪管理系统。

5. 剧毒品专用运单由办理站保存1年。

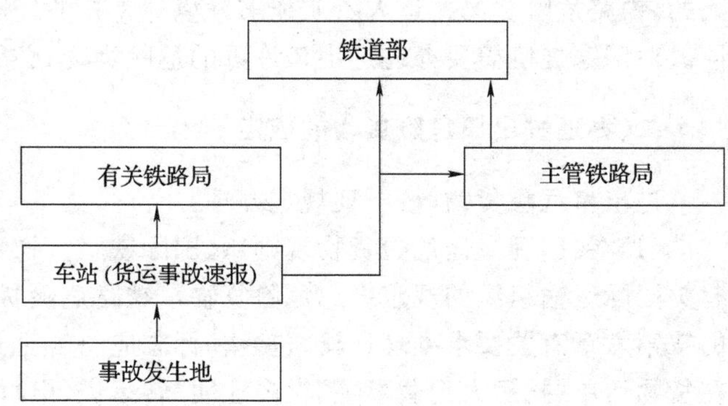

图 9-2　事故处理程序

途中发生问题时的处理方式及报告程序如图 9-2 所示。

铁路剧毒品运输跟踪管理品名表见表 9-6。

表 9-6　铁路剧毒品运输跟踪管理品名表

序　号	铁危编号	铁路品名	序　号	铁危编号	铁路品名
1	61001	氰化汞	9	61126	甲硫磷
		氰化钾			磷　胺
		氰化钠			速灭磷
2	61007	砒霜,三氧化二砷			特丁磷
3	61010	五氧化砷			治线磷
4	61028	五氧化二钒			乙硫磷
5	61079	氯乙醛			治螟磷
6	61088	丙酮氰醇			氧化乐果
7	61111	甲苯二异氰酸酯	10	61129	西力生
8	61125	甲基 1605	11	61133	恶虫威
		甲基对硫磷			呋喃丹,克百威
		保棉磷			抗虫威
		对氧磷			灭多威
		多灭磷			灭害威
		甲胺磷			涕灭威
		久效磷	12	61135	毒鼠磷
		杀扑磷	13	61137	灭蚜胺
		水胺硫磷	14	61875	三唑磷
9	61126	甲拌磷	15	61904	甲氰菊酯
		毒虫畏			

第十节　危险货物进出口运输

一、对代理人托运危货的要求

办理危险货物进出口运输时，如委托代理人代理，代理人须向承运人交验《铁路进出口危险货物代理人资格确认件》、经办人身份证和《铁路危险货物运输业务培训合格证》、代理授权人的《铁路危险货物托运人资质证书》（境外委托的外商及境内收货人除外）及双方委托代理合同。对国家规定需要办理进出口许可的危险货物，必须出具相应的许可证明。

二、办理进出口危险货物的规定

进出口危险货物，按下列规定办理：

（1）在《国际海运危险货物规则》、《国际铁路货物联运协定》附件2《危险货物运送规则》等有关国际运输组织的规定中属危险货物，《铁路危险货物运输管理规则》规定按普通货物运输的按第六章有关要求办理运输，包装和标志应符合上述有关国际运输组织的规定。托运人应在货物运单"托运人记载事项"栏内注明"转运进（出）口"字样。

（2）《铁路危险货物运输管理规则》规定为危险货物，而《国际海运危险货物规则》、《国际铁路货物联运协定》附件2《危险货物运送规则》等有关国际运输组织的规定中属非危险货物时，按《铁路危险货物运输管理规则》规定办理。

（3）办理非国际联运的危险货物时，同属危险货物但包装方法不同时，进口的货物，经托运人确认包装完好，符合安全运输要求，并在运单"托运人记载事项"栏内注明"进口原包装"字样，由代理人提供有关的包装检测资料，车站请示铁路局批准后，可按原包装方法运输；出口的货物，托运人应按《铁路危险货物运输管理规则》第六章有关规定办理。车站请示铁路局同意后，可按原包装方法运输；出口的货物，托运人应按《铁路危险货物运输管理规则》第六章有关规定办理。

（4）办理国际联运的进出口危险货物，在我国陆运口岸站不进行换装时，不受《铁路危险货物运输办理站（专用线、专用铁路）办理规定》中有关口岸站办理危险货物品名的限制，其他均须符合《铁路危险货物运输管理规则》及《铁路危险货物运输办理站（专用线、专用铁路）办理规定》的规定。

三、对进口集装箱运输危险货物的办理要求

进口集装箱装运的危险货物（陆运口岸按国际联运有关规定办理），在30个工作日前，托运人提出申请报告、危险货物运输有关资质、《技术说明书》、集装箱类型、包装形式及装载方式等有关技术文件和资料，以中文文书形式报铁道部批准。

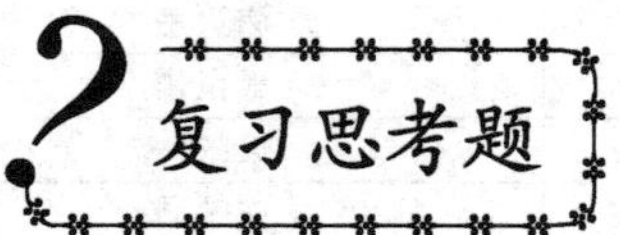

1. 如何正确填写危险货物运单？

2. 受理承运的危险货物必须符合哪些条件？
3. 危险货物运输作业的签认制度是如何规定的？
4. 哪些危险货物需要押运？
5. 使用危险货物罐车运输时有哪些要求？
6. 危险货物自备罐车的标记是如何规定的？
7. 如何确定危险货物罐车的充装量？
8. 危险货物集装箱运输装运品名有哪些限制？
9. 办理《危货箱安全合格证》应出具哪些技术文件？
10. 铁路剧毒品运输跟踪管理的范围及使用运单是如何规定的？

第十章　国际联运和水陆联运运输

第一节　货物联合运输概述

一、货物联合运输的概念

货物联合运输是指货物联合运输经营人(简称联运经营人)遵照统一的规章或协议,以至少两种不同的运输方式,或联合同一运输方式的不同运输企业,使用同一运输凭证或通过相互代办中转业务,负责完成货物从发站至到站的全程连续运输,简称"联运"。

二、货物联合运输的特点

联合运输是对各种运输方式的合理运用与综合组织的过程,不仅要考虑每一种运输方式的特点及技术经济特性,更应注意发挥各种运输方式之间的综合优势,相互补充协调,才能提供优质、便捷、高效的运输服务。因此,联合运输与传统单一方式、单程运输有很大区别,主要有以下特点:

1. 代理性

从联运企业的业务活动的性质看,具有运输代理企业的特点。这主要是指一方面联运企业要与托运人签订联运合同,对货主而言,它代表对运输全程负责的承运人;另一方面,联运企业又要与各实际运输企业(承运人)签订各区段运输合同以完成全程运输,对各实际运输企业而言,它代表货主(托运人或收货人)。从而联运企业在业务活动中具有的这种双重身份使其具有代理性质。

2. 通用性

由于联合运输涉及两种以上的运输方式,或一种运输方式两个以上企业之间的衔接配合,因而其所依据的法律、法规、协议及合同规定,所使用的合同、单证文件等必须具有两种以上运输方式或两个以上企业共同遵循的通用性。

3. 协同性

搞好联合运输有赖于产、供、运、销、收(银行)各部门以及集、装、运、卸、散等各个环节协作配合,不仅在运输组织与管理上协调一致,在技术装备上,也必须使港、站、库、场、集疏运系统同步建设,相互配套,以实现协同性。

4. 全程性

联合运输应从货物的托运、承运、到交付直至运后服务、财务结算等环节,不论经过几种运输方式,几程运输,几次中转环节,均可使用一份联运合同贯通全程,具有组织完成运输任务的全程性。

5. 简便性

联合运输实行"一次托运、一次结算、一票到底、全程负责"的运输代理,与单一运输相比,手续简便。

三、联合运输的分类

按照联运的对象，联合运输可分为货物联运和旅客联运。货物联运按照货物运输种别，可分为整车、零担、集装箱货物联运；按照参加联运的各种运输方式，可分为铁路—水路联运，铁路—公路联运，公路—水路联运，公路—航空联运，铁路—公路—水路联运等。在铁路联运中，还可分为国家铁路、合资铁路和地方铁路联运等。按照联运线路在整个交通网内的地位不同可分为干线联运、干支线联运、支线联运等。按照联运是否跨国，可分为国内联运和国际联运。我国铁路参加的货物联运有以下几种：

1. 铁路—水路联运，铁路—公路—水路联运。
2. 国际铁路货物联运。
3. 国家铁路与地方铁路联运。
4. 国家铁路与铁路局局管线的联运。
5. 国家铁路与铁路局局管线、地方铁路联运等。

第二节 国际联运货物运输

以一份运送票据跨及两国或两国以上铁路的货物的直通运输，称为国际铁路货物联运。

一、国际铁路联运适用规章

办理国际铁路货物联运的各类规章主要有：

（一）联运规章

1. 对铁路和托运人、收货人都有约束力的规章

(1)《国际铁路货物联运协定》(简称《国际货协》)对铁路和发、收货人(包括代理人)都有约束力。

(2)《国际铁路货物联运统一过境运价规程》(简称《统一货价》)及其附件，《国际铁路货物联运通用货物品名表》在运送过境货物时，对统一货价参加路和发、收货人(包括代理人)都有约束力。

2. 只适用铁路的规章

(1)《国际铁路货物联运协定办事细则》(简称《国际货协办事细则》)。

(2)《国际联运车辆使用规则的协约》及其附件《国际联运车辆使用规则》(简称《货车规则》)。

(3)《国际旅客和货物联运清算规则的协约》及其附件《国际旅客联运和货物联运清算规则》(简称《清算规则》)。

(4)相邻国家间签订的协定和议定书，目前有中朝、中越、中蒙、中哈、中俄和中蒙俄铁路间签订了国境铁路协定和议定书。

（二）国际铁路联运办法

为了使我国铁路及托、收货人办理联运货物更加方便，根据联运规章摘编而成，只适用于我国国内，对国外铁路不适用。

（三）国内规章

联运规章未规定的按国内规章办理。

二、国际铁路货物联运的基本条件

(一)办理国际联运的范围

1. 同参加《国际铁路货物联运协定》和适用《国际铁路货物联运协定》规定的铁路间的货物运送

(1)我国同邻国间的国境站及运输方式

① 中朝铁路间

中铁国境站	朝铁国境站
丹东(1.4)	新义州(1.7)
集安(7.3)	满 浦(3.8)
图们(2.1)	南 阳(1.3)

注:括号中的数字为国境站距国境线(或接轨点、临时接轨点)距离的公里数(下同);朝鲜铁路是准轨(1435 mm 轨距)。

经中朝两国铁路商定,自2008年6月20日起,中朝铁路货物联运办理方式由直通过轨改为换装运输,铁路进出口货物均在中方丹东、图们、集安国境站换装。货物换装费用在国境站向收、发货人或代理人核收。

② 中越铁路间

中铁国境站	越铁国境站
凭祥(13.2)	同登(4.6)
山腰(6.5)	老街(2.4)

越南铁路主要是米轨(1 000 mm 轨距),但连接我国凭祥的一段铁路为准轨和米轨的混合轨。我国铁路同越南铁路间经由凭祥的联运货车可以相互过轨;昆明铁路局米轨同越南铁路间经由山腰的联运货车也可以相互过轨。

我国进口货物和车辆暂在我方国境站办理交接,出口货物和车辆在对方国境站办理交接。

我国昆明铁路局管内米轨线路开办货运业务的车站同越南铁路均办理山腰/老街间的国际铁路货物联运。

③ 中俄铁路间

中铁国境站	俄铁国境站
满洲里(9.8)	后贝加尔(1.3)
绥芬河(5.9)	格罗迭克沃(20.6)
珲 春(8.0)	卡梅绍瓦亚

④ 中哈铁路间

中铁国境站	哈铁国境站
阿拉山口(4.02)	多斯特克(8.13)

俄罗斯和哈萨克斯坦铁路是宽轨(1 520 mm 轨距)。我国进口货物和车辆在我方国境站办理换装和交接,出口货物和车辆则在对方国境站办理换装和交接。

⑤ 中蒙铁路间

中铁国境站	蒙铁国境站
二连(4.8)	扎门乌德(4.5)

蒙古铁路是宽轨(1 520 mm 轨距)。我国进口货物和车辆在我国国境站办理换装和交接,

出口货物和车辆则在对方国境站办理换装和交接。

(2)我国同其他国家铁路间的货物运送

独联体国家铁路和波罗的海三国铁路均为宽轨(1 520 mm 轨距),我国同除哈铁、俄铁以外的其他独联体国家以及爱铁、拉铁和立铁铁路全程货物运送,仅在中蒙、中哈或中俄国境站换装一次,在蒙、俄国境站不需换装。

保铁、匈铁、斯铁、波铁等东欧国家铁路均为准轨,我国铁路同这些铁路的货物全程运送需换装两次,在中蒙、中哈或中俄国境站换装一次,在摩铁和罗铁国境站或白铁与波铁国境站再换装一次。

阿尔巴尼亚铁路同其他国家铁路不连接。我国往阿尔巴尼亚发货时,可发到匈牙利的布达佩斯或东欧某一国家铁路车站、由发货人或收货人委托的代理人领取后,用其他运输工具继续运往阿尔巴尼亚。

2. 同未参加《国际铁路货物联运协定》并且不适用《国际铁路货物联运协定》规定的铁路间的货物运送

(1)我国通过罗马尼亚或保加利亚向未参加《国际铁路货物联运协定》铁路并且不适用《国际铁路货物联运协定》规定铁路的国家运送货物(向土耳其和希腊运送货物时除外)时,使用《国际铁路货物联运协定》运送票据时,只办理至罗马尼亚或保加利亚的出口国境站为止,继续运送时,由国境站站长办理转发送。

(2)我国通过保加利亚向土耳其或希腊运送货物时,用《国际铁路货物联运协定》运送票据办理至保加利亚铁路,斯维伦格勒车站(向土耳其运送货物时)或库拉塔车站(向希腊运送货物时)为止,继续运送时,由国境站站长或代理人办理转发送。

(3)通过俄罗斯向芬兰运输货物时,用《国际铁路货物联运协定》运输票据办理至俄铁出口国境站,继续运送时由国境站站长办理转发送。

(4)我国通过匈牙利向未参加《国际铁路货物联运协定》并且不适用《国际铁路货物联运协定》规定铁路的国家运送货物时,用《国际铁路货物联运协定》运送票据办理至匈铁进口国境站,继续运送时,由代理人办理转发送。

(5)我国通过波兰、斯洛伐克向未参加《国际铁路货物联运协定》并且不适用《国际铁路货物联运协定》规定铁路的国家运送货物时,用《国际铁路货物联运协定》运送票据办理至波兰或斯洛伐克的进口国境站,继续运送时,由国境站站长办理转发送。

3. 通过港口的货物运送

(1)参加《国际铁路货物联运协定》的爱沙尼亚港口塔林或拉脱维亚铁路港口里加往芬兰、瑞典、挪威和丹麦等国家发送货物;

(2)参加《国际铁路货物联运协定》或适用《国际铁路货物联运协定》规定铁路的国家通过我国铁路连云港、青岛、大连、新港、上海南等港口往日本、韩国、等国及相反方向运送货物时,发站(或到站)与港口之间用《国际铁路货物联运协定》运送票据办理,由发货人或收货人委托的代理人在港口站办理转发送。

4. 过境朝铁运输

(1)我国经由集安国境站过境朝鲜铁路向云峰发电厂(中朝合办,在国境线中方一侧)及相反方向运送的货物,视为国际联运货物,按《国际铁路货物联运协定》规定办理。

运单的到站和返程的发站,填写为朝鲜铁路的"云峰",收货人和返程的发货人(栏内)须注明“云峰发电厂专用线自卸或自装”字样。

朝鲜铁路满浦国境线至云峰国境线间的过境里程为51.5 km。

中国铁路运送费用，按国内运价规则计算。朝鲜铁路过境运送费用(包括验关费)按统一过境运价计算。上述国内和过境运送费用，往云峰发电厂发货时，在发站向发货人核收，相反方向运送时，在到站向收货人核收。

各发站和到站代收的朝鲜铁路过境运送费用，按《国际铁路货物联运清算办法》要求编制报告表，寄给沈阳铁路局，以便同朝鲜铁路办理清算。

发货人应按每一运单填制“中华人民共和国经朝鲜民主主义人民共和国过境转运货物清单”一式四份。没有随附清单的货物，发站拒绝承运。

(2)自中国通过图门国境站过境朝鲜铁路经由清津东港站运送的中国进出口货物，按《国际铁路货物联运协定》规定办理。

朝鲜铁路南阳国境线至清津东港站的过境里程为177 km。

(二)国际铁路货物联运办理种别

一个发站按一份运单从一个发货人处承运，发往一个到站一个收货人的货物，即一批货物。国际铁路联运货物的办理种别分为整车货物、零担货物、集装箱货物和轮式集装箱货物。

1. 整车货物

按一份运单托运的按其体积或种类需要单独车辆运送的货物。

中越铁路间运送的整车货物，对跨装、爬装及使用游车的货物，准许按每一车组(不超过五辆)为一票运送。

2. 零担货物

按一份运单托运的一批货物，重量不超过5 000 kg，按其体积或种类不需要单独车辆运送的货物。

根据参加运送各铁路间商定，总重超过5 000 kg的货物，如其体积不需要单独车辆运送，则准许按零担货物条件运送。

中俄、中蒙铁路间运送零担货物时，允许按一张运单运送的每批重量不超过20 t，其体积不需要单独车辆运送。

中朝间和从朝鲜通过中国往越南及相反方向运送的零担货物，不受货物重量不超过5 000 kg的限制。但每批货物的重量不得超过29 t。体积要求为：中朝间和从朝鲜通过中国往蒙古以及相反方向运送，不得超过62 m^3；从朝鲜通过中国往越南以及相反方向运送，不得超过32 m^3，每件不得小于0.01 m^3。

中越铁路相互间运送一批重量超过5 000 kg，但体积不超过32 m^3 或一件重量不足10 kg，但体积不小于0.01 m^3 的货物，如不需要单独车辆运送时，均可按零担办理。中越铁路间仅办理整装零担货物。

3. 集装箱货物

按一份运单托运的货物，使用通用中吨位集装箱、通用或专用大吨位集装箱运送的货物或空通用中吨位集装箱、通用或专用的大吨位集装箱运送，即为集装货物。

4. 轮式集装箱货物

凡按一份运单托运的重载汽车列车(装载在1辆或2辆车上)、汽车、挂车、半挂车或可甩挂汽车车身，或者在铁路上使用其运送货物之前或之后的空汽车列车、汽车、挂车、半挂车或甩挂汽车车身，即为轮式集装箱货物。

发货人必须在“办理种别”栏内注明货物按“整车货物”、“零担货物”或“集装箱货物”托运。在托运轮式集装箱货物时，运单不注明办理种别。

另外，按运送速度可分为慢运、快运和随旅客列车挂运三种。

(三)运输限制

1. 在国际铁路直通货物联运中不准运送的货物

(1)应当参加运送的铁路的任一国家禁止运送的物品。

(2)属于应当参加运送的铁路的任一国家邮政专运物品。

(3)《国际铁路货物联运协定》附件第 2 号对其运送未作规定的危险货物。

(4)一件重量不足 10 kg 的零担货物，但体积超过 0.1 m^3 的货物除外。

(5)在换装联运中使用不能揭盖的棚车运送的一件重量超过 1.5t 的货物。

(6)在换装联运中使用敞车类货车运送的一件重量不足 100 kg 的零担货物，但不适用于《国际铁路货物联运协定》附件第 2 号中规定的一件最大重量不足 100 kg 的货物。

2. 不准在一辆车内托运和承运的货物

(1)数批整车货物。

(2)整车货物与其他办理种别货物。

(3)集装箱货物与其他种别货物。

(4)轮式集装箱货物与其他办理种别货物。

3. 不准按一份或数份运单在一辆车内混装运送的货物

(1)一种易腐货物同照管方法不同的另一种易腐货物。

(2)需要遵守保温制度或特殊照管的易腐货物同非易腐货物。

(3)危险货物禁止在一辆车内混装其他货物。

(4)由发货人装车的货物同由铁路装车的货物。

(5)根据发送路现行的国内规章不准许在一辆车内混装运送的货物。

(6)堆装运送的货物同其他货物。

(四)货物运到期限

1. 运到期限按货物运送全程，根据下列标准确定：

(1)快运货物

发运期间——1 昼夜。

零担货物或中吨位集装箱货物的运送期间，在每一参加运送的铁路管内，每 200 运价公里——1 昼夜。

整车货物、轮式集装箱货物或大吨位集装箱货物的运送期间，在每一参加运送的铁路管内，每 320 运价公里——1 昼夜。

随旅客列车挂运的整车货物或集装箱货物(在不换装运送中)的运送期间，在每一参加运送的铁路管内，每 420 运价公里——1 昼夜。

(2)慢运货物

发运期间——1 昼夜。

零担货物或中吨位集装箱货物的运送期间，在每一参加运送的铁路管内，每150运价公里——1昼夜。

整车货物、轮式集装箱货物或大吨位集装箱货物的运送期间，在每一参加运送的铁路管内，每200运价公里——1昼夜。

货物运到期限，从接受运单承运货物的次日零时起开始计算。如承运的货物在发送前需预先保管，则运到期限应从货物指定装车的次日零时起开始计算。货物装车日期，应记入运单中。

2. 计算运到期限在下列情况下延长两昼夜：

(1)将货物换装到其他轨距的车辆时。

(2)车辆更换另一轨距的转向架时。

(3)用轮渡运送车辆时。

3. 运送超限货物时，按上述规定的运到期限和规定的延长期限均增加100%。

4. 计算运送期间时，应按发站至到站间货物的实际运送里程计算。对下列时间应延长运到期限：

(1)为履行海关和其他规章所需的滞留时间。

(2)非铁路过失而造成的暂时影响发运或继续运送的运输中断时间。

(3)因变更运输合同发生的滞留时间。

(4)因检查而发生的滞留时间(即检查货物同运单记载是否相符、或检查按特定条件运送的货物是否采取了预防措施，而在检查中确实发现不符事宜)。

(5)因牲畜饮水、遛放或兽医检查所造成的滞留时间。

(6)由于发货人或收货人的过失而造成其他滞留时间。

(7)铁路应将铁路有权据以延长运到期限的货物滞留原因及其滞留时间记在运单“运到期限延长”栏内。

由于发货人的过失而造成多出重量的卸车，货物或其他容器，包装的修整以及倒装或整理货物的装载所需的滞留时间。

三、国际铁路货物联运的运输组织

(一)联运票据

1. 联运运单

“国际铁路货物联运运单”是参加国际铁路货物联运的铁路与发货人、收货人之间缔结的运输合同。它体现了参加联运的各国铁路和发货人、收货人之间在货物运送上的权利、义务、责任和豁免，对铁路和发货人、收货人都具有法律效力。

联运运单分慢运(格式10-1、格式10-2)和快运(格式10-3、格式10-4)两种。快运运单在上、下边带有1 cm宽的红边以示区别。联运运单由下列五张组成：

(1)运单正本(与第5张相连)，随同货物至到站，与第5张和货物一起交收货人。

(2)运行报单(与第4张相连)，随同货物至到站，与第4张一起留存到达路。

(3)运单副本，货物承运后交托运人，作为托运人与收货人通过银行结算贸易款的凭证。

(4)货物交付单(与第2张相连)，随同货物至到站，与第2张一起留存到达路。

(5)货物到达通知单(与第1张相连)，随同货物至到站，与第1张和货物一起交收货人。

格式 10-1

运 单 正 本 — Оригинал накладной
（给收货人）—（для получателя）

批号— Отправка №
25（检查标签— контрольная этикетка）

运输号码

发送路简称（Сокращенное наименование дороги отправления）中铁 КЖД

1

1 发货人，通信地址— Отправитель, почтовый адрес

2 合同号码— Договор №

3 发 站 Станция отправления

4 发货人的特别声明— Особые заявления отправителя

5 收货人，通信地址— Получатель, почтовый адрес

26 海关记载— Отметки таможни

6 对铁路无约束力的记载— Отметки, необязательные для железной дороги

27 车辆— Вагон / 28 标记载重（吨）Подъемая сила（т）/ 29 轴数— Оси
30 自重— Масса тары / 31 换装后的货物重量— Масса груза после перегрузки

7 通过的国境站— Пограничные станции перехода

27	28	29	30	31

8 到达路和到站— Дорога и станция назначения

国际货协—运单 СМГС — накладная
慢运 малой скорости

9 记号、标记、号码 Знаки, марки, номера	10 包装种类 Род упаковки	11 货物名称 Наименование груза	50 附件第2号 прил.2	12 件数 Число мест	13 发货人确定的重量（公斤）— Масс（в кг）определена отправителем	32 铁路确定的重量（公斤） Масса（в кг）опредлелена желез ной дорогой

14 共计件数（大写）— Итого мест（прописью）

15 共计重量（大写）— Итого масса（прописью）

16 发货人签字— Подпись отправителя

17 互换托盘— Обменные поддоны

数量— Количество

集装箱/运送用具— Контейнер/Перевозочные средства

18 种类— Вид 类别— Категория

19 所属者及号码 Владелец и №

20 发货人负担下列过境铁路的费用— Отправителем приняты платежи за следующие транзитные дороги

21 办理种别— Род отправки
整车*）повагонная*）
零担*）мелкая*）
大吨位集装箱*）Крупнотоннажного контейнера*）

22 由何方装车 Погружен
发货人*）отправителем*）
铁路*）железной дорогой*）

*）不需要的划消— Ненужное зачеркнуть

23 发货人添附的文件— Документы, приложенные отправителем

24 货物的声明价格 Обьявленная ценность груза

瑞士法郎 шв.фр

45 封印 Пломбы

个数 Количество

记号— Знаки

33

34

35

36

37

38

39

40

41

42

43

44

46 发站日期戳— Календарный штемпель станции отправления

47 到站日期戳— Календарный штемпель станции назначения

48 确定重量方法 Способ определения массы

49 过磅站戳记，签字— Штемпель станции взвешивания, подпись

格式 10-2

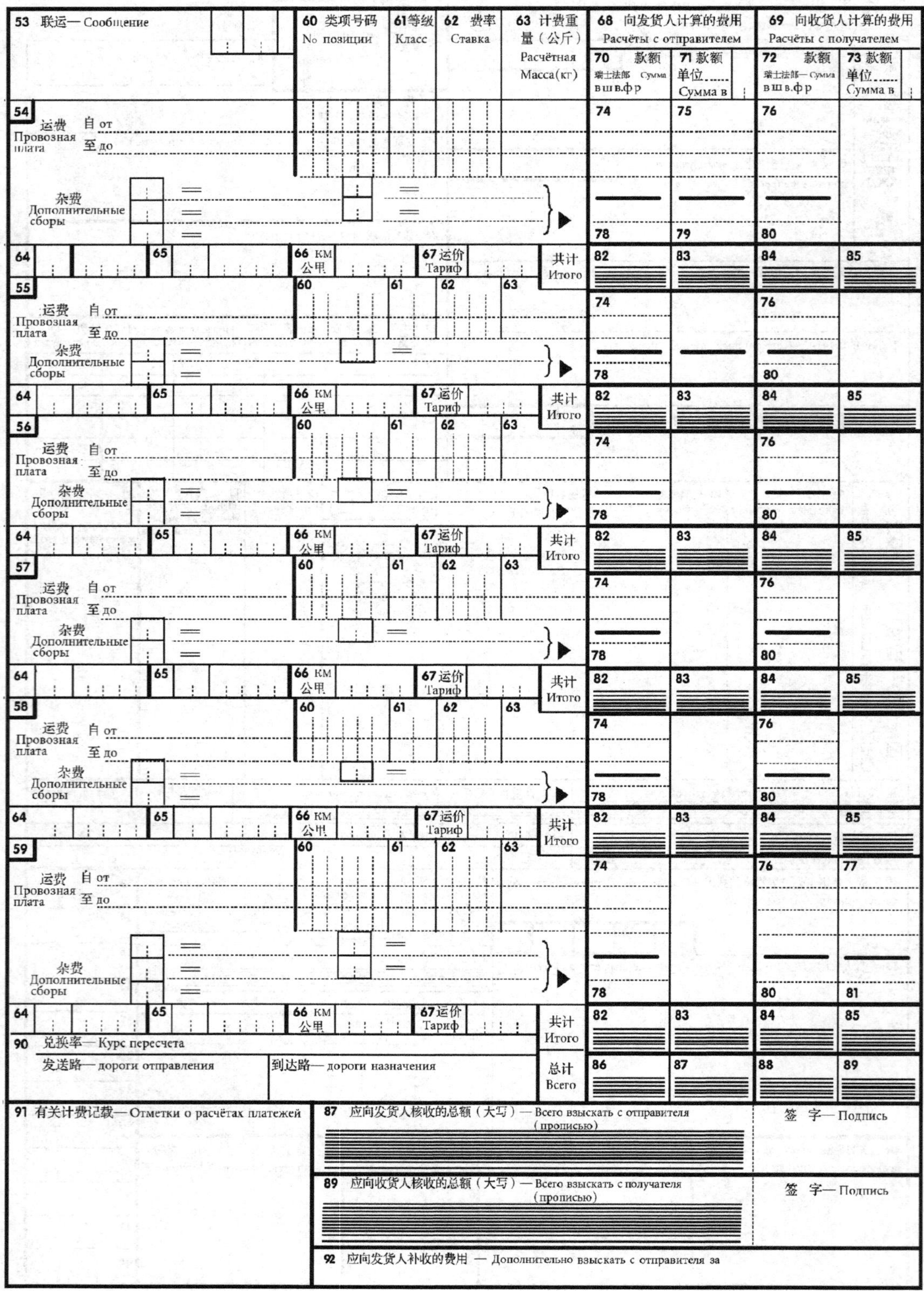

53 联运— Сообщение

60 类项号码 № позиции

61 等级 Класс

62 费率 Ставка

63 计费重量（公斤） Расчётная Масса(кг)

68 向发货人计算的费用 Расчёты с отправителем

70 款额 瑞士法郎— Сумма в ш в.ф р

71 款额单位 Сумма в

69 向收货人计算的费用 Расчёты с получателем

72 款额 瑞士法郎— Сумма в ш в.ф р

73 款额单位 Сумма в

54 运费 Провозная плата 自 от 至 до

杂费 Дополнительные сборы

74 75 76 78 79 80

64 65 66 KM 公里 67 运价 Тариф 共计 Итого 82 83 84 85

55 60 61 62 63

运费 Провозная плата 自 от 至 до

杂费 Дополнительные сборы

74 76 78 80

64 65 66 KM 公里 67 运价 Тариф 共计 Итого 82 83 84 85

56 60 61 62 63

运费 Провозная плата 自 от 至 до

杂费 Дополнительные сборы

74 76 78 80

64 65 66 KM 公里 67 运价 Тариф 共计 Итого 82 83 84 85

57 60 61 62 63

运费 Провозная плата 自 от 至 до

杂费 Дополнительные сборы

74 76 78 80

64 65 66 KM 公里 67 运价 Тариф 共计 Итого 82 83 84 85

58 60 61 62 63

运费 Провозная плата 自 от 至 до

杂费 Дополнительные сборы

74 76 78 80

64 65 66 KM 公里 67 运价 Тариф 共计 Итого 82 83 84 85

59 60 61 62 63

运费 Провозная плата 自 от 至 до

杂费 Дополнительные сборы

74 76 77 78 80 81

64 65 66 KM 公里 67 运价 Тариф 共计 Итого 82 83 84 85

90 兑换率— Курс пересчета

发送路— дороги отправления

到达路— дороги назначения

总计 Всего 86 87 88 89

91 有关计费记载— Отметки о расчётах платежей

87 应向发货人核收的总额（大写）— Всего взыскать с отправителя (прописью)

签 字— Подпись

89 应向收货人核收的总额（大写）— Всего взыскать с получателя (прописью)

签 字— Подпись

92 应向发货人补收的费用 — Дополнительно взыскать с отправителя за

格式 10-3

运行报单 — Дорожиая ведомость

（给到达路）—(для дороги назначения)

发送路简称（Сокращенное наименование дороги отправления）

中铁 КЖД

1

1 发货人，通信地址— Отправитель，почтовый адрес

25 批号— Отправка №（检查标签— контрольная этикетка）

运输号码

2 合同号码— Договор №

3 发站 Станция отправления

4 发货人的特别声明— Особые заявления отправителя

5 收货人，通信地址— Получатель，почтовый адрес

26 海关记载— Отметки таможни

6 对铁路无约束力的记载— Отметки， необязательные для железной дороги

27 车辆— Вагон / 28 标记载重（吨）Подъемая сила（т）/ 29 轴数— Оси

30 自重— Масса тары / 31 换装后的货物重量— Масса груза после перегрузки

7 通过的国境站— Пограничные станции перехода

27	28	29	30	31

8 到达路和到站— Дорога и станция назначения

国际货协—运单 СМГС — накладная

快运 большой скорости

9 记号、标记、号码 Знаки，марки，номера	10 包装种类 Род упаковки	11 货物名称 Наименование груза	50 附件第2号 прип.2	12 件数 Чинсло мест	13 发货人确定的重量（公斤）— Масс（вкг）определена отправителем	32 铁路确定的重量（公斤） Масса（вкг）опредлделена железгной дорогой

14 共计件数（大写）— Итого мест(прописью)

15 共计重量（大写）— Итого масса(прописью)

16 发货人签字— Подпись отправителя

17 互换托盘— Обменные поддоны

数量— Количество

集装箱 / 运送用具— Контейнер / Перевозочные средства

18 种类— Вид 类型— Категория

19 所属者及号码 Владепец и №

20 发货人负担下列过境铁路的费用—Отправителем приняты платежи за следующие транзитные дороги

21 办理种别— Род отправки

整车*) повагонная*) | 零担*) мелкая*) | 大吨位集装箱*) Крупнотоннажного контейнера*)

22 由何方装车 Погружен

发货人*) отправителем*) | 铁路*) железной дорогой*)

*)不需要的划消— Ненужное зачеркнуть

23 发货人添附的文件— Документы， приложенные отправителем

24 货物的声明价格 Обьявленная ценность груза

瑞士法郎 шв.фр

45 封印 Пломбы

个数 Количество	记号— Знаки

33

34

35

36

37

38

39

40

41

42

43

44

46 发站日期戳— Календарный штемпель станции отправления

47 到站日期戳— Календарный штемпель станции назначения

48 确定重量方法 Способ определения массы

49 过磅站戳记，签字— Штемпель станции взвешивания， подпись

格式 10-4

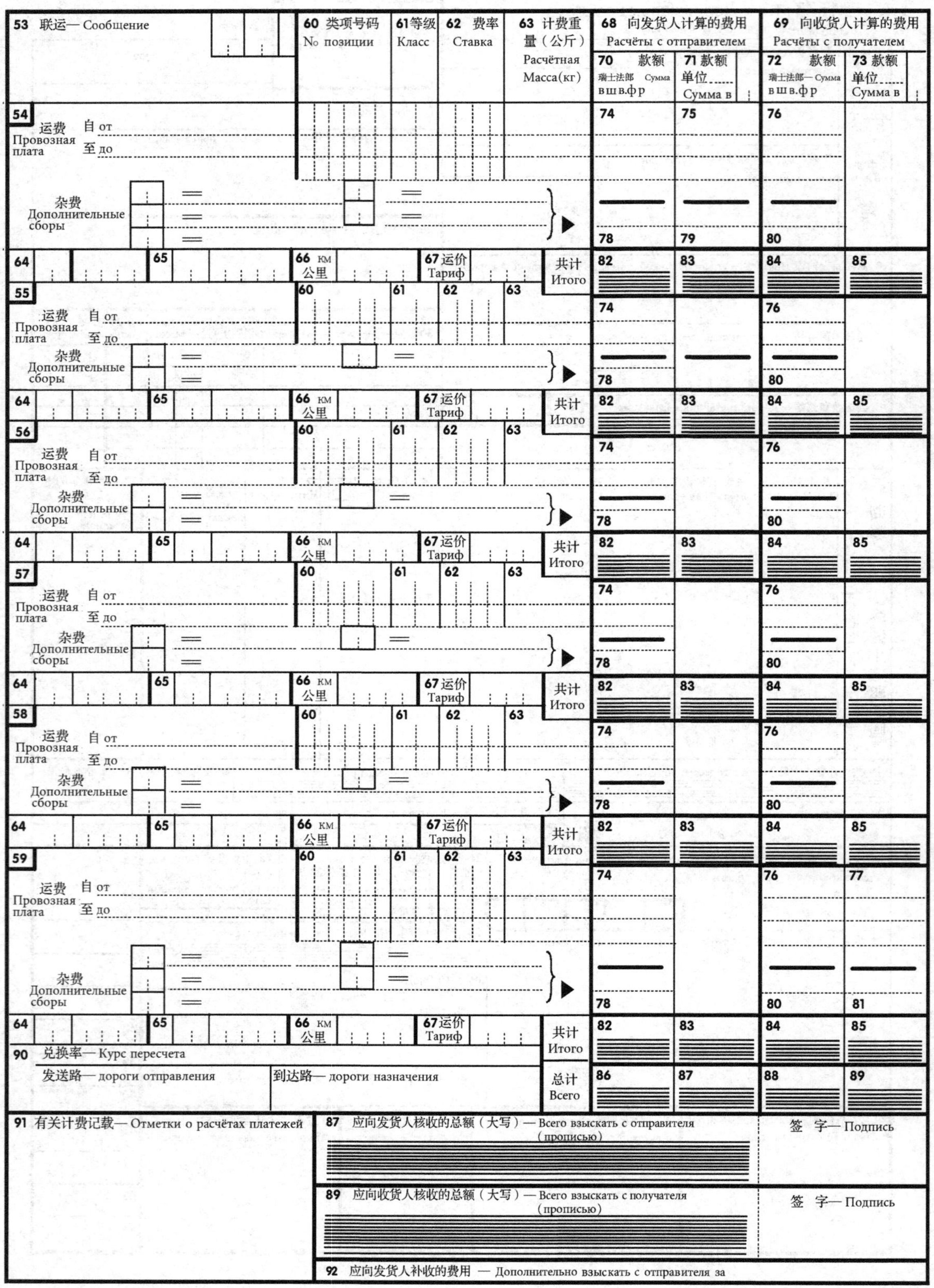

53 联运— Сообщение

60 类项号码 No позиции | 61等级 Класс | 62 费率 Ставка | 63 计费重量（公斤）Расчётная Масса(кг)

68 向发货人计算的费用 Расчёты с отправителем
70 款额 瑞士法郎 Сумма в ш в.ф р | 71 款额单位 Сумма в

69 向收货人计算的费用 Расчёты с получателем
72 款额 瑞士法郎— Сумма в ш в.ф р | 73 款额单位 Сумма в

54 运费 Провозная плата 自 от 至 до
杂费 Дополнительные сборы
74 75 76 78 79 80
64 65 66 КМ 公里 67 运价 Тариф 共计 Итого 82 83 84 85

55 运费 Провозная плата 自 от 至 до 60 61 62 63
杂费 Дополнительные сборы
74 76 78 80
64 65 66 КМ 公里 67 运价 Тариф 共计 Итого 82 83 84 85

56 运费 Провозная плата 自 от 至 до 60 61 62 63
杂费 Дополнительные сборы
74 76 78 80
64 65 66 КМ 公里 67 运价 Тариф 共计 Итого 82 83 84 85

57 运费 Провозная плата 自 от 至 до 60 61 62 63
杂费 Дополнительные сборы
74 76 78 80
64 65 66 КМ 公里 67 运价 Тариф 共计 Итого 82 83 84 85

58 运费 Провозная плата 自 от 至 до 60 61 62 63
杂费 Дополнительные сборы
74 76 78 80
64 65 66 КМ 公里 67 运价 Тариф 共计 Итого 82 83 84 85

59 运费 Провозная плата 自 от 至 до 60 61 62 63
杂费 Дополнительные сборы
74 76 77 78 80 81
64 65 66 КМ 公里 67 运价 Тариф 共计 Итого 82 83 84 85

90 兑换率— Курс пересчета
发送路— дороги отправления | 到达路— дороги назначения | 总计 Всего 86 87 88 89

91 有关计费记载— Отметки о расчётах платежей

87 应向发货人核收的总额（大写）— Всего взыскать с отправителя (прописью) | 签 字— Подпись

89 应向收货人核收的总额（大写）— Всего взыскать с получателя (прописью) | 签 字— Подпись

92 应向发货人补收的费用 — Дополнительно взыскать с отправителя за

2. 补充运行报单

作抄件用,有过境路时,每一过境路填写一份,由出口国境站留存。发货人可在运单中添附履行途中或到达路海关规章所需的补充运行报单。

3. 补充清单

如运单篇幅不足,不能将有关货物的记载事项记入运单第4、9～13、18、19、27～30栏内时,可记入在补充清单上。添附补充清单时,则应在运单第1～5张和每份补充运行报单上,各添附一份篇幅相当于运单的补充清单。

4. 添附文件

(1)发货人必须将在货物运送全程为履行海关和其他规章所需要的添附文件附在运单上,必要时,还须附有证明书和明细书。这些文件只限与运单中所记载的货物有关。

发货人在运单上所附的一切添附文件,应由发货人记入运单第23栏"发货人添附的文件"栏内,并粘贴在运单上,以免在运送途中脱落。

发货人如在运单上未添附准许货物出口的文件,则应在运单"发货人的特别声明"栏内,注明文件的名称、号码和填发日期,以及发货人将该文件所寄往的海关。

发货人如在运单上未添附证明书或明细书,则应在运单"发货人添附文件"栏内,注明无须添附各文件。

如发货人未履行本项规定,发站应拒绝承运货物。

(2)出口的剧毒品由铁路添附的专用运单为添附的文件。

(3)铁路没有义务检查发货人在添附上所附的文件是否正确和是否齐全。

由于没有添附文件或文件不齐全、不正确而产生的后果,发货人应对铁路负责。

如因发货人未提出必要的添附文件或提出并记载在运单"发货人添附文件"栏内的文件不齐全或不正确,以致使货物运送或交付发生滞留,则对滞留的时间应该核收罚款,如货物保管费、车辆停留费。

发货人在运单"发货人的添附文件"栏内填写的添附文件被铁路丢失时,铁路应对其后果承担责任。

(二)运单的填写

发货人填写的运单和补充运行报单不准划消、贴补、涂抹,特殊情况下可修改一栏或相关的两栏。此时发货人应在运单4栏记明并加盖戳记或签字。

运单和补充运行报单,用发送国文字填写,并在每行下附俄文译文。

运单中规定由发货人填写的各栏和不带号码的补充运行报单中相应各栏,均由发货人填写并添附俄文译文。运单的5、8、11栏也可以附贸易合同文字,运单中由铁路填写的各栏和补充运行报单中相应各栏由铁路添附译文。车站和私人发货如无添附译文条件时,可不添附,由出口国境站补附译文。

中朝、中越铁路间运送的货物,可以仅用本国文字填写,不附俄文译文。我国经满洲里或绥芬河国境站运到俄罗斯的货物或经阿拉山口运到哈萨克斯坦铁路的货物可以仅用中文填写,不再另附俄文译文。

运单各栏内容按照"《国际铁路货物联运协定》运单填写说明"规定填写。

货物名称应按下列方法在运单上填写:

(1)《国际铁路货物联运协定》运单上的货物名称，应符合《国际铁路货物联运协定》附件第2号和第8项(2)～(4)款的规定。

(2)过境参加《国际铁路货物联运协定》运送的货物，其名称应按适用于该种国际运送的过境运价规程的品名表填写。

除上述名称外，发货人可以在括号内按发送路或到达路现行的国内运价规程品名表填写货物的名称，或按发送路和到达路现行的国内运价规程品名表填写两种名称。

(3)两邻国间运送的货物，如这些国家铁路间定有直通运价规程，则应按直通运价规程的品名表填写名称。

(4)在其他所有情况下，均应按发送路或发送路和到达路现行的国内运价规程品名表填写货物名称，此外在运单中应注明货物的特征和状态，以确定其运价等级。

(1)～(4)款未列的货物，均按贸易上通用的名称填写。

我国内段运送费用使用货票核收时，货票的发站(对进口货物)填写进口口岸站，货票的到站(对出口货物)填写出境铁路口岸站(或港口站)，记事栏内填写“国际铁路联运”。

对国际联运过境货物，其过境我国铁路的运送费用用货票核收。货票发站填入境铁路口岸站(或港口站)，到站填写出境铁路口岸站(或港口站)，货票记事栏内填写“国际铁路联运过境货物”。

使用货票核收国际联运货物运送费用时，车站在国际铁路联运运单和不带号码的补充运行报单第91栏内，填写“中铁费用已收”和货票号码，加盖车站戳记，背面运费计算和收费栏内不填写，加盖“不作报销凭证”红色戳记，并将货票丙联交发货人(或其代理人)或收货人(或其代理人)报销。

联运货物使用的票据应装入票据封套，国际联运进口或(过境)货车的封套“发站”栏，填记进口国境站名，出口或(过境)货车的封套“货物到站”栏，填记出口国境站名，并均应在站名下标一“㊐”字。

铁路在运单中记载事项的内容，均按“固定写法的记载事项一览表”规定的格式和相应的内容填写。

(三)货物的包装、标记和表示牌

1. 货物包装要求

(1)通过外部检查确定的容器或包装不符合要求，以及容器或包装不适应货物的性质，不能保证货物安全运送或不能保证货物换装的情况下，铁路应拒绝承运此类货物。

(2)发货人对没有容器或包装，或其状态不符合要求，所产生的一切后果负责，尤其是应向铁路赔偿由此而产生的损失。

(3)如因容器或包装不良，铁路拒收货物，应发货人的要求编制普通记录，并将一份记录交给发货人。

(4)危险货物应按“《国际铁路货物联运协定》附件2”规定的条件包装。

(5)对于需要很长时间装车和换装的成件货物，铁路可要求发货人捆扎或包装成较大的货件。

2. 标记和表示牌

标记是货物与运输票据之间联系的依据和货物的识别记号。

发货人应在货件上作不易擦掉的清晰标记，或粘挂表示牌或货签，并按运单内容注明下列事项：

(1)货件的记号(标记)和号码；

(2)发送路和发站；

(3)到达路和到站；

(4)发货人和收货人；

(5)零担货件数量。

对零担货物应在每一货件上作出标记。

在托运家庭用品时，除此之外，发货人还应将记有上述事项的卡片放入每一货件内。

对整车货物(堆装货物除外)，应在靠近车门的货件上作出标记，每车不得少于10个货件。中朝间运送的整车货物(堆装货物除外)货件上可不作《国际铁路货物联运协定》规定的标记。

如运送某些货物，由于这些货物的性质，要求采取特殊预防措施，则发货人还应在这些货件上做出对货物必须谨慎对待的标记或粘挂表示牌，例如："小心"，"向上"等。

(四)货物的重量和件数

货物的重量和件数，应按发送路现行的国内规章确定。

(1)用敞车类货车运送不苫盖篷布或苫盖篷布而不加封印的货物，在承运时，发货人必须在运单中记载下列事项：总件数不超过100件，应记载货物的件数和重量。总件数超过100件，只记载货物的重量；此时发货人应在运单中"件数"栏内注名"堆装"字样。

(2)小型无包装制品，只按重量承运，不点件数。发货人应在运单中"件数"栏内注明"堆装"字样。

(3)包装时已经确定重量，并在每一货件上标有重量的包装货物，以及同一标准重量的货物，承运时不应过磅。

在这种情况下，发货人必须在运单中注明货物的件数和总重量，而在"确定重量方法"栏内应注明货物总重量是按何种方法确定的"标准重量"或按货件上标记的重量确定的"标记重量"。

(4)在运单中"发货人确定的重量(kg)"和"铁路确定重量(kg)"栏内均记载重量时，则以铁路确定的重量作为责任重量，但国际货协内有关内容所记载的情况除外。

(五)承运的规定

(1)棚车类装运有件数的整车货物不超过国内规章的规定，零担货物和敞车类货车运送不苫盖篷布总件数不超过100件时，按件数和重量承运。

(2)集装箱货物和轮式集装箱货物按国内规章的规定。

(3)除上述情况和整车运送的小型无包装制品及散堆装货物只按重量承运。

(六)货物运输变更

铁路承运的国际联运货物，托运人、收货人及其代理人有权对运输合同提出运输变更。

1. 变更权利人

运输合同的变更权，属于发货人以及收货人。

往越南、中国和朝鲜运送货物时，如运单收货人为国家机关，则由这些国家的对外贸易机关的全权代理人，在到达国的国境站变更上述货物的到达地。

(1)发货人对运输合同可作如下变更:在发站将货物领回;变更到站,此时在必要的情况下应注明变更运输合同后应通过的国境站;变更收货人;将货物返回发站。

(2)收货人对运输合同可以作如下变更:在到达国范围内变更货物到站;变更收货人。

此时,收货人只可在到达国进口国境站,且在货物尚未从该站发出时,根据《国际铁路货物联运协定》办理运输合同变更。

如货物已通过到达国的进口国境站,则收货人只能按到达路现行的国内规章办理运输合同变更。

2. 运输变更的处理

(1)运输合同的变更应根据发货人或收货人提出的申请书办理。到达路可以接受收货人按到达路现行国内规章规定的格式填写变更运输合同的申请书。

(2)发货人应译成铁组工作语言,填写"运输合同变更申请书"。

(3)发货人应对于每批单独填写一份"运输合同变更申请书",提交发站,而收货人则提交到达国进口国境站。发货人应将申请事项记入运单副本(运单第 3 张)的"货物名称"栏内,并将运单副本与申请书同时提交至铁路。

(4)对于用成组车辆运送的数批货物,如这些货物的运输合同变更为同一到站和同一收货人,则收货人也可以只提出一份运输合同变更申请书。

(5)发站应在运单副本发货人申请事项下加盖日期戳记,并由受理申请书的车站工作人员签字,证明运输合同变更申请书已经收到,然后将运单副本退还发货人。

收货人提出运输合同变更申请时,也可以提出运单副本。

(6)发站或货物已通过的国境站,应将发货人关于变更运输合同的申请事项,用电报通知中途站及到站,电报费由发货人负担。"运输合同变更申请书"原件应寄往根据电报已将货物截留的车站,以确认这一电报。但该站应根据发站的电报通知,不等接到发货人的书面通知,即行变更运输合同。

在这种情况下,对于电报中发货人申请事项的一切谬误之处铁路概不负责。

(7)发货人的运输合同变更权,从收货人收到运单时起,或从货物到达到达路进口国境站(如该站以接到收货人关于变更运输合同的申请书,或到站的关于收货人提出变更运输合同一事的电报通知)时起,即告终止。

(8)根据收货人的申请书或到站的电报通知而变更运输合同时,发货人对由此产生的后果概不负责。

3. 变更要求

(1)变更运输合同时,不准将一批货物分开办理;

(2)发货人和收货人可以各自变更一次运输合同。

4. 铁路在下列情况下,有权拒绝变更和延缓执行变更

(1)办理变更的车站,接到申请书或发站、到站的电报通知后无法执行时。

(2)可能违反铁路运营管理时。

(3)与参加运送铁路所属国家的国内法令和规章有抵触时。

(4)变更到站后,货物的价值不能抵偿运到新到站的一切预期费用时,但能立即缴付或能保证这种费用款额时除外。

在上述情况下，铁路应将不能变更运输合同的阻碍事项，尽可能立即通知发货人，或收货人(代理人)。如铁路未能预见到这种阻碍，变更了运输合同，则对由此而产生的一切后果应由发货人或收货人(视何人提出变更运输合同申请书)负责。

第三节 水陆联运货物运输

一、水陆联运运输要求

水陆联运环节多，运输条件和情况比较复杂，为了安全、迅速、便利地运输货物，托运水陆联运货物必须符合下列要求：

1. 起运站(车站)港(港口)、到达站港必须是办理水陆联运的车站和港口。
2. 换装地点必须是规定的水陆联运换装地点。
3. 托运的货物必须是办理水陆联运的货物种类。

二、水陆联运货物种类

除下列货物不办理水陆联运外，其他货物都办理水陆联运。

1. 易腐货物。
2. 动物和植物。
3. 灵柩(包括尸骨、尸骨灰和尸体)。
4. 危险货物(《铁路危险货物运输管理规则》品名表内所载的农药和氨氰化钙除外)。
5. 编排木材(东北经大连、营口两港到上海地区除外)。
6. 散装的粮食、油、盐、水泥。
7. 超过起运、换装和到达地点起重能力的超重大件。

三、水陆联运货物办理种别

水陆联运货物主要办理整车联运、集装箱的联运。

四、水陆联运货物运单

水陆联运货物，铁路段使用铁路货物运单，水运段运输和港口作业分别根据相关规定签订货运合同、作业合同。铁路转水路(简称铁转水)货物，托运人在铁路货物运单托运人记载事项栏内记载“铁转水终到××港，换装港代理××”，收货人栏内填写终到港收货人。受委托办理港口作业手续的代理人(或铁路货物运单的托运人、收货人)分别与港口铁路车站、港口公司就港口交接手续进行约定。

五、运输合同的变更

联运货物在运输过程中，托运人或收货人提出表10-1所列的变更。

在同一港务局范围内改变换装地点，可由路港双方协商同意后作适当调整，不作为变更运输处理。

表 10-1　变更受理地点和范围

受理站港	变更范围	要求人	备　注
起运站港	取消托运	托运人	不受理变更到达站港或收货人
原到站港	变更到达站港或收货人	托运人或收货人	无
换装站港	变更到达站港或收货人	托运人或收货人	限货物已运至换装地点，但尚未进行换装

注：变更到达站或收货人应向换装站提出，变更到达港或收货人应向换装港提出。

运输变更只准办理一次，不得变更换装地点或变更一批货物中的一部分。变更后新的到达站港应是办理水陆联运的站港，不得变更到不办理联运的站港。对变更到达地点后，违反货物合理流向、违反政令限制或运输限制的，均不得提出变更要求。

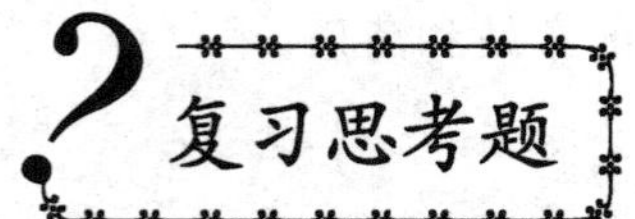

1. 货物联合运输的主要特点有哪些？
2. 我国铁路参加的货物联运有哪几种形式？
3. 国际铁路货物联运适用的规章有哪些？
4. 国际铁路货物联运办理种别如何划分？
5. 国际铁路直通货物联运中不准运送的货物有哪些？
6. 国际铁路货物联运的运输变更范围和限制是如何规定的？
7. 一份国际联运运单由哪几张组成？
8. 经我国铁路口岸运送的进、出口(过境)货物，票据封套应如何填写？
9. 发货人托运国际联运货件，除作标记、粘挂表示牌或货签外，并应按运单内容注明哪些事项？
10. 哪些货物不办理水陆联运？

第十一章　货运计量安全设备及安全检测系统

第一节　超偏载及货车限界检测系统

一、超偏载检测装置

超偏载检测装置是铁路货运计量安全检测系统的重要组成部分，是防止货车超载、偏载、偏重的主要安全检测设备。

1. 超偏载检测装置构成及原理

超偏载检测装置由机械承载机构和传感器、现场数据采集处理、远程计算机管理构成。传感器完成车辆重量数据测量，并将重量值转化成相应的电压信号，现场数据采集处理将电压信号进行模数转换并计算出车辆的重量、超偏载情况，通过有线通信传输到远端的管理计算机，由远端的管理计算机对所有通过车辆的数据进行采集、处理、传输，对通过列车进行机车、客车、货车识别，车辆计轴计辆等；完成自动检测通过列车车辆的速度、载重、自重、前后偏重及左右偏载，进行数据存储、超偏载车辆报警打印。

2. 超偏载监控网络系统

(1)超偏载监控网络系统构成

超偏载监控网络系统由通道系统、电源系统、检测站系统、车站监测系统、路局监控中心系统、部监管中心系统等构成。

(2)车站监测系统的构成和功能

车站监测系统由数据集中服务器、监控微机、打印机、通信接口设备、自动录音电话、防雷装置、设备地线和防雷地线，以及相应的配套设施等构成，并通过通信电缆与检测设备操作间相连接。数据集中服务器设于车站计算机房内。货检室设监视终端，实时监控和处理货车超偏载情况。

车站监测系统应能实现以下功能：

① 对检测设备操作间传输的信息实时进行存储、处理、显示、打印、预警以及数据统计。

② 对通过检测设备的列车按规定的标准报文格式进行存储或打印序号、日期、时间、检测设备站名、方向、机车和货车类型、辆数、速度。

③ 打印班、日的累计工作报告，调阅某一检测设备某一时段的通过车报文、自检信息等。

④ 实时反映检测设备及通道的工作状态和故障状态。

⑤ 自检功能。

⑥ 完成 TMIS 确报等货运信息的集成与匹配。

3. 超偏载车辆的判定

(1)超偏载状态包括三方面：超载状态，单位 t；纵向偏载状态，单位 t；横向偏载状态，单位 mm。

超偏载预警主要内容包括时间、车速、站名、方向、列车编组、车位、车型、车号、超载、纵偏、横偏。

(2)货车超偏载分为严重、一般两级,具体分级标准见表 11-1。

表 11-1　货车超偏载分级表

分级 项目	严　重	一　般
超载	大于货车容许载重量 10 t	大于货车容许载重量 5 t
偏载	货物总重心投影距车辆纵中心线距离大于 150 mm	货物总重心投影距车辆纵中心线距离大于 100 mm
偏重	货车两转向架承受重量之差大于 15 t	货车两转向架承受重量之差大于 10 t

注:具体分级标准仅作为是否需要换装整理的依据。

4. 超偏载车辆的处理

(1)根据超偏载检测装置检测结果,对严重的超偏载货车,应通知货检和列检人员联合检查,车辆技术状态正常不危及行车安全的,要作出记录,重点监控运行;危及行车安全的,须立即扣车,换装整理后,方能挂运。对一般的超偏载货车,可不换装整理。

(2)车站对未扣车处理的严重、一般超偏载车辆,应记录车种、车号、发到站、货物品名、发收货人等,并将上述信息及时通知发到站,电报通知下一编组站。同时在 24 h 内,将信息上报铁路局货运主管部门,并反馈到铁路局计量主管部门。

(3)严重超偏载货车换装整理作业流程如下:

① 车站货检人员应根据检测结果,核对现车无误后,对危及行车安全的,及时打印超偏载甩车通知卡(一式三份,调度、货检、列检各一份),并报告车站行车调度部门。

② 车站行车调度部门接到货检人员报告后,值班人员应在超偏载甩车通知卡上签字,安排甩车,并送入指定地点。

③ 车站对甩下的货车重新过衡或进行偏载、偏重复核,确认超载、偏载、偏重后,按规定换装整理和拍发电报。

④ 车站对卸载货车重新过衡复磅,确认货物重量不超过货车容许载重量后,方可编入列车继续运行。

⑤ 车站将严重超偏载货车的超偏载检测单和轨道衡复磅单,一并随运输票据寄送到站,到站应按规定处理,并按月将有关超偏载统计资料寄送主管铁路局和责任铁路局。

5. 超偏载装置的运用管理

(1)铁路局超偏载检测装置和信息网络系统维护单位,应建立对超偏载检测装置和信息网络系统日常维护的责任制度,及时掌握并实时监控管内超偏载检测装置的运用状态,发现问题及时处理,确保超偏载检测装置不间断地正常使用。

(2)超偏载检测装置发生故障时,车站应及时向铁路局货运主管部门报告并通知超偏载检测装置和信息网络系统维护单位,尽快修复,确保在最短时间内恢复正常使用。对影响计量检测性能的故障,修复后须对超偏载检测装置进行校准,以符合检测要求。

(3)超偏载检测装置的日常运用与维护人员,应经过专业培训,考核合格,持证上岗。

(4)各级管理部门、单位及车站,应加强对超偏载检测装置检测数据和有关资料的保管力度,建立保密制度。超偏载检测装置和信息网络系统维护单位在维护和修改调整软硬件时,应将修改调整的内容详细记录在案,并由铁路局或车站主管人员签字认可。

(5)除超偏载检测装置和信息网络系统维护单位因升级和维护需要外,不允许其他任何单位和个人修改、调整超偏载检测装置软硬件。任何单位和个人不得修改检测数据。

6. 责任划分

(1)由于人为因素,造成超偏载货车漏检,而被下一车站检出时,应列漏检车站责任;发生行车事故的,除按规定划责外,同时追究漏检车站责任。

(2)超偏载检测装置发生事故或故障期间,如发生由于超载或偏载或偏重引起的行车事故,要按规定程序调查原因,查明责任,依据《铁路交通事故调查处理规则》列相关部门和人员责任。

(3)超偏载检测装置及网络信息系统由于装置质量不合格、维修保养不当及违规操作等原因,造成停机或影响正常使用均为装置事故或故障。装置事故分为大事故、一般事故两类。

① 责任连续停机时间超过 48 h,为大事故。

② 责任连续停机时间超过 24 h,小于 48 h,为一般事故。

未构成事故的均为装置故障。

(4)凡因超偏载检测装置发生事故或故障造成后果,按下列规定划责:

① 经分析认定确系超偏载检测装置质量原因,由使用单位根据合同,要求生产厂家进行赔偿。

② 由于维修保养不当,追究养护维修单位责任。

③ 由于网络信息系统原因,列系统维护单位责任。

④ 由于检衡原因,列检定部门责任。因校准原因,列校准部门责任。

⑤ 由于车站违规操作或未及时申请检衡等原因,列车站和铁路局相关部门责任。

⑥ 由于违规施工原因,列施工单位责任。

⑦ 无法判明责任等原因,由铁路局组织有关专家分析认定。

(5)发生一般事故由车站处理,大事故由铁路局处理。

(6)事故实行报告制度,发生大事故报铁道部,一般事故报铁路局。报告内容包括车站、事故地点、概况、等级,以电报形式上报。

7. 其他规定

(1)超偏载检测装置在列车速度低于 60 km/h 时检测数据有效,超过时检测数据无效。

(2)装载液态货物的罐车超载判定以轨道衡或罐车容积计量为准。

(3)对 D 型车和自轮运转货物的检测数据,不作为判定超偏载的依据。

(4)超偏载检测原始数据保管期限为 5 年,有关表簿、维修记录及超偏载甩车通知卡保管期限为 1 年。

(5)超偏载检测装置仅用于铁路货车的超偏载检测,其数据不作为计费和贸易结算的依据,但作为行车事故分析依据。

(6)换装整理和卸下的货物以及换装整理发生的相关费用,按《铁路货物运输规程》、《铁路货物运输管理规则》和《铁路货物运输事故处理规则》等有关规定处理和划分责任。

(7)配置超偏载检测装置的车站应具备换装整理条件,具有符合作业要求的线路、卸载货物的存放场地和计量衡器。对暂不具备条件的,由铁路局确定移送适当地点进行处理。

二、货车超限及装载状态监控系统

(一)超限检测系统检测功能及原理

1. 超限检测系统功能

超限检测系统通过安装在龙门架上的两个二维激光扫描传感器组成扫描断面,实时对通过列车的纵断面轮廓进行测量,可以检测得到通过车辆及货物的断面轮廓尺寸,进而判断货物超限与否,以及超限的尺寸、部位、等级等。该系统可运用于正线、长大隧道、特大框架桥入口前、到达场或出发场,避免由于超限引起的安全事故的发生。

2. 超限检测系统检测原理

超限检测系统利用二维激光扫描技术实现对货车装载超限的检测。二维激光扫描技术采用计算从激光发射、被检测物体漫反射到接收的时间进行测距的原理,发射接收设备在内部高速旋转以等角度测试,从而得到不同角度上反射点的距离值,进而判断车辆的超限状况,如图11-1 所示,机车扫描图如图 11-2 所示。

图 11-3(a)为程序提供的敞车装载木材的超限断面图,显示最大超限的一个扫描断面,超限部位用红色表示。图 11-3(b)为现场拍摄的超限车辆。

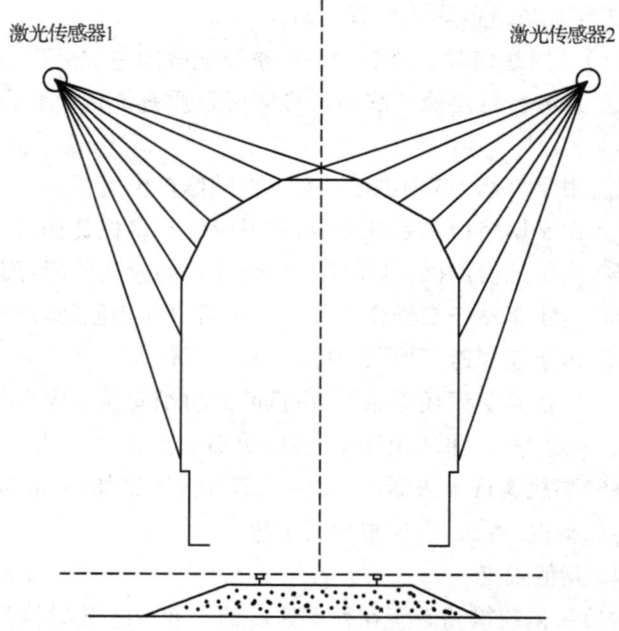

图 11-1　超限检测系统检测原理图

(二)超限检测系统术语

超限车辆:装载货物后,整体尺寸轮廓超出机车车辆限界要求的车辆,称为超限车辆。

门架:横跨铁路线路,用来做传感器安装基础的建筑物。

测量断面:测点处,与线路前进方向垂直的理论平面,定义为测量断面。

测量坐标 X 轴方向:测量断面内,两钢轨顶点连线的延长线,定义为测量坐标 X 轴方向。

测量坐标 Y 轴方向:测量断面内,垂直于 X 轴方向且通过线路中心线的方向,定义为测量坐标 Y 轴方向。

(三)超限指标

根据《铁路超限超重货物运输规则》的有关规定,各超限指标定义如下:

1. 最大轮廓超限级别

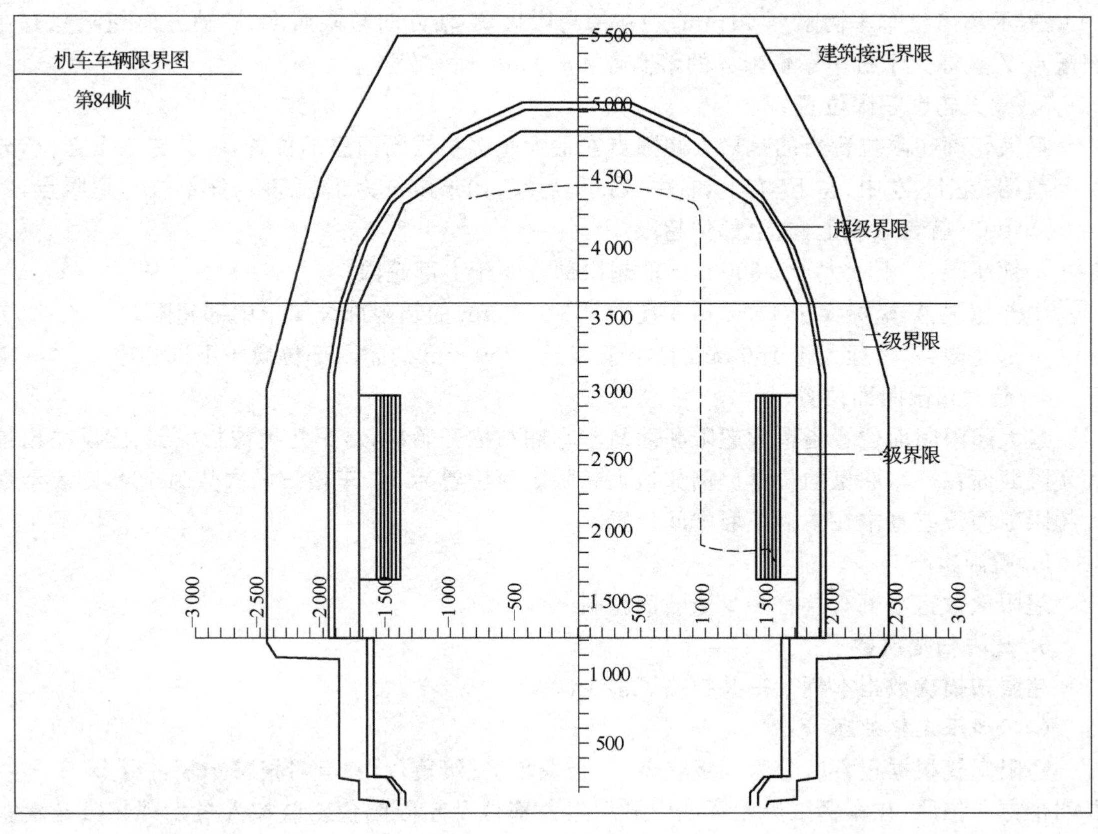

图 11-2　机车扫描图(单位:mm)

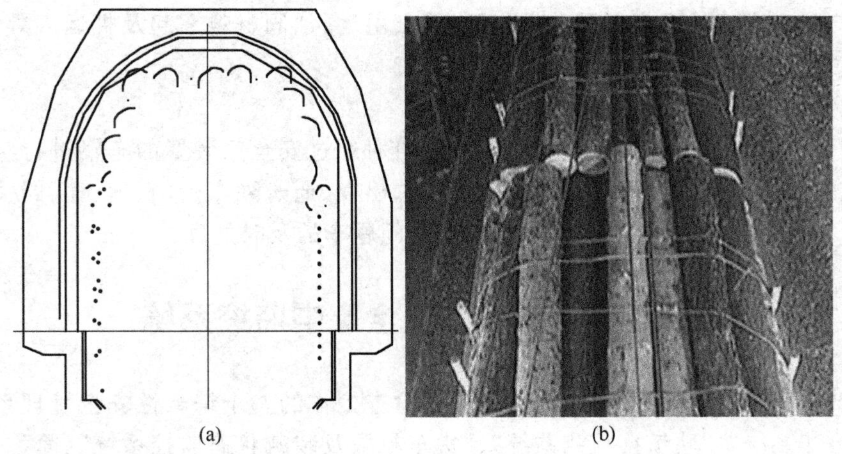

(a)　(b)

图 11-3　木材超限实例

最大轮廓超限级别分为三级:一级超限、二级超限、超级超限。

一级超限:超过机车车辆限界而未超过一级装载限界为一级超限。

二级超限:超过一级装载限界而未超过二级装载限界为二级超限。

超级超限:超过二级装载限界而未超过建筑限界为超级超限。

2. 最大轮廓超限幅值

最大轮廓超限幅值指超限点的 X 坐标或者 Y 坐标超过机车车辆限界对应点的幅值,例如

40 就表示超出机车车辆限界 40 mm，现在的超限以 X 轴方向超限居多，Y 轴方向超限只有在超限点 Y 坐标大于机车车辆限界的最高点 4 800 mm 时才发生。

3. 最大轮廓超限位置

最大轮廓超限位置指的是最大超限点在最大轮廓扫描断面里的位置，一共有八个部位，分别是前端、左上、左中、左下、右上、右中、右下、后端，如果该位为 1，就表示该部位有超限点，例如 01001000 就表示左上、右上部位超限。

上部超限：Y 坐标大于 3 600 mm 的超限部位属于上部超限。

中部超限：Y 坐标大于 1 250 mm 且小于 3 600 mm 的超限部位属于中部超限。

下部超限：Y 坐标大于 150 mm 且小于等于 1 250 mm 的超限部位属于下部超限。

4. 最大超限断面位置

最大超限断面位置指最大超限断面从本车厢扫描开始计数，第几帧被扫描到，能反映出最大超限断面在一车厢里的位置。例如最大超限断面位置为 57，车箱扫描次数为 124，则表示最大超限断面位置基本在本辆车厢中间位置。

5. 超限次数

超限次数指本辆车共有多少个断面超限。

6. 超限扫描次数

超限扫描次数指本辆车一共扫描了多少次。

(四)超限车辆处理

超限车辆根据报警区分为一级红色、二级橙色、三级黄色，并且对报警车辆进行上、下、左、右四个方向拍照，在车辆限界轮廓图中显示报警部位及超限幅值。监控人员发现超限车辆报警时，应及时通知货检值班员，由货检值班员组织人员进行现场检查确认，对货物装载确认超限的车辆，应扣车进行处理。对因盖阀张开、绳索甩动、加固材料翘起及押运人等原因造成的超限，应及时进行整理。

(五)视频监控

现场安装的摄像头，从上、下、左、右四个方向对通过安全门装置的车辆进行实时拍摄，并保留图像数据。通过监控管理平台，实现对到达、出发、通过列车的门、窗、盖、阀关闭、货物装载加固以及篷布苫盖等情况的实时监控，确保对问题车的及时处理。

第二节　货检站安全集中监控系统

“货检站安全集中监控系统”作为铁路货运检查工作的一个综合性安全管理系统，它通过对“超偏载检测系统”、“轨道衡检测系统”、“货车超限及装载状态监控系统”(简称安全门)、现车、预确报系统、车号、TPDS 及网络、手持机系统、站场监控等与货运相关的系统进行集成，采用先进的计算机网络技术及信息处理与集成技术，整合各应用系统，形成一个功能强大的信息平台，提供货检站作业综合、动态、全方位、立体化的监控管理支持平台，形成货运检查体系及计算机手持终端直接联网到作业岗点的科技化管理。

一、系统架构

采用“Web＋手持终端”的系统架构，为货检值班员、货检员提供信息服务。其中，Web 模块的主要用户是值班员，其主要功能是实时监控安全设备检测结果、制订工作计划、标注工作重点、接收现场反馈信息、指导货检员的工作。手持模块的主要用户是货检员，主要功能是自动接收一组与货检工作直接相关的计划信息（包括车次、到发时间、股道、车辆装货信息、重点车信息等），提示检查重点，及时反馈检查结果。手持模块与 B/S 模块共同配合，完成货检工作的存档过程，使货检工作透明、可查。其架构图如图 11-4 所示。

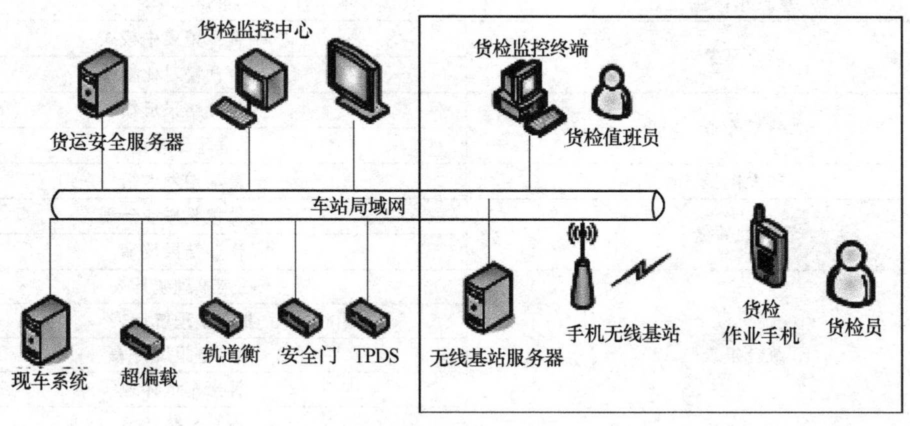

图 11-4　系统架构示意图

二、系统功能

货检站安全集中监控系统的主要功能包括阶段计划、行车预告及货检作业计划语音提示、重点车标注、检测设备预警集中监控、货检作业信息综合管理、手持机系统、用户管理等。其操作流程图如图 11-5 所示，其功能类别与子功能见表 11-2。

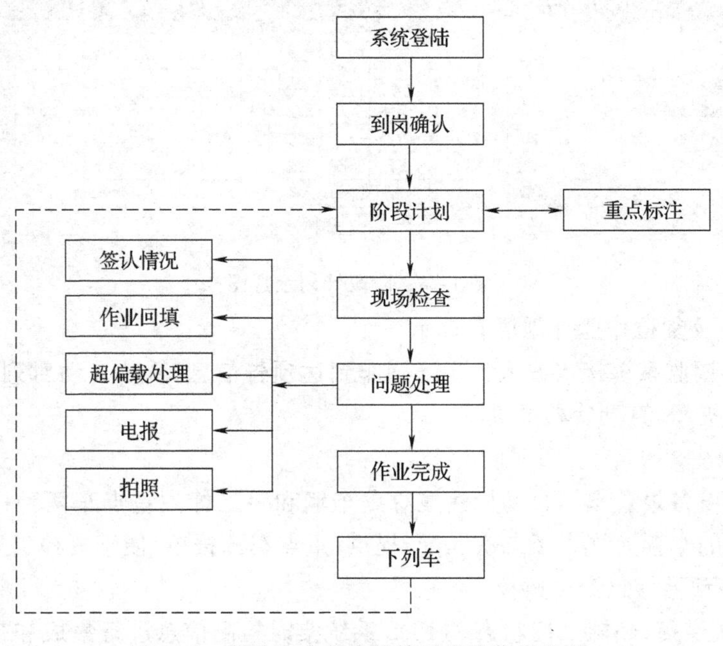

图 11-5　货检安全集中监控系统操作流程图

表 11-2 功 能 表

功 能 类 别	子 功 能
阶段计划	三小时阶段计划
	手动添加阶段计划
	作业实时预报
	计划安排
重点车标注	重点车标注
综合预警	综合预警集中模式
	综合预警对比模式
货检作业	作业结果反馈
	危险品登记
拍发电报	自动拍发电报
手持机系统	自动接收作业计划
	作业结果反馈
统计报表	在列整理统计表
	扣车整理统计表
	拍发电报统计表
	补封车统计表
	报警车统计表

1. 阶段计划功能

提供从现车系统实时自动接入阶段到发计划及人工录入阶段计划两种操作方式，货检值班员根据阶段计划标注重点车，生成货检作业计划，并自动传送到货检员监控终端，如图 11-6 所示。

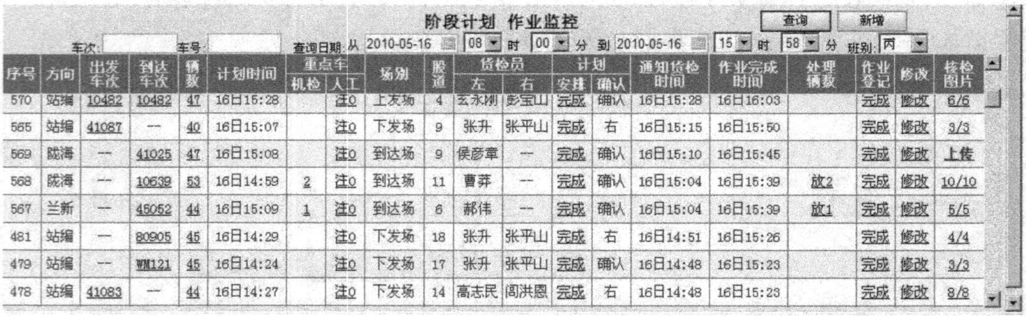

阶段计划 作业监控

查询 新增

车次: 车号: 查询日期:从 2010-05-16 08 时 00 分 到 2010-05-16 15 时 58 分 班别: 丙

序号	方向	出发车次	到达车次	辆数	计划时间	重点车		场别	股道	货检员		计划		通知货检时间	作业完成时间	处理辆数	作业登记	修改	核检图片
						机检	人工			左	右	安排	确认						
570	站编	10482	10482	47	16日15:28		注0	上发场	4	玄永刚	彭宝山	完成	确认	16日15:28	16日16:03		完成	修改	6/6
565	站编	41087	—	40	16日15:07		注0	下发场	9	张升	张平山	完成	右	16日15:15	16日15:50		完成	修改	3/3
569	陇海	—	41025	47	16日15:08		注0	到达场	9	侯彦章	—	完成	确认	16日15:10	16日15:45		完成	修改	上传
568	陇海	—	10639	53	16日14:59	2	注0	到达场	11	曹莽	—	完成	确认	16日15:04	16日15:39	放2	完成	修改	10/10
567	兰新	—	45052	44	16日15:09	1	注0	到达场	6	郝伟	—	完成	确认	16日15:04	16日15:39	放1	完成	修改	5/5
481	站编	—	80905	45	16日14:29		注0	下发场	18	张升	张平山	完成	右	16日14:51	16日15:26		完成	修改	4/4
479	站编	—	WM121	45	16日14:24		注0	下发场	17	张升	张平山	完成	确认	16日14:48	16日15:23		完成	修改	3/3
478	站编	41083	—	44	16日14:27		注0	下发场	14	高志民	阎洪恩	完成	右	16日14:48	16日15:23		完成	修改	8/8

图 11-6 阶段计划示意图

2. 行车预告及货检作业计划语音提示

通过 TDCS 调监系统接入或人工录入列车到达预告信息，系统自动对列车到达和货检作业信息进行声光提示，直到货检员确认。

3. 重点车标注

提供将检测设备报警车辆自动标注成重点车辆和手工标注重点车两种标注方式；对没有自动匹配上确报的车辆允许人工二次匹配；提供《重点车预报单》便于货检员重点检查。

4. 检测设备预警信息集中监控

将超偏载、轨道衡、超限及门状态、TPDS 系统实时检测信息进行集成和自动关联，在一个界面集中展示。通过不同颜色区分显示各系统的报警级别，同时提供语音报警功能。

设备检测信息可以有两种显示模式——分窗口显示和同一个窗口集中显示。在集中监控窗口还可以显示集成的视频信息。

5. 货检作业信息综合管理子系统

(1)自动下达货检作业计划。货检值班员根据列车到达预告信息,安排生成作业计划并自动传输给货检员,自动给出语音提示,直至货检员接收确认,作业计划下达完毕。

(2)货检作业结果反馈。货检员作业完毕后,回填货检作业情况反馈,确认检车完毕。

(3)对问题车相关信息实现站内追踪。系统根据问题车登记信息,对车辆运行动态及作业处理信息进行实时跟踪。

(4)作业日志自动统计。按照《铁路货运检查管理规则》要求,实现各种台账信息的统计、查询、报表生成、打印。结合机检信息和货检作业信息,自动生成各类统计报表。

(5)自动分析。按要求对各类信息进行工作量、作业情况等不同角度的分析,并提供自动分析自设定工具。

(6)电报自动拍发功能。货检值班员根据货检员的检车结果或超偏载等报警情况,选择适合的电报模板,自动生成电报,并提供对电报进行保存、打印、查询等功能。

货检作业信息综合管理子系统流程如图 11-7 所示。

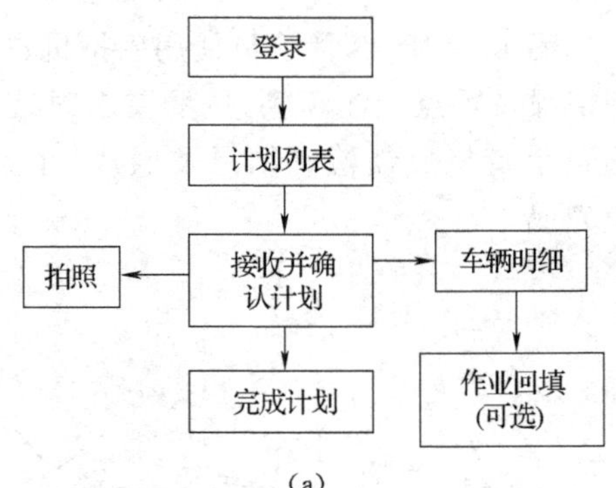

(a)

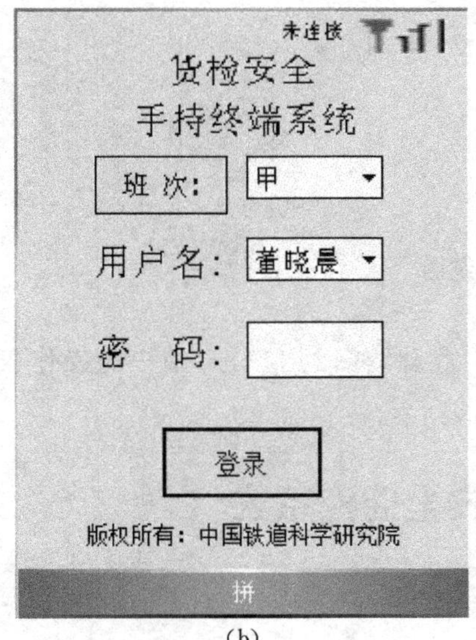

(b)

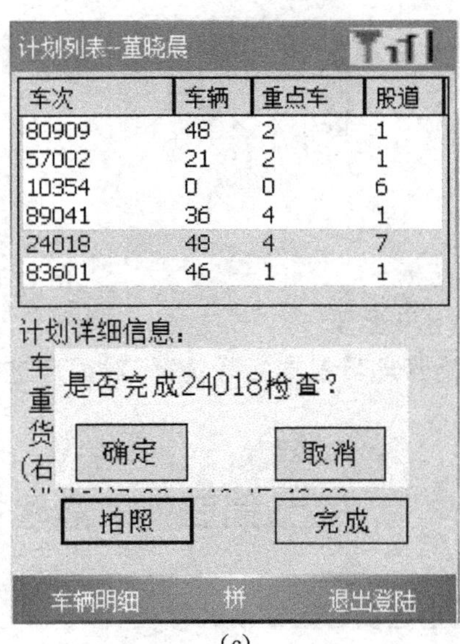

(c)

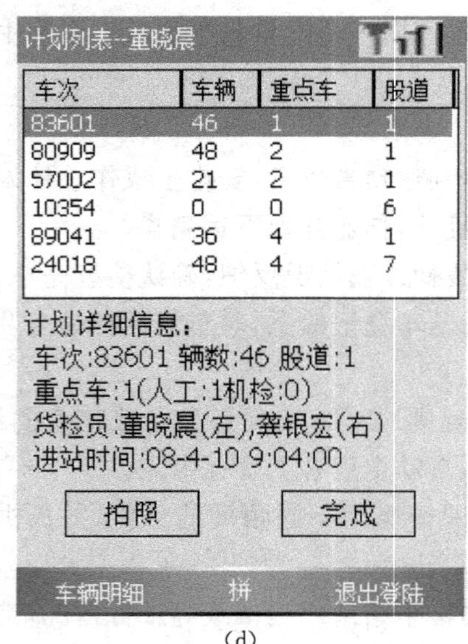

(d)

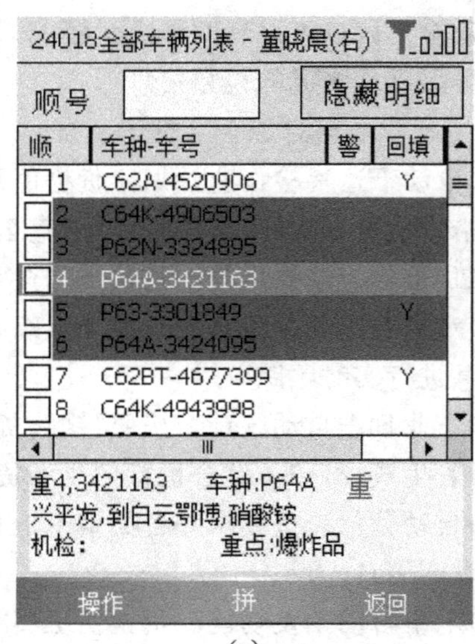

(e)

图 11-7 货检作业流程图及操作界面

6. 手持机子系统

在车站建立无线局域网，如图 11-8 所示，货检员使用手持机自动接收作业计划，及时掌握到达车辆货物装载情况、报警情况及重点关注车辆，按照要求对首车、尾车及问题车辆进行拍照。货检作业完毕，货检员通过手持机反馈检查结果及照片，并上传反馈给货检作业管理系统，自动通知货检值班员作业完成。

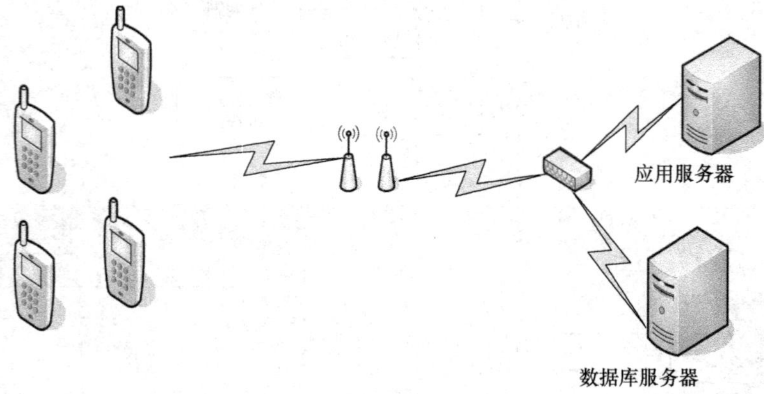

图 11-8 无线网络系统图

7. 用户管理

系统管理员根据实际情况，对用户进行管理，增加、删除、修改用户，对用户的操作权限进行授权。

第三节 危险货物运输安全监控系统

一、危险货物运输系统管理

危险货物运输安全监控系统是以全铁路危险货物办理站为基础，采用先进的计算机网络技术及信息处理与集成技术，对危险货物运输办理的源头信息采集和对不同岗位作业特点的危险货物办理过程进行信息化审核；对危险货物运输过程进行全面跟踪和监控管理；对各类相关规章、文电、基础数据和台账等内容，实现信息化、网络化管理。最终达到危险货物受理、承运、装车、在途、卸车、交付等全过程安全监控，实现危险货物运输的三级管理、三级监控，确保危险货物运输安全。

危险品运输分为危险品发送作业流程、危险品到达作业流程、危险品途中作业流程。

危险货物运输安全监控系统办理站级系统分为分岗作业和单岗作业。

1. 应用管理

(1)TWIS包括铁路局级应用系统和办理站级应用系统，铁路局、站段、办理站应根据岗位职责和用户权限分别设专人运用和统一维护。

(2)路局级应用系统设铁路局、站段、办理站级管理用户及一般查询用户四级，功能主要侧重利用办理站级系统基础数据，实现管理区域内危险货物运输的跟踪、报警处理、业务查询、分类统计、安全分析等。

(3)办理站级应用系统设铁路局查询、办理站(站段)查询、办理站作业三级用户，功能主要侧重于作业源头卡控、流程签认和互控把关等，是TWIS基本的数据来源。

(4)TWIS运行维护管理按照统一性、规范性、及时性、规范管理的原则进行专业管理、集中维护、统一发布、分级负责、分层落实，逐级考核的原则。

① 统一性。系统软件、编码规则、数据传输格式、专用字典等全路统一，基础数据字典与货票系统基础字典统一。

② 规范性。作业流程进行设计，其功能架构、规则格式以及专用字典严禁随意改动，其修改和维护应按照维护管理权限规定，依据铁道部主管部门发布和批转的规章文电执行。

③ 及时性。TWIS的修改和维护严格按《铁路危险货物运输管理规则》等规章、文电执行，并按规定时限要求发布。

④ 归口管理。TWIS涉及的软件、代码、数据资料和生产信息，由主管部门归口管理、严格按权限使用，禁止擅自公开、公布。

(5)TWIS通过软件加密技术实现授权使用。货运处组织审查确定后，集中建立软件使用台账，统一管理、监控软件使用情况。

(6)铁路局TWIS的信息库利用专用设备保存，联机存储2年，非联机存储不少于10年。

(7)未经铁路局管理组批准，任何部门不得擅自向其他系统提供信息，也不得利用该系统的软件、数据等从事其他活动。

(8)安装TWIS的用户应严格按照铁路危险货物运输安全监控系统操作规定操作。

(9)各级用户系统中的电子信息、打印的纸质信息以及向其他用户传送的电子信息三者必须保持一致。各级用户对信息的准确性、完整性负责。

(10)发生异常情况时，车站操作人员应及时通知本级维护人员实施维护。若本级维护人员无法处理，站段TWIS管理维护组分别向局货运、信息部门及时上报，协调解决。

(11)危险货物作业站点是TWIS的信息源点，应按照《铁路危险货物运输管理规则》等规章要求，填制各种登记簿。TWIS的原始数据包括如下内容：

① 全路统一的危险货物专用基础数据，如办理资质和办理站(专用线)规定、危险货物品

名表、自备货车、押运员、办理人员、全路事故应急救援数据等。

② 基层站段提供的原始数据，包括受理审核数据、基础台账、站段自身基础信息等。

③ 运输过程中产生的生产数据，如发送、途中、到达签认单数据等。

④ 其他相关数据。

2. 系统运行维护

(1)硬件。包括铁路局、站(段)TWIS所使用的服务器、计算机、存储设备、网络设备、打印机及相关辅助设备。

(2)系统软件。包括支持TWIS运行的操作系统、数据库管理系统和相关工具软件。

(3)应用软件。包括TWIS、信息共享和交换专用软件等。

(4)数据。包括TWIS所产生的原始生产信息、数据库、数据文件及日志；TWIS专用字典；专用数据编码规则、内容及格式，以及相关文档资料。

(5)TWIS的管理维护体系。

二、用户登录

输入项：用户名、密码。

输出项：进入系统主页面。

界面显示如图11-9所示。

图11-9 用户登录界面

操作方法如下：

在IE地址栏输入“http://服务器地址/wxpstd/login.aspx”。

录入的“用户名”、“密码”，点击“登录”按钮，获取用户的基本属性。

根据用户日常业务的不同，系统将用户划分为系统管理员、铁路局用户、车站管理员、车站用户、一般查询用户五类。按应用模块分配用户使用权限，并根据不同用户显示相关生产数据。

注：首次登录需对IE进行设置，以保证系统的正常使用。

(1)打开IE浏览器，单击“工具”、“Internet选项”、“常规”选项卡，点击“设置”，选择“每次访问此页时检查”，保存。

(2)打开 IE 浏览器,单击“工具”、“Internet 选项”、“安全”选项卡,选择“可信站点”,点击“站点”,添加可信站点“http://服务器地址”,最后点击“确定”。

将“Internet”和“受信任的站点”中有关 ActiveX 控件和插件的选项都改为“启用”。

三、系统使用

登录铁路危险货物运输安全监控系统后,可看到主界面如图 11-10 所示。在主页面上显示受理审核、承运装车、内勤复核、运单生成、货检作业、货运调度、作业签认查询等标签,如图 11-11 所示。

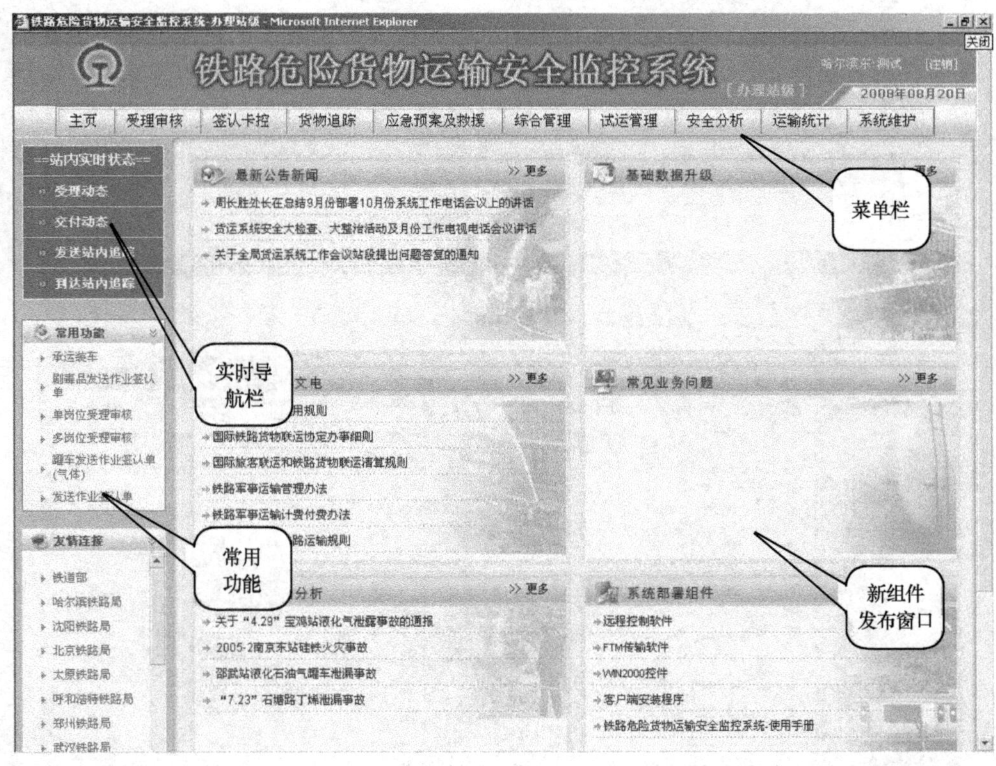

图 11-10　铁路危险货物运输安全监控系统主界面

点击菜单栏相应的标签即可按照作业岗位权限进行录入信息和查询相关信息。

例如:选择危险货物运输类型,点击货检作业标签,界面显示如图 11-12 所示。

操作方法:在货运检查页面点击“货运检查”,输入检查人员姓名和时间,作业人员所检查项填写完成后,审核数据通过后提交。选择“待办全部完成”可以将同批受理的多车一次通过审核,如图 11-13 所示。

作业人员所检查的各项填写完成后,审核数据通过后作业完成。

选择“待办全部完成”可以将同批受理的多车一次通过审核。

在《铁路危险货物运输管理规则》指定签认的物品需进行分岗作业按照气体类罐车运输的作业流程进行作业,而其他不需进行签认的物品,只需做受理审核部分,其作业流程与气体罐车运输作业流程一致。

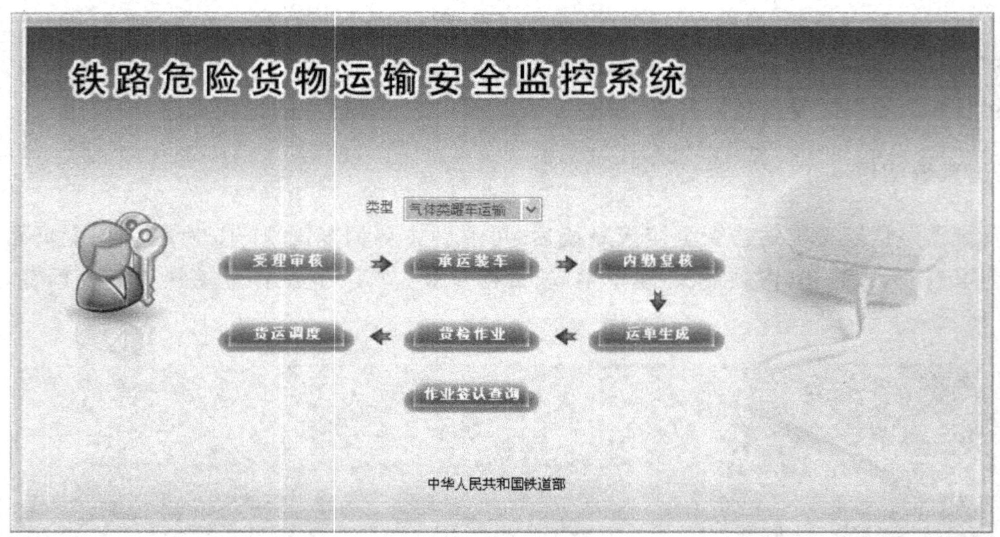

图 11-11　铁路危险货物运输安全监控系统主页面

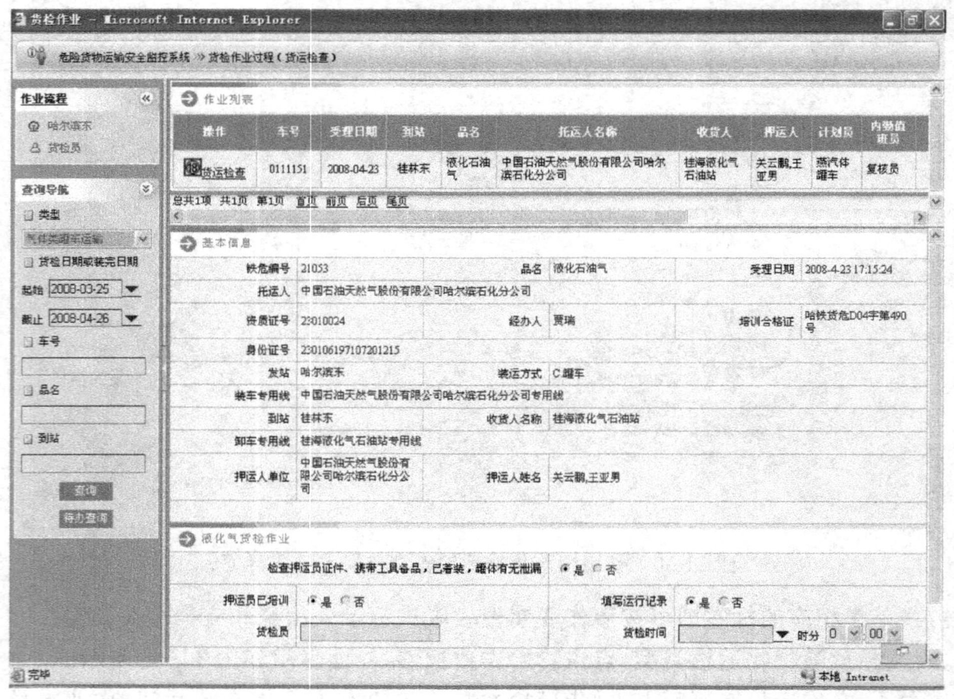

图 11-12　货检作业界面

货调录入

挂运车次	56124	取回站内时间	2008-06-01 时分(HH:MM) 0 : 00
编组位置	3	开车时间	2008-06-03 时分(HH:MM) 13 : 38
货运调度员	测试	上传报告时间	2008-06-03 时分(HH:MM) 0 : 00
录入时间	2008-08-15 08:53		

审核　作业完成　复制　打印　待办全部完成

图 11-13　货运检查审核界面

第四节　剧毒品货物运输跟踪信息采集系统

剧毒品货物运输跟踪管理系统从用户角度划分为基层跟踪信息采集部分、铁道部建立剧毒品数据库，车站、路局、铁道部三级信息应用部分。

信息采集部分基于计算机设计，数据存储采用 ACCESS 桌面数据库，数据上报采用专门开发的传输软件。信息应用部分基于 C/S 模式设计，包含服务器和客户机两个组成部分。主要内容分为两个部分，第一部分介绍采集部分软件的安装、数据的录入、信息的上报、字典的维护等工作；第二部分介绍信息应用部分的安装过程和使用方法。

剧毒品跟踪软件由四部分组成。分别是车站剧毒品运输信息采集软件，剧毒品运输信息报告软件；铁路局级剧毒品运输管理信息应用软件；铁道部剧毒品信息报告处理软件，铁道部剧毒品信息应用软件。

一、信息采集系统

在 Windows 开始菜单顺序选择：程序→剧毒品货物运输管理信息系统（车站使用）→剧毒品货物运输管理信息系统（车站使用），即启动了剧毒品货物运输跟踪信息采集系统，如图 11-14所示。

图 11-14　剧毒品货物运输跟踪信息采集系统界面

在登录界面要求输入报告人名和密码，第一次登录时，用户要用鼠标单击注册按钮进行注册。注册窗体如图 11-15 所示。

以用户名“jdp”为例，首先输入用户姓名为“jdp”，然后输入密码并确认（要确保两次输入的密码相同），单击“确定”按钮，即完成了用户注册。

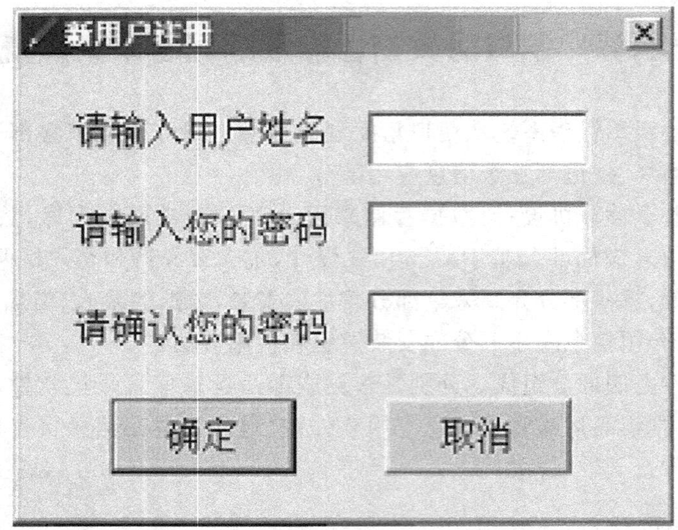

图 11-15 剧毒品货物信息跟踪信息采集系统注册界面

在密码输入区输入用户注册时的密码，用鼠标点击确定按钮进入系统，如图 11-16 所示。

图 11-16 信息采集系统主界面

信息录入有五项功能，分别为实现装车信息的录入，到达交付信息的录入，通过信息的录入，换装信息的录入，滞留信息的录入。

二、通过信息采集

(一)用户界面

通过信息采集用户界面如图 11-17 所示。

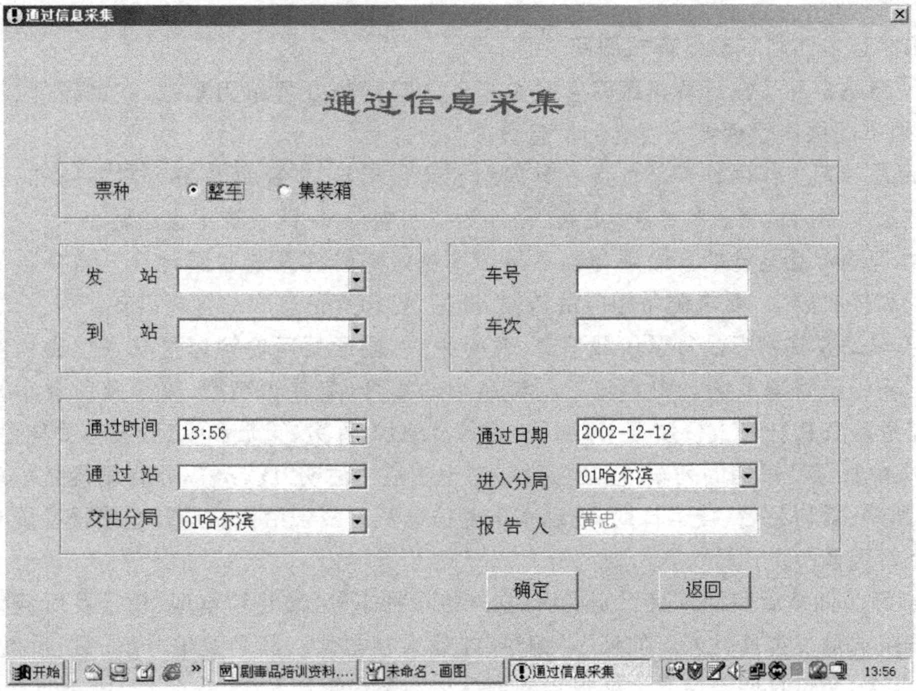

图 11-17　通过信息采集用户界面

(二)操作说明

1. 票种

分整车和集装箱,用鼠标选择。

2. 发站和到站

可在菜单中选择车站的输入方式(输入方式分为拼音码、电报码),默认输入方式为拼音码,根据输入方式输入车站代码,回车后系统自动填入站名,若站名不是所需站名,可用下光标键选择或用鼠标打开下拉表单进行选择。

3. 车次

输入挂运车次。

4. 车号

输入 7 位车号。

5. 通过时间

键盘输入 24 小时格式。

6. 通过日期

输入方式与制票日期方式相同。

7. 通过站

输入通过站站名后，点击“确定”按钮，系统提示“确认输入无误吗?”。选“是”按钮保存数据，选“否”按钮不保存数据并返回输入界面。数据保存并上报后不能再修改，只能作废。

换装信息采集、滞留信息采集与通过信息采集作业流程一致。

三、其他规定

剧毒品运输实行三级计算机跟踪管理。

1. 铁路剧毒品运输计算机跟踪管理系指以危险货物办理站为基础，在铁道部、铁路局和车站，根据不同层次管理要求建立的信息管理系统。

2. 跟踪管理工作由铁道部负责方案规划和监督指导，铁路局负责方案实施和日常管理，铁路信息技术部门负责软件维护、更新、完善等技术支持，保证系统正常运转。

3. 办理剧毒品运输的车站须与剧毒品计算机跟踪管理系统联网运行。需具备原始信息及时发送和接收能力，要求配备相应的传输、通信、打印等信息跟踪管理设备。

4. 装车站要将剧毒品货票所载信息，及时生成《剧毒品运输管理信息登记表》，实时报告剧毒品运输跟踪管理系统。内容包括剧毒品车的车号(集装箱箱型、箱号及所装车号)、发到站、《铁路危险货物托运人资质证书》编号、品名及编号、件数、重量和承运、装车日期等。

5. 挂有剧毒品车辆的列车，应在“运统一”记事栏中注明“D”字样，并将剧毒品车辆的车种车号、发到站、货物品名、挂运日期、挂运车次等信息及时报告给铁路局行车确报系统和剧毒品运输跟踪管理系统。

6. 剧毒品到站后和卸车交付完毕后，立即将车种车号(集装箱箱型、箱号及所装车号)、发到站、《铁路危险货物托运人资质证书》编号、托运人、收货人、品名及编号、件数、重量、到达日期、到达车次、交付日期等信息上网报告剧毒品运输跟踪管理系统，并在 2 h 内通知发站。

第五节　货运事故处理系统

《铁路货运事故处理系统》涉及铁道部、铁路局、站(段)三级运输事故处理业务，是《铁路信息化总体规划》中《中国铁路保价运输管理系统(RIMS)信息化专项规划》的重要组成部分。

事故处理系统提供了保价管理、文档管理、事故处理、无法交付货物和无标记事故货物处理、统计月报、台账管理、规章及应急预案查询、数据交换、数据共享、系统管理等功能，使用者输入代码及密码进行登录操作，系统按照代码查询到相应的用户名，验证代码和密码的正确性，并按照该用户使用权限展示功能菜单，进入系统应用，如图 11-18 所示。

一、基本功能

1. 保价管理

保价管理实现保价货物运输报告、货物保价费率管理和铁路委托代办货物保价运输管理功能，如图 11-19 所示。

2. 文档处理

通过接收电子文档或人工输入方式进行事故处理文档管理，提供数据交换、存储、查询、删除、打印、作废和归卷功能，并能进行有效控制，如图11-20所示。事故处理文档包括普通记录、

图 11-18 货运事故处理系统界面

保 价 货 物 运 输 报 告

项别 / 日期	总发送量 计 批/吨	整车 批/吨	集装箱 批/吨	零担 批/吨	其中：保价货物发送量 计 批/吨	整车 批/吨	集装箱 批/吨	零担 批/吨	保价金额 计（万元）	其中（万元）	保价… 计（元）
1	2	3	4	5	6	7	8	9	10	11	12
2008-06-01	[illegible]	100.0	100.0		[illegible]		20.0		1,200.00		
	[illegible]	10.0	100.0	100.0	[illegible]	20.0	40.0				
2008-06-02	0.0	0.0	0.0	0.0	0.0	0.0	0.0	0.0	[illegible]	0.00	0.
	0.0	0.0	0.0	0.0	0.0	0.0	0.0	0.0			
2008-06-03	0.0	0.0	0.0	0.0	0.0	0.0	0.0	0.0	0.00	0.00	0.
	0.0	0.0	0.0	0.0	0.0	0.0	0.0	0.0			
2008-06-04	0.0	0.0	0.0	0.0	0.0	0.0	0.0	0.0	0.00	0.00	0.
	0.0	0.0	0.0	0.0	0.0	0.0	0.0	0.0			
2008-06-05	0.0	0.0	0.0	0.0	0.0	0.0	0.0	0.0	0.00	0.00	0.
	0.0	0.0	0.0	0.0	0.0	0.0	0.0	0.0			
2008-06-06	0.0	0.0	0.0	0.0	0.0	0.0	0.0	0.0	0.00	0.00	0.
	0.0	0.0	0.0	0.0	0.0	0.0	0.0	0.0			
2008-06-07	0.0	0.0	0.0	0.0	0.0	0.0	0.0	0.0	0.00	0.00	0.
	0.0	0.0	0.0	0.0	0.0	0.0	0.0	0.0			
2008-06-08	0.0	0.0	0.0	0.0	0.0	0.0	0.0	0.0	0.00	0.00	0.
	0.0	0.0	0.0	0.0	0.0	0.0	0.0	0.0			
2008-06-09	0.0	0.0	0.0	0.0	0.0	0.0	0.0	0.0	0.00	0.00	0.

图 11-19 货物保价运输管理系统界面

铁路传真电报、货运事故速报、货运草记录、货运记录、商务记录、货运事故查复书、局间行文、查询答复书、事故货物鉴定书、赔偿要求书、赔偿审批报告、货运事故赔款通知书、保价货运事故定责通知书、货运事故报告表、事故照片、扫描文档、无法交付货物通知书、无标记（无法交付）货物处理书和无标记（无法交付）事故货物处理批复。

3. 事故处理

按业务逻辑关系归类，实现登记簿、案卷信息和文档信息分层管理，文档处理界面如图11-20所示。登记簿名称的使用遵循《铁路货运事故处理规则》和铁道行业标准《铁路货运事故

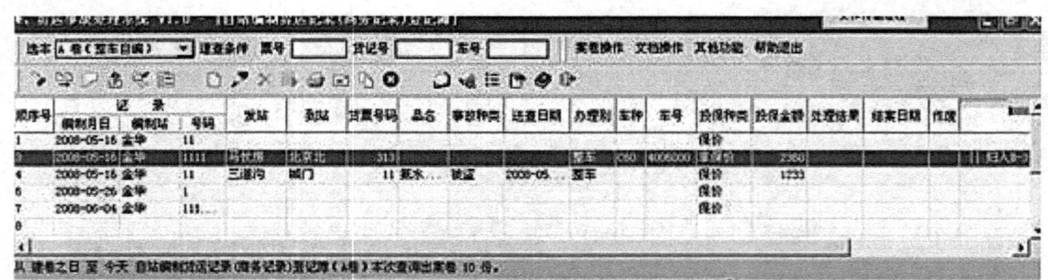

图 11-20　货运事故处理系统文档处理界面

处理作业》的规定。在标准名称归类之下，支持用户自定义登记簿名称，需提供登记簿名称的维护功能，如图 11-21 所示。

通过制作或接收基本文档建立新事故案卷，提供对案卷的数据交换、查询、补录信息、打印、提卷、并卷、转移案卷、撤销关联、作废案卷和统计分析功能。

提供站车交接登记簿、普通记录登记簿、其他查询文档（查复书、电报、货运记录）登记簿管理功能，通过制作或接收基本文档建立新文卷，具备提示归卷的功能。

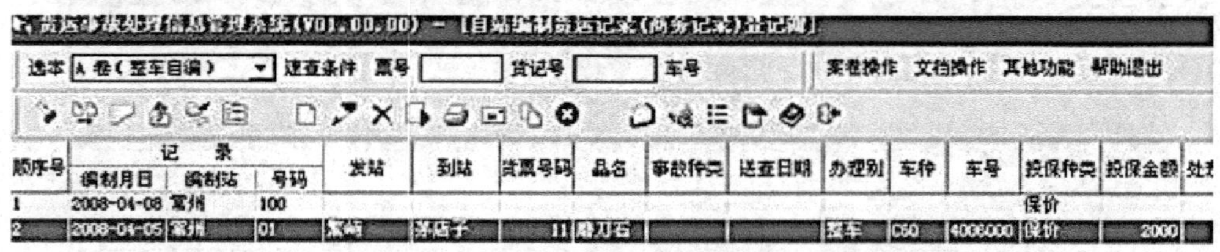

图 11-21　货运事故处理系统事故处理界面

4. 无法交付货物和无标记事故货物处理

实现无法交付货物和无标记事故货物（简称两无货物）登记簿、案卷信息和文档信息分层管理，按业务逻辑关系归类。

通过制作或接收基本文档建立案卷，并提供对案卷的数据交换、查询、补录信息、打印、提卷、并卷、转移案卷、撤销关联、作废案卷和统计分析功能；提供生成两无货物月报的功能，提供上传、接收、查询和输出的功能。

5. 统计月报

根据业务数据生成货运事故统计报告和货运保价运输报告；在数据源点提供人工补录功能，其他单位可根据数据源点的数据分级汇总；提供上传、接收、查询和输出的功能，并进行有效性控制。

以货运事故统计报告和货运保价运输报告为基础，生成规定格式的统计分析表，并提供用户自定义条件的统计分析功能。

进行特殊品类的统计分析，生成特殊品类运输及事故赔偿月报（粮食报表），提供上传、接收、查询、输出的功能，数据与货运事故统计报告保持一致。

6. 台账管理

提供保价及货运事故处理相关的其他台账信息的登记和管理功能。

7. 规章及应急预案查询

提供保价及货运事故处理相关规章及应急预案查询功能。

8. 数据交换功能

按业务逻辑实现对保价及货运事故处理文档、案卷和报表的上报、接收功能，实现局内和跨局数据转发，进行分级数据交换。数据交换遵循统一的数据交换协议，能够生成和接收传输回执，提供监控手段。

9. 数据共享

“保价及货运事故处理系统”使用的站名、品名、专用线及其相关字典应与铁道统一维护的基础字典保持一致，统一维护、集中发布。

10. 系统管理

提供按单位级别和岗位职责设置相应功能权限的功能。提供专用字典维护、打印格式维护、数据备份和恢复、日志管理功能。

11. 电子证章

提供事故处理专用电子证章的制作、管理和使用的功能，对事故处理过程中的查询电子文档加盖电子证章，以满足在铁路内部流通的电子文档作为事故处理依据的要求。本项功能为可选功能，电子证章的制作和管理设置在铁路局。

二、应用要求

1. 货运事故处理系统中自动生成的收、发文登记簿是接收和发送文档、案卷的凭证，是划分货运事故责任的重要依据，任何单位和个人不得修改和删除。

2. 货运事故处理系统发生软、硬件故障而无法正常使用时，应启用纸质文档处理货运事故，修复后将纸质文档补录补传。

事故资料送查单位涉及货运事故处理部门以外的单位或部门时，应将纸质资料送相关单位或部门。

3. 各单位每月应不少于一次进行数据备份，事故资料结案后应打印保存(照片等图像资料可不打印)，各类登记簿、台账、报表定期打印保存。货运事故处理系统中的动态数据自结案的次年1月1日起保存三年。

三、责任划分

1. 各单位应确保货运事故处理系统信息传输及时、准确、完整。由于管理失误或操作不当，影响货运事故处理的，要承担相应的责任。

2. 发生货运事故除按《铁路货运事故处理规则》附件二划分责任外，有下列情况时，由货运部门负责。

(1)电子文档与纸质文档内容不一致的，由录制单位承担事故责任及赔款。

(2)录制的文档信息与传输他站的内容不一致时，由录制单位承担事故赔款的50%。

(3)案卷传输所附资料不全，接收车站提出后未及时补传，由迟延补传单位承担事故赔款的20%。

(4)工作日内未开机，造成他站文档不能正常传输的，由收文单位承担事故赔款的20%。

(5)文档录制单位未向有关单位传输的，或传输不成功且在规定时间内未启用纸质文档送查的，由录制单位承担事故赔款的10%。

(6)文档、案卷到达后，未在规定时间内答复的，由接收单位承担事故赔款的10%。

第六节　货运计量安全及检测设备

一、计量安全检测设备管理

1. 管理职责

(1)被授权对指定合资、地方铁路企业行使行车安全管理职责的铁路局，同时负有行使计量安全检测设备管理的职责。铁路专用线(专用铁路)的计量安全检测设备，由与其接轨的铁路局行使相应管理职责。

(2)铁路计量安全检测设备使用单位应配有专人负责日常运用、维护管理。操作人员应经过专业培训，考核合格后持证上岗，并保持人员的相对稳定。

2. 设备故障或事故

计量安全检测设备因日常维护保养不当和违规操作等，造成停机或设备质量和技术性能降低，影响正常使用，均为设备故障或事故。设备事故分为重大事故、大事故、一般事故三类。

凡属下列条件之一者为重大事故：

(1)修复费用在10万元及以上；

(2)设备连续停机时间30天及以上。

凡属下列条件之一者为大事故：

(1)修复费用在5万元及以上；

(2)设备连续停机时间15天及以上。

凡属下列条件之一者为一般事故：

(1)修复费用在2000元及以上；

(2)设备连续停机时间5天及以上。

修复费用只计算直接发生的人工和材料费用或因事故报废的设备价值。

未构成事故的均为设备故障。

3. 计量安全检测设备配置标准

(1)办理10吨及其以下集装箱的车站，应配置30吨汽车衡或相适应的衡器。

(2)办理20英尺及其以上大型集装箱的车站，应配置80吨汽车衡或相适应的衡器。

(3)年运量在50万吨以上的车站，应配置轨道衡或超偏载仪。

(4)其他货运站配置相应的衡器。

(5)货检站配置超偏载、超限检测、危险品检测和货车装载状态检测监控等综合安全检测监控设施。

(6)发送液化气体和年运量30万吨以上的铁路专用线(专用铁路)，必须配置轨道衡，其他的应配置相应的衡器。

(7)办理危险品的铁路车站、铁路专用线(专用铁路)，应配置危险品检测和防爆装置。

4. 站场用轨道衡的技术要求

(1)基本要求：站场用轨道衡应称量性能稳定，使用安全可靠。安装使用后对行车安全不得造成任何隐患。根据轨道衡的技术发展现状，应选用经过型式评价取得生产许可证的有基础轨道衡。

(2)轨道衡称量速度范围:5～35 km/h。

(3)不断轨轨道衡非计量时通过速度不限;断轨轨道衡通过速度不得超过 35 km/h。

(4)称重范围:18～120 t。

(5)能自动检测运行中的车辆总重,载重。

(6)自动判别机车车辆通过及确定通过速度。

(7)实现车种、车型、车号自动识别功能。

(8)能自动识别机车。

(9)采用性能可靠的工业控制计算机。其基本配置应满足当前计算机技术发展的需求。

(10)系统能够对传感器、通道、采集卡等部件的状态参数进行自检并实时上传。能够自动累计传感器承受冲击次数,并对传感器剩余寿命预警。当一组传感器的某一只损坏时,系统应能自动解除另一只传感器的信号,并将故障状态及时通知铁路局轨道衡维修部门。

(11)能进行数据储存,阶段统计和超载车辆报警及打印和实时上传数据。

(12)测点到车站检测信息服务器有线传输通道带宽不低于 2 Mbit/s。

(13)应能进行双向计量检测。

(14)提供网络通信接口,以实现与局域网、车站监控系统和货运计量安全监控系统的连接。

(15)具有可靠的防雷措施。

(16)适用电源条件:AC220 V(－20%～＋15%),50 Hz 交流电源。

(17)适应环境温度,湿度条件:室外设备环境气温－45 ℃～＋60 ℃,室内设备 0 ℃～＋30 ℃(有人值守),0 ℃～＋40 ℃(无人值守)。

当产品使用环境条件超出产品规定条件时,应采取局部调温措施。

(18)轨道衡的准确度应达到《动态称量轨道衡检定规程》(JJG 234—1990)的检定要求。

(19)为保证轨道衡的稳定性,整个称量区和两端引轨区采用整体道床,混凝土基础厚度不小于 0.8 m 并深入到冻土层以下。

(20)称量液态货物时,应采用整车计量的具有独立称量台面(断轨)双台面或三台面轨道衡,同时要具备现场临时建标条件。

二、轨 道 衡

1. 轨道衡分类、构造及特点

轨道衡是称量铁路货车载重的衡器,是保证铁路运输安全的重要设备。轨道衡分为静态、动态轨道衡和轻型轨道衡三种。自动化、网络化、无人值守轨道衡是轨道衡未来的发展方向。

(1)静态轨道衡是用于称重静止状态货车载重的轨道衡,有机械式、机电结合式和电子式三类,由于静态轨道衡操作复杂、效率低、不宜安装在列车出入频繁的线路上,在国家铁路及专用铁路、铁路专用线中被逐步淘汰。

(2)动态轨道衡是用于称量行驶中货车载重的轨道衡,承重台有单台面、双台面和三台面三种,计量方式有整车计量、转向架计量和轴计量三种。我国铁路多采用技术先进、稳定可靠、检测精度高的电子式动态轨道衡。电子式动态轨道衡由承重台、称重传感器、称重显示器、微型计算机和打印机等组成。称量时，列车以规定的速度匀速通过承重台，轨道开关自动判别机车和货车，利用支撑承重台的传感器，将货车载重转换成电信号并经放大器放大，然后由转换器变换成数字信号输入计算机，处理后即可显示出货车载重的多种数据，并可打印记录。电子动态轨道衡具有操作方便、效率高的特点。

(3)动态轨道衡又分断轨和不断轨两种。

① 断轨式动态轨道衡就是在十几米的线路上出现几个短轨和轨缝。称量车速 8～25 km/h，最优称重车速 8～15 km/h，不计量时秤台允许通过速度 30 km/h。它的缺点主要包括：由于短轨、轨缝太多，行车和计量须限速，是行车的安全隐患；设备经常受到冲击和振动，致使传感器寿命受影响，设备摇摆较剧烈，限位装置维护量和更换量大；设备承台受到局部载荷，线路分成三节，致使基础处理要求高、费用高。优点是断轨结构，称重轨不与线路轨关联，静态稳定数据较好，线路的变化对计量的影响较小。单台面断轨动态电子轨道衡如图 11-22 所示。

图 11-22 单台面断轨动态电子轨道衡

② 不断轨轨道衡称量测量区的轨道通过鱼尾板连接铁路轨道，没有独立的承重台，因此没有过车时导致的冲击振动机械磨损，单台面不断轨动态轨道衡，采用转向架计量方式，适用于固态货物的计量。长台面或双台面不断轨动态轨道衡，采用双转向架同步整车计量方式，适用于贵重货物及液态货物的计量。不断轨轨道衡可安装在铁路正线上，称量时速度可以达到 40(或 60)km/h，不计量时允许列车以更高的运行速度通过。比较先进的不断轨轨道衡还可以测量铁路货车的超偏载。不断轨轨道衡适合各种轨道车辆快速称重，日过磅数可超过 500 车，微型计算机管理的电子式不断轨轨道衡具有功能完备、操作方便、效率高、可靠性高的特点。不断轨动态电子轨道衡如图 11-23 所示，其工作原理如图 11-24 所示。

(4)轻型轨道衡是一种用于小型矿车、电瓶车、配料车和轻型铁路车辆等装货时称重的衡器，通常适用于 600～1 000 mm 轨距车辆的称重，量程范围多在 10～30 t，在铁路运输中较少使用，如图 11-25 所示。

图 11-23 不断轨动态电子轨道衡

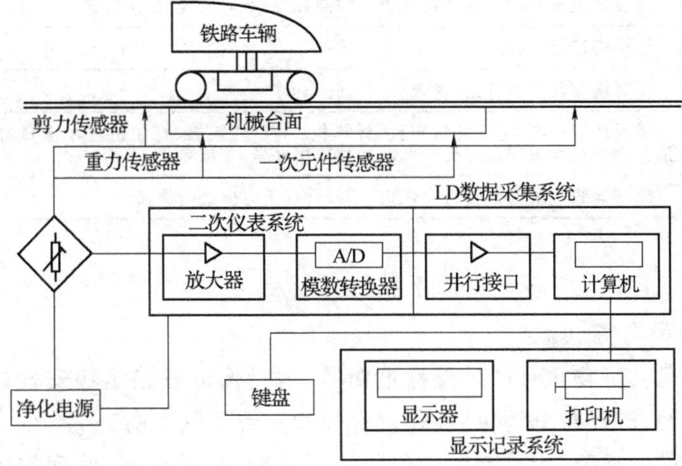

图 11-24 不断轨动态电子轨道衡工作原理

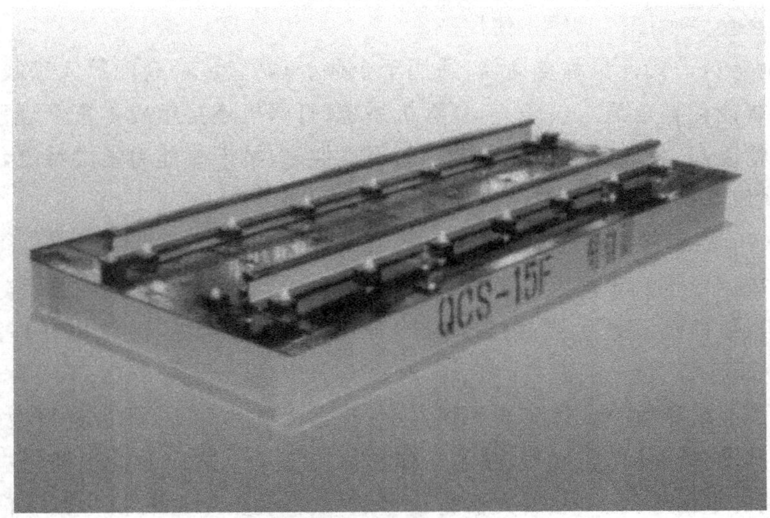

图 11-25 轻型轨道衡

2. 动态电子轨道衡保养与维护(表 11-3)

表 11-3 单台面断轨动态电子轨道衡保养与维护

顺号 \ 项目	保养维修项目及要求	周期
1	(1)日常保养:检查机械台面、引轨过渡块、称重轨间的间隙是否符合要求,并用薄金属片检查间隙内是否有杂物 技术标准:称重轨与引轨间隙纵向为 7.5 mm±2 mm,横向为 3 mm±1 mm 引轨端轨距:1435^{+2}_{-1} mm (2)观察过衡车辆碾压称重轨过渡块痕迹是否正常	每班一次
2	检查核对空称码值变化情况,判断有无故障及隐患	每班一次
3	检查地脚螺栓、垫铁螺栓、限位装置、传感器装置是否松动,并对螺栓做防锈处理	每月两次
4	检查轨道两侧各 50 m 线路,如发现有三角坑不平、不直或螺栓松动的现象及时处理(由工务部门进行)	每季一次
5	检查轨道衡台面标高及两端引轨线路标高,及时调整(由工务部门进行)	每年一次
6	轨道衡定检、大修	按规定周期进行
7	按时将过衡资料存盘,备查	每月一次
8	随时注意电源、电压的稳定性,计算机、A/D 转换器、打印机应注意日常清洁工作并按有关规定进行操作。严禁使用外来、非法软盘	随时进行
9	测试地线电阻值是否符合规定,不符合规定时应进行调整	每季一次

三、汽 车 衡

1. 汽车衡的分类与特点

汽车衡是铁路运输货物重量的计量称重衡器,也是保证铁路运输安全的重要设备。汽车衡分机械和电子两种,按秤台分为单台面、双台面和三台面汽车衡。

机械汽车衡又称为地磅,为早期制造使用的一种衡器,其构造、原理与机械平台秤基本相同,它的缺点是需要全人工操作、人为误差大、结构复杂、称重量小、稳定性差、维护成本高且不能实现自动化,在全路范围内已停止使用。

电子汽车衡是新一代计量称重衡器,适用于企业、车站、港口、仓库等大宗载重货物车辆的称重计量,配有智能化称重显示仪表,与计算机系统、打印机连接组成称重管理系统,具有操作维护容易、称重精度高、反应速度快、稳定性好、可靠性高、抗干扰能力强的特点,可有效消除人为误差。数字式汽车衡管理系统的组成如图 11-26 所示。

2. 电子汽车衡的结构组成与工作原理

(1)结构组成。电子汽车衡主要由秤台、称重传感器、连接件、限位装置、称重显示仪表及接线盒等部件组成,外部设备主要有打印机、大屏幕 LED 显示器、计算机管理系统和稳压电源,如图 11-27 所示。

(2)工作原理。被称重物或汽车置于秤台上,在重力的作用下,秤台将重力传递至承重支承头,使称重传感器弹性体产生变形,贴附于弹性体应变梁上的应变计桥路失去平衡,输出与重量数值成比例的电信号,经线性放大器将信号放大。再经 A/D 转换为数字信号,由仪表的微处理器(CPU)对重信号进行处理后直接显示重量数据。

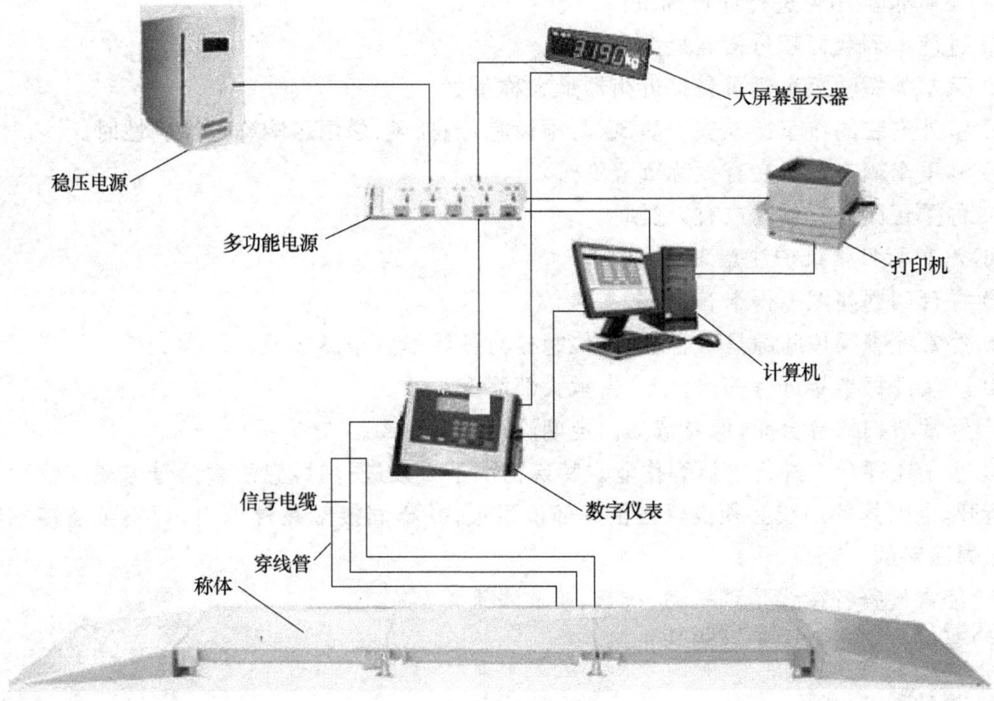

图 11-26　数字式汽车衡管理系统的组成

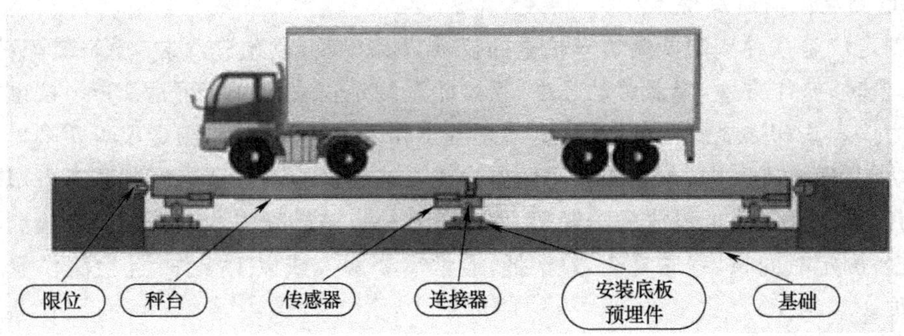

图 11-27　双台面电子汽车衡的结构组成

电子汽车衡计算机管理系统会将这些计量数据进行综合管理，配置打印机后，可打印记录称重数据。

3. 电子汽车衡使用与维护

(1)汽车衡安装后，必须经铁路局计量主管部门检定、检测，检定、检测合格后发给检定合格证后方可使用。汽车衡使用期间必须定期检定。

(2)仪表开机应经过 15 min 预热。下班或长时间停止使用必须切断电源，不能在仪表通电的状态下插拔传感器插头。

(3)车辆驶入秤台时，车速应低于 5 km/h，缓缓刹车，车停稳后计量。车辆进入秤台应直线行驶，并尽可能停留在秤台中心位置。

(4)仪表读数必须在重量单位稳定时进行。

(5)下列情况不得进行计量称重：

① 过衡车辆载荷超过衡器最大称量。

② 叉车类短轴距车辆重量接近衡器最大称量。

③ 室外安装的汽车衡未安设防风、防雨设施，遇狂风、暴雨影响称重准确性时。

④ 称重车辆未停留在有效称重范围时。

⑤ 称重台面上有异物或有人员时。

(6)汽车衡日常维护注意事项：

① 秤台四周间隙不得卡有异物。

② 经常检查限位间隙是否合理、限位螺栓与秤体不应碰撞接触。

③ 连接件每半年进行一次保养，支承头部涂上黄油。

④ 经常清扫秤台台面，保持清洁。定期涂刷表面油漆。

⑤ 禁止在秤台上进行电弧焊作业。特殊情况下必须进行时，应注意信号电缆与仪表连接必须断开，电弧焊的地线必须设置在被焊部位附近，并牢固接触在秤体上，切不可使传感器成为电弧焊回路的一部分。

(7)经常检查各接线是否松动、折断、接地线是否牢靠。

(8)要保持接线盒内干燥清洁。

四、轮重测定仪

1. 轮重测定仪构造及特点

轮重测定仪是一种测定铁路货车轮重的仪器，测定仪可以预先组装，提高装配精度，并且体积小、重量轻，操作方便，降低劳动强度，新型轮重测定仪安全载荷可达 16 t。按重量读数显示方式分为仪表式和数显式两种，其称重原理基本相同，数字式轮重测定仪可实现单车数据存储和打印功能，适合铁路中、小站和专用线作为主要或辅助检测仪器来控制装车点车辆的装载量，可检测出在水平线路上停放的车辆超、偏载。其缺点是必须将八个车轮全部检测后才能得到重量数据，测定时间长、程序复杂、效率低，通常需要两人或以上操作，且检测作业时需要进行安全防护。

2. 数显式轻重测定仪的组成

数显式轮重测定仪由机械和微型计算机组成，机械部分包括一个手压泵、两个千斤顶、支承座、拉杆、弹簧、滑块组合、顶块、定位块、调整母、顶母和连接油管，如图 11-28 所示。

3. 轮重测定仪的使用方法

(1)将其左右支承座置于钢轨上，左右支承座的顶块分别与车轮踏面左右两侧接触，滑块组合的尺片置于车轮一侧的轨面上放平。

(2)使左右支承座的定位块紧靠车轮外侧。

(3)锁紧拉杆、顶杆，使左右支承座与车轮卡紧成一体。

(4)将滑块组合调整到右支承座一侧，尺片置于轮轨结合面一侧。

(5)锁紧泄油阀，慢慢给高压油泵加压，油缸中的活塞移动，反向顶起车轮。

(6)当滑块组合上的尺片从车轮下迅速通过时，停止加压，微型计算机记录数据并储存(仪表式轮重测定仪读数据并记录)。

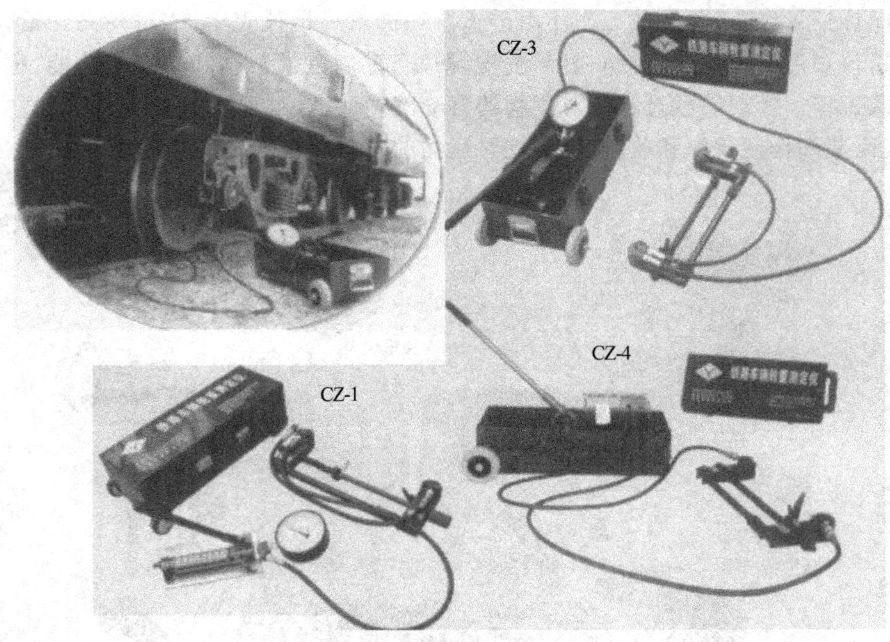

图 11-28　仪表和数显式轮重测定仪

(7)将滑块组合复位。

(8)缓慢打开泄油阀。

(9)按顺序松开顶母、调整母。

(10)将使左右支承座抽出放在另一个车轮下,重复上述操作,依次测量每个车轮。

(11)通过对货车八个车轮的分别测重,加减计算即可得到车辆的总重及超、偏载情况。

4. 轮重测定仪维护及注意事项

(1)仪器应轻拿轻放,不可随意拆卸。

(2)测量时发现单轮重量超过标定最大测量值 13 t 时要停止加压,防止油缸活塞崩出。

(3)卸载时应缓慢打开泄油阀。

(4)不得测量停留在弯道或坡道上连接在一起的车辆。

(5)液压油不足时应按所在区域所适用的油品补充。

(6)长时间不使用时应关闭电源。

五、装载机电子秤

1. 装载机电子秤构造及特点

(1)装载机电子秤是对装载散料进行称量的一种计量设备,可用于车辆装载计量、限载计量、土方计量。装载机电子秤与装载机的机械控制部分集成为一体,在装载机行进中实现称重。装载机进行散堆货物装载时,初期采用测比重画线估算的方法来计算所装货物的重量,此法存在着误差大、随机性大、不便管理等缺点。多装,会造成直接经济损失和超载运输;少装欠载,则会降低运输效能,损害客户利益。

(2)装载机电子秤由两个压力传感器、一个接近开关、车载仪表组成,可动态计量,也可静态计量,如图 11-29 所示。称重仪表可打印日期、时间、显示去皮、调零、存储重量数据和信息等功能，称重时不影响正常装载工作。由传感器和称重显示仪表组成，可动态计量，也可静态计量。称重仪表可打印日期、时间、显示去皮、调零、存储重量数据和信息等功能，称重时不影响正常装载工作。实现装载过程中对货物的自动准确计量，对于加强装载作业管理、防止超载和欠载、提高装卸作业效率和效益、保证铁路运输的安全性有着显著的实效。

图 11-29　装载机电子秤

(3)装载机电子秤是根据分别安装在装载机动臂油缸进油和回油油路上的两个压力传感器，对装载机动臂举升过程中油缸压力变化进行测定，并对速度进行调整，车载仪表中的中央处理器自动进行计算，从而得出重量数据，并在仪表屏幕上显示所得出的重量值。

(4)装载机车在翻斗提升过程中，压力传感器将信号传输给计算机，进行数据转换处理；当机车铲货后，大臂立即收回于始点位置，装载机电子秤即刻显示货物的重量；当机车翻斗卸货时，屏幕显示出累计重量；当翻斗下降于始点时，屏幕显示出货物的总累计重量。

2. 装载机电子秤使用与维护

(1)装载机电子秤在使用时应做预热，提升动臂 5～10 次，使油压及传感器预热到正常工作温度。

(2)操作中，翻斗提升时，首先应控制动臂的操纵杆放在极后位置，即翻斗处于最后端。

(3)动臂系统应进行严格润滑，降低动臂的摩擦系数。

(4)选择较平坦的地面进行称重。

(5)提升动臂的过程应将速度控制均匀。

(6)装载机停止行驶的情况下应置零。

(7)称重过程避免装载机行驶，如需行驶，应将车速控制在 10 km/h 左右。

(8)如配备多个翻斗时，称重时必须校正所使用的翻斗。

(9)电子秤开机前先启动装载机，电子秤关闭后才允许关闭装载机电源。

(10)清洗时避免水流入仪表，避免损坏。

六、货车超载案例

1. 概况

2009年7月23日13时13分，86988次货物列车经成昆线经久—西昌南间TPDS检测发现超载问题。经复核确认，86988次货物列车全列46辆中有45辆均存在不同程度的超载，超载量从2.47～12.16 t不等（其中超载10 t以上的3辆），全列超载总量283.87 t，车均超载6.3 t。经查，超载货车装载货物为铁精矿粉、铁矿石，发站为经久站，托运人为西昌钒钛制品有限公司，装车作业全部在西昌钒钛制品有限公司专用铁路内进行，由托运人组织装车。

2. 问题发生的原因

托运人利用专用铁路自有动力的便利条件，在装车过衡、办理制票、取得计量单后，由企业司磅员提供加装车号及数量、企业运输员现场布置指挥、企业装载机司机实施，组织加装所致。

3. 问题定性与处理

此次恶意超载行为，严重违反了《铁路运输安全保护条例》第四十八条"托运人不得谎报货物重量、装车不得超过规定重量"的规定，严重影响铁路行车安全，属违法行为，性质恶劣。成都铁路安全监督管理办公室依照《铁路运输安全保护条例》第九十一条等有关规定，向托运人追缴了运费和违约金，责成对参与恶意超载人员进行严肃处理，对西昌钒钛制品有限公司专用铁路做停装整顿三个月和安全信用评价等级降级等处理。同时，成都铁路局就安全监管不严等问题对责任站段和责任人做出了相应处理。

第七节　危险货物应急处理设备使用管理

一、正压式空气呼吸机

1. 用途和常用型号

(1)用途。正压式空气呼吸机是一种自给开放式空气呼吸机，可用于在浓烟、毒气、蒸气和缺氧等各种环境下安全有效地进行灭火、抢险救灾和救护等工作。

(2)常用型号。RHZK—6.8/30（R—个人装备；H—呼吸器；Z—正压式；K—空气；6.8—气瓶容积，L；30—气瓶工作压力，MPa；报警压力4～6 MPa）。

2. 结构部件及工作原理

(1)面罩。面罩内设有与口鼻相贴的小口鼻罩，头罩采用收紧带与快速夹子相连，接紧收紧带使佩带者脸部与面罩双层密封环相结合，保证使用者安全可靠地使用。

(2)供气阀和旁通机构。供气阀内设有开启和呼吸控制开关。供气阀外有气源手机关闭开关，开关杆向下按一下，听到"啪"的一声即为关。

(3)高压管路、压力表及残气报警系统。当报警器发出连续声响，此时气瓶气源可供佩带者使用5～8 min，使用人员应尽快撤离现场。

(4)背托部分。作用是支承固定气瓶和减压器。

(5)减压阀。将高压气体减压成0.7 MPa恒定输出压力后向供气阀供气。

(6)气瓶和气瓶阀。气瓶的额定储气压力是30 MPa。

3. 使用方法

(1)将空气呼吸器气瓶瓶底向上背在肩上。

(2)调节肩带调节带到背托舒适为宜。

(3)腰带系紧程度以舒适和背托不摆动为宜。

(4)把下巴放入面罩,由下向上拉上头网罩,将网罩两边的松紧带拉紧,使全面罩双层密封紧贴面部。

(5)把气瓶打开深吸一口气将供气阀门打开,呼吸几次感觉舒适后关闭,可以进行作业。

4. 使用、保管注意事项

(1)使用中应使气瓶阀处于完全打开状态。

(2)必须经常查看气瓶气源压力表,一旦出现高压表指针快速下降或发现不能排除的漏气时,应立即撤离现场。

(3)使用中感觉呼吸阻力增大,出现呼吸困难、头晕等不适现象,以及其他不明原因时应及时撤离现场。

(4)使用中听到残气报警器报警哨声后,应尽快撤离现场。

(5)气瓶在使用或充气等过程中,要轻拿轻放,切勿强烈碰撞。高压压缩空气突然释放非常危险,要小心存放。如又发现纤维断裂损坏或明显划痕,不应充装。

(6)应存放在低温、干燥和通风环境中,避免阳光直射,避免存放在潮湿和有毒气体的环境里,远离高温环境。

(7)使用前,打开气瓶阀开关,观察压力表,要求气瓶内空气压力为28～30 MPa,如压力不足应到专业充气站充至规定压力。

(8)打开气瓶阀开关,观察压力表的读数,稍后关闭,5 min内表示压力下降不大于4 MPa,表示系统气密性良好。此过程中供气阀开关应处于关闭状态。

(9)报警器系统有故障需维修时,应由专业人员进行修理,不要碰击高压管系统接头顶端,以防堵塞管路。

(10)使用前应经过专业培训,培训合格后方可佩带使用,使用过程中必须确保气瓶阀处于安全打开状态。

二、过滤式防毒面具

1. 用途和防护范围

(1)用于危险场所呼吸保护。

(2)对有毒气体和蒸气、有毒颗粒及放射性粒子、细菌有良好的过滤性。

(3)防护范围:丙酮;醇类;苯胺类;二硫化碳;四氯化碳;氯仿;溴甲烷;氯化苯;氯甲烷;氯气;硝基烷;苯。

(4)不防毒烟、毒雾。

2. 使用方法

(1)根据有害气体的种类,选择相适应的滤毒罐。

(2)防毒面具使用前应检查全套面具气密性。在毒区内戴面具时,先停止呼吸,闭上眼睛,戴上后,深吸一口气,然后睁开眼睛正常呼吸。随后,用手或橡皮塞堵上滤毒罐的进气孔,深吸气。若气密性良好，防护可靠，松开进气孔正常呼吸；反之，应立即出毒区调整佩戴或更换面具。

(3)在毒区外佩戴面具，也应经过气密试验动作后，再进入毒区。

三、消防防化服

1. 用途

(1)适用于有酸碱类化学物品事故现场。

(2)不适用于有毒、有害气体事故现场和火场。

(3)在特殊情况下须与空气呼吸器和防毒面具配套使用。

2. 使用方法

(1)先撑开服装的颈口、胸襟，两脚伸进裤子内，将裤子提至腰部，再将两臂伸进两袖，并将内袖口套环套在手腕上。

(2)将上衣护胸布折叠后，拉过胸襟布将护胸布盖严，然后将前胸大白扣扣牢。

(3)戴好消防面具后再将面罩罩在头上，并将颈扣带的大白扣扣上。

(4)最后戴上手套，将内袖压在手套里。

3. 使用、保管注意事项

(1)防化服不得与火焰及熔化物直接接触。

(2)使用前必须认真检查服装有无破损，如有破损，严禁使用。

(3)使用时，必须注意头罩与面具的紧密配合，颈扣带、胸部的大白扣必须扣紧，以保证颈部、胸部气密。腰带必须束紧，以减少运动时的"风箱效应"。

(4)每次使用后，根据脏污情况用肥皂水或0.5%～1%的碳酸钠水溶液洗涤，然后用清水冲洗，放在阴凉通风处，晾干后包装。

(5)折叠时，将面罩开口向上铺于地面，折回头罩、颈口带及两袖，再向纵折，左右重合，两靴尖朝外一侧，将手套放在中部，靴底相对卷成一卷，横向放入防化服包装袋内。

(6)防化服在保存期间严禁受热及阳光照射，不许接触活性化学物质及各种油类。

(7)产品在符合标准规定的保管条件下，保持期为5年。

四、有毒气体探测仪

1. 有毒气体探测仪用途

检测空气中的氧气、可燃气、一氧化碳、硫化氢等多种有毒、有害气体的浓度。

2. 有毒气体探测仪使用

(1)屏幕同时显示四种气体检测浓度，自动背景光，自动调零与校准，具有连续检测和声、光报警等功能。

(2)显示说明：氧气正常值为20.9%，小于18.5%为缺氧环境，大于21.5%存在爆炸危险；一氧化碳大于35 ppm；硫化氢大于35 ppm；可燃气体大于50%，检测仪开始报警。

3. 使用注意事项

(1)潜在爆炸空气中氧气含量不得超过20.9%。

(2)电池只能由生产厂商进行更换。

(3)充电时间为2～3 h。

(4)为达到最佳充电量,电池需要进行三次完全充满并放完。

(5)充电应在每个工作日后进行,充电前先关闭检测器并插入充电适配器。

(6)此设备为精密仪器,严禁违章操作,禁止非工作性质的气体探测和使用,否则会损坏内部传感器或使传感器失灵。

(7)特殊情况下,应配合空气呼吸机或防毒面具共同使用。

第十二章　货运计划、运货五与货票信息共享系统操作

一、系统登录

使用本系统前，请确认 IE 浏览器的版本在 6.0 以上，屏幕分辨率为 1024×768。

打开 IE 浏览器，在地址栏输入系统地址，端口号和程序名，进入系统登录界面，如图 12-1 所示。

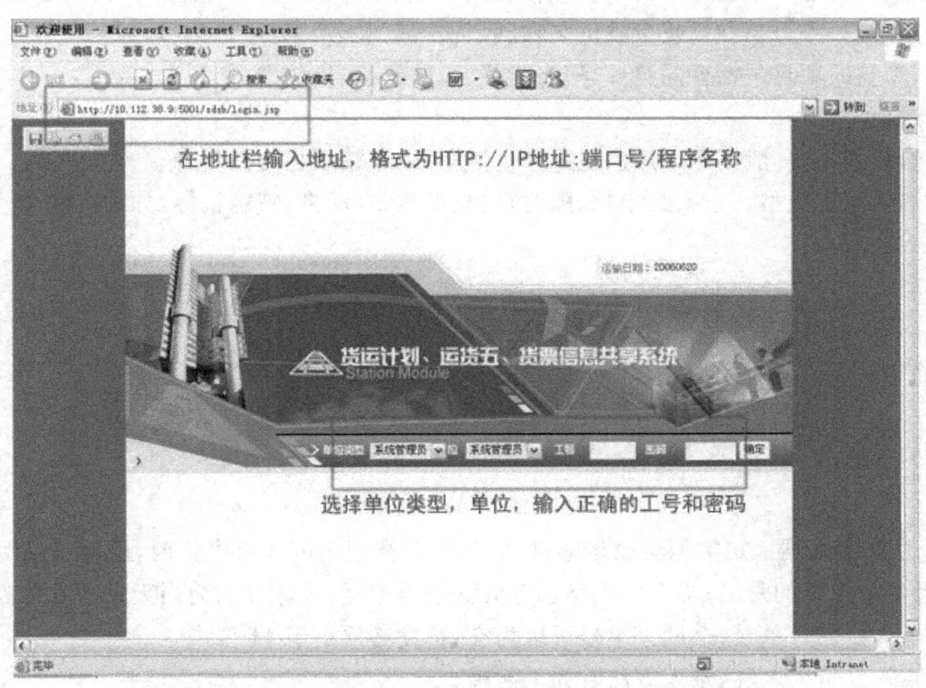

图 12-1　货运计划、货运五、货票信息共享系统操作界面

如果系统管理员已发通知，在打开登录页面的同时操作员会看到管理员所发出的通知。请设置浏览器总是允许弹出窗口以便看到系统通知。

选择单位类型(车务段/车站/系统管理员)，对应单位，输入正确的工号和密码(不同的工号和密码对应不同的角色和权限，有关角色和权限的设置请参考手册用户维护部分)，身份验证正确后即可登录系统。运输日期(登录时的运输日期为缺省时为提报日期)可以选择更改，一般默认为系统当天日期。

二、订单管理

1. 订单录入

系统导航栏左侧选择“订单管理”，顶部导航栏选择“订单录入”，即可进入订单录入功能界

面，如图 12-2 所示。

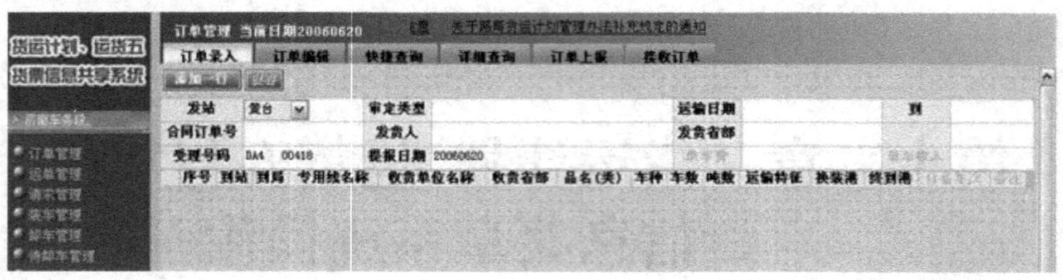

图 12-2 订单录入功能界面

待页面显示完整即可进行订单录入工作。

逐项输入订单各项内容，确认无误后点击“保存”按钮，即可完成订单的录入工作。

订单录入过程中不能为空的项目包括提报日期、发站、运输日期、发货人、发货省部、审定类型、受理号码、序号、到站、收货单位名称、收货省部、品名、车种、车数、吨数。

可以为空的项目包括合同订单号、专运线、运输特征、换装港、终到港。

具体流程如下：

(1)选择发站，一般车务段用户显示其下属车站，车站用户为其自身。

(2)选择审定类型。包括集中批、随时批、立即批、自动批、特殊批等，如图 12-3 所示。

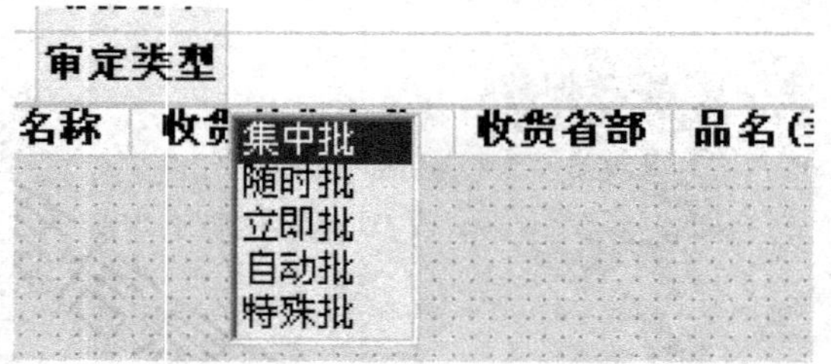

图 12-3 审定类型

(3)系统会根据审定类型更改运输日期，当审定类型选定为集中批时，运输日期为下个月的第一天到下个月的月底；当审定类型选定为其余类型时，运输日期为当天到当月月底。

(4)录入合同订单号，合同订单号可以为空，长度必须小于 11 位。

(5)录入发货人名称，录入方法有如下两种：

① 直接录入，单击“发货人文本框”，在上面显示的录入方式选择框中选择“全称”，手工录入发货人全称即可，此种录入方法需要手工选择发货省部。

② 拼音码录入，对于发货人字典中维护并生成货主脚本后的货主，可以直接录入其拼音字头，在下拉框中选取需要的货主即可。此种录入方法不需要选择省部，省部会根据维护好的脚本文件自动填入。使用拼音码录入货主前一般需要对本单位的货主进行维护，维护办法请参考系统维护的货主维护部分。

录入方法选择如图 12-4 所示。

(6)录入发货省部

① 对于录入发货主全称的情况，需要在选择框中手工选择货主对应省部。

② 对于拼音码录入货主的情况，省部会自动代入，无需手工选择。

(7)受理号码一般为系统自动生成(2 位用户标示+5 位流水号)，无需更改。

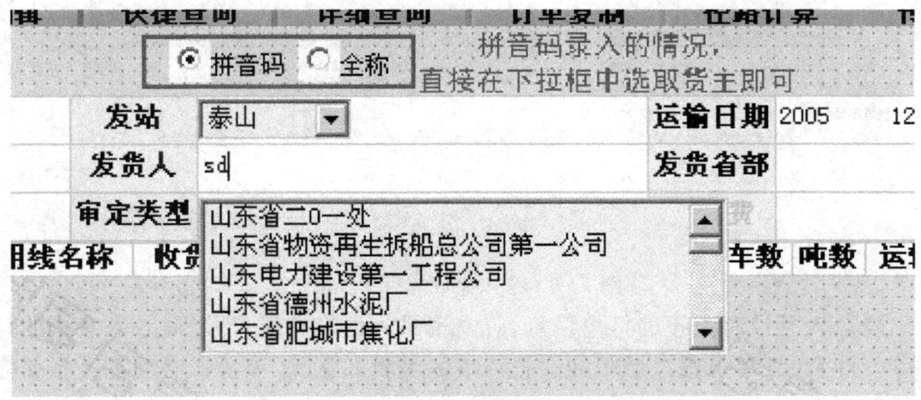

图 12-4　录入方法选择界面

(8)发货信息录入无误后，单击“添加一行”按钮，录入到站等信息，如图 12-5 所示。注意添加一行按钮按下之前订单信息不能保存，每张订单最多只能添加 9 行。

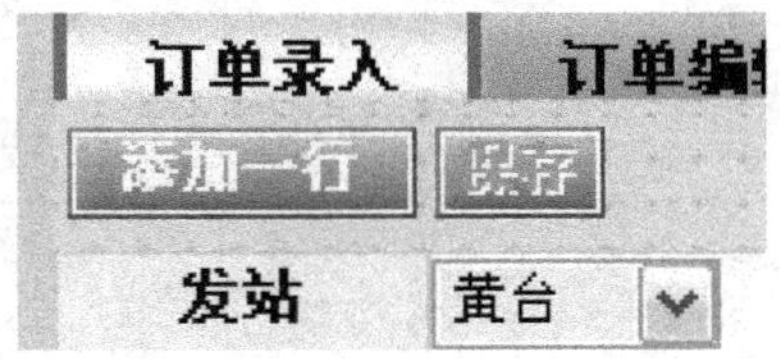

图 12-5　添加订单操作界面

(9)序号为系统自动生成的序列号，不可更改。

(10)录入到站、到局信息，和货主录入方法类似、可以选择电报码录入方式和拼音码录入方式，不再赘述。注意到站信息不能手工录入汉字。到局会自动根据到站信息填入，无需手工填写。

(11)录入专运线名称，专运线名称可以为空。

(12)录入收货单位名称和收货省部名称，和发货人录入一样，收货人录入也存在全称和拼音码两种录入方式，不再赘述。

(13)拼音码录入品名名称，注意品名名称只能用拼音码录入，没有代码录入和全称录入方式。

(14)录入原提车数和原提吨数，系统默认 1 车为 60 t，填入车数后回车系统会自动根据车数计算出吨数并填入，遇到 1 车不是 60 t 的情况，可以手工更改吨数。

(15)选择运输特征，运输特征可以为空。

(16)选择换装港、换装港可以为空。

(17)选择终到港、终到港可以为空。

(18)重复步骤 10～19，直到录入完成一张订单的全部信息。

(19)确保所有信息录入无误后，单击“保存”按钮，保存录入的订单信息同时换信表。

(20)重复步骤 1～20，完成订单录入工作。

一张录入完成的订单如图 12-6 所示。

2. 订单编辑

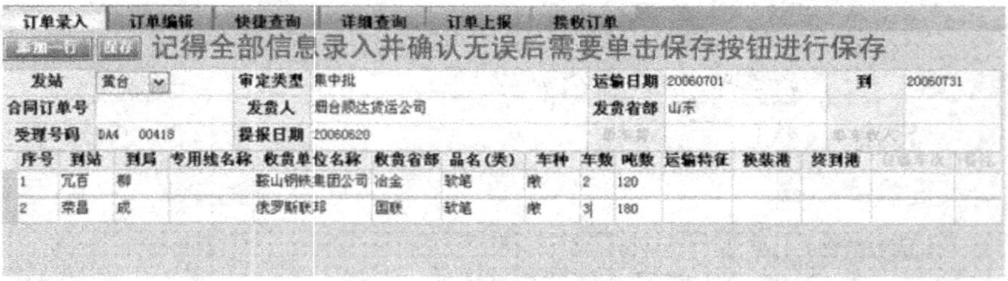

图 12-6　录入完成的订单界面

对于已经录入且没有上报的订单信息，若发现录入内容有误，可以对录入有误的订单进行修改和删除。注意，订单上报以后不能进行订单的编辑和删除，该操作必须在上报前完成。

系统导航栏左侧选择“订单管理”，顶部导航栏选择“订单编辑”，即可进入订单编辑功能界面，如图 12-7 所示。

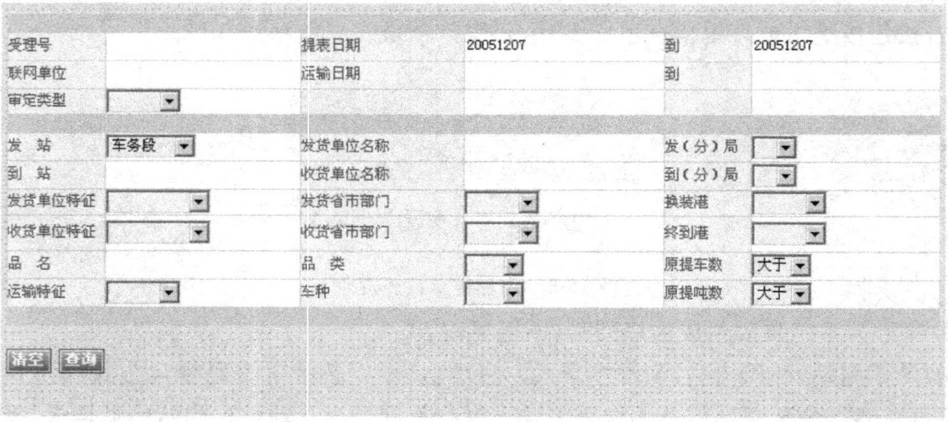

图 12-7　订单编辑功能界面

录入页面所示的复合查询条件（提报日期默认为系统当天），单击“查询”按钮，查出所要修改或者删除的订单，如图 12-8 所示。

查询条件可以是一个，也可以是多个，注意订单编辑只能对所有没有上报的订单进行操作。

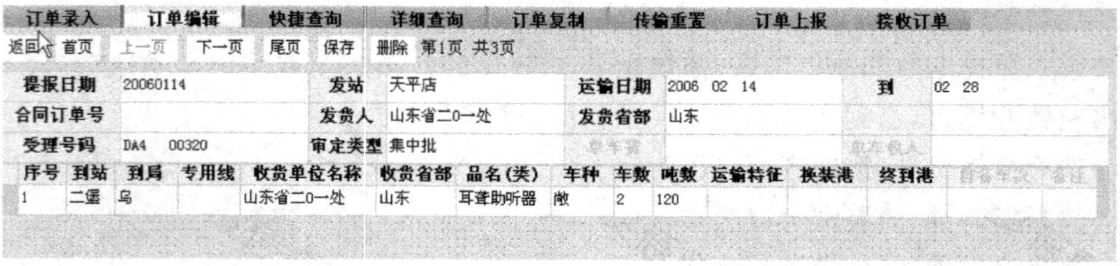

图 12-8　订单编辑示例

通过“上一页”、“下一页”按钮选择找到所要修改的订单，修改对应的信息项，所有内容修改完毕后单击“保存”按钮，保存修改后的订单信息。单击“删除”按钮删除该张订单信息。注意修改权限是和用户对应的，别的用户录入的日请求车信息，其余用户是不能够修改的。

3. 快捷查询

系统导航栏左侧选择“订单管理”，顶部导航栏选择“快捷查询”，即可进入快捷查询功能界面，如图 12-9 所示。

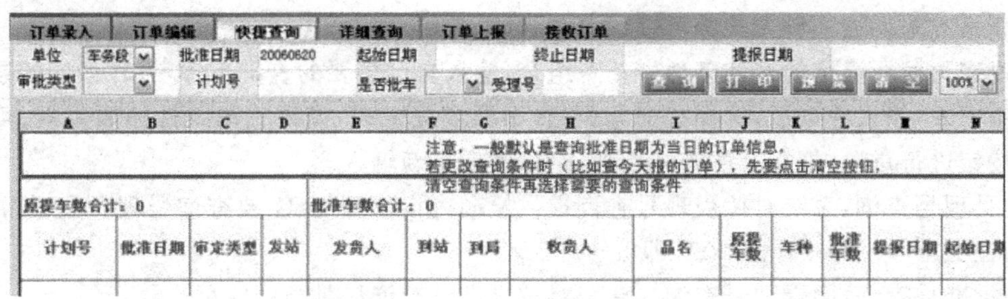

图 12-9 订单快捷查询界面

订单快捷查询为查询已上报订单提供了一个便捷的手段。

当前单位为车务段时，单位可以选择查询车务段全部车站的订单信息或者车务段所属车站的信息，当前单位为联网站时，发站显示它本身。

审批日期一般选择默认值即可(系统当天日期)，当需要清空审批日期选择其余查询条件时，请单击“清空”按钮。

计划号提供了模糊查询方式，例如要查找含有 0012 的计划时，在计划号文本框中输入“%0012%”即可。

输入所需查询条件后，点击“查询”按钮系统会根据用户所录入的查询条件，将显示符合条件的订单信息(注：只显示已上报的订单)，点击“打印”按钮打印报表，也可以根据后面的选择框调整表格所占的百分比。

4. 详细查询

详细查询为订单信息提供了一个多条件的、详细的查询方式。分为小票查询和定表查询两种方法。

系统导航栏左侧选择“订单管理”，顶部导航栏选择“详细查询”，即可进入详细查询功能界面，如图 12-10 所示。

受理号		提报日期		到	
计划号		运输日期		到	
审定类型		审批日期		到	
发 站	车务段	发货单位名称		发(分)局	
到 站		收货单位名称		到(分)局	
发货单位特征		发货省市部门		换装港	
收货单位特征		收货省市部门		终到港	
品 名		品 类		运输特征	
		车 种			
原提车数	大于	原提吨数	大于	批准车数	大于
完成车数	大于	完成吨数	大于	批准吨数	大于

重置 查小票 查定表

图 12-10 订单详细查询界面

输入查询条件后，用鼠标单击对应的“查小票”、“查定表”按钮即可显示对应的查询结果。查小票的查询结果为分页显示，每页显示为一张订单。查定表可以自定义查询字段，查询结果显示为表格方式。这两种方式都可以预览和打印。

可以在页面所显示的查询条件中任意组合，输入自己想要的查询条件，各种条件的录入方法同订单录入，输入完以后，选择查询方式，查小票或查定表，如果查询条件输入错误，可以用“重置”按钮进行重置，把所有的查询条件清空，然后重新输入。

(1)受理号查询：系统对按受理号查询提供模糊查询。例如，需要查询受理号是以“A1”开头的，则在受理号一栏中录入“A1”即可。

(2)批准号查询：同受理号查询。系统对按批准号查询提供模糊匹配。

(3)提表日期查询：用户要进行提表日期查询时需要将鼠标点击提表日期框，此时会弹出一个日期控件，选择所需的日期后点击鼠标即可。

(4)运输日期、批准日期的查询同提表日期。

(5)审定类型查询：用户需要按审定类型查询时需将鼠标点击下拉列表，并用鼠标点击选择需要的类型即可。

(6)单位查询：当用户以营业部身份登录时此处可以任意选择车务段下属的某一个发站，选择车务段查询即查询了车务段下属的所有发站。当用户以联网站登录，此处不允许用户修改，固定显示为当前联网站的发站。

(7)发货单位查询：用户按发货单位查询时需要在发货单位一栏中按拼音输入法输入单位名称，用鼠标在显示出的下拉列表中选择需要的发货人即可。用户也可以在发货单位一栏中录入汉字进行发货单位全称的查询。

(8)发货单位特征查询：用户可以按发货单位特征进行查询，选择方法为用鼠标单击发货单位特征一栏中的下拉列表，并在弹出的项中选择需要的特征。

(9)发货省市部门查询：查询方法同发货单位特征。

(10)收货单位特征查询：查询方法同发货单位特征。

(11)到站查询：用户可以按到站进行查询，查询时需在到站一栏按拼音码进行输入，当系统内有录入的信息时会弹出一个列表框，用鼠标在列表中选择需要的单位即可。

(12)收货单位名称查询：查询方法同发货单位特征。

(13)收货单位特征查询：查询方法同发货单位特征。

(14)到局查询：查询方法同发货单位特征。

(15)收货省市部门查询：查询方法同发货单位特征。

(16)运输特征查询：查询方法同发货单位特征。

(17)品名查询：查询方法同发货单位特征。

(18)换装港查询：查询方法同发货单位特征。

(19)终到港查询：查询方法同发货单位特征。

(20)车种查询：查询方法同发货单位特征。

(21)原提车数查询：用户可以按车数进行查询，需在原提车数后面的下拉列表选择需要查询的方法，大于、小于、等于等。并在后面的文本框中输入车数即可。

(22)原提吨数查询：查询方法同原提车数。

(23)批准车数查询:查询方法同原提车数。

(24)批准吨数查询:查询方法同原提车数。

(25)完成车数查询:查询方法同原提车数。

(26)完成吨数查询:查询方法同原提车数。

5. 查小票

用鼠标单击“查小票”按钮后,进入查询结果小票显示方式界面如图 12-11 所示。

订单录入 订单编辑 快捷查询 详细查询 订单复制 传输重置 订单上报 接收订单

预览 打印 返回 首页 上一页 下一页 尾页 100%

第11页 共12页

铁路货物运输服务订单

提表日期 20060205 审定类型 0 计划号 02K00132042 批准日期 2006

运输时间 20060205 到 20060228

合同订单号

受理号码 DA400322

发站	黄台	到局	上
发货单位名称	山东省德州水泥厂		
省/市/部名称	山东		

序号	到站	收货单位		货物品类(名)	车种代号	原提		批准		完成		运输特征	换
		名称	省市部名称			吨数	车数	吨数	车数	吨数	车数		
1	泗安	潍坊市坊子区盐业公司	山东	硅	C	960	16	600	10	0	0		
2	广安	肥城矿务局国家庄煤矿	山东	硅	C	600	10	600	10	0	0		

图 12-11 查询结果小票显示界面

点击“预览”按钮,进行打印预览,点击“打印”按钮,打印此张订单,可以通过后面的选择框调整表格的显示百分比。点击“返回”按钮,可以返回详细查询输入条件界面,进行重新查询。点击“首页”、“上一页”、“下一页”、“尾页”按钮,可以进入相应的页面。

6. 查定表

查定表需要用户手工选择所要查询的字段。用鼠标单击“查定表”按钮后,进入选择字段界面,如图 12-12 所示。

可选字段部分为用户未选的字段,已选字段部分未用于已选的所要查询的字段。用户可以根据自己的需求重新选择所需字段。

选择字段的方法是在左侧的可选字段框中用鼠标单击,选择所要查询的字段,然后点击“———>”按钮,即可把所选字段移动到右侧的已选字段部分,进行查询;在右侧的选择框中用鼠标单击,选择所要取消的字段,然后点击“<———”按钮,即可把所选字段移动到左侧的可选字段部分,取消对此字段的查询。

也可以将左侧的可选字段一次性全部移动到右侧的已选字段部分,只要用鼠标单击“>>>>”按钮即可实现。相应的,鼠标单击“<<<<”按钮,可以将右侧的已选字段一次性全部移动到左侧的未选字段部分,在实际的查询操作中,是不允许已选字段部分为空的,如果为空,将会提示“没有可以查询的字段!”,提醒用户选择字段。

选择完字段以后,可以将所选字段保存为缺省状态,用鼠标单击“保存为缺省选项”即可实现。这样,用户再次查询时可以保持以前所选字段的状态,不用再重新选择。

点击“返回”按钮,可以返回详细查询输入条件界面,进行重新查询。

用鼠标单击“查询”按钮后,进入查询结果定表显示方式,如图 12-13 所示。

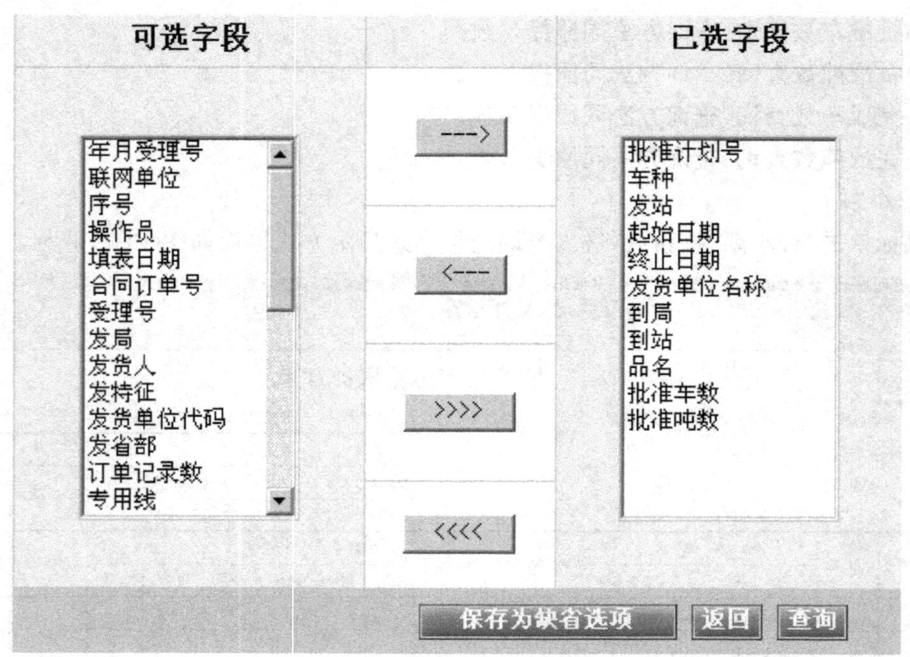

图 12-12　查定表选择字段界面

订单录入　订单编辑　快捷查询　详细查询　订单复制　传输重置　订单上报　接收订单

预　览　打　印　返回　排序　100%

	A	B	C	D	E	F	G	H	
1	批准计划号	发站	到站	到局	批准车数	发货单位名称	收货单位名称	起始日期	终
2	22222244444	万德	安北	乌	1	山东省二0一处	连云港东大货物	20060112	20
3	55555555555	济南东	宋	哈	2	连云港东大货物	连云港东大货物	20060112	20
4		天平店	宋	哈	0	山东省二0一处	丹东铁路机务段	20060214	20
5		天平店	德安	南	0	连云港东大货物	丹东铁路机务段	20060114	20
6		天平店	宋	哈	0	潍坊柴油机厂	铁道部十八工程	20060214	20
7	12345678901	济南东	泗安	上	4	山东省二0一处	山东省二0一处	20060114	20
8		天平店	峨边	成	0	山东省二0一处	北京二七机车厂	20060214	20
9		天平店	峨边	成	0	山东省二0一处	铁道部十八工程	20060214	20
10		天平店	二堡	乌	0	山东省二0一处	山东省二0一处	20060214	20
11	02K00132041	黄台	吉安	南	10	山东省二0一处	山东省物资再生	20060205	20
12	02K00132040	黄台	江岸	武	10	山东省二0一处	测试	20060205	20
13	02K00132042	黄台	泗安	上	10	山东省德州水泥	潍坊市坊子区盐	20060205	20
14	02K00132043	黄台	广安	成	10	山东省德州水泥	肥城矿务局国家	20060205	20
15	02K00132044	黄台	济南	济	5	淮北电厂	jinan	20060205	20

图 12-13　查询结果定显表显示界面

7. 订单上报

系统导航栏左侧选择“订单管理”，顶部导航栏选择“订单上报”，即可进入订单上报功能界面，如图 12-14 所示。

选择上报内容。在所要上报的内容前面的复选框上鼠标单击选中该内容，可以单击“全选”按钮全部选中，也可以单击“全清”按钮后重新选择，最后单击“发送”按钮即可完成订单上报功能。

8. 接收订单

系统导航栏左侧选择“订单管理”，顶部导航栏选择“接收订单”，即可进入接收订单功能界面，如图 12-15 所示。

此功能将铁路局订单审批信息接收到车站订单数据库中。

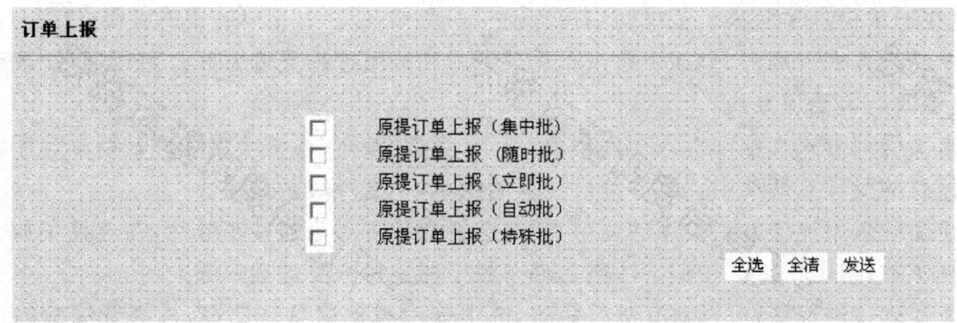

图 12-14　订单上报界面

联网单位	车务段		接收
审批起始日期	20060427	审批终止日期	20060427
提报起始日期	20060427	提报终止日期	20060427

图 12-15　接收订单界面

选择联网单位，审批日期或者提报日期，单击“接收”按钮，即可把指定审批日期审批的铁路局订单信息或指定订单提报日期的订单信息接收到车站订单数据库中。

三、运单管理

当用户的是否启用运单选项为启用时，可以使用运单模块功能，否则，此部分功能对用户不可见。

注：开启启用运单请参考手册用户维护部分的说明。

1. 运单管理

系统导航栏左侧选择运单管理，顶部导航栏选择运单管理，即可进入运单管理功能界面，如图 12-16 所示。

运单管理　当前日期20051205

运单管理　运单明细查询　货票共享

计划号	车务段	发站	到站		到局	
发货人			计划车数		品名	
收货人			实绩车数	0	车种	棚
受理方式 ⦿ 一单一车 ○ 成组连挂			已受理运单	0	未受理运单	0
	本次受理车数		连挂车数		请求车数	0

打　印　改受理方式　受理　请求车预览　取消　□ 修改运单信息　受理日期

顺号	发货单位名称	收货单位名称	品名	车号	件数	保价	发确重	受理日期	请求日期	危品	专运线	货区货位

图 12-16　运单管理界面

在计划栏内输入计划号的后几位模糊匹配，然后回车。若系统存在于置匹配的计划信息，则该计划的信息会被显示到界面上。当用户输入的计划信息在数据库内则系统会弹出一个计划列表，选择对应的计划，点击“选择”即可。系统会将计划对应的信息填入运单受理表格。

如果该计划没有生成过运单明细，则生成运单明细按钮会变成可选，如果生成过运单明细，则会在运单信息界面显示运单明细信息。

运单受理方式有两种，包括一单一车受理方式和成组连挂受理方式。可以通过“改受理方式”按钮更改运单受理方式。

在本次受理方式文本框输入受理车数，点击“受理”按钮，系统会将受理日期按顺序填入运单明细信息的受理日期项中。若取消已受理的运单，单击“取消”按钮。

对于受理采用连挂方式受理的运单，应在选择受理方式为连挂车数后，在连挂车数文本框输入连挂车数，单击“受理”按钮。注意受理车数不能超过未受理运单数。

对于受理过的运单，可以对其进行修改，选中修改运单信息复选框，选择要修改的运单的受理日期，单击“修改”按钮，即可对运单信息进行修改。注意只能对收货人、发货人和品名的大类进行修改，其余项不能修改。

已经受理的运单可以生成预请求车，在请求车数栏内输入请求车数，单击“生成预请求车”按钮，即可生成预请求车。以后在运单开启的情况下可以进行导运单操作，注意预请求车数不能大于受理车数。

2. 运单明细查询

系统导航栏左侧选择“运单管理”，顶部导航栏选择“运单明细查询”，即可进入运单明细查询功能界面，如图 12-17 所示。

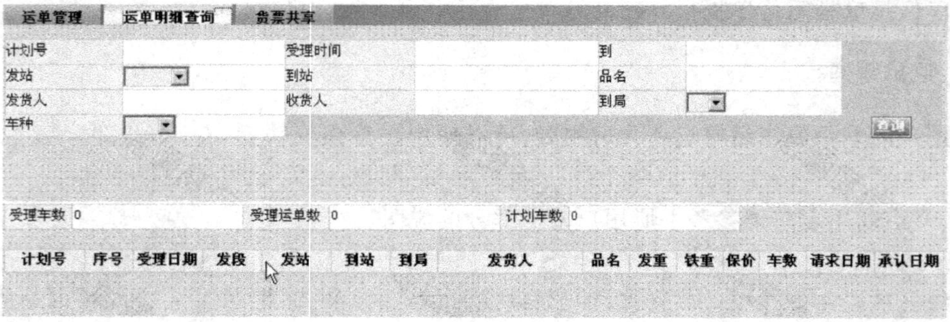
运单管理
运单明细查询
货票共享
计划号
受理时间
到
发站
到站
品名
发货人
收货人
到局
车种
查询
受理车数 0
受理运单数 0
计划车数 0
计划号 序号 受理日期 发段 发站 到站 到局 发货人 品名 发重 铁重 保价 车数 请求日期 承认日期

图 12-17　运单明细查询界面

输入查询条件，输入方法同上，单击“查询”按钮，即可把运单明细查询显示在下面的框架中。同时计算出符合条件的运单明细的受理车数、受理运单数和相应的计划车数。查询结果显示如图 12-18 所示。

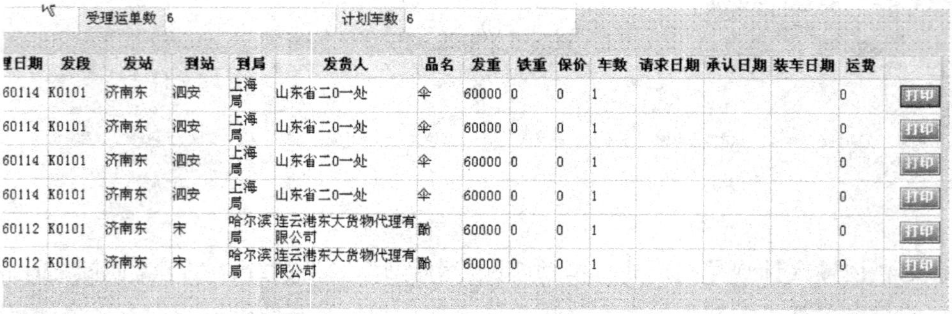
受理运单数 6
计划车数 6
理日期 发段 发站 到站 到局 发货人 品名 发重 铁重 保价 车数 请求日期 承认日期 装车日期 运费
60114 K0101 济南东 泗安 上海局 山东省二0一处 伞 60000 0 0 1 0 打印
60114 K0101 济南东 泗安 上海局 山东省二0一处 伞 60000 0 0 1 0 打印
60114 K0101 济南东 泗安 上海局 山东省二0一处 伞 60000 0 0 1 0 打印
60114 K0101 济南东 泗安 上海局 山东省二0一处 伞 60000 0 0 1 0 打印
60112 K0101 济南东 宋 哈尔滨局 连云港东大货物代理有限公司 酚 60000 0 0 1 0 打印
60112 K0101 济南东 宋 哈尔滨局 连云港东大货物代理有限公司 酚 60000 0 0 1 0 打印

图 12-18　运单明细查询结果

单击“打印”按钮，可以打印相应的运单信息，如图 12-19 所示。

搜索 打印 100%

济南铁路局

货物运单

货物指定于 月 日搬入

货 位

运 到 期 限 （ 运输号码或 02K00132042 ） 托运人→发站→到站→收货人

承运人/托运人装

承运人/托运人施

货票第 号

托运人填写					承运人填写			
发 站	黄台	到站（局）	泗安		车种车号		货车标重	
到站所属省（市）自治区					施封号码			
托运人	名 称	山东省德州水泥厂			经 由	铁路货车蓬布号码		
	住 址		电话					
收货人	名 称	潍坊市坊子区盐业公司			运价里程	集装箱号码		
	住 址		电话					

货物名称	件 数	包 装	货物价格	托运人确定重量（公斤）	承运人确定重量（公斤）	计费重量	运 价 号	运价率	运
硅				60000	0				

图 12-19 运单信息打印预览界面

四、请求管理

1. 计划内录入

系统导航栏左侧选择“请求管理”，顶部导航栏选择“计划内”，即可进入计划内功能界面。

(1)当用户的是否启用运单选项为不启用时，界面如图 12-20 所示。

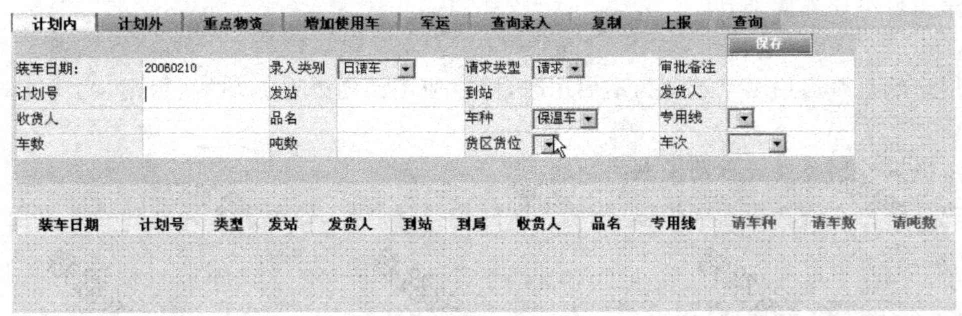

图 12-20 不启用运单时的计划内显示界面

选择录入类别，“日请车”为请求车，“0 点补充”意思为补录 0 点实际，无需再录入请求车；“6 点补充”意思为补录 6 点实际；“12 点补充”意思为补录 12 点实际；“18 点补充”意思为补录 18 点实际。

点击“请求类型”下拉框，可选择“请求”或“补请”，注意“请求”为正常的作业，装车日期根据调度台参数设置，一般为次日，“补请”装车日期为“请求”的前一天，一般是当前运输日期。通过日期控件选择“日期”。

在“计划号”栏内输入本站的计划号，然后回车，若系统内存在与之相匹配的计划信息则该计划的信息会被显示到界面上。系统对计划号查询提供模糊匹配方式，即用户可以输入后 6 位计划号。当用户输入的计划信息在数据库内不唯一，则系统会弹出一个计划列表，选择对应的计划，点击的“选择”按钮即可。

录入运货五信息时用户可以修改“车种”，输入请求车数，及请求吨数等信息。

在专用线选择框中选择专用线，在车次选择框中选择对应车次。在货区货位选择框中选择对应货区货位。点击“保存”按钮，保存当前上报记录，并在页面中显示。

注意请求车信息上报后就不能修改。请求车信息上报前，用户只可以修改自己录入的请求车信息，车务段可以查看到全部的请求车信息。可以修改车种、请求吨数、请求车数。修改完毕以后，直接用鼠标点击“保存”按钮，即可把修改信息存入运货五库完成编辑功能。注意修改权限是和用户对应的，一位用户录入的日请求车信息，其余用户是不能够修改的。

(2)当用户的是否启用运单选项为启用时，界面如图 12-21 所示。

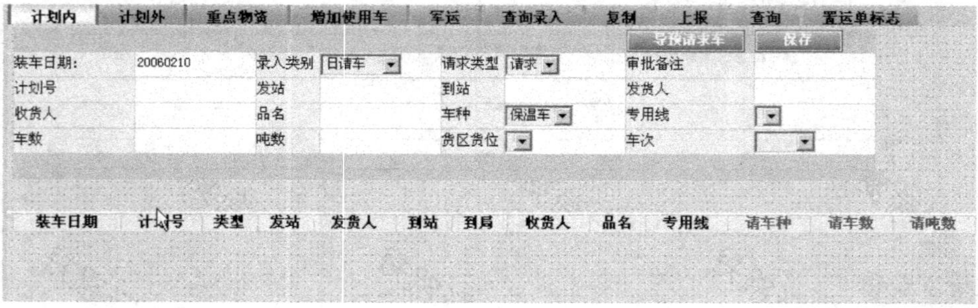

图 12-21　启用运单时的计划内显示界面

正常的计划内录入操作方法同(1)中方法。此界面多了一个“导预请求车”按钮。单击此按钮，可以把运单库中预请求车数大于零的运单自动提报请求车，而不需要用户手工提报。请求车信息会显示在界面下方。

2. 直接录入

当用户的是否启用运单选项为不启用时，可以使用计划外录入功能，否则，此功能对用户不可见。

系统提供计划外录入日请求车的功能。

系统导航栏左侧选择请求管理，顶部导航栏选择计划外，即可进入计划外功能界面，如图 12-22 所示。

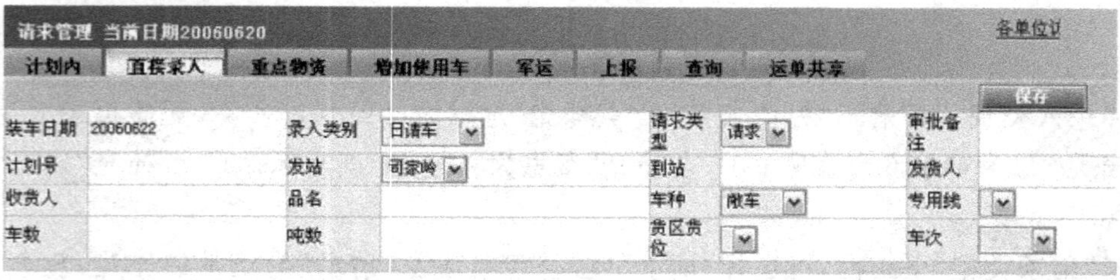

图 12-22　计划外界面

录入类别、请求类型的选择方式和计划内相同，不再赘述。

录入计划号(规定必须为 11 位)，选择发站，录入到站信息、收发货人、品名、车种、专运线(可以为空)、货区货位(可以为空)、车次(可以为空)，车数、吨数等信息，单击“保存”按钮，保存录入的计划外请求车信息。

计划外请求车信息修改方式和计划内相同，不再赘述。

3. 重点物资

当用户的是否启用运单选项为不启用时，可以使用此功能，否则，此功能对用户不可见。

系统导航栏左侧选择请求管理，顶部导航栏选择重点物资，即可进入重点物资功能界面。

重点物资录入方式和计划外类似，所有计划号均为“ZDWZ”，修改、删除与计划内相同，不再赘述。

4. 增加使用车

当用户的是否启用运单选项为不启用时，可以使用此功能，否则，此功能对用户不可见。

系统导航栏左侧选择“增加使用车”，顶部导航栏选择“增加使用车”，即可进入增加使用车功能界面。增加使用车品名限制为“增加使用车”，其余和计划外类似。

5. 军运

当用户的是否启用运单选项为不启用时，可以使用此功能，否则，此功能对用户不可见。

系统导航栏左侧选择“请求管理”，顶部导航栏选择“军运”，即可进入军运功能界面。

军运录入方式和计划外类似，品名限制为“军品”。

6. 运货五上报

系统导航栏左侧选择“请求管理”，顶部导航栏选择“运货五上报”，即可进入运货五上报功能界面。选择请求类型、装车日期，单击“上报”按钮上报运货五数据。

7. 运货五查询

系统导航栏左侧选择“请求管理”，顶部导航栏选择“运货五查询”，即可进入运货五查询功能界面，如图 12-23 所示。

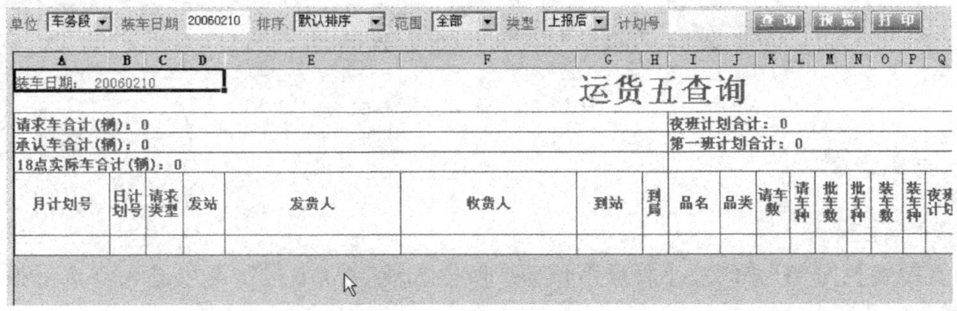

图 12-23　运货五查询界面

选择查询条件，即可在 Cell 表中显示满足条件的查询结果。

8. 运单共享

根据互联互通的要求，计划人员在接收到承认车后，必须将今日已批承认车生成运单文件给货票制票人员。

五、装车管理

1. 0 点上报

系统导航栏左侧选择装车管理，顶部导航栏选择 0 点上报，即可进入 0 点上报功能界面，如图 12-24 所示。

首先选择单位，联网站单位为自己本身不可修改，车务段可以录入自己下属车站的完成操作。

0点上报 | 6点上报 | 12点上报 | 18点上报 | 落空分析 | 实绩转月计划

计划号	请求类型	发站	发货人	到站	到局	收货人	品名	专用线	请车种	请车数	请吨数	批车种	批车数	批吨数	0点装车数	0点装吨数	0点待装数	0点预计车数	0点预计吨数	操作

图 12-24　0 点上报界面

在各条记录上输入对应的“0 点装车数”、“0 点装吨数”、“0 点待装数”、“0 点预计车数”、“0 点预计吨数”，点击“保存”，用户只可以修改自己录入的运货五信息。

2. 6 点上报

参考 0 点上报。

3. 12 点上报

参考 0 点上报。

4. 18 点上报。

18 点上报可以修改装车车种，其余同 0 点上报。当不修改装车车种时，装车车种即为批准车种；当修改装车车种时，装车车种为用户选择的车种。

5. 落空分析

在落空原因文本框填入落空车数，单击“保存”按钮保存即可，如图 12-25 所示。

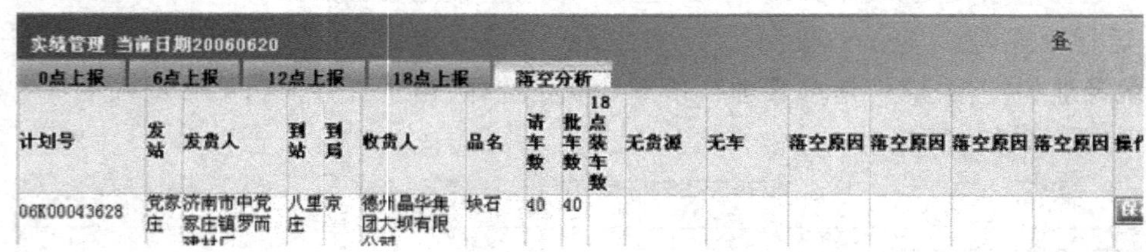

图 12-25　落空分析界面

六、卸车管理

1. 卸车上报

系统导航栏左侧选择“装车管理”，顶部导航栏选择“0 点上报”，即可进入 0 点上报功能界面，如图 12-26 所示。

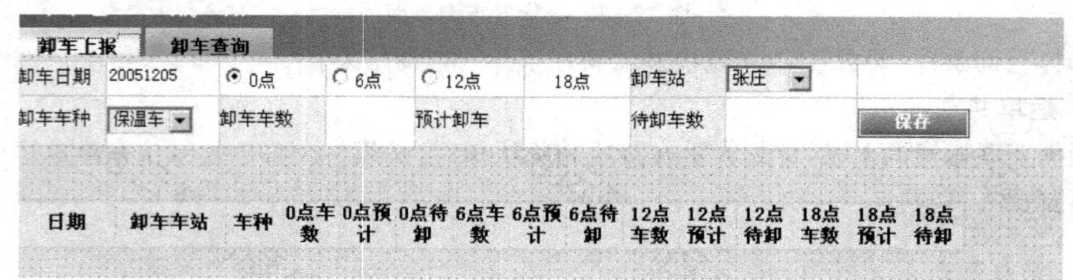

图 12-26　0 点上报界面

选择卸车日期、卸车阶段、卸车站、卸车车种，录入卸车车数、预计卸车、代卸车数，单击“保存”按钮完成操作。

2. 卸车查询

系统导航栏左侧选择“卸车管理”，顶部导航栏选择“卸车查询”，即可进入卸车查询功能界面，如图 12-27 所示。

卸车上报　卸车查询

日期 20051205　卸车站 车务段　查询　打印　预览　另存　比例 120%

卸车查询

卸车站	车种	0点车数	0点预计	0点待卸	6点车数	6点预计	6点待卸	12点车数	12点预计	12点待卸	18点车数	18点预计	18点待卸
合计		0	0	0	0	0	0	0	0	0	0	0	0

图 12-27　卸车查询界面

七、待卸车管理

1. 待卸车上报

系统导航栏左侧选择待卸车管理，顶部导航栏选择待卸车上报，即可进入待卸车上报功能界面，如图 12-28 所示。

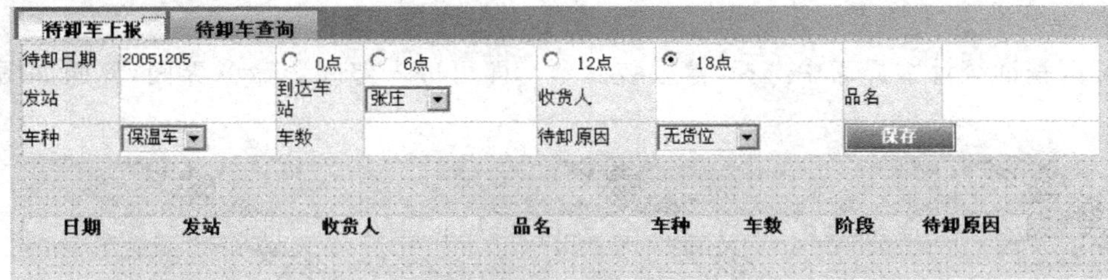

图 12-28　待卸车上报界面

操作同卸车上报，不再赘述。

2. 待卸车查询

系统导航栏左侧选择待卸车管理，顶部导航栏选择待卸车查询，即可进入待卸车查询功能界面，如图 12-29 所示。

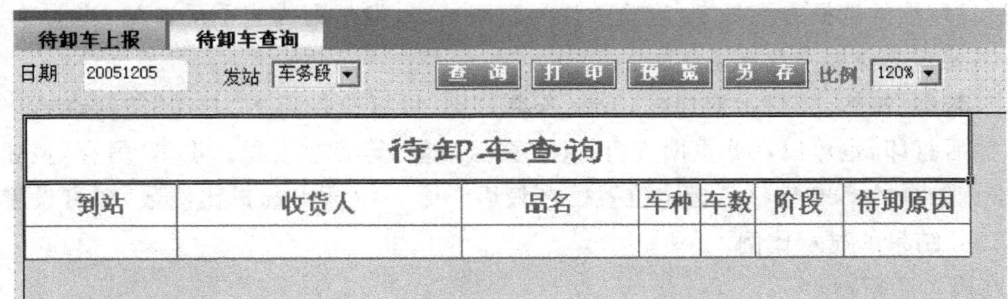

图 12-29　待卸车查询界面

操作同待卸车查询，不再赘述。

八、货调查询统计

1. 综合统计分析

在货调查询统计管理主界面中选择“综合统计分析”，即可进入综合统计分析界面，界面如

图 12-30 所示。

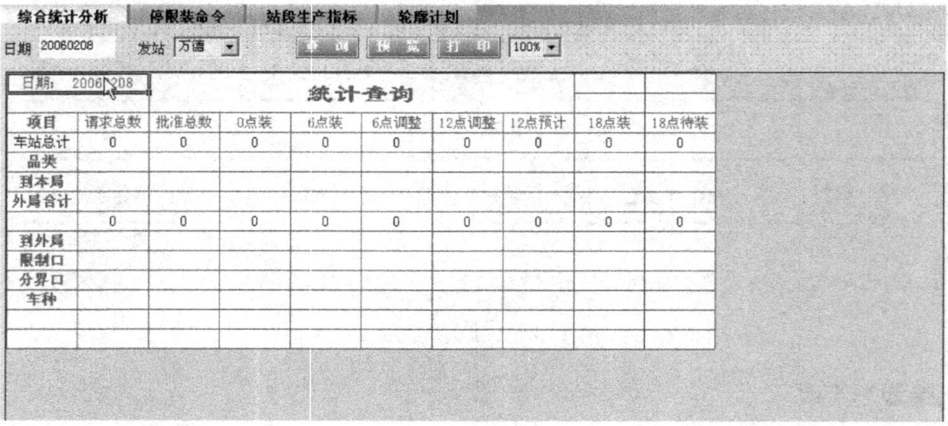

图 12-30　综合统计分析界面

选择日期、发站，可进行查询、预览和打印功能。在最后一个下拉框中选择比例数，即可设置“统计查询”对话框的显示比例。

2. 停限装命令

在货调查询统计主界面中选择“停限装命令”，即可进入停限装命令界面，界面如图 12-31 所示。

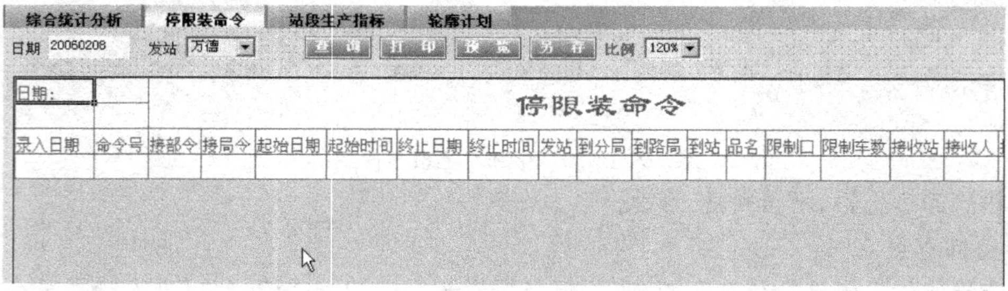

图 12-31　停限装命令界面

通过日期控件选择查询日期，当前单位为联网站时，发站即为当前的车站；当前单位是车务段时，需要在选择框中选择车站。

点击“查询”按钮，会显示对应的记录，若要打印，可以直接点击“打印”按钮，也可先选择“预览”，然后打印，也可以在此页面进行打印“页面设置”等参数设置。点击“另存”按钮，则存储显示查询结果的 Cell 表格到指定位置。在最后一个下拉框中选择比例数，即可设置“停限装命令”Cell 结果的显示比例。

3. 站段生产指标

在货调查询统计主界面中选择“站段生产指标”，即可进入站段生产指标界面，界面如图 12-32 所示。

通过日期控件选择查询日期，当前单位为联网站时，发站即为当前的车站；当前单位是车务段时，需要在选择框中选择车站。

点击“查询”按钮，会将对应的记录显示在下面的表格中，若要打印，可以直接点击“打印”按钮，也可先选择“预览”，然后打印，也可以在此页面进行打印“页面设置”等参数设置。点击

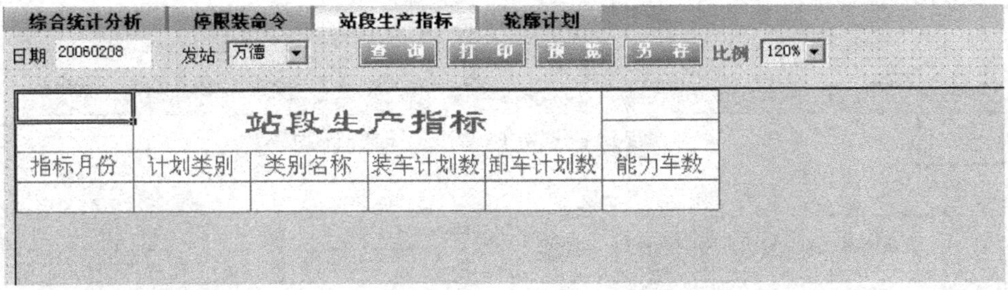

综合统计分析　停限装命令　站段生产指标　轮廓计划

日期 20060208　发站 万德　查询　打印　预览　另存　比例 120%

站段生产指标					
指标月份	计划类别	类别名称	装车计划数	卸车计划数	能力车数

图 12-32　站段生产指标界面

“另存”按钮，则存储显示查询结果的 Cell 表格到指定位置。在最后一个下拉框中选择比例数，即可设置“站段生产指标”Cell 结果的显示比例。

4. 轮廓计划查询

在货调查询统计主界面中选择“轮廓计划”，即可进入轮廓计划界面，界面如图 12-33 所示。

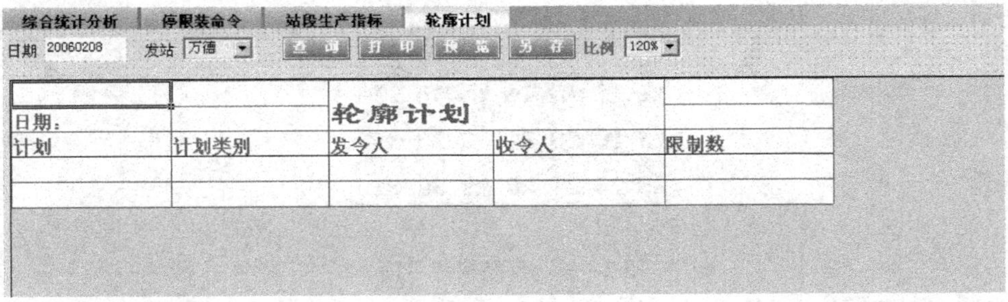

综合统计分析　停限装命令　站段生产指标　轮廓计划

日期 20060208　发站 万德　查询　打印　预览　另存　比例 120%

轮廓计划				
日期：				
计划	计划类别	发令人	收令人	限制数

图 12-33　轮廓计划界面

通过日期控件选择查询日期，当前单位为联网站时，发站即为当前的车站，当前单位是车务段时，需要在选择框中选择车站。

点击“查询”按钮，会将对应的记录显示在下面的表格中，若要打印，可以直接点击“打印”按钮，也可先选择“预览”，然后打印，也可以在此页面进行打印“页面设置”等参数设置。点击“另存”按钮，则存储显示查询结果的 Cell 表格到指定位置。在最后一个下拉框中选择比例数，即可设置“轮廓计划”Cell 结果的显示比例。

九、综合报表管理

1. 货统一表

系统导航栏左侧选择“综合报表管理”，顶部导航栏选择“货统一”，即可进入货统一报表界面，如图 12-34。

报表界面中提供了“计算”、“查询”、“打印预览”、“保存”、“历史数据”五个按钮，并提供了单位选择、发货单位选择、按计划号查询、按提表日期查询等。

在单位下拉框中选择车务段，可以统计相应车务段的统计数据；选择站，可以统计车务段下属站的统计数据。

货统一报表中特别要注意的是要先进行计算，然后才能进行查询操作。计算的方法为：在装车日期框中选择日期，然后点击“计算”按钮。选择日期的方法为，单击装车日期后面文本

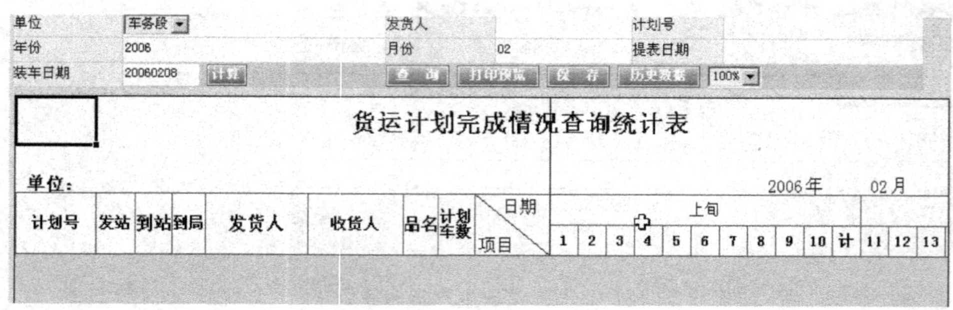

图 12-34 货统一表界面

框,出现日期控件,选择一个日期即可。日期控件如图 12-35 所示。

图 12-35 日期控件界面

计算结束以后,输入查询条件,单击“查询”,即可显示查询结果。可以对报表进行打印预览、打印、保存。打印预览和保存单击相应的按钮即可。

打印需要先进行打印预览,如图 12-36 所示。

单击左上角打印机图表,即可进行打印操作。可以在打印前进行页面设置。单击页面设置图表即可进入页面设置界面。

可以打开以前保存过的历史报表。单击“历史数据”按钮,即可出现打开文件对话框,选择以前的历史报表打开即可。

2. 货主报表

系统导航栏左侧选择综合报表管理,顶部导航栏选择货主报表,即可进入货主报表界面,如图 12-37 所示。

首先选择需要查询的报表类型。在报表类型下拉框中选择计划、审定或批准。

输入发货人。

选择查询的起始日期和终止日期。

输入查询条件后,单击“查询”,既可在下面的 Cell 表格中显示符合条件的数据。

提供打印、预览功能。单击“打印预览”,可以预览,预览后可以打印此 Cell 表格。

历史数据:单击“历史数据”,可以打开以前保存的指定位置的 Cell 表格。

保存:单击“保存”,可以把查出的 Cell 表格保存到指定位置。

此报表新增图形化表格功能。使用方法为在图表类型下拉框中选择想要查看的图表类型,单击“合计图形比较”按钮,可以看到报表合计项的图形化显示。也可以手工选定一个区

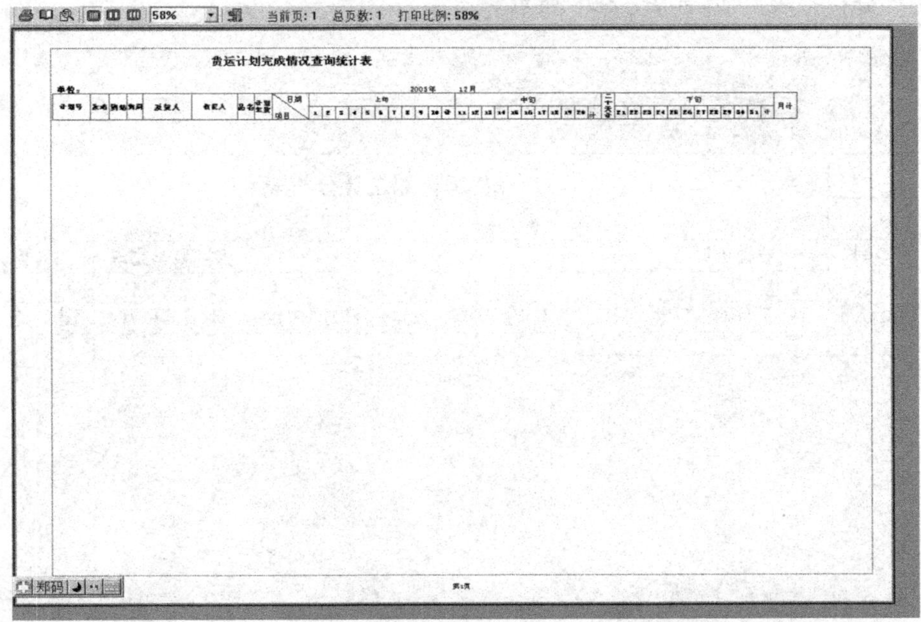

图 12-36 打印预览界面

货统一 货主报表 货运计划统计分析 品类到局 限制口表 车务段表

报表类型 计划 发货人 起始日期 20051205 终止日期 20051205

查 询 打印预览 保 存 历史报表 图形类型:柱状图 数据图形比较 合计图形比较

查看原始数据 100%

棋盘表(品类到局)

单位:

品类 去向	发送吨	累计车	静载重	日车	哈	沈	京	太	呼	郑	武	西	济	上	南	广
合计																
日均																
煤																
石油																
焦炭																
金矿																
钢铁																
非金																
磷矿																
矿建																
水泥																
木材																
粮食																
棉花																
化肥																
盐																
化工																
金属																

图 12-37 货主报表界面

域，单击“数据图形比较”按钮，可以看到所选区域的图像化显示。返回查询结果数据显示页面，单击“查看原始数据”按钮即可。

3. 货运计划统计分析

系统导航栏左侧选择“综合报表管理”，顶部导航栏选择“货运计划统计分析”，即可进入货运计划统计分析报表界面，如图 12-38 所示。

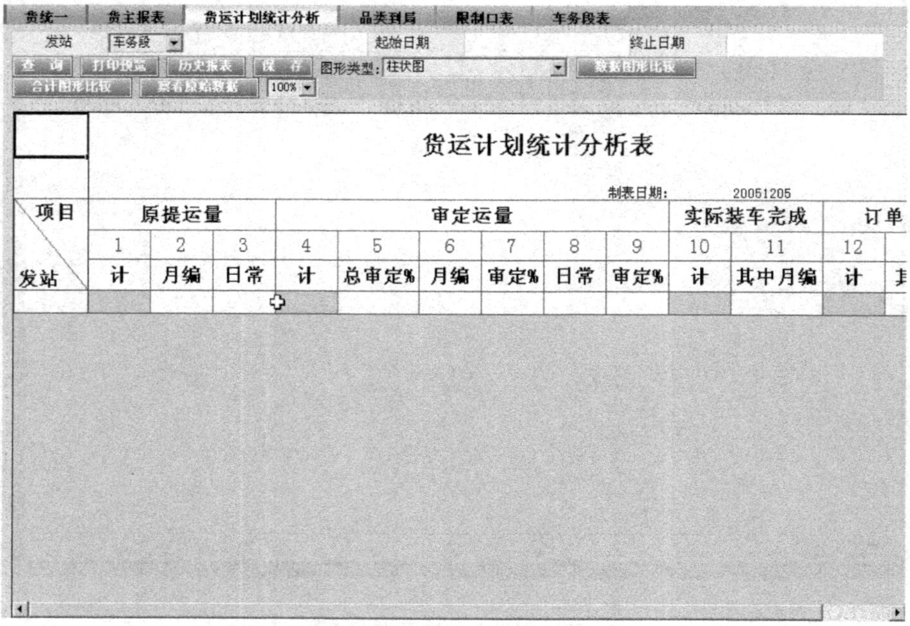

货统一 货主报表 货运计划统计分析 品类到局 限制口表 车务段表

发站 车务段 起始日期 终止日期

查询 打印预览 历史报表 保存 图形类型：柱状图 数据图形比较

合计图形比较 查看原始数据 100%

货运计划统计分析表

制表日期： 20051205

项目/发站	原提运量			审定运量						实际装车完成		订单	
	1	2	3	4	5	6	7	8	9	10	11	12	
	计	月编	日常	计	总审定%	月编	审定%	日常	审定%	计	其中月编	计	其

图 12-38 货运计划统计分析界面

当前单位为联网站时，发站即为当前的车站；当前单位是车务段时，需要在选择框中选择车站。如果为车务段，可以统计整个车务段的数据。在统计车务段前面的复选框上单击选中即可，此时发站框不可用。如果是联网站，不允许按照车务段查询。

选择查询的起始日期和终止日期。

输入查询条件后，单击“查询”，即可在下面的 Cell 表格中显示符合条件的数据。

提供打印、预览功能。单击“打印预览”，可以预览，预览后可以打印此 Cell 表格。

历史数据：单击“历史数据”，可以打开以前保存的指定位置的 Cell 表格。

保存：单击“保存”，可以把查出的 Cell 表格保存到指定位置。

4. 品类到局表

系统导航栏左侧选择“综合报表管理”，顶部导航栏选择“品类到局”，即可进入品类到局报表界面，如图 12-39 所示。

首先选择需要查询的报表类型。在报表类型下拉框中选择计划、审定或批准。

当前单位为联网站时，单位即为当前的车站；当前单位是车务段时，需要在选择框中选择车站。如果为车务段，可以统计整个车务段的数据，在单位框中选择车务段即可。

选择查询的起始日期和终止日期。

审定类型：可以在集中批、日常批前面的复选框上打勾，选择需要查询的类型。也可以不选任何一个，查询所有审定类型的符合条件的数据。

输入查询条件后，单击“查询”，即可在下面的 Cell 表格中显示符合条件的数据。

提供打印、预览功能。单击“打印预览”，可以预览，预览后可以打印此 Cell 表格。

历史数据：单击“历史数据”，可以打开以前保存的指定位置的 Cell 表格。

保存：单击“保存”，可以把查出的 Cell 表格保存到指定位置。

图 12-39　品类到局界面

5. 限制口表

系统导航栏左侧选择“综合报表管理”，顶部导航栏选择“限制口表”，即可进入限制口报表界面，如图 12-40 所示。

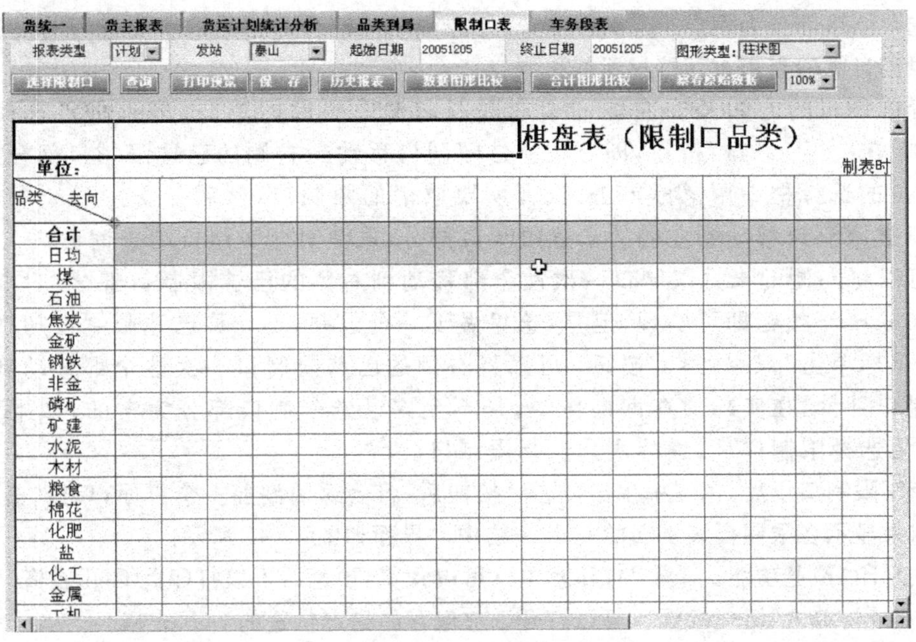

图 12-40　限制口表界面

首先选择需要查询的报表类型。在报表类型下拉框中选择计划、审定或批准。

当前单位为联网站时，发站即为当前的车站，当前单位是车务段时，需要在选择框中选择车站。

选择查询的起始日期和终止日期。

输入查询条件后，单击“选择限制口”，将会出现选择限制口的界面，选择需要查询的限制口，界面如图 12-41 所示。

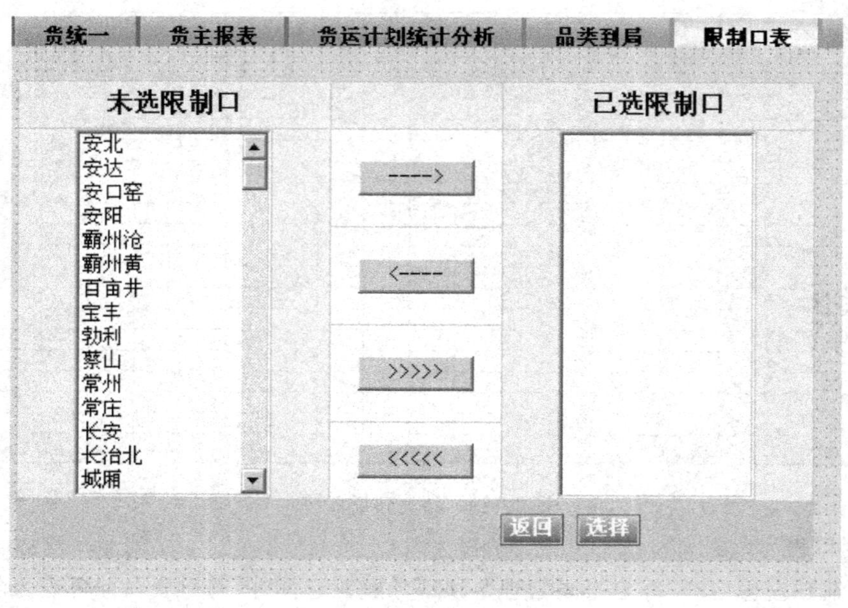

图 12-41　选择限制口表界面

未选限制口部分为用户未选的限制口，已选限制口部分为已选的所要查询的限制口。用户可以根据自己的需求重新选择所需限制口。

选择限制口的方法是在左侧的未选限制口框中用鼠标单击，选择所要查询的限制口，然后单击“－－－＞”按钮，即可把所选限制口移动到右侧的已选限制口部分，进行查询；在右侧的选择框中用鼠标单击，选择所要取消的限制口，然后点击“＜－－－”按钮，即可把所选限制口移动到左侧的未选限制口部分，取消对此限制口的查询。

也可以将左侧的未选限制口一次性全部移动到右侧的已选限制口部分，只要用鼠标单击“＞＞＞＞”按钮即可实现，但是，这里做了一个限制，不允许已选限制口超过 24 个。相应的，鼠标单击“＜＜＜＜”按钮，可以将右侧的已选限制口一次性全部移动到左侧的未选限制口部分，在实际的查询操作中，是不允许已选限制口部分为空的，如果为空，将会提示“请选择限制口！”，提醒用户选择限制口。

选择完限制口以后，用鼠标单击“选择”按钮后，将会返回到前一个界面，单击“查询”即可将查询结果显示在限制口表下面的 Cell 表格中。界面如图 12-42 所示。

提供打印、预览功能。单击“打印预览”，可以预览，预览后可以打印此 Cell 表格。

历史数据：单击“历史数据”，可以打开以前保存的指定位置的 Cell 表格。

保存：单击“保存”，可以把查出的 Cell 表格保存到指定位置。

6. 车务段表

系统导航栏左侧选择“综合报表管理”，顶部导航栏选择“车务段表”，即可进入车务段报表界面，如图 12-43 所示。

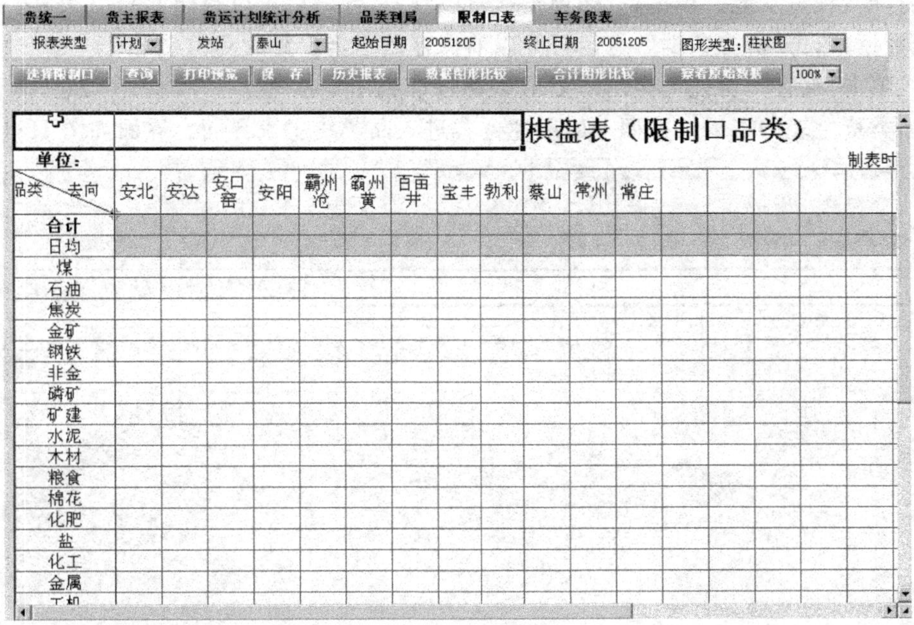

货统一 | 货主报表 | 货运计划统计分析 | 品类到局 | 限制口表 | 车务段表

报表类型 计划　发站 泰山　起始日期 20051205　终止日期 20051205　图形类型：柱状图

选择限制口　查询　打印预览　保存　历史报表　数据图形比较　合计图形比较　察看原始数据　100%

棋盘表（限制口品类）

单位：　制表时

品类＼去向	安北	安达	安口窑	安阳	霸州沧	霸州黄	百亩井	宝丰	勃利	蔡山	常州	常庄
合计												
日均												
煤												
石油												
焦炭												
金矿												
钢铁												
非金												
磷矿												
矿建												
水泥												
木材												
粮食												
棉花												
化肥												
盐												
化工												
金属												
工机												

图 12-42　限制口表查询结果

货统一 | 货主报表 | 货运计划统计分析 | 品类到局 | 限制口表 | 车务段表

报表类型 品类发站　起始日期 20051205　终止日期 20051205　◉ 完成车数　○ 完成吨数

查询　打印预览　保存　历史报表　数据图形比较　合计图形比较　察看原始数据　图形类型：柱状图　100%

济南车务段装车实绩棋盘表（品类发站）

单位：济南车务段

发站＼品类	合计	煤	石油	焦炭	金矿	钢铁	非金	磷矿	矿建	水泥	木材	粮食	棉花
小计													
泰山													
天平店													
万德													
穆庄													
平原													
青杨													
郭店													
黄河涯													
黄桥													
湖屯													
黄台													
济南东													
济南南													
界首													
历城													
林庄													
禹城													
晏城													
于官屯													
鱼池村													

图 12-43　车务段表界面

首先选择需要查询的报表类型。如果需要查询车务段的品类货主表，需要在报表类型下拉框中选择品类货主，注意：需要等待页面跳转到品类货主页面时才可以输入查询条件。

(1)品类发站表的查询。选择查询的起始日期和终止日期。

通过选择收音机按钮“完成车数”、“完成吨数”选择查询所要查询的是车数还是吨数。

输入查询条件后，单击“查询”，既可在下面的Cell表格中显示符合条件的数据。

提供打印、预览功能。单击“打印预览”,可以预览,预览后可以打印此 Cell 表格。

历史数据:单击“历史数据”,可以打开以前保存的指定位置的 Cell 表格。

保存:单击“保存”,可以把查出的 Cell 表格保存到指定位置。

(2)品类货主表的查询。按照上面所述方式进入品类货主表界面。界面如图 12-44 所示。

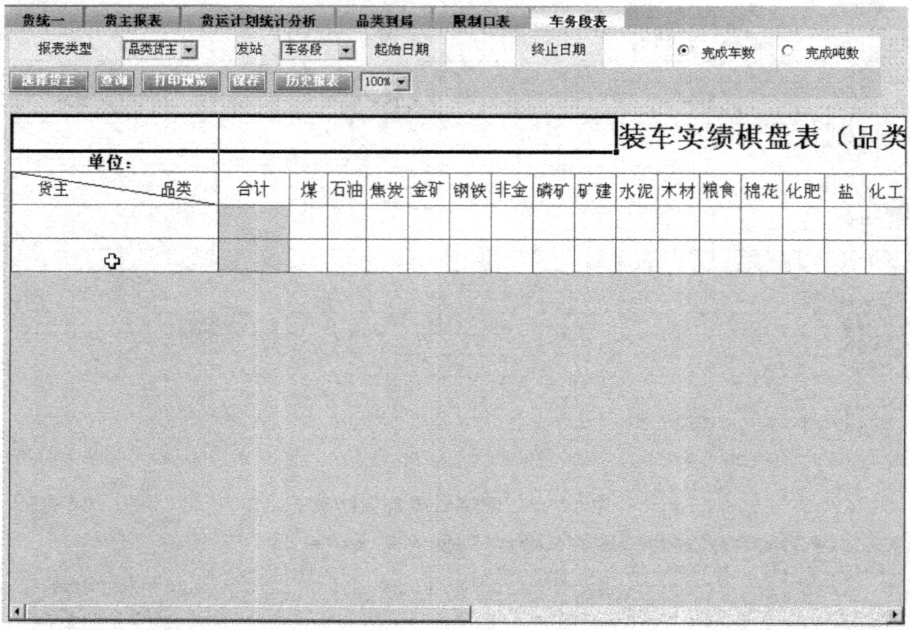

图 12-44　品类货主表查询界面

选择查询的起始日期和终止日期。

当前单位为联网站时,发站即为当前的车站;当前单位是车务段时,需要在选择框中选择车站。如果为车务段,可以统计整个车务段的数据,在发站下拉框中选择车务段即可。

通过选择收音机按钮“完成车数”、“完成吨数”选择查询所要查询的是车数还是吨数。

输入查询条件后,单击“选择货主”,将会出现选择货主的界面,选择需要查询的货主。界面如图 12-45 所示。

未选货主部分为用户未选的货主,已选货主部分为已选的所要查询的货主。用户可以根据自己的需求重新选择所需货主。

选择货主的方法为在左侧的未选货主框中用鼠标单击,选择所要查询的货主,然后单击“———＞”按钮,即可把所选货主移动到右侧的已选货主部分,进行查询;在右侧的已选货主框中用鼠标单击,选择所要取消的货主,然后点击“＜———”按钮,即可把所选货主移动到左侧的未选货主部分,取消对此货主的查询。

也可以将左侧的未选货主一次性全部移动到右面的已选货主部分,只要用鼠标单击“＞＞＞＞”按钮即可以实现。相应的,鼠标单击“＜＜＜＜”按钮,可以将右侧的已选货主一次性全部移动到左侧的未选货主部分,在实际的查询操作中,是不允许已选货主部分为空的,如果为空,将会提示“请选择货主!”,提醒用户选择货主。

点击“选择”按钮,可以返回货主表界面,进行查询,也可以重新输入查询条件。然后用鼠标单击“查询”按钮,即可将查询结果显示在品类货主表下面的 Cell 表格中。界面如图 12-46 所示。

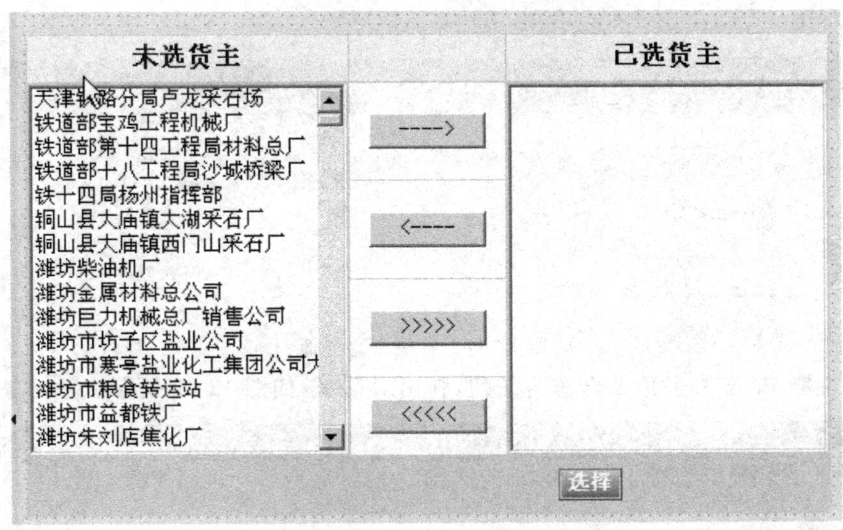

图 12-45　车务段表选择货主界面

货统一 | 货主报表 | 货运计划统计分析 | 品类到局 | 限制口表 | 车务段表

报表类型 品类货主　发站 车务段　起始日期　终止日期　完成车数　完成吨数

选择货主　查询　打印预览　保存　历史报表　100%

装车实绩棋盘表（品类

单位：

货主 品类	合计	煤	石油	焦炭	金矿	钢铁	非金	磷矿	矿建	水泥	木材	粮食	棉花	化肥	盐	化
天津铁路分局卢龙采石场																
铁道部宝鸡工程机械厂																
铁道部第十四工程局材料总厂																
铁道部十八工程局沙城桥梁厂																
铁十四局扬州指挥部																
铜山县大庙镇大湖采石厂																
铜山县大庙镇西门山采石厂																
潍坊柴油机厂																
潍坊金属材料总公司																
潍坊巨力机械总厂销售公司																
潍坊市坊子区盐业公司																
潍坊市寒亭盐业化工集团公司大圩河转运站																

图 12-46　车务段表货主表界面

提供打印、预览功能。单击“打印预览”，可以预览，预览后可以打印此 Cell 表格。

历史数据：单击“历史数据”，可以打开以前保存的指定位置的 Cell 表格。

保存：单击“保存”，可以把查出的 Cell 表格保存到指定位置。

十、在线帮助

答疑中心。提供在线答疑功能。普通用户可以发表新主题，回复主题，系统管理员除具有普通用户的功能为，还可以删除主题，置顶主题。

系统导航栏左侧选择在线帮助，顶部导航栏选择答疑中心，即可进入答疑中心功能界面，如图 12-47 所示。

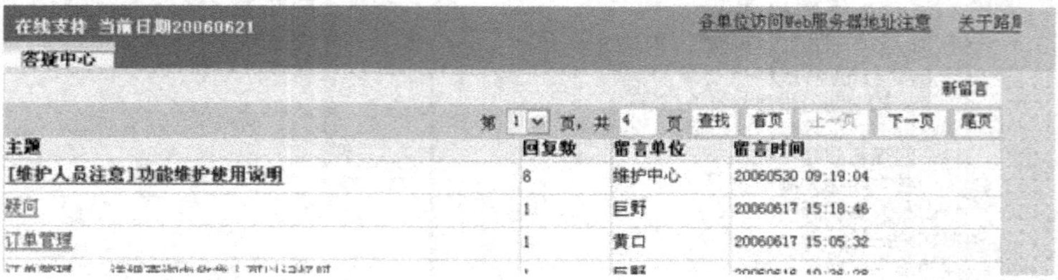

图 12-47　答疑中心界面

发表新主题，单击右上角的新留言按钮，弹出对话框，如图 12-48 所示。

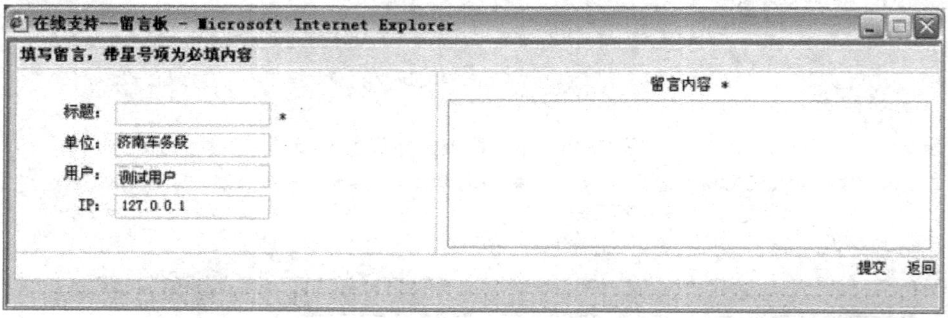

图 12-48　新留言界面

填写标题内容，留言内容，单击“提交”按钮即可。注意标题和留言内容不能为空。

单击主题列表上留言的标题名称，即可看到留言的具体内容，回复该主题单击“发表回复”按钮，填写回复内容提交即可，什么都不做请单击“保存”按钮返回。注意回复内容不能为空。

当主题较多超过页面可以显示的最大主题数(15 条)时，系统提供了分页显示，可以利用“首页”、“上一页”、“下一页”、“尾页”按钮进行翻页，需要指定某页时，选择选择框内要指定的页数，单击查找按钮。

当系统管理员登录时，可以删除主题，如图 12-49 所示，置顶主题，如图 12-50 所示。

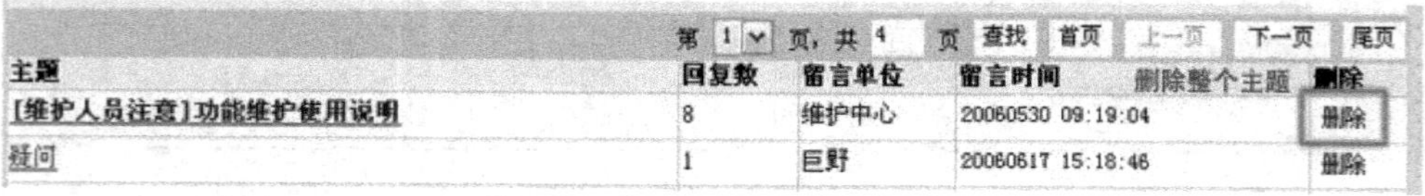

图 12-49　删除主题界面

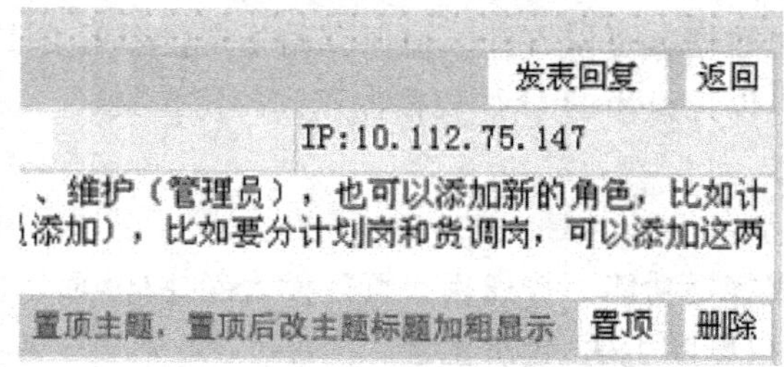

图 12-50　置顶主题界面

若删除某条回复，则在该回复的下面单击删除即可；若删除整个主题，请在该主题下面单击删除，这样会删除该主题和其所有的回复。

十一、系统维护

密码修改。使用该项功能更改用户密码，系统导航栏左侧选择"系统维护"，顶部导航栏选择"密码修改"，即可进入密码修改功能界面，如图 12-51 所示。

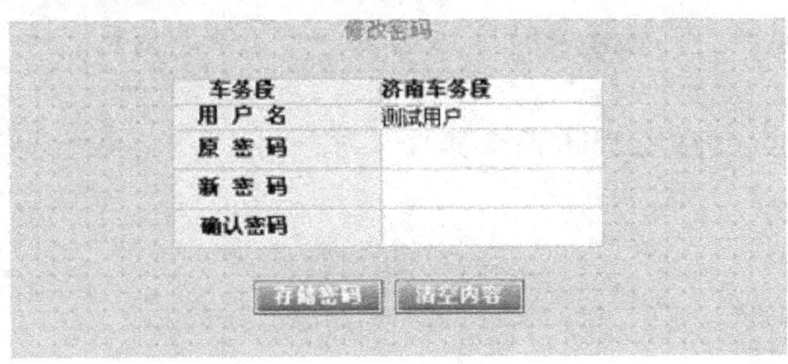

图 12-51　修改密码界面

十二、注　　销

重新回到登录界面。

十三、货票系统操作

为了保证数据共享的成功实施，各个货运制票点工作人员必须严格按照以下三个步骤完成相应的工作。

1. 计划运单数据

制票员在开始下一个工作日的制票前，要从整车计划机取计划(运单)文件。

(1)点击桌面上的"货票综合处理"图标，选择菜单"货运计划"→"取货运计划"。

(2)在对话框中，调整相应的工作日期，相应的参数配置如下：

服务器地址：0.0.0.0(路局 Web 服务器)。

用户名：fmos。

密码：fmos。

服务器目录：./fs。

工作日期：当前的工作日期。

本地目录：c:\hpzp\jhdata。

电报码：本站电报略号。

(3)点"收取"按钮后，能够正确收取当前工作日的计划运单信息。

(4)可用"查看"按钮查看取到的计划文件。

2. 整车制票工作

(1)必须利用整车计划运单数据进行制票，对发站设置要进行初始设置。设置"网络机器参数"，选择"使用网络服务"中"计划运单"。(设置一次即可)

(2)制票时，在"计划运输号"必须输入 11 位计划号，系统自动将到站、车种、发收货人、货物名称、件数、重量等信息提取出来。工作人员必须认真核对，确保与纸制运单完全一致，补充必要的信息，进行制票。

3. 生成并上传货票信息

制票员完成一个工作日的制票工作，工作步骤如下：

(1)做财收四，并向路局发送财收包文件(与原来一样)。

(2)在"货运制票系统"，选择菜单"数据处理"→"计划返回数据生成"。

选择正确的车站和日期，单击"数据生成"按钮，生成向计划岗发送的货票信息数据。

(3)在"货票综合处理"中，选择菜单"货运计划"→"传货票信息"。

参数设置如下：

服务器地址：0.0.0.0(路局 Web 服务器)。

用户名：fmos。

密码：fmos。

服务器目录：./temp。

工作日期：工作日期。

本地目录：c:\hpzp\hpdata。

制票机码：本机机器码。

电报码：本站电报略号。

(4)单击"发送"按钮，将生成的货票共享数据正确上传到服务器。

十四、关于货运计划操作的重点注意事项

操作的重要具体步骤如下：

(1)订单管理项中"订单录入"→"订单编辑"→"快捷查询"→"详细查询"各项仍按原操作进行，要查看路局批的计划一定要接收订单，接收订单可以通过选择收音机按钮来进行，可以按站段提报日期(此阶段提报的铁路局审批情况)，也可以按路局审批日期，日期请选择时间段，时间段间隔只能为 10 天，建议按提报日期进行接收，速度比较快。

(2)"请求管理"功能项中，在查询完当日批准车后，必须做"生成货票共享所需运单文件"项，其余各项按操作说明进行，如图 12-52 所示。

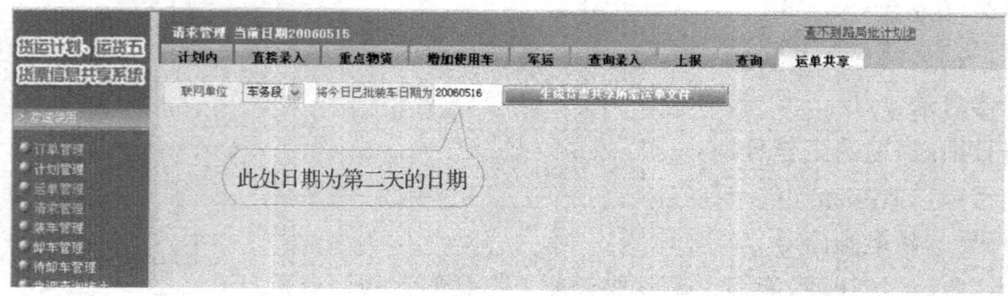

图 12-52　货运计划操作请求管理界面

(3)在"综合报表管理"功能项中，主要是"货统一"项的内容，要查询"货统一"的内容，先进行"计算"后"查询"，如图 12-53 所示。

(4)为保证货运计划、运货五、货票信息共享系统的正确使用，货运计划员在输入货物运输服务订单时，要严格按规定输入发货人、收货人全称，不得省略，以保证货运计划、运货五、货票发收货人一致。

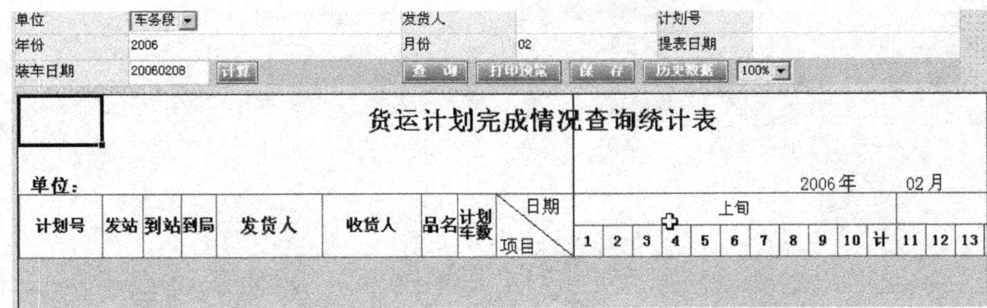

图 12-53 综合报表管理的计算与查询界面

(5)除以上重点强调事项外，其他操作按操作说明进行。

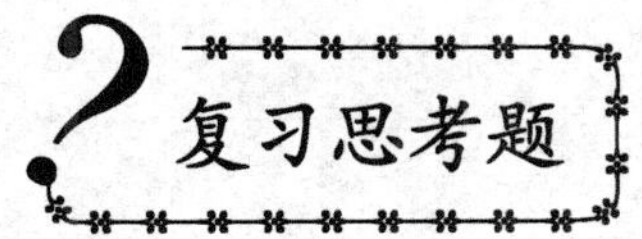

1. 订单录入过程中不能为空的项目有哪些？

2. 为保证货运计划、运货五、货票信息共享系统的正确使用，货运计划员应注意什么？

（分级部分）

中　级　工

一、铁路货物运输服务订单的受理

(一)作业方法及步骤

准备工作

1. 人员。

2. 工具:计算机、软件、打印机、计算器、钢笔或圆珠笔等。

3. 材料:铁路货物运输服务订单。

4. 资料:规章、文电等。

作业方法

1. 受理前准备

(1)熟悉铁路货物运输服务订单的各项内容:

① 清楚铁路货物运输服务订单哪些内容应由发货人填写。

② 清楚铁路货物运输服务订单哪些内容应由车站填写。

(2)熟悉铁路货物运输服务订单填写要求,标准。

(3)熟悉货运计划、运货五、货票信息共享系统 Web 版。

2. 受理工作

(1)审查发货单位全称、资质(含运输证明)、印章。

(2)审查发站名称。

(3)审查到局名称、代号。

(4)审查到站名称、电报略号、专用线名称。

(5)审查收货单位名称、代号。

(6)审查货物品名、代号。

(7)审查发站、到站营业办理限制和起重能力限制。

(8)审查专用线办理限制。

(9)审查车种与品名相符。

(10)审查车数与吨数相匹配。

(11)审查填写的特征代码。

(12)审查货物换装港名称(水陆联运货物)。

(13)审查终到港名称(水陆联运货物)。

3. 审查停限装命令

(1)审查有无停限装电报。

(2)审查有无临时停限装命令。

4. 加盖带有站名的经办人名章

5. 将铁路货物运输服务订单相关内容录入计算机并向上级传输上报

6. 接收上级下达的计划批准号

(1)将下达的计划批准号填记在订单内。

(2)通知发货人。

(二)质量标准

1. 托运人办理整车货物运输时,应事先填写“铁路货物运输服务订单”,一式两份,其填记的内容必须按规定填写正确、齐全,字迹要清楚,不能涂改,使用简化字要符合国家规定。

2. 铁路货物运输服务订单应符合以下标准:

(1)发站、到站符合营业办理限制。

(2)发货单位的全称与印章应一致。

(3)特征代码填写正确。

(4)车种与品名相符。

(5)货物品名规范。

(6)车数与吨数相匹配。

3. 车站对符合条件的铁路货物运输服务订单要加盖受理人员个人名章,返还托运人一份,留站存查一份。对不符合条件的订单,车站应要求托运人重新提报。

(三)铁路货物运输服务订单范例

铁路货物运输服务订单范例

提表时间:2008 年 9 月 1 日
要求运输时间: 1 日至 30 日
受理号码: 0903

发站	名称 重庆南 略号 CRW
发货单位盖章	省/部名称 重庆市 代号 55 发货单位名称 重庆铁路物流有限责任公司 代号 地址 铁路6村292号 电话 61568296

顺号	到局: 代号:			收货单位				货物			车种代号	车数	特征代号	换装港	终到港	报价(元/吨)(元/车)	备注
	到站	到站电报略号	专用线名称	省/部		名称	代号	品名		吨数							
				名称	代号			名称	代号								
1	贵阳东	CRW	专	贵州		贵州商业储运公司		中成药	25 20148	60	P	1				×××.××	
2																	
3																	
4																	
5																	

供托运人自愿选择的服务项目(由托运人填写,需要的项目打√)	说明或其他要求事项	承运人签章
□1. 发送综合服务 □5. 清运、销纳垃圾 □2. 到达综合服务 □6. 代购、代加工装载加固材料 □3. 仓储保管 □7. 代对货物进行包装 □4. 篷布服务 □8. 代办一关三检手续	√ 保价运输	2008 年 9 月 1 日

说明:1. 涉及承运人与托运人、收货人的责任和权利,按《铁路货物运输规程》办理。

2. 实施货物运输、托运人还应递交货物运单,承运人应按报价核收费用。装卸等需发生后确定的费用,应先列出费目,金额按实际发生核收。

3. 用户发现有超出国家发改委、铁道部、省级物价部门公告的铁路货运价格及收费项目、标准收费的行为和强制服务、强行收费的行为,有权举报。

举报电话: 物价部门: 铁路部门:

【例 1】 宝鸡市粮食储运公司受某公司委托发运一批玉米饼，并向宝鸡东站提出服务订单，车站已受理，请指出问题所在。

铁路货物运输服务订单(整车)

2010 年 8 月份

提表时间：2010 年 8 月 20 日
要求运输时间：8 月 23 日至 9 月 10 日
受理号码：

发站	名称 宝鸡东	略号 BDY
发货单位盖章	省/部名称 陕西省 发货单位名称 宝鸡市粮食储运公司 地址 宝鸡市人民路	代号 61 代号 电话 84320912

顺号	到局： 代号：			收货单位				货物			车种代号	车数	特征代号	换装港	终到港	报价 ~~(元/吨)~~ (元/车)	备注
	到站	到站电报略号	专用线名称	省/部 名称	省/部 代号	名称	代号	品名 名称	品名 代号	吨数							
1	青龙场	QUW		四川		青龙场粮食市场	51	玉米	11	120	P	2				3万元	
2																	
3																	
4																	
5	成都东	CUW		四川		成都铁骑力士饲料有限公司转张宝安收	51	玉米饼	99	120	P	2					

供托运人自愿选择的服务项目(由托运人填写，需要的项目打√)	说明或其他要求事项	承运人签章
□1. 发送综合服务 □5. 清运、消纳垃圾 □2. □6. 代购、代加工装载加固材料 □3. 仓储保管 □7. 代对货物进行包装 □4. 篷布服务 □8. 代办一关三检手续	棚车不足时，可敞车代用 ☑保价运输	年 月 日

说明：1. 涉及承运人与托运人，收货人的责任和权利，按《铁路货物运输规程》办理。
2. 实施货物运输、托运人还应递交货物运单，承运人应按报价核收费用，装卸等需发生后确定的费用，应先列出费目，金额按实际发生核收。
3. 用户发现有超出国家发改委、铁道部、省级物价部门公告的铁路货运价格及收费项目、标准收费的行为和强制服务，强行收费的行为，有权举报。

举报电话： 物价部门：(029)7322944 铁路部门：21059

解：错误的地方有以下几个方面：

①运输时间不能跨月；②没有加盖发货单位章；③玉米饼属于豆粕类，危险货物国内运输不得代理；④选择保价运输豆粕没有声明价格；⑤玉米的保额明显不足，没有足额保价；⑥没有填写受理号；⑦没有加盖车站受理人员个人章和日期；⑧青龙场的收货单位的省部代码与收货人的代码填串；⑨成都东的收货人只能填写一个，不能"转张宝安收"；⑩品名代码填记不全。

二、货物运单的受理

(一)作业方法及步骤

准备工作

1. 人员。
2. 工具：计算机、软件、打印机等。
3. 材料：货物运单。
4. 资料：规章、文电等。

作业方法

1. 受理前准备

(1)货物运单是承运人与托运人之间为运输货物而签订的一种运输合同。

(2)熟悉铁路货物运单的各项内容:

① 清楚铁路货物运单哪些内容应由托运人填写。

② 清楚铁路货物运单哪些内容由承运人填写。

(3)熟悉铁路货物运单填写要求、标准。

2. 受理工作

托运人提出货物运单后,经承运人审查,若符合运输条件,则在货物运单上签证货物搬入日期或装车日期的作业,称为受理。

车站根据批准的要车计划和进货计划受理货物。对整车货物,车站根据批准的铁路货物运输服务订单和装车计划受理货物运单。

(1)整车货物有无批准的计划号码,与计划是否相符,有无超计划情况。

(2)对到站、到局和到站所属省、市、自治区各栏内容应相互核对,三者必须相符。整车货物到站更改后涉及限制口时应由托运人办理要车计划。

(3)确认到站的营业办理限制(有无临时停、限装命令)。到站营业办理限制的范围可查看《货物运价里程表》中"营业办理限制"栏。

(4)认真审查专用线(专用铁路)办理范围。到站如仅办理专用线货物到发时,运单内应记明在××专用线卸车。对途中装卸的货物,应记明途中装卸车的地点。

(5)托运人、收货人名称、地址、邮政编码和电话号码是否填写清楚完整,对个人名称、件数、包装、重量的填记是否符合要求。

(6)对危险货物、鲜活货物或使用集装箱的货物还应用红色墨水书写或加盖红色戳记标明货物的性质。托运易腐货物或"短寿命"放射性货物时,是否记明容许运输期限。

(7)需要有证明文件才能运输的货物,其证明文件、技术资料是否齐备。

(8)货物重量、体积、长度、性质与托运人在运单中注明要求使用车种、吨数是否相符。

(9)对个人托运的物品,其物品清单内容是否具体。特别注意审查是否夹带有贵重物品(金银首饰、货币、证券等)和危险物品。

(10)规定须派押运人的货物,是否注明押运人姓名及证件号码。

(11)认真审核货物运单与领货凭证是否一致。

经铁路审查,若运单填写无误,符合运输要求,车站方可受理,并在货物运单上签证进货日期或装车日期,加盖受理章和经办人名章。对抢险救灾物资、直接用于农业生产的物资、鲜活货物、文艺演出用品、搬家货物以及其他需要急运的物资,应优先受理。

(12)货物快运,在运单的右上角用红色标记注明"快运"。

(二)质量标准

1. 托运人向承运人交运货物,应向车站按批提出货物运单。托运人对其在货物运单和物品清单内所填记事项的真实性,应负完全责任。

2. 货物运单粗线以左各栏和领货凭证由托运人用钢笔、毛笔、圆珠笔或用加盖戳记的方法填写。

3. 托运人填写运单必须正确、齐全、真实，字迹要清楚，使用简化字要符合国家规定，不得使用自造字。

4. 运单内填写的各栏内容原则上不得更改。属于托运人填记事项如有更改时，须由托运人盖章证明；属于承运人填记事项需要更改时，须由更改的车站加盖站名戳记证明。承运人对托运人填记事项除因运输变更需要代为更正到站、收货人和收货人住址各栏的内容(应加盖站名日期戳记)外，不得更改其他事项。

5. 承运人填记事项正确、完整，加盖戳记规范齐全。

(三)铁路货物运单范例

铁路货物运单

货物指定于9月12日搬入

货位：6—7#

计划号码或运输号码：

09w00234567

××铁路局

货物运单

承运人/托运人装车
承运人/托运人施封

运到期限　　日　　　托运人→发站→到站→收货人　　　货票第　　号

<table>
<tr><td colspan="6">托运人填写</td><td colspan="4">承运人填写</td></tr>
<tr><td>发站</td><td>重庆南</td><td colspan="2">到站(局)</td><td>成都东(成)</td><td>车种车号</td><td></td><td>货车标重</td><td colspan="2"></td></tr>
<tr><td colspan="4">到站所属省(市)自治区</td><td>四川</td><td>施封号码</td><td colspan="4"></td></tr>
<tr><td rowspan="2">托运人</td><td>名称</td><td colspan="3">张三</td><td>经由</td><td colspan="2">铁路货车篷布号码</td><td colspan="2"></td></tr>
<tr><td>住址</td><td colspan="2">铁路6村292号</td><td>电话 6532 7897</td><td></td><td rowspan="4">集装箱号码</td><td colspan="3" rowspan="4"></td></tr>
<tr><td rowspan="2">收货人</td><td>名称</td><td colspan="3">李四</td><td>运价里程</td></tr>
<tr><td>地址</td><td colspan="2">成都荷花池312号</td><td>电话 8627 5128</td><td></td></tr>
<tr><td>货物名称</td><td>件数</td><td>包装</td><td>货物价格</td><td>托运人确定重量(kg)</td><td>承运人确定重量(kg)</td><td>计费重量</td><td>运价号</td><td>运价率</td><td>运费</td></tr>
<tr><td>榨菜</td><td>2 400</td><td>纸箱</td><td>10万</td><td>60 000</td><td></td><td></td><td></td><td></td><td></td></tr>
<tr><td></td><td></td><td></td><td></td><td></td><td></td><td></td><td></td><td></td><td></td></tr>
<tr><td></td><td></td><td></td><td></td><td></td><td></td><td></td><td></td><td></td><td></td></tr>
<tr><td></td><td></td><td></td><td></td><td></td><td></td><td></td><td></td><td></td><td></td></tr>
<tr><td></td><td></td><td></td><td></td><td></td><td></td><td></td><td></td><td></td><td></td></tr>
<tr><td>托运人记载事项：</td><td colspan="4">保险运输</td><td>承运人记载事项：</td><td colspan="4"></td></tr>
</table>

注：本单不作为收款凭证，托运人签约须知见背面。 规格：350 mm×185 mm	托运人盖章或签字 张三 2008年9月12日	到站交付日期戳	发站承运日期戳

领货凭证

车种及车号

货票　　号

运到期限　　日

<table>
<tr><td>发站</td><td colspan="2">重庆南</td></tr>
<tr><td>到站</td><td colspan="2">成都东</td></tr>
<tr><td>托运人</td><td colspan="2">张三</td></tr>
<tr><td>收货人</td><td colspan="2">李四</td></tr>
<tr><td>货物名称</td><td>件数</td><td>重量</td></tr>
<tr><td>榨菜</td><td>2400</td><td>60000</td></tr>
<tr><td></td><td></td><td></td></tr>
<tr><td></td><td></td><td></td></tr>
<tr><td></td><td></td><td></td></tr>
<tr><td></td><td></td><td></td></tr>
<tr><td colspan="3">托运人盖章或签字
张三</td></tr>
<tr><td colspan="3">发站承运日期戳</td></tr>
</table>

注：收货人领货须知见背面

【例2】 韶关东站发到北京局霸州站中央储备粮霸州直属库专用线面粉一车，托运人为韶关市金星贸易有限公司，收货人为专用线产权单位，一种包装规格为50 kg/袋，共700件，另一种包装规格为25 kg/袋，共1 000件，均使用布袋包装，托运人要求按保价运输，以下分别为托运人领货凭证和货物运单托运人填写部分，请指出托运人填写中存在的问题。

货物指定于　月　日搬入

货位：

计划号码或运输号码：

运到期限　日

××铁路局

货物运单

托运人→发站→到站→收货人　　货票第　号

承运人/托运人装车
承运人/托运人施封

托运人填写					承运人填写				
发站	韶关东	到站(局)	霸州		车种车号		货车标重		
到站所属省(市)自治区		霸州市			施封号码				
托运人	名称	韶关市金星贸易有限公司			经由	铁路货车篷布号码			
	地址	韶关市北江10号	电话	0751—8105202					
收货人	名称	霸州直属粮库			运价里程	集装箱号码			
	地址	河北省霸州市岔河集乡刘庄	电话	0316—7239201					
货物名称	件数	包装	货物价格	托运人确定重量(kg)	承运人确定重量(kg)	计费重量	运价号	运价率	运费
面粉	1 700	袋	18万元	60 000					
合计	1 700		18万元	60 000					
托运人记载事项：					承运人记载事项：				

注：本单不作为收款凭证，托运人签约须知背面。规格：350 mm×185 mm	托运人盖章或签字　年　月　日	到站交付日期戳	发站承运日期戳

领货凭证

车种及车号

货票　号

运到期限　日

发站	韶关东	
到站	霸州	
托运人	韶关市金星贸易有限公司	
收货人	霸州直属粮库	
货物名称	件数	重量
面粉	1 700	60 t
托运人盖章或签字		
发站承运日期戳		

注：收货人领货须知见背面。

解：错误的地方有以下几个方面：

①领货凭证部分未填写收货人名称全称，与货物运单部分中由托运人填写的收货人名称不符；②领货凭证、货物运单托运人填写部分托运人盖章或签字栏未填，发站承运、签字栏日期未填；③在中央储备粮霸州直属库专用线卸车，未在托运人记载事项栏填写“在中央储备粮霸州直属库专用线卸车”；保价运输货物，托运人未在托运人记载事项栏内记明“保价运输”字样；④面粉为按重量和件数承运的货物，两种包装规格在托运人填写部分未分行填记，不符合《货规》第17条和附件三《货物运单和货票填制办法》的要求；⑤包装栏应为“布袋”；⑥托运人填写部分到站(局)栏缺乏铁路局简称“(京)”字；⑦到站所属省(市)自治区“霸州市”应为“河北省”；⑧托运人住址栏无“广东省”三字。

【例3】 德胜发青州杉木一批60 t，托运人为广西拉浪林场，收货人为福建省青州造纸厂，托运人要求按保价运输。请指出托运人填写中存在的问题。

GF—91—0402

计划号码或运输号码：　　　　　南宁铁路局

货位：　　　　　　　　　　　**货物运单**

货物指定于　月　日搬人　　　托运人→发站→到站→收货人

运到期限　　日

承运人/托运人装车
承运人/托运人施封

货票第　　号

<table>
<tr><td colspan="5">托运人填写</td><td colspan="5">承运人填写</td></tr>
<tr><td>发站</td><td>德胜</td><td>到站(局)</td><td colspan="2">青州</td><td>车种车号</td><td colspan="2"></td><td>货车标重</td><td></td></tr>
<tr><td colspan="5">到站所属省(市)自治区　福建</td><td>施封号码</td><td colspan="4"></td></tr>
<tr><td rowspan="2">托运人</td><td>名称</td><td colspan="3">广西拉浪林场</td><td>经由</td><td colspan="4">铁路货车篷布号码</td></tr>
<tr><td>住址</td><td>德胜××街××号</td><td>电话</td><td>××××××</td><td></td><td rowspan="3">集装箱号码</td><td colspan="3" rowspan="3"></td></tr>
<tr><td rowspan="2">收货人</td><td>名称</td><td colspan="3">福建省青州造纸厂</td><td>运价里程</td></tr>
<tr><td>住址</td><td>青州××街××号</td><td>电话</td><td>××××××</td><td></td></tr>
<tr><td>货物名称</td><td>件数</td><td>包装</td><td>货物价格</td><td>托运人确定重量(kg)</td><td>承运人确定重量(kg)</td><td>计费重量</td><td>运价号</td><td>运价率</td><td>运费</td></tr>
<tr><td>松木</td><td>散</td><td>无</td><td>10 000</td><td>60 000</td><td></td><td></td><td></td><td></td><td></td></tr>
<tr><td></td><td></td><td></td><td></td><td></td><td></td><td></td><td></td><td></td><td></td></tr>
<tr><td></td><td></td><td></td><td></td><td></td><td></td><td></td><td></td><td></td><td></td></tr>
<tr><td></td><td></td><td></td><td></td><td></td><td></td><td></td><td></td><td></td><td></td></tr>
<tr><td></td><td></td><td></td><td></td><td></td><td></td><td></td><td></td><td></td><td></td></tr>
<tr><td>合计</td><td></td><td></td><td></td><td></td><td></td><td></td><td></td><td></td><td></td></tr>
<tr><td>托运人记载事项：</td><td colspan="4"></td><td>承运人记载事项：</td><td colspan="4"></td></tr>
</table>

注：本单不作为收款凭证，托运人签约须知见背面。 规格：350 mm×185 mm	托运人盖章或签字 2010 年 8 月 18 日	到站交付日期戳	发站承运日期戳

解：错误的地方有以下几个方面：

①到站栏漏写到局；②木材运输需准运证及检疫证，需托运人提出并在托运人记载事项栏内记明；③记事栏内没有注明“保价运输”字样。

【例 4】　柳州北发岳阳硝酸罐车一批，托运人为柳州化工股份有限公司，收货人为巴陵石化分公司，托运人要求在巴陵石化分公司专用线装车。请指出托运人填写中存在的问题。

GF—91—0402

计划号码或运输号码：

货位：

货物指定于　月　日搬入

运到期限　日

南 宁 铁 路 局

货　物　运　单

托运人→发站→到站→收货人

承运人/托运人装车
承运人/托运人施封

货票第　号

托 运 人 填 写					承 运 人 填 写				
发　站	柳州北	到站(局)	岳阳北(广)		车种车号		货车标重		
到站所属省(市)自治区	湖南				施封号码				
托运人	名称	柳州化工股份有限公司			经　由	铁路货车篷布号码			
	住址	柳州市××路××号	电话	××××××					
收货人	名称	巴陵石化分公司			运价里程	集装箱号　码			
	住址	××市××路××号	电话	××××××					
货物名称	件数	包　装	货物价格	托运人确定重量(kg)	承运人确定重量(kg)	计费重量	运价号	运价率	运　费
硝酸		罐		56 700					
合　计									
托运人记载事项：	送巴陵石化分公司专用铁路卸车				承运人记载事项：				

注：本单不作为收款凭证，托运人签约须知见背面。 规格：350 mm×185 mm	托运人盖章或签字 2010 年 8 月 18 日	到站交付日期戳	发站承运日期戳

解：错误的地方有以下几个方面：

①未在运单右上角用红色戳记标明类项名称；②托运人记载事项没有注明在××专用线装车；③托运人记载事项没有注明经办人姓名、身份证号、合格证以及托运人资质证书号码。

【例 5】 柳州北发越南硝酸铵一批，件数为 2 400 件，共计 60 t。托运人为广西柳铁国际物流有限公司，收货人为越南富寿物资公司。请指出托运人填写中存在的问题。

GF—91—0402

计划号码或运输号码：

货位：

货物指定于　月　日搬入

运到期限　日

南宁铁路局

货物运单

托运人→发站→到站→收货人

承运人/托运人装车
承运人/托运人施封

货票第　号

托运人填写					承运人填写			
发站	柳州北	到站(局)	河内(越南)		车种车号		货车标重	
到站所属省(市)自治区	越南				施封号码			
托运人	名称	广西柳铁国际物流有限公司			经由	铁路货车篷布号码		
	住址	柳州市××路××号	电话	××××××		集装箱号码		
收货人	名称	越南富寿物资公司			运价里程			
	住址	越南	电话	××××××				

货物名称	件数	包装	货物价格	托运人确定重量(kg)	承运人确定重量(kg)	计费重量	运价号	运价率	运费
硝酸铵	2 400	编织袋		60 000					
合计									
托运人记载事项：					承运人记载事项：				

注：本单不作为收款凭证，托运人签约须知见背面。 规格：350 mm×185 mm	托运人盖章或签字 2010 年 8 月 18 日	到站交付日期戳	发站承运日期戳

解：错误的地方有以下几个方面：

使用了错误的货物运单，国际联运需使用国际联运货物运单。

三、计算货物运到期限、运到逾期违约金

(一)作业方法及步骤

准备工作

1. 人员。
2. 工具：计算器、纸、钢笔及圆珠笔等。
3. 材料。
4. 资料(规章、文电等)。

作业方法

1. 货物运到期限

运到期限按日计算，计算公式见公式 1：

$$T_{运到}=T_{发}+T_{运}+T_{特} \quad 公式1$$

(1)货物发送时间($T_{发}$)

完成货物发送的作业时间。发送时间规定为 1 日。

(2)货物运输时间($T_{运}$)

根据运输速度和运输距离，从发站至到站运输货物所需要的时间。运输期间规定每 250 运价公里或其未满为 1 日；按快运办理的整车货物每 500 运价公里或其未满为 1 日。

(3)特殊作业时间($T_{特}$)

① 整车分卸货物，每增加一个分卸站另加 1 日。

② 准、米轨间直通运输的整车货物另加 1 日。

2. 运到逾期违约金

货物实际运到日数超过规定的运到期限时，铁路应按所收运费的百分比向收货人支付违约金。

(二)质量标准

规章运用正确、计算无差错

【例 6】 衡阳站 4 月 16 日承运一批整车货物到石家庄站，4 月 29 日石家庄站卸车完了，是否逾期？如果逾期应向收货人支付多少逾期违约金？(运价里程 1 515 m)

解：$T_{运到}=T_{发}+T_{运}+T_{特}=1+\frac{1\,515}{250}+0=8$(日)

从 4 月 17 日起至 4 月 29 日，实际运到日数为 13 日，$T_{实}=13$ 日

$T_{逾}=T_{实}-T_{运到}=13-8=5$(日)

查《铁路货物运输规程》37 条货物运到期限在 10 日以内规定的计算违约金表可知，应向收货人支付运费的 20%作为逾期违约金。

【例 7】 甲站专用线内使用敞车装玉米 1 车苫盖篷布运输，8 月 10 承运，8 月 13 日到达乙站，货检检查发现该车由于绳网使用不当导致超出车帮货物倒塌，进行整理，当日整理完毕挂出，8 月 19 日到达目的地丙站，8 月 20 日送入货场卸车完毕。甲站至丙站 800 公里。计算货物运到期限及运到逾期违约金金额。

解：

(1)计算运到期限：①货物发送时间 $T_{发}=1$ 日；② 货物运输时间 $T_{运}=800\div250=3.2$(日)，未满 1 日按 1 日计算，计 4 日；③ 运到期限为 5 日。

(2)计算实际运到日数：从承运的次日 8 月 11 日起算，至到站卸车完毕 8 月 20 日止，计 10 日。

(3)支付违约金的日数：该车因专用线自装交接时承运人无法从外部检查发现问题，故应从实际运到日数中扣除途中整理时间，即支付违约金的日数为 10－1－5＝4(日)，计 4 日。

(4)运到逾期违约金金额：查《铁路货物运输规程》可知，应支付运费 20%的违约金。

【例 8】 某站使用机械冷藏车装运到某站蔬菜一批，2009 年 6 月 5 日承运，于 6 月 18 日到达终到站后发现该批蔬菜已大部分腐烂，随即通知发货人及发站，经查该批蔬菜的装载方式符合“易腐货物机械冷藏车运输条件表”及“易腐货物运输包装表”，托运人在“托运人记事栏”注明容

许运输期限为 15 日，两车站间运营里程为 2 280 km，试计算货物运到期限及逾期违约金。

解：

(1)托运人提报的该批蔬菜容许运输期限为 15 日。

(2)铁路规定的运到期限：

$T_{发}=1$ 日

$T_{运}=2\,280\div 250=9.12$(日)

$T_{运到}=T_{发}+T_{运}=1+9.12=10.12$(日)

未满 1 日按 1 日计算，计 11 日。

(3)该批货物实际运到日数：从承运的次日 6 月 6 日算起，至到站 6 月 18 日止，计 13 日。

(4)容许运输期限－运到期限＝15－11＝4(日)＞3(日)，发站承运货物符合要求。

(5)该批货物运到逾期：实际运到日数－运到期限＝13－11＝2(日)。

(6)运到逾期违约金金额：查《铁路货物运输规程》可知，应支付运费 10%的违约金。

四、货物运输合同的变更和解除

(一)作业方法及步骤

准备工作

1. 人员。
2. 工具：计算器、钢笔或圆珠笔等。
3. 材料：货物运单、变更运输要求书。
4. 资料：(规章、文电等)。

作业方法

1. 受理前准备

(1)熟悉铁路货物运输合同的基本知识。

(2)掌握签订铁路货物运输合同的规定。

(3)掌握铁路运输合同变更和解除的规定。

2. 受理工作

(1)货物运输合同变更的范围及限制

货物运输合同的变更包括变更到站和变更收货人。

① 变更到站。货物已经装车挂运，托运人或收货人可向中途站或到站提出变更一批货物的到站。

② 变更收货人。货物已经装车挂运，托运人或收货人可向中途站或到站提出变更一批货物的收货人。

货物运输合同的变更是有限制的，对下列情况，承运人不办理货物运输合同的变更：

① 违反国家法律、行政法规、物资流向、运输限制和蜜蜂的变更。

② 变更后的货物运到期限大于容许运输期限。

③ 变更一批货物中的一部分。

④ 第二次变更到站。

货物运输变更由车站受理，但整车货物变更到站，受理站应报主管铁路局批准。

(2)货物运输合同的解除

在货物被铁路承运且尚未发送之前，托运人可向发站提出取消托运的要求。经承运人同意，该货物运输合同即告解除。

(3)办理变更或解除货物运输合同手续

① 托运人或收货人要求变更或解除运输合同时，应提出领货凭证和货物运输变更要求书(格式九)，无法提出领货凭证时，应提出其他有效证明文件，并在货物运输变更要求书内注明。

② 车站在处理变更时，应在货票记事栏内记明变更的依据，改正运输票据、标记(货签)等有关记载事项，并加盖车站日期戳或带有站名的名章。变更到站时，并应拍发电报通知新到站及其主管铁路局收入检查室和发站。

③ 办理货物运输变更或取消托运，托运人或收货人应按规定支付费用。

(二)质量标准

1. 在货物交付给收货人之前，根据《中华人民共和国合同法》规定，托运人享有终止运输权、变更货物到站权、货物返还的请求权、变更收货人等四项基本权利。因此，托运人或收货人由于特殊原因，对经铁路承运后的货物，可以提出变更到站或变更收货人的要求，这就是所谓运输合同的变更；另外，在货物承运后、发送前，托运人还可以向发站提出取消托运的要求，这就是所谓运输合同的解除。

2. 受理货物运输合同变更或解除应符合《铁路货物运输管理规程》等相关规章规定。

3. 货物运输变更书各栏填写必须正确、齐全、真实，字迹要清楚，使用简化字要符合国家规定，不得使用自造字。

4. 变更或解除运输合同时，托运人必须对领货凭证的真实性负责。无法提出领货凭证时，应提出其他有效证明文件，并在货物运输变更要求书内注明。

5. 承运人记载事项填记正确、完整。货物运输变更由车站受理，但整车货物变更到站，受理站应报主管铁路局同意。

(三)货物运输变更要求书范例

货物运输变更要求书

受理变更顺序号	第 12 号

提出变更单位名称和地址：张三(铁路6村292号) 印章：张三 2008年9月15日

<table>
<tr><td>变更事项</td><td colspan="6"></td></tr>
<tr><td rowspan="5">原票据记载事项</td><td>运单号码</td><td>发站</td><td>到站</td><td>托运人</td><td>收货人</td><td>办理种别</td></tr>
<tr><td>R08987</td><td>重庆南</td><td>成都东</td><td>张三</td><td>李四</td><td>整车</td></tr>
<tr><td>车种车号</td><td colspan="2">货物名称</td><td>件数</td><td>重量</td><td>承运日期</td></tr>
<tr><td>P_{62N} 3409878</td><td colspan="2">榨菜</td><td>2400</td><td>60000 kg</td><td>2008年9月12日</td></tr>
<tr><td>记事</td><td colspan="5">保险：壹拾万元</td></tr>
<tr><td rowspan="2">承运人记载事项</td><td colspan="5" rowspan="2"></td><td>经办人</td></tr>
<tr><td></td></tr>
</table>

规格：185 mm×130 mm

【例9】 某站12月12日装冻肉一批到A站(运价里程1151 km)，货物运单托运人记事栏内记载容许运到期限10日，12月17日该车到达A站后，托运人要求变更到B站(A至B运价里程258 km)，A站能否受理？为什么？

解：A站不能受理。其原因如下：

(1)原货物运到期限6日，容许运到期限10日。

(2)该车从12月12日承运至12月17日到达A站共经历5日。

(3)A至B新的运到期限3日。

(4)扣除已发生的运送天数，容许运到期限还剩10－5＝5(日)，与新运到期限相差5－3＝2(日)＜3日。

容许运到期限大于铁路规定的运到期限3日时，才能办理变更。故A站不能受理该车货物的变更。

【例10】 5月2日庆安站到石家庄站4车冻牛肉，使用B_{21}机械冷藏车装运。规定的运到期限为11日，托运人记载事项栏内注明容许运送期限17日。该车组承运的当日运行至哈尔滨南站时，托运人向该站要求变更到安阳站，并同时提出领货凭证和货物变更要求书，试问哈尔滨南站应如何正确处理？

解：(1)检查托运人提出的领货凭证及其身份证，领货凭证各栏填记内容与运单完全一致，并与运单连接处有骑缝戳记；身份证为托运人本人身份证(托运人为单位时应为该单位出具介绍信中委托办理人员本人身份证)。

(2)重新计算哈尔滨南站至安阳站的运到期限为12日。

(3)容许运输期限17日大于规定的运到期限3日以上，可以受理变更。

(4)对该车施封的封印进行检查，确认施封状态完好，站名、号码与票据记载相符，可以受理运输变更。

(5)上报哈尔滨铁路局调度所，经同意后办理变更。

(6)哈尔滨南站应在货票丁联记事栏内注明变更承认命令号码和由于变更所发生的费用，同时改正运单、货票丁联中的到站和收货人，并在货票丁联背面货物运输变更事项内注明受理站、电报号、变更事项。按章核收变更手续费，并加盖哈尔滨南站日期戳记和经办人名章。

(7)拍发电报通知新到站安阳及其主管的郑州铁路局收入检查室和发站庆安。

【例11】 A站承运到B站核桃整车一批，保价30万元。该车运行至中途C站时，托运人向C站站长提出货物变更到D站的要求，同时出示领货凭证和货物变更要求书。C站站长审查后要求该站做货调处理，货调审核后即将货物运单和货票丁联到站栏“B”划去改为“D”，在涂改处加盖站名戳记后，安排货车编挂计划。D站卸车当日托运人凭领货凭证将货物提取，次日，收货人持领货凭证及个人身份证明的人员向D站办理领取货运手续。D站检查比较后发现前后两份领货凭证为同一笔迹，同一票号，但均未加盖骑缝站名戳记。随后，到站多次向托运人协商追回货物未果。一月后，收货人向到站要求赔偿全批货物30万元的损失。问：你认为到站是否应答应收货人的赔偿请求？并请分析各站作业中存在的问题。

解：本案属于由于误变更引起的误交付事故，应该赔偿收货人的30万元的全部损失。

各站作业中存在的问题如下：

(1)变更站C站在办理货物运输变更时存在的问题：

① 货物变更应由货运计划人员受理，审查变更后的运输条件、运输限制、新到站业务范围等，按章核收变更费用。货调是现场生产指挥人员，变更后的审查不在业务范围内，站长指示属于行政行为，违反正常的作业程序。

② 违反《铁路货物运输规程》第 40 条第 1 款规定：托运人或收货人要求变更运输合同时，应提出领货凭证和货物变更要求书。这里的领货凭证应是有效的领货凭证，各栏填记完整，连接处盖骑缝章，但实际上的领货凭证无骑缝章，是无效的，C 站也没有检查出来。

③ 违反《铁路货物运输规程》第 40 条第 2 款规定：整车货物变更到站，受理站应报主管局同意。C 站未报主管局同意，显然是属于违章变更。

④ 违反《铁路货物运输规程》第 40 条第 3 款规定：变更站应在货票丁联上记明变更依据并加盖车站日期戳或带站名的名章，变更后应拍发电报通知新到站及其主管局收入检查室和发站。C 站受理变更后在货票丁联有关栏内填记说明，但未见拍发电报通知有关单位，显然是违章操作。

⑤ 违反《铁路货物运输管理规则》第 32 条规定：整车货物变更到站时，处理站应对该车的装载加固情况进行检查，对施封货车应检查封印是否完好，站名、号码是否与票据相符。C 站在向新到站挂运前，未见 C 站在挂运前检查货车装载加固情况、货车封印、站名及号码，属于违章操作。

⑥ 违反《铁路货物运价规则》47 条规定：由受理变更站核收货物运输变更手续费的规定，C 站未核收货物运输变更手续费。

(2) D 站交付作业存在的问题如下：

① 违反《铁路货物运输规程》第 34 条第一款的规定：货物在到站应向运单内记载的收货人交付。不应该向托运人交付。

② 违反《铁路货物运输规程》第 34 条第二款的规定：应凭有效的领货凭证领取货物，没有检查出领货凭证失效，致使发生误交付。

(3)发站 A 站存在的过错：

违反《铁路货物运输管理规则》第 7 条规定：没有在领货凭证及货物运单接缝处加盖车站承运日期章。因为真的和假冒的领货凭证都没有骑缝章。

五、集装箱运输货物的受理

(一)作业方法及步骤

准备工作

1. 人员。

2. 工具：计算机、软件、打印机、计算器、钢笔或圆珠笔等。

3. 材料；集装箱货物运单。

4. 资料(规章、文电等)。

作业方法

1. 受理前准备

(1)熟悉集装箱运输基本知识。

(2)熟悉集装箱货物运单格式及填写要求,标准。

(3)掌握受理集装箱运输有哪些要求。

(4)了解铁路集装箱有关技术参数。

2. 受理工作

(1)集装箱运输必须在集装箱办理站之间办理。具体情况,可以查询“集装箱办理站站名表”。

(2)集装箱运输以货物运单作为运输合同。托运人托运集装箱,应按批提出货物运单一份。每批必须是标记总重相同的同一箱型,最多不得超过一辆铁路货车所能装运的箱数。铁路箱和自备箱不得按一批办理。

目前各铁路局和集装箱公司承运集装箱货物时,一律使用集装箱货物运单,其运单提货联作用等同领货凭证。

① 审查各栏填写是否齐全、正确、清楚。

② 审查发站、到站是否为集装箱办理站。

③ 审核货物是否适合集装箱装运条件。

④ 审核货物重量填写是否准确。

⑤ 审核件数是否填写的是集装箱箱数。

⑥ 审查是否符合集装箱一批办理的条件。

⑦ 审查所需证明文件是否齐全有效。

⑧ 审核“托运人记载事项”栏:集装箱运输的货物由托运人确定重量。集装箱内单件货物的重量超过 100 kg 时,应在运单“托运人记载事项”栏内分别注明实际重量;在专用铁路、专用线卸车的集装箱,应在货物运单“托运人记载事项”栏内记明“在××专用铁路(铁路专用线)卸车”。

(3)集装箱装运多种品名的货物不能在运单内逐一填记时,托运人应按箱提出物品清单一式三份。加盖车站日期戳后,一份由发站存查;一份随同运送票据递交到站;一份退还托运人。

(4)承运人对托运人填写的货物运单进行审核,审核后在运单和领货凭证上加盖“×吨集装箱”、“国际集装箱运输”等戳记。

(二)质量标准

1. 承运集装箱运输的货物时应符合按一批托运的要求。

2. 集装箱货物运单必须填写正确、齐全、真实,字迹要清楚,使用简化字要符合国家规定,不得使用自造字。发站、到站必须为集装箱办理站;发送货物适合集装箱装运;托运人记事栏填记符合标准;注明证明文件的名称、号码符合相关要求。

3. 集装箱运输应按“合理集结、多装直达、均衡运输、减少回空”的原则组织。

4. 集装箱运输实行优先审批计划、优先配车、优先挂运、优先排空箱的政策,统计报表单独统计。

5. 承运人填记事项正确、完整,加盖戳记规范齐全。

6. 确认装运集装箱的车种、车型符合要求。

7. 按规定办理保价运输或保险运输。

(三)集装箱货物运单范例

货物指定于 9 月 12 日搬入

货位：5—12#

运到期限　　日

中铁集装箱运输有限责任公司

集装箱货物运单

托运人→发站→到站→收货人

承运人/托运人装车

货票号码：

<table>
<tr><td colspan="2">发站</td><td colspan="2">重庆南</td><td>到　站</td><td>沈阳东(沈)</td><td>车种车号</td><td></td><td>货车标重</td><td></td></tr>
<tr><td colspan="2">到站所属省(市)自治区</td><td colspan="6">辽宁</td><td rowspan="6">运输方式</td><td rowspan="6">国内运输☑　海铁联运□
班列联运□
站 到 站□　站 到 门□
到 站 门□　门 到 门□</td></tr>
<tr><td colspan="2">发货地点</td><td colspan="3"></td><td>交货地点</td><td colspan="2"></td></tr>
<tr><td rowspan="2">托运人</td><td>名　称</td><td colspan="4">王　晓</td><td>电　话</td><td>135……</td></tr>
<tr><td>住　址</td><td colspan="4">九龙坡区黄桷坪正街 223 号</td><td>E-mail</td><td></td></tr>
<tr><td rowspan="2">收货人</td><td>名　称</td><td colspan="4">万　平</td><td>电　话</td><td>138……</td></tr>
<tr><td>住　址</td><td colspan="4">沈阳市天马公司家属区 11 栋 5—12 号</td><td>E-mail</td><td></td></tr>
<tr><td colspan="2">货物品名</td><td>集装箱箱型</td><td>集装箱箱类</td><td>集装箱数量</td><td>集装箱号码</td><td>施封号码</td><td>托运人确定重量(公斤)</td><td>承运人确定重量(公斤)</td><td>运输费用</td></tr>
<tr><td colspan="2">榨菜</td><td>20 英尺</td><td>通用</td><td>1</td><td>TBJ620001</td><td></td><td>21 000</td><td></td><td></td></tr>
<tr><td colspan="2"></td><td></td><td></td><td></td><td></td><td></td><td></td><td></td><td></td></tr>
<tr><td colspan="2"></td><td></td><td></td><td></td><td></td><td></td><td></td><td></td><td></td></tr>
<tr><td colspan="2"></td><td></td><td></td><td></td><td></td><td></td><td></td><td></td><td></td></tr>
<tr><td colspan="2">合　计</td><td></td><td></td><td></td><td></td><td></td><td></td><td></td><td></td></tr>
<tr><td colspan="4">托运人记载事项：保价运输</td><td colspan="2">添附文件：</td><td>货物价格：壹万元</td><td colspan="3">承运人记载事项：</td></tr>
</table>

注：本运单不作为收款凭证，

（托运人、收货人）须知见背面。

托运人盖章签字王　晓

2008 年 9 月 12 日

承运日期戳

交付日期戳

六、车站货运营业办理限制及包装储运图示的含义

1. B； 2. W； 3. A； 4. K； 5. 全； 6. ；
7. ； 8. ； 9. ； 10. ； 11. ； 12. ；
13. ； 14. ； 15. ； 16. ； 17. ； 18. 湿；
19. 散； 20. 蜂； 21. 危

(一)作业方法及步骤

准备工作

1. 人员。
2. 工具:计算器、纸、钢笔及圆珠笔等。
3. 材料。
4. 资料(规章、文电等)。

作业方法

1. B:1批保价金额在50万元以上的整车货物、大型集装箱货物,1批保价在30万元以上的1t集装箱货物和一批保价金额在20万以上的零担货物。
2. A:特殊货物运输中的特殊装备、特种材料、精密仪器和尖端保密产品。
3. W:需要公安民警押运的重点物资。
4. K:表示须快速挂运的货车。
5. 全:整车敌敌畏、六六六和1605、1059农药。
6. 小心轻放:用于碰震易碎、需轻拿轻放的运输包装件。
7. 禁止手钩:用于不得使用手钩搬动的运输包装件。
8. 向上。
9. 怕热。
10. 远离放射源或热源。
11. 由此吊起。
12. 怕湿。
13. 重心点。

14. 禁止滚翻。

15. 堆码重量极限。

16. 堆码层数极限。

17. 温度极限。

18. 湿:站内不办理怕湿货物发到。

19. 散:站内不办理散堆装货物发到。

20. 蜂:站内不办理蜜蜂发到。

21. 危:站内办理危险货物运输,具体办理内容另查《铁路危险货物运输办理站(专用线、专用铁路)办理规定》。

(二)质量标准

包装储运图示及红色戳记识别正确,含义清楚。

七、货源调查分析

(一)作业方法及步骤

准备工作

1. 人员。

2. 工具:计算器、纸、钢笔及圆珠笔等。

3. 材料。

4. 资料(规章、文电等)。

作业方法

1. 准备工作。

(1)召开货源会议前对批准的计划进行归纳、分析。

(2)弄清各物资单位下月计划的发送吨数、车种、车数、品类,做到心中有数。

2. 建立货源核实制度。

(1)装车站应定期或不定期地通过召开会议或走访物资单位等方式核对有效货源。了解纳入"五定"班列和大宗货物直达列车的有效货源,批准的月编货运计划、日常货运计划的有效货源,物资单位生产、供应、销售、库存量及短途运输等情况。遇货源发生较大变化时,应及时逐级上报。

(2)重点物资装车站,应掌握吸引区内重点物资单位的生产、运输情况并对重点物资实际库存量和可运量逐日登记。港口站对港口到达车数、品类和装、卸车数及港存量等情况逐日登记。口岸站对进、出口物资品类的到达车数、换装车数及站存量逐日登记。

(3)口岸站应建立双方站长定期会晤制度,相互通报有关运输情况。遇有重要情况,站长应及时通报铁路局运输处货工科,铁路局及时上报铁道部运输局货工处。

3. 召开物资单位会议,对货源进行调查。

(1)核实下月各物资单位的货源情况,下达计划能否能够完成,是否可能追补计划或落空。

(2)弄清各物资单位的生产情况,分清货源是长期稳定、季节性或是临时急运。

(3)弄清各物资单位月计划实施的概况,有无集中装车情况。

(4)了解物资单位在计划实施中有无困难,是否需车站帮助解决。

4. 通过会议对货源进行分析。

(1)对物资单位会议提供的情况进行汇总、分析。

(2)估计下月计划完成情况。

(3)对可能出现的货源相对充裕集中装车或货源不足计划落空等不同时期、不同情况,提出相应的建议。

5. 对未参加会议的物资单位进行走访,寻找新的货源。

6. 运力必须优先保证大中型企业货源、重点物资货源、重点品类货源、大宗有效货源、直达运输货源。

(二)质量标准

1. 货源调查组织工作应真实、细致、深入,对物资单位提出的困难、建议,设法给予解决。

2. 核实的货源应数量可靠、流向合理、能于计划期间内准时交运、有短途集运能力配合、装卸能力能满足需要和运输手续齐全的货物。

3. 坚持"摸、核、排、对、组"的货源组织方法。

4. 经常对物资生产、收购、供应、调拨、仓储情况进行调查研究,摸清情况,积极组织计划运输,合理运输和均衡运输。

八、货运计划录入、上报、查询

(一)作业方法及步骤

准备工作

1. 人员。

2. 工具:计算机、计算器、纸、钢笔及圆珠笔等。

3. 材料。

4. 资料(规章、文电等)。

作业方法

1. 订单录入。

(1)登录界面如图 1 所示。

(2)选择单位,输入工号,密码,进入如图 2 所示界面。

(3)点击订单管理,进入订单录入,如图 3 所示。

(4)选定审定类型(集中批、随时批等),选定运输日期,录入发货人全称,选定发货省部,如图 4 所示。

(5)录入发货单位时,有托运人代码的必须使用代码方式录入,选择机器自动存储的单位名称,避免出错,如图 5 所示。

(6)每个受理号最多录入 9 行,每行最多 500 车,如图 6 所示。

(7)国际联运

图 1　登录界面

图 2　操作界面

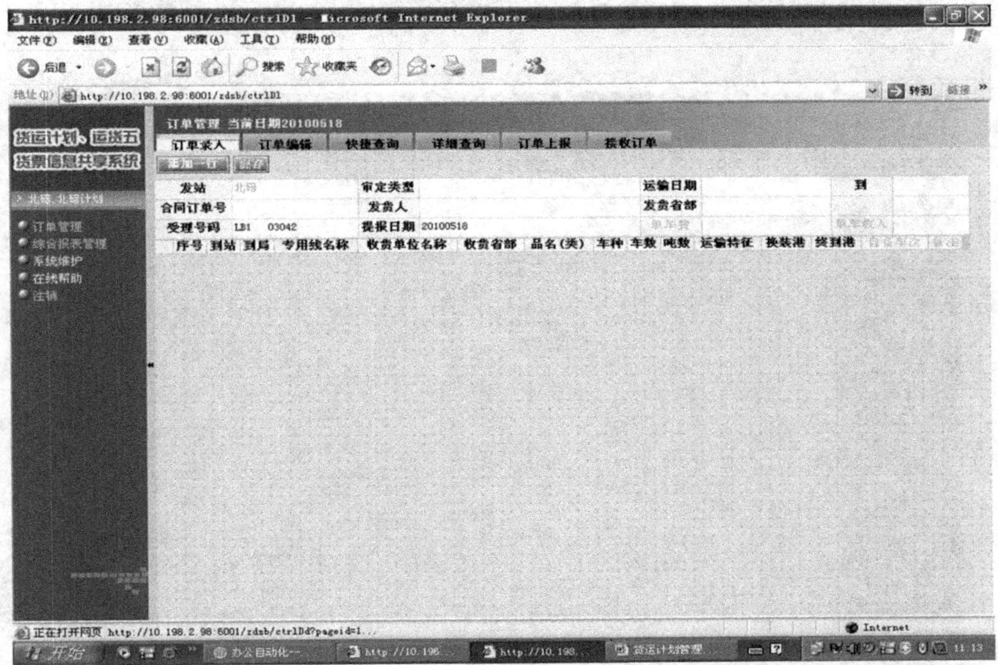

图 3　订单录入界面

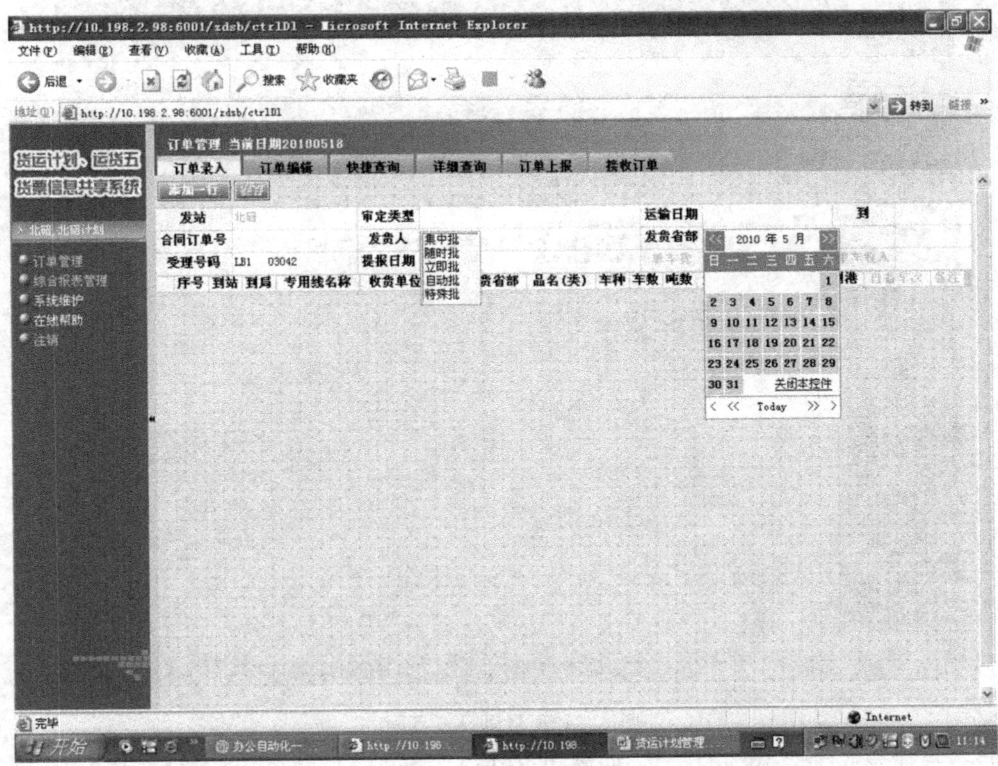

图 4　发货省部选择界面

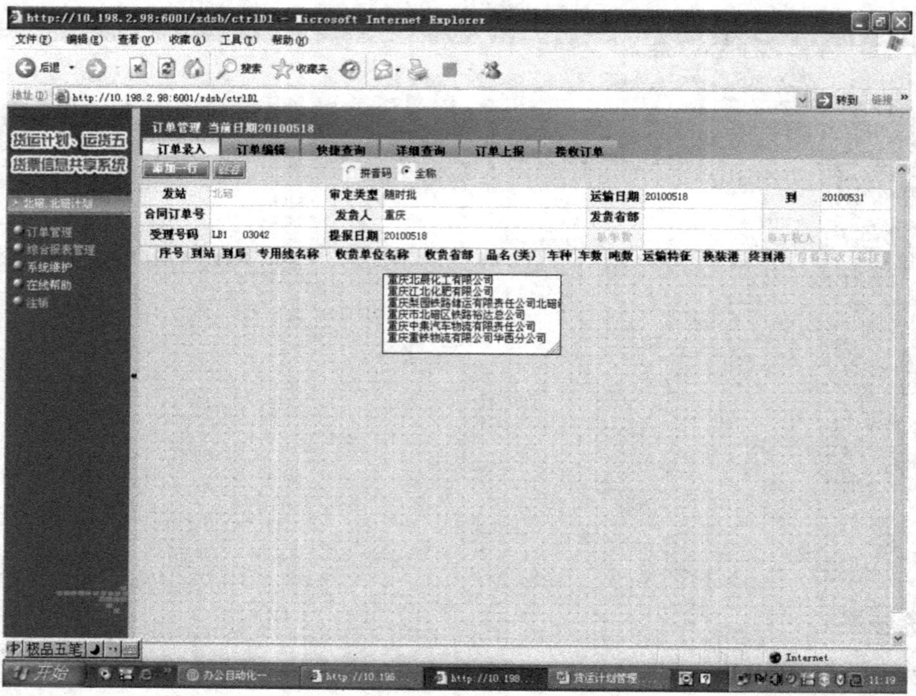

图 5　发货省部录入界面

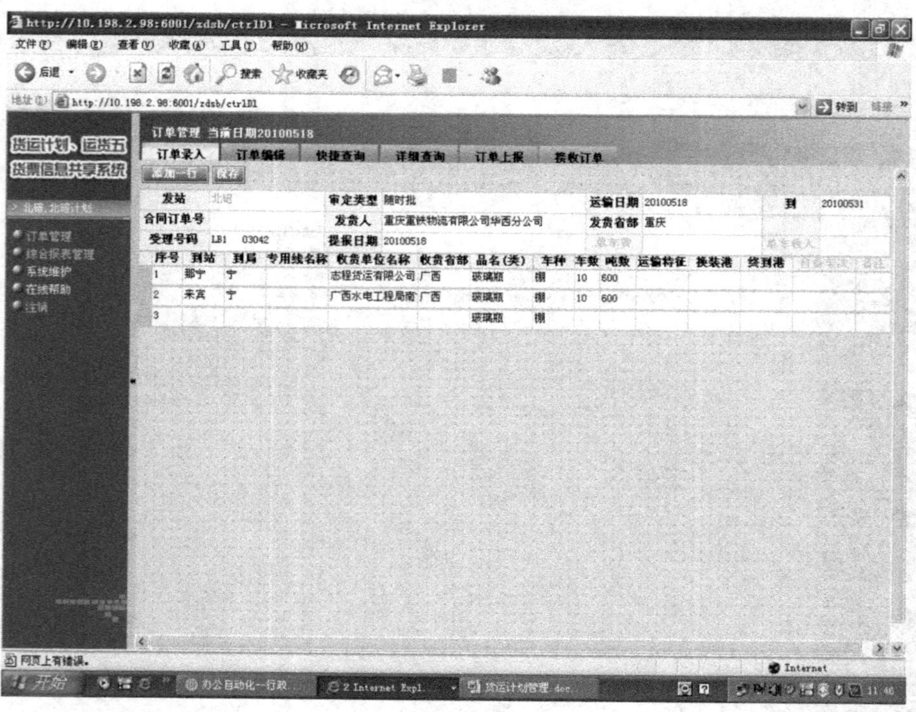

图 6　受理号码录入界面

到站：一律录入为带“境”的车站，如满洲里(境)。

收货单位：只录入国家名称，如哈萨克斯坦。

收货省部：国联。

国际联运界面如图 7 所示。

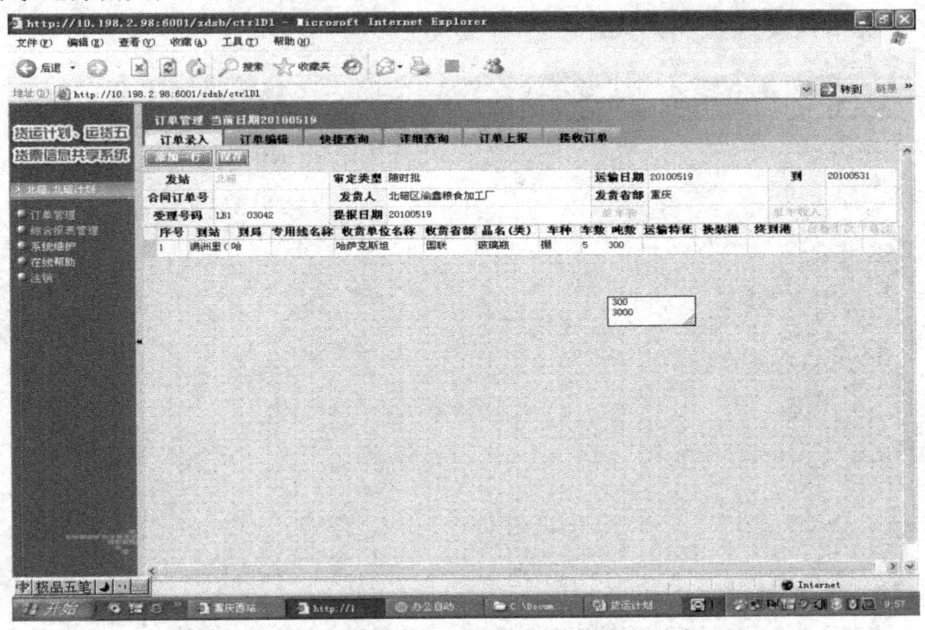

图 7　国际联运界面

2. 订单上报:点击订单上报,选定上报类型,然后点击“发送”按钮,如图 8 所示。

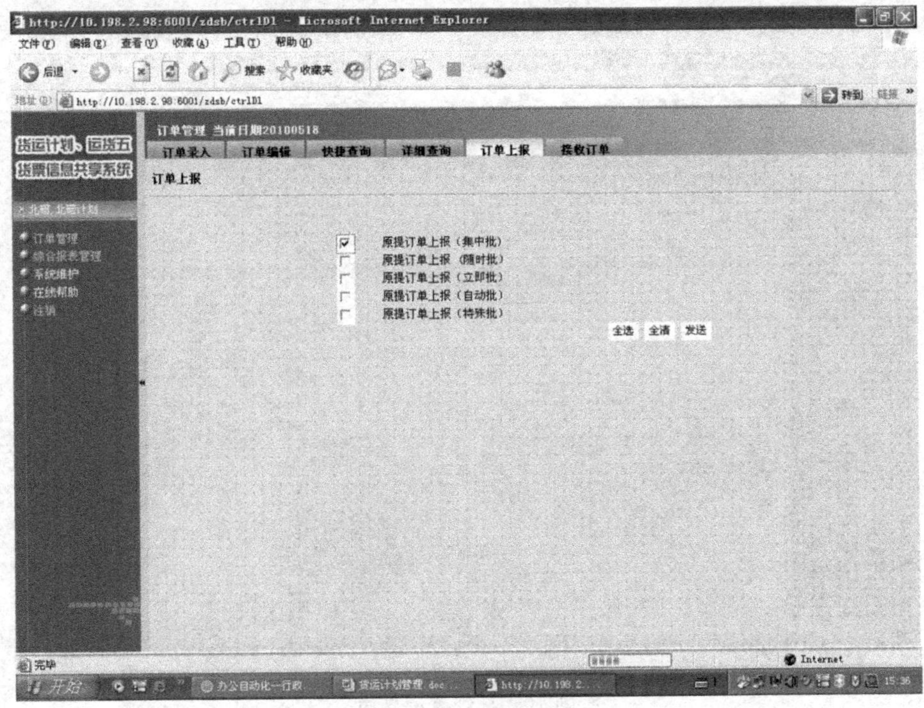

图 8　订单上报界面

3. 接收订单:选定提报起始日期和终止日期,或者选定审批起始日期和终止日期后,点击“接收”按钮,如图 9 所示。

4. 详细查询:可查小票、查定表。

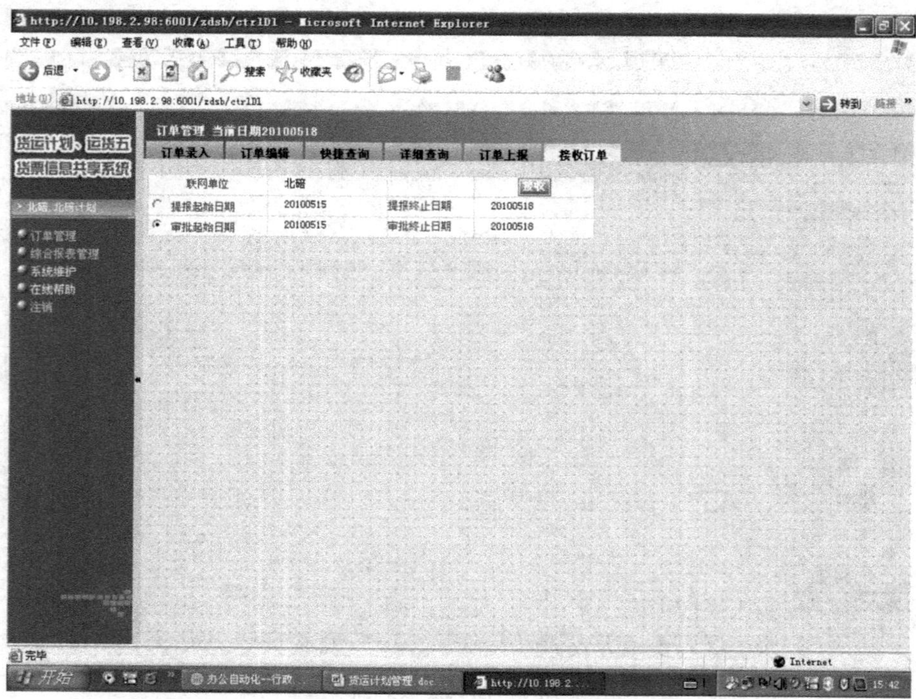

图 9　接收订单界面

(1)小票查询:输入受理号,选定审定类型,点击查小票,如图 10 所示。

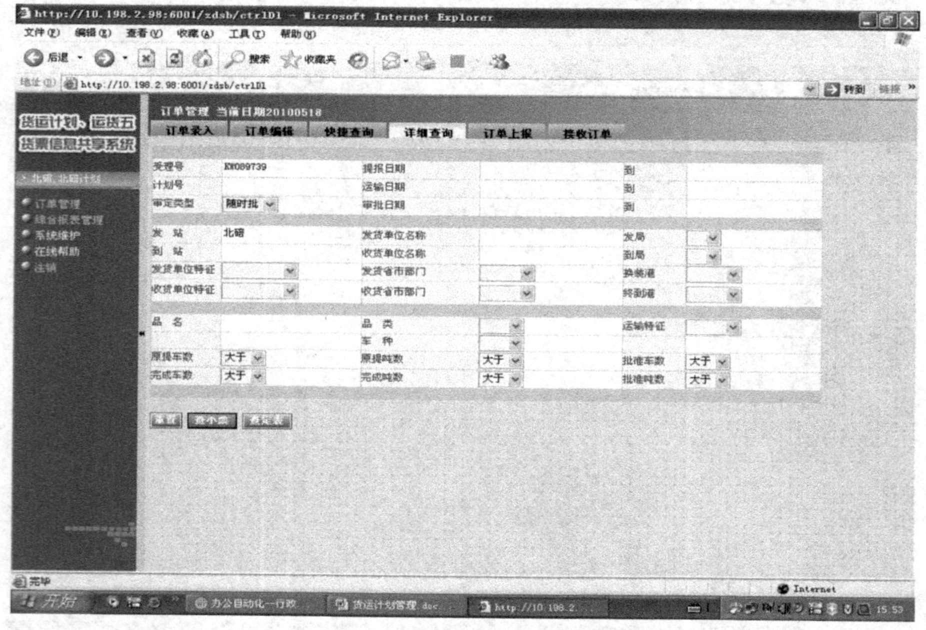

图 10　详细查询界面

查小票方式的查询结果如图 11 所示。

(2)查定表:选定所需表格需打印的内容,如选定受理号、批准计划号、批准车数、到站、到局、品名、车种、发货单位、收货单位、原提车数等,如图 12 所示。

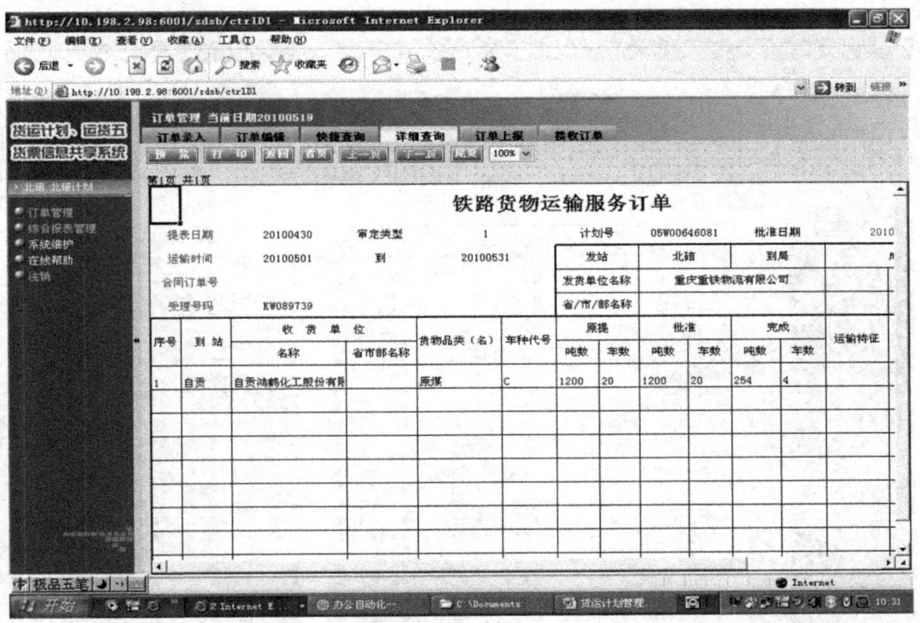

图 11　查小票的查询结果

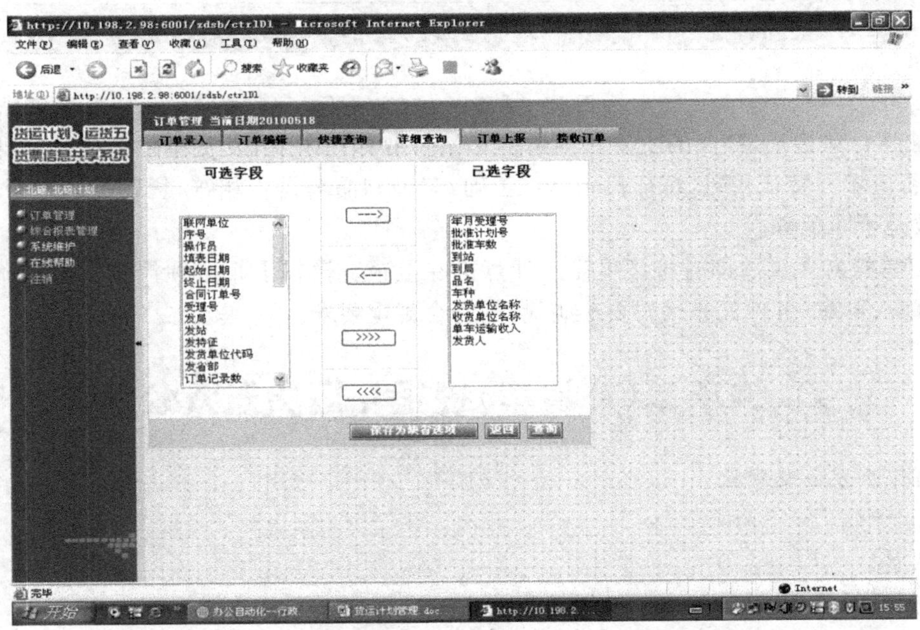

图 12　查定表方式

查询结果如图 13 所示。

(二)质量标准

1. 货运计划的安排应本着“确保重点、兼顾一般、提高效益”的总体原则，最大限度地将重点物资纳入月编计划。

2. 各联网站货运计划人员，应热情接待托运人，对托运人提出的订单运量要随时受理、随时核实。

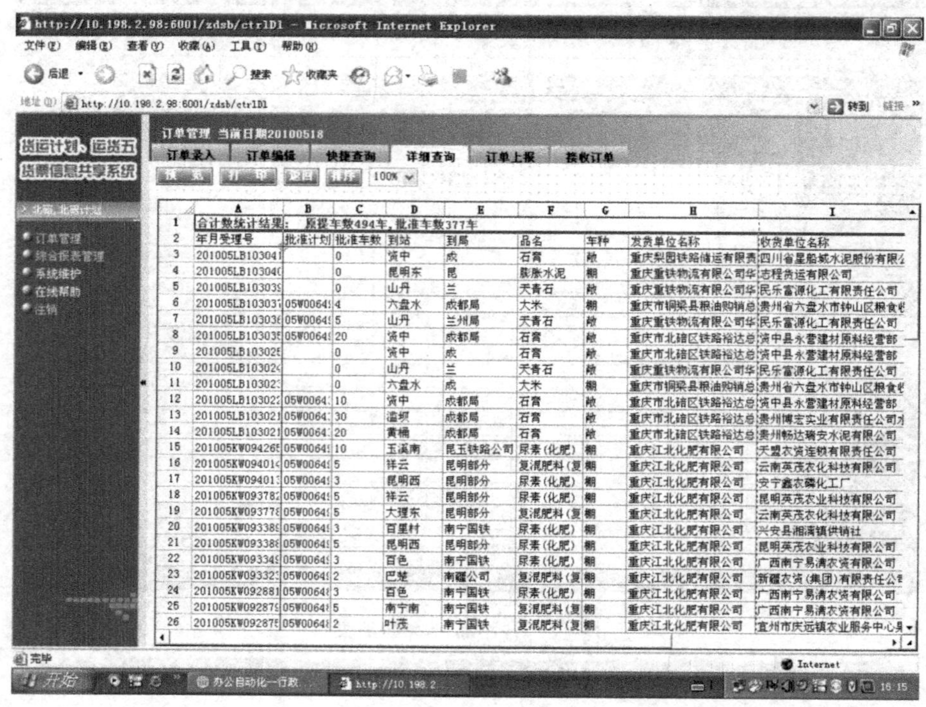

订单管理 当前日期20100518

	A	B	C	D	E	F	G	H	I
1	合计数统计结果:	原提车数494车,批准车数377车							
2	年月受理号	批准计划	批准车数	到站	到局	品名	车种	发货单位名称	收货单位名称
3	201005LB103041		0	资中	成	石膏	敞	重庆梨园铁路储运有限责	四川省星船城水泥股份有限
4	201005LB103040		0	昆明东	昆	膨胀水泥	棚	重庆重铁物流有限公司华	志程货运有限公司
5	201005LB103039		0	山丹	兰	天青石	敞	重庆重铁物流有限公司华	民乐富源化工有限责任公司
6	201005LB103037	05W00649	4	六盘水	成都局	大米	棚	重庆市铜梁县粮油购销总	贵州省六盘水市钟山区粮食
7	201005LB103036	05W00649	5	山丹	兰州局	天青石	敞	重庆重铁物流有限公司华	民乐富源化工有限责任公司
8	201005LB103035	05W00649	20	资中	成都局	石膏	敞	重庆市北碚区铁路裕达总	资中县永营建材原料经营部
9	201005LB103025		0	资中	成	石膏	敞	重庆市北碚区铁路裕达总	资中县永营建材原料经营部
10	201005LB103024		0	山丹	兰	天青石	敞	重庆重铁物流有限公司华	民乐富源化工有限责任公司
11	201005LB103023		0	六盘水	成	大米	棚	重庆市铜梁县粮油购销总	贵州省六盘水市钟山区粮食
12	201005LB103022	05W00643	10	资中	成都局	石膏	敞	重庆市北碚区铁路裕达总	资中县永营建材原料经营部
13	201005LB103021	05W00643	30	滥坝	成都局	石膏	敞	重庆市北碚区铁路裕达总	贵州博宏实业有限责任公司
14	201005LB103021	05W00643	20	黄桶	成都局	石膏	敞	重庆市北碚区铁路裕达总	贵州畅达瑞安水泥有限公司
15	201005KW094265	05W00649	10	玉溪南	昆玉铁路公司	尿素(化肥)	棚	重庆江北化肥有限公司	天盟农资连锁有限责任公司
16	201005KW094014	05W00649	5	祥云	昆明部分	复混肥料(复	棚	重庆江北化肥有限公司	云南英茂农化科技有限公司
17	201005KW094013	05W00649	3	昆明西	昆明部分	尿素(化肥)	棚	重庆江北化肥有限公司	安宁鑫农磷化工厂
18	201005KW093782	05W00649	5	祥云	昆明部分	尿素(化肥)	棚	重庆江北化肥有限公司	昆明英茂农业科技有限公司
19	201005KW093778	05W00649	5	大理东	昆明部分	复混肥料(复	棚	重庆江北化肥有限公司	云南英茂农化科技有限公司
20	201005KW093389	05W00649	3	百里村	南宁国铁	尿素(化肥)	棚	重庆江北化肥有限公司	兴安县湘漓镇供销社
21	201005KW093388	05W00649	5	昆明西	昆明部分	尿素(化肥)	棚	重庆江北化肥有限公司	昆明英茂农业科技有限公司
22	201005KW093349	05W00649	3	百色	南宁国铁	尿素(化肥)	棚	重庆江北化肥有限公司	广西南宁易清农资有限公司
23	201005KW093323	05W00649	2	巴楚	南疆公司	复混肥料(复	棚	重庆江北化肥有限公司	新疆农资(集团)有限责任公
24	201005KW092881	05W00648	3	百色	南宁国铁	尿素(化肥)	棚	重庆江北化肥有限公司	广西南宁易清农资有限公司
25	201005KW092879	05W00648	5	南宁南	南宁国铁	复混肥料(复	棚	重庆江北化肥有限公司	广西南宁易清农资有限公司
26	201005KW092875	05W00648	2	叶茂	南宁国铁	复混肥料(复	棚	重庆江北化肥有限公司	宜州市庆远镇农业服务中心

图 13　查定表的查询结果

3. 加强订单管理,核实的主要内容包括车站营业办理限制,发货单位的全称与印章是否一致,是否应填写特征代码,特征代码是否正确,车种和品名是否相符,货物品名是否规范,车数与吨数是否匹配等。

4. 订单核对无误后即时将订单输入计算机并上报。输机上报必须严肃、认真,确保各栏内容要真实、可靠,各种代号代码要准确无误,符合规定要求。

九、请求车(补请车)提报和运货五双公示

(一)作业方法及步骤

准备工作

1. 人员。

2. 工具:计算机、计算器、纸、钢笔及圆珠笔等。

3. 材料。

4. 资料(规章、文电等)。

作业方法

1. 请求车及补请车。每日向调度所提报第三日请求车,正式提报必须在夜班 22 时前完成,次日白班 10 时前,允许继续提请。以后时间内的补请,须经调度所货调主任同意,以保证日班计划编制质量。

(1)登录系统,录入单位,工号,密码,进入请求车界面,如图 14 所示。

(2)点击请求,进入站段货调系统欢迎界面,如图 15 所示。

图 14　请求车界面

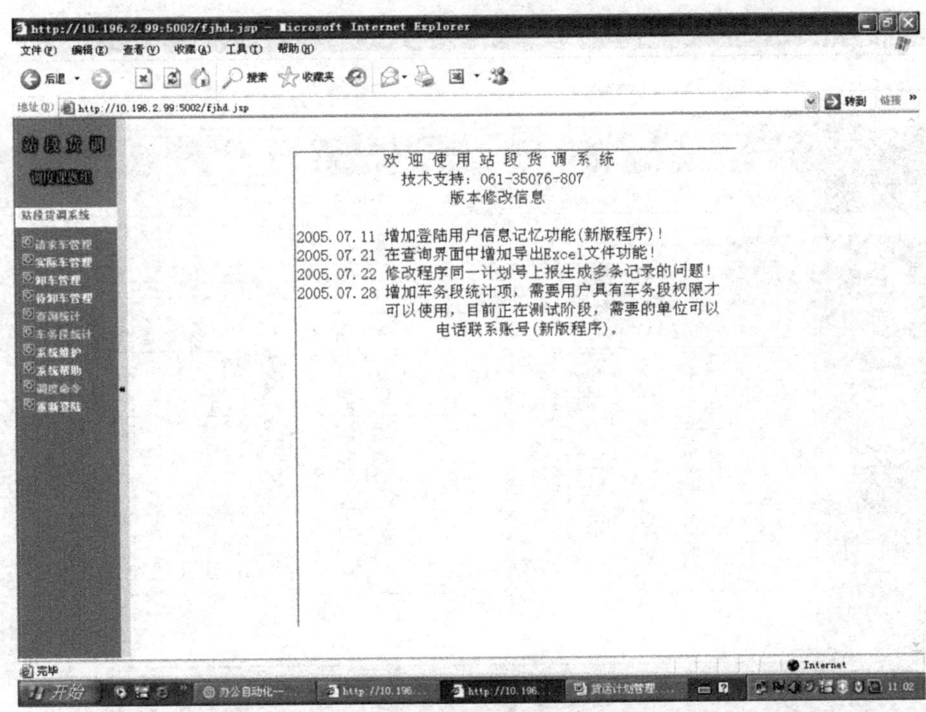

图 15　站段货调系统欢迎界面

(3)选择录入类别，请求类型，装车日期，录入计划号，车数，如图 16 所示。

(4)运货五查询，如图 17 所示。

2. 请求车双公示：在车站货运营业场所对当日请求车上报情况、批准结果和前日装车计

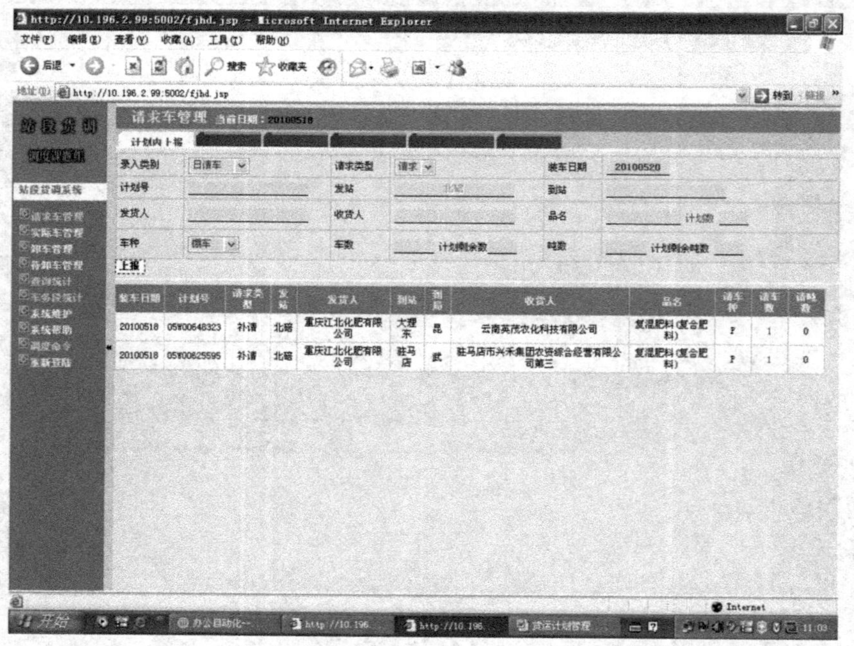

图 16　请求车信息录入界面

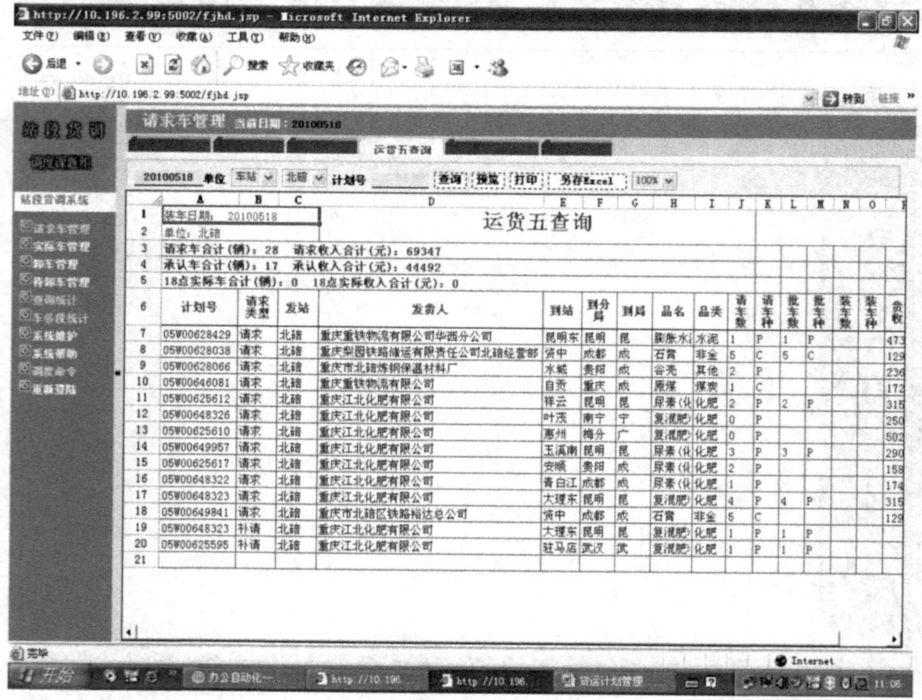

运货五查询

装车日期：20100518

单位：北碚

请求车合计（辆）：28　请求收入合计（元）：69347

承认车合计（辆）：17　承认收入合计（元）：44492

18点实际车合计（辆）：0　18点实际收入合计（元）：0

计划号	请求类型	发站	发货人	到站	到分局	到局	品名	品类	请车数	请车种	批车数	批车种	装车数	装车种	货收
05W00628429	请求	北碚	重庆重铁物流有限公司华西分公司	昆明东	昆明	昆	膨胀水	水泥	1	P	1	P			473
05W00628038	请求	北碚	重庆梨园铁路储运有限责任公司北碚经营部	资中	成都	成	石膏	非金	5	C	5	C			129
05W00628066	请求	北碚	重庆市北碚炼铜保温材料厂	水城	贵阳	成	谷壳	其他	2	P					236
05W00646081	请求	北碚	重庆重铁物流有限公司	自贡	重庆	成	原煤	煤炭	1	C					172
05W00625612	请求	北碚	重庆江北化肥有限公司	祥云	昆明	昆	尿素(化	化肥	2	P	2	P			315
05W00648326	请求	北碚	重庆江北化肥有限公司	叶茂	南宁	宁	复混肥)	化肥	0	P					250
05W00625610	请求	北碚	重庆江北化肥有限公司	惠州	梅分	广	复混肥)	化肥	0	P					502
05W00649957	请求	北碚	重庆江北化肥有限公司	玉溪南	昆明	昆	尿素(化	化肥	3	P	3	P			290
05W00625617	请求	北碚	重庆江北化肥有限公司	安顺	贵阳	成	尿素(化	化肥	2	P					158
05W00648322	请求	北碚	重庆江北化肥有限公司	青白江	成都	成	尿素(化	化肥	1	P					174
05W00648323	请求	北碚	重庆江北化肥有限公司	大理东	昆明	昆	复混肥)	化肥	4	P	4	P			315
05W00649841	请求	北碚	重庆市北碚区铁路裕达总公司	资中	成都	成	石膏	非金	5	C					129
05W00648323	补请	北碚	重庆江北化肥有限公司	大理东	昆明	昆	复混肥)	化肥	1	P	1	P			
05W00625595	补请	北碚	重庆江北化肥有限公司	驻马店	武汉	武	复混肥)	化肥	1	P	1	P			

图 17　运货五查询界面

划兑现情况进行公示，接受托运人监督，如图 18 所示。

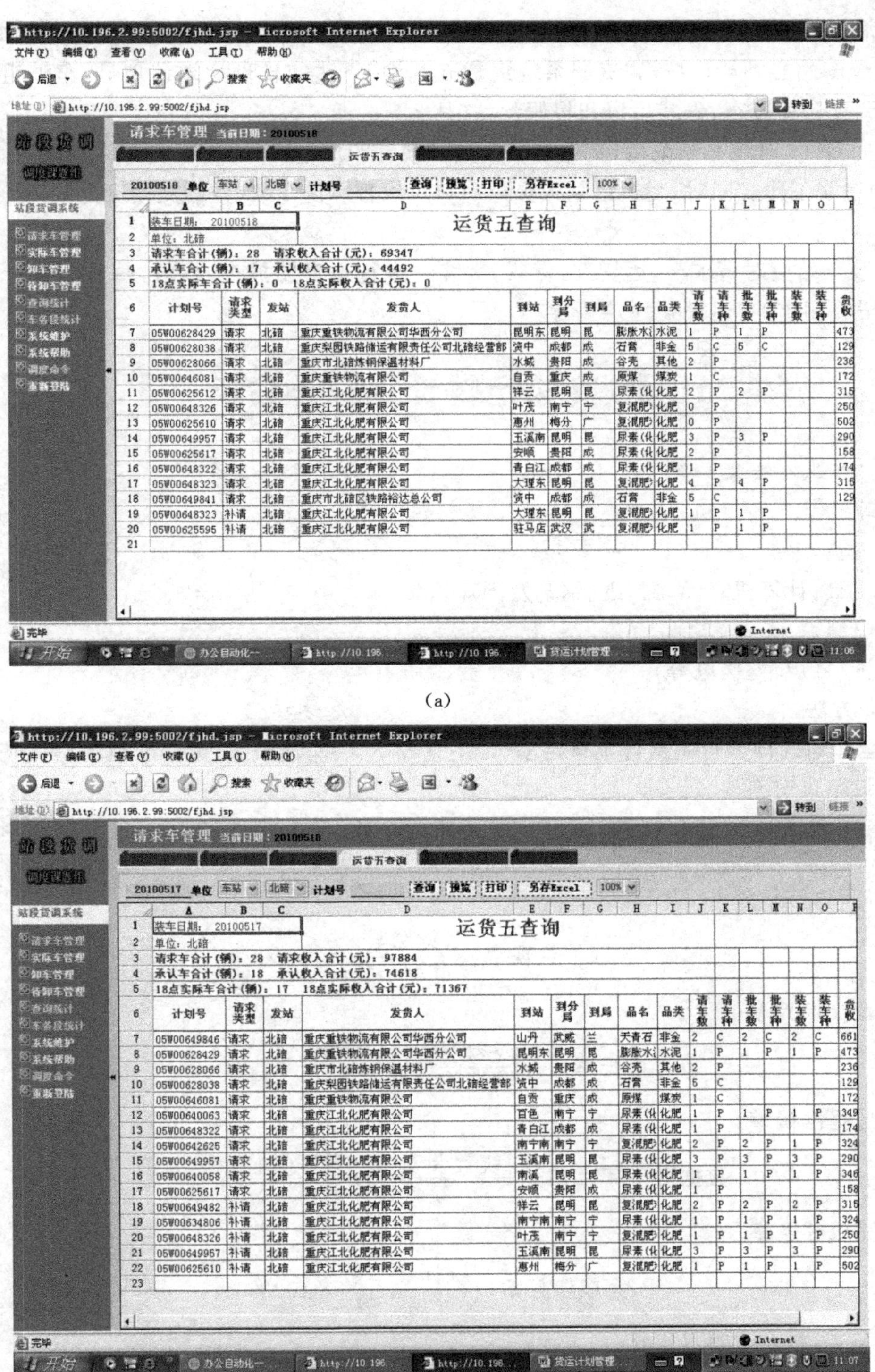

运货五查询

装车日期：20100518

单位：北碚

请求车合计(辆)：28 请求收入合计(元)：69347

承认车合计(辆)：17 承认收入合计(元)：44492

18点实际车合计(辆)：0 18点实际收入合计(元)：0

	计划号	请求类型	发站	发货人	到站	到分局	到局	品名	品类	请车数	请车种	批车数	批车种	装车数	装车种	贵收
7	05W00628429	请求	北碚	重庆重铁物流有限公司华西分公司	昆明东	昆明	昆	膨胀水	水泥	1	P	1	P			473
8	05W00628038	请求	北碚	重庆梨园铁路储运有限责任公司北碚经营部	资中	成都	成	石膏	非金	5	C	5	C			129
9	05W00628066	请求	北碚	重庆市北碚炼钢保温材料厂	水城	贵阳	成	谷壳	其他	2	P					236
10	05W00646081	请求	北碚	重庆重铁物流有限公司	自贡	重庆	成	原煤	煤炭	1	C					172
11	05W00625612	请求	北碚	重庆江北化肥有限公司	祥云	昆明	昆	尿素(化	化肥	2	P	2	P			315
12	05W00648326	请求	北碚	重庆江北化肥有限公司	叶茂	南宁	宁	复混肥	化肥	0	P					250
13	05W00625610	请求	北碚	重庆江北化肥有限公司	惠州	梅分	广	复混肥	化肥	0	P					502
14	05W00649957	请求	北碚	重庆江北化肥有限公司	玉溪南	昆明	昆	尿素(化	化肥	3	P	3	P			290
15	05W00625617	请求	北碚	重庆江北化肥有限公司	安顺	贵阳	成	尿素(化	化肥	2	P					158
16	05W00648322	请求	北碚	重庆江北化肥有限公司	青白江	成都	成	尿素(化	化肥	1	P					174
17	05W00648323	请求	北碚	重庆江北化肥有限公司	大理东	昆明	昆	复混肥	化肥	4	P	4	P			315
18	05W00649841	请求	北碚	重庆市北碚区铁路裕达总公司	资中	成都	成	石膏	非金	5	C					129
19	05W00648323	补请	北碚	重庆江北化肥有限公司	大理东	昆明	昆	复混肥	化肥	1	P	1	P			
20	05W00625595	补请	北碚	重庆江北化肥有限公司	驻马店	武汉	武	复混肥	化肥	1	P	1	P			
21																

(a)

运货五查询

装车日期：20100517

单位：北碚

请求车合计(辆)：28 请求收入合计(元)：97884

承认车合计(辆)：18 承认收入合计(元)：74618

18点实际车合计(辆)：17 18点实际收入合计(元)：71367

	计划号	请求类型	发站	发货人	到站	到分局	到局	品名	品类	请车数	请车种	批车数	批车种	装车数	装车种	贵收
7	05W00649846	请求	北碚	重庆重铁物流有限公司华西分公司	山丹	武威	兰	天青石	非金	2	C	2	C	2	C	661
8	05W00628429	请求	北碚	重庆重铁物流有限公司华西分公司	昆明东	昆明	昆	膨胀水	水泥	1	P	1	P	1	P	473
9	05W00628066	请求	北碚	重庆市北碚炼钢保温材料厂	水城	贵阳	成	谷壳	其他	2	P					236
10	05W00628038	请求	北碚	重庆梨园铁路储运有限责任公司北碚经营部	资中	成都	成	石膏	非金	5	C					129
11	05W00646081	请求	北碚	重庆重铁物流有限公司	自贡	重庆	成	原煤	煤炭	1	C					172
12	05W00640063	请求	北碚	重庆江北化肥有限公司	百色	南宁	宁	尿素(化	化肥	1	P	1	P	1	P	349
13	05W00648322	请求	北碚	重庆江北化肥有限公司	青白江	成都	成	尿素(化	化肥	1	P					174
14	05W00642625	请求	北碚	重庆江北化肥有限公司	南宁南	南宁	宁	复混肥	化肥	2	P	2	P	1	P	324
15	05W00649957	请求	北碚	重庆江北化肥有限公司	玉溪南	昆明	昆	尿素(化	化肥	3	P	3	P	3	P	290
16	05W00640058	请求	北碚	重庆江北化肥有限公司	南溪	昆明	昆	尿素(化	化肥	1	P	1	P	1	P	346
17	05W00625617	请求	北碚	重庆江北化肥有限公司	安顺	贵阳	成	尿素(化	化肥	1	P					158
18	05W00649482	补请	北碚	重庆江北化肥有限公司	祥云	昆明	昆	复混肥	化肥	2	P	2	P	2	P	315
19	05W00634806	补请	北碚	重庆江北化肥有限公司	南宁南	南宁	宁	尿素(化	化肥	1	P	1	P	1	P	324
20	05W00648326	补请	北碚	重庆江北化肥有限公司	叶茂	南宁	宁	复混肥	化肥	1	P	1	P	1	P	250
21	05W00649957	补请	北碚	重庆江北化肥有限公司	玉溪南	昆明	昆	尿素(化	化肥	3	P	3	P	3	P	290
22	05W00625610	补请	北碚	重庆江北化肥有限公司	惠州	梅分	广	复混肥	化肥	1	P	1	P	1	P	502
23																

(b)

图 18 请求车双公示界面

(二)质量标准

1. 严格运输计划“运货五”请车录入，不得漏请、错报，做到“有请必报”，并在营业场所对当日请求车上报情况、批准结果和前日装车计划兑现情况进行公示，接受托运人的监督。

2. 装车站必须严格按局“货调系统运货五查询”下达的日班计划计划号、车种组织装车，严禁无调度命令装车、先装后报和报假到站(品名)。

3. 每日 18 时装车结束后，货运计划人员必须打印出电脑“运货五”，并认真核对，做好“货统一”的销账工作。同时，货运计划人员还应核对次日承认车数，做好交接班记录，防止超计划装车。

4. 装车站应对请求车、运货五、货票、货统一进行不定期抽查、核对，每月不少于 3 次，在执行完毕打印出的“运货五”上签字。

十、货物运输计划统计分析

(一)作业方法及步骤

准备工作

1. 人员。

2. 工具：计算机、计算器、纸、钢笔及圆珠笔等。

3. 材料。

4. 资料(规章、文电等)。

作业方法

货运计划统计分析包括订单审定率、订单兑现率、装车增长率、数据准确率、完成任务率。

1. 订单审定率

$$订单审定率=\frac{审定车数}{托运人提出车数}\times 100\%$$

2. 订单兑现率

$$订单兑现率=\frac{装车数}{审定车数}\times 100\%$$

3. 装车增长率

$$装车增长率=\left(\frac{考核期统计装车数}{同期统计装车数}-1\right)\times 100\%$$

4. 数据准确率

$$数据准确率=\left(1-\frac{|统计装车数-装车数|}{统计装车数}\right)\times 100\%$$

5. 完成任务率

$$完成任务率=\frac{统计装车数}{计划车数}\times 100\%$$

注：1. 审定车数中不含“预留”运量。

2. 统计装车数为运输统计部门提供的数据。

3. 装车数为货运计划部门通过 FMOS 收集的实际车数。

【例 12】 某站 5 月份上级下达计划装车数 8 760 车，车站提出的集中审定的提报运量 4 521车、随时审定提报运量 826 车、自动审定提报运量 2 678 车，全月预留车数 860 车全月审定运量 8 760 车，未核定运量 125 车。10 月份业务统计装车数 8 626 车，精密统计装车数为

7 618车，去年同期装车数 7 246 车。计算该站 5 月份货运工作质量。

解： 审定车数 = 审定运量－预留车数＝8 760－860＝7 900(车)

提报(订单)运量＝集中审定＋随时审定＋自动审定＝4 521＋826＋2 678＝8 025(车)

装车数＝7 618(车)；统计装车数＝8 626(车)；同期装车数＝7 246(车)；计划数＝8 760(车)

$$订单审定率=\frac{审定车数}{托运人提出车数}\times 100\%=\frac{7\,900}{8\,025}\times 100\%=98.4\%$$

$$订单兑现率=\frac{装车数}{审定车数}\times 100\%=\frac{7\,618}{7\,900}\times 100\%=96.4\%$$

$$装车增长率=\left(\frac{考核期统计装车数}{同期统计装车数}-1\right)\times 100\%=\left(\frac{8\,626}{7\,246}-1\right)\times 100\%=1.2\%$$

$$数据准确率=\left[1-\frac{(统计装车数-装车数)}{统计装车数}\right]\times 100\%=\left[1-\frac{(8\,626-7\,618)}{8\,626}\right]\times 100\%=88.3\%$$

$$完成任务率=\frac{统计装车数}{计划车数}\times 100\%=\frac{8\,626}{8\,760}\times 100\%=98.5\%$$

从以上数据分析得出，该站 5 月份货运计划工作质量较好，但是数据准确率存在不足，FMOS 系统装车数信息不全，与统计部门装车数相差较多，6 月份加强 FMOS 系统数据信息的管理，做到数据准确率达到百分之百。

【例 13】 某站 6 月份，上级下达某车站装车任务日均 70 车，全月该站订单原提车数 5 000 车，核定车数 4 000 车，18 时统计装车数 2 000 车，FMOS 统计装车数 1 700 车，去年同期 18 时装车数 1 600 车。计算该站 6 月份订单核定率、订单兑现率、完成任务率、装车增长率、共享信息入库率。

解：

$$订单审定率=\frac{审定车数}{订单原提车数}\times 100\%=\frac{4\,000}{5\,000}\times 100\%=80\%$$

$$订单兑现率=\frac{装车数}{审定车数}\times 100\%=\frac{1\,700}{4\,000}\times 100\%=42.5\%$$

$$完成任务率=\frac{统计装车数}{计划车数}\times 100\%=\frac{2\,000}{(70\times 30)}\times 100\%=95.2\%$$

$$装车增长率=\left(\frac{本月统计装车数}{同期统计装车数}-1\right)\times 100\%=\left(\frac{2\,000}{1\,600}-1\right)\times 100\%=25\%$$

$$共享信息入库率=\frac{共享装车数}{18\,时装车数}\times 100\%=\frac{1\,700}{2\,000}\times 100\%=85\%$$

【例 14】 某站 9 月份，某站企业、客户提报的月编计划 2 000 车，批准月编计划为 1 800 车，企业客户提报日常计划 1 000 车，批准日常计划 500 车，月末统计月编计划完成装车为 1 150车，日常计划完成装车 450 车，组织直达列车 15 列，800 车。计算该站订单审定率、月编计划兑现率、订单兑现率、完成任务率、直达列车占装车比重。

解：

$$订单审定率=\frac{审定车数}{托运人提出车数}\times 100\%=\frac{(1\,800+500)}{(2\,000+1\,000)}\times 100\%=76.7\%$$

$$月编计划兑现率=\frac{月编计划完成装车数}{月编计划审定车数}\times 100\%=\frac{1\,150}{1\,800}\times 100\%=63.9\%$$

$$订单兑现率=\frac{装车数}{审定车数}\times 100\%\frac{(1\,150+450)}{(1\,800+500)}\times 100\%=69.6\%$$

$$完成任务率=\frac{统计装车数}{计划车数}\times 100\%=\frac{(1\,150+450)}{1\,800}\times 100\%=88.9\%$$

$$直达列车占装车比重=\frac{实际直达车数}{实际装车总数}\times 100\%=\frac{800}{(1\,150+450)}\times 100\%=50\%$$

（二）质量标准

1. 规章运用正确。

2. 计算条理清晰、准确无误。

高 级 工

一、易腐货物的受理

(一)作业方法及步骤

准备工作

1. 人员。

2. 工具:计算机、软件、打印机、计算器、钢笔或圆珠笔等。

3. 材料。

4. 资料(规章、文电等)。

作业方法

1. 受理前准备

(1)熟悉易腐货物运输基本知识。

(2)熟悉铁路货物运单填写要求,标准。

(3)掌握承运易腐货物有哪些要求。

2. 受理工作

(1)审核发站、到站营业办理限制。

(2)审核品名的填写。

托运人应按照《铁路鲜活货物运输规则》附件一《易腐货物机械冷藏车运输条件表》中规定的具体品名在货物运单"货物名称"栏内填写货物名称,并在品名之后用括号注明其品类顺号及热状态。

承运人审核"货物名称"填记完整正确外,应在运单右上角加盖红色"易腐货物"、△K戳记。

(3)确定容许运到期限。

托运人必须向车站提出关于货物的容许运输期限(日数)的说明,并记载于货物运单的"托运人记载事项"栏内。易腐货物的容许运输期限须大于铁路规定的运到期限 3 日以上。

(4)审核提出检疫证明。

托运人托运需检疫运输的易腐货物时,应按国家有关规定提出检疫证明,在货物运单"托运人记载事项"栏内注明检疫证明的名称和号码,并将随货同行联牢固地粘贴在运单背面。车站凭此办理运输。

(5)审核"托运人记载事栏"填写内容。

① 使用机械冷藏车运输易腐货物时,托运人应按附件 1 规定或与承运人商定的运输条

件，在货物运单“托运人记载事项”栏内具体注明装载货物的运输温度要求和“途中控温”、“途中不控温”、“途中通风”、“途中不通风”等字样。

② 使用机械冷藏车时，按一批托运的易腐货物，一般限同一品名。不同品名的易腐货物，如运输温度要求接近、货物性质允许混装的，可按一批托运，在同一机械冷藏车内组织混装运输。托运人应与发站和乘务组商定运输条件，签订运输协议，并将运输条件记录在货物运单“托运人记载事项”栏和“机械冷藏车作业单”内。

③ 使用机械冷藏车运输易腐货物，托运人要求不按《铁路鲜活货物运输规则》规定条件办理时，应在确认货物不致出现腐烂、变质、冻损等问题的前提下，与发站和乘务组商定运输条件，签订运输协议，并将运输条件记录在货物运单“托运人记载事项”栏和“机械冷藏车作业单”内。

④ 托运《铁路鲜活货物运输规则》附件一《易腐货物机械冷藏车运输条件表》内未列名的易腐货物时，托运人应事先与车站商定运输条件，提出“铁路易腐货物试运申请表”报铁路局，经批准后组织试运。托运人应将试运批准号和运输条件记录在货物运单“托运人记载事项”栏和“机械冷藏车作业单”内。

(6)填写机械冷藏车作业单。

使用机械冷藏车时，要通知乘务组，并在“乘务报单”和“机械冷藏车作业单”内注明。

(7)加盖相应戳记。

发站承运易腐货物后在货物运单、货票、封套上分别加盖红色“易腐货物”、△K(△K表示须快速挂运的货车)戳记。

(二)质量标准

1. 受理易腐货物应符合按一批托运的要求。

2. 货物运单必须填写正确、齐全、真实，字迹要清楚，使用简化字要符合国家规定，不得使用自造字。托运人记事栏填记符合标准；注明凭证明文件的名称、号码和押运人姓名符合相关要求。

3. 使用机械冷藏车运输的货物，同一到站、同一收货人可以数批合提一份运单。

4. 机械冷藏车组，可组织同一到站卸车的两站分装，或同一发站装车的两站分卸。但两分装或分卸站应为同一径路，距离不超过200 km。

5. 计算货物运到期限，确定容许运输期限正确。

6. 承运人填记事项正确、完整，加盖戳记规范齐全。

7. 确认装运鲜活货物货车的车种、车型符合要求。

8. 按规定办理保价运输或保险运输。

(三)铁路货物运单范例(易腐货物)

铁路货物运单范例(易腐货物)

货物指定于 9 月 12 日搬入

货位:6—7#

计划号码或运输号码:

09w00951185

运到期限　　日

××铁路局

货物运单

托运人→发站→到站→收货人　　货票第　　号

承运人/托运人装车
承运人/托运人施封

托运人填写					承运人填写			
发站	茄子溪	到站(局)	大成(沈)		车种车号		货车标重	
到站所属省(市)自治区		辽宁			施封号码			
托运人	名称	重庆市益星食品(集团)有限公司			经由	铁路货车篷布号码		
	住址	陈家坝	电话	685……		集装箱号码		
收货人	名称	沈阳市食品有限公司			运价里程			
	住址	沈阳市皇姑区明廉路 8 号	电话	138……				
货物名称	件数	包装	货物价格	托运人确定重量(公斤)	承运人确定重量(公斤)	计费重量	运价号	运价率	运费
冻肉	3 200	纸箱	10 万	304 000					
合计									
托运人记载事项:	保价:壹拾万元整,容许运输期限××天,检疫证明号码××××××。				承运人记载事项:	部令:53724　局令:58201			

注:本单不作为收款凭证,托运人签约须知见背面。

规格:350 mm×185 mm

托运人盖章或签字

2008 年 9 月 12 日

到站交付日期戳

发站承运日期戳

领货凭证

车种及车号

货票第　　号

运到期限　　日

发站	茄子溪	
到站	大成	
托运人	重庆市益星食品(集团)有限公司	
收货人	沈阳市食品有限公司	
货物名称	件数	重量
冻肉	3 200	304 000
托运人盖章或签字		
发站承运日期戳		

注:收货人领货须知见背面。

二、填写机械冷藏车作业单

(一)作业方法及步骤

准备工作

1. 人员。
2. 工具:计算机、软件、打印机、计算器、钢笔或圆珠笔等。
3. 材料。
4. 资料(规章、文电等)。

作业方法

1. 始发站或专用线(专用铁路)按规定填写各栏内容。

2. 托运人或经办人、机械冷藏车机械长、铁路专用线(专用铁路)及发站货运员在作业单上签字或盖章。

3. 装车后及运输途中每隔 2 h 记录一次车内温度,每 6 h 填写一次“机械冷藏车作业单”。

4. 到站按规定填写各作业项目。

5. 收货人或经办人、机械冷藏车机械长、铁路专用线(专用铁路)及到站货运员在作业单上签字或盖章。

(二)质量标准

1. 各项作业内容按实际认真填写,不得伪造。

2. 各有关单位或人员姓名完整、印章齐全。

(三)应急处理技能

1. 货物装车完毕,机械冷藏车乘务员应检查车门是否关闭严密,及时记录车内温度,并开机调温。

2. 到站应会同机械冷藏车组共同组织卸车。

(四)机械冷藏车作业单范例

机械冷藏车作业单

No. 000000

一、始发站作业记录

1. 发站茄子溪到站大成、车种、车型、车号B19/7100509－7100516 货票号________。

2. 货物品名、热状态冻肉;包装种类、状态______________。

3. 货物质量抽查情况:____良____________。

4. 货物装载方法:____紧密堆码________。

5. 商定的运输条件:______________________。

6. 车辆预冷时间__2__h,车内预冷温度__0__℃。

7. 货物进站时间____月____日____时。装车时间____月____日____时____分开始到____月____日____时____分止,其中制冷时间____月____日____时____分开始到____月____日____时____分止。

8. 装车时车内温度__－5__℃,车外温度______℃,货物的承运温度__－11__℃。

9. 试运批准号:____。

10. 其他需说明情况:

托运人或经办人签字(盖章)______。机械冷藏车机械长签字(盖章)______。

铁路专用线(专用铁路)签字(盖章)______;发站货运员签字(盖章)______。

二、到站作业记录

1. 到达车次______次，时间______月______日______时______分。

2. 车辆调入时间______月______日______时______分。卸车时间______月______日______时______分起至______月______日______时______分止，其中制冷时间______月______日______时______分开始到______月______日______时______分止。

3. 卸车时温度：车内温度______℃，车外温度______℃。

4. 货物质量：感官观察______，冻结货物温度______℃。

5. 车内洗刷情况____。

6. 其他需说明情况：

收货人或经办人签字（盖章）______。机械冷藏车机械长签字（盖章）______。

铁路专用线（专用铁路）签字（盖章）______；到站货运员签字（盖章）______。

三、机械冷藏车温度记录

日/时分												
外　　温												
车内温度												
日/时分												
外　　温												
车内温度												
日/时分												
外　　温												
车内温度												
日/时分												
外　　温												
车内温度												
日/时分												
外　　温												
车内温度												
日/时分												
外　　温												
车内温度												
日/时分												
外　　温												
车内温度												

机械冷藏车机械长（签字）______列车戳______

注：1. 未冷却货物可不填记货物的承运温度。

2. 冷却及未冷却的货物以卸车时车内温度为货物交接温度。

3. 机械冷藏车温度记录填满时，可在本页反面画格填写。

4. "机械冷藏车作业单"一式三份，一份由发站留存，一份随车递送到站保存，一份由机械冷藏车乘务组交配属单位存档。

5. 本作业单保存期为1年。

规格：A4竖印（共2页）

三、活动物的受理

(一)作业方法及步骤

准备工作

1. 人员。

2. 工具:计算机、软件、打印机、计算器、钢笔或圆珠笔等。

3. 材料。

4. 资料(规章、文电等)。

作业方法

1. 受理前准备

(1)熟悉活动物运输基本知识。

(2)熟悉铁路货物运单填写要求、标准。

(3)掌握承运活动物有哪些要求。

2. 受理工作

(1)审核货物运单,确认托运的货物是否符合运输条件。

① 各栏填写是否齐全、正确、清楚,领货凭证与运单是否一致。

② 发站、到站有无营业办理限制和起重能力限制。

③ 到站、到局和到站所属省、市、自治区各栏填记是否正确。

④ 所需证明文件是否齐全有效。

⑤ 对货物运单确认无误后,即应指定进货日期。

(2)交验检疫证明书。

为了预防和消灭动物间及人畜共患的传染病和寄生虫病,保护畜牧业生产与人民健康,托运人托运的活动物必须经过检疫部门检疫合格后,凭有效的检疫证明书方可到车站办理托运手续。

检疫证明书作为活动物健康无病的凭证,必须与活动物始终同在。托运人在办理托运手续时,托运人应按国家有关规定提出检疫证明,在货物运单"托运人记载事项"栏内注明检疫证明的名称和号码,并将随货同行联牢固地粘贴在运单背面,运至到站交收货人。

(3)猛禽与猛兽的托运。

托运人托运猛禽、猛兽(包括演艺用的)时,应与发送铁路局商定运输条件和运输防护方法。跨局运输时,发送局应将商定的事项通知有关铁路局。

(4)蜜蜂的托运。

① 蜜蜂运输要纳入月度运输计划,对少量计划外要车,应优先审批,优先配空车,装车后以适宜的车次优先挂出。

② 托运人办理蜜蜂托运时,应提出有效的蜜蜂检疫证明和押运人员的养蜂工作证(或居民身份证)。为保证安全,无身份证件人员和不具备行为能力的人不得乘坐蜜蜂车。

③ 托运蜜蜂时,托运人要按车填写物品清单一式三份(一份留站存查,一份随票到站,一份交托运人)。物品清单(格式见《货规》),要记明蜜蜂的空箱数、有蜂箱数、押运人所带的生活用品,饲养工具及蜜蜂饲料等。

④ 蜜蜂不办理变更到站。

(5) 加盖相应戳记。

运输活动物要加强货源组织,做好车、货衔接并及时组织装车和挂运。对承运的活动物,发站应在货物运单、货票、封套、装载清单内注明“活动物”和“禁止溜放”字样。

(6)对防控物资要优先受理、优先承运,对装运防控物资的车辆要重点掌握、及时挂运,以最快速度送达。

(二)质量标准

1. 受理活动物应符合货物运输基本要求。

2. 货物运单必须填写正确、齐全、真实,字迹要清楚,使用简化字要符合国家规定,不得使用自造字。

3. 严把承运关,车站在受理动物和动物产品时,必须严格审查托运人提供的检疫证明,无县级以上动物防疫监督机构出具的有效检疫证明和其他按规定必须提供的证明文件、标志时,严禁承运。

4. 托运人提供的检疫证明,记事栏填记符合标准;注明凭证明文件的名称、号码。

5. 押运人人数及姓名填写符合相关要求,携带和备品符合运输要求。

6. 猛禽与猛兽运输应与铁路局商定运输条件和运输防护方法。

7. 货物运单所要求的车辆符合活动物运输要求。

8. 承运人填记事项正确、完整,加盖戳记规范齐全。

9. 按规定办理保价运输或保险运输。

四、拍发上水预报

(一)作业方法及步骤

准备工作

1. 人员。

2. 工具:计算机、软件、打印机、计算器、钢笔或圆珠笔等。

3. 材料。

4. 资料(规章、文电等)。

作业方法

1. 发站或上水站应依次向前方上水站进行预报。

2. 上水预报电文内容和代号见表 1。

表 1　上水预报电文内容和代号

内容	开车月、日	车次	车型车号	货物品名	到站	收货人
代号	(1)	(2)	(3)	(4)	(5)	(6)

3. 在电文首部冠以“上水预报”字样。

(二)质量标准

1. 使用规定的电报格式,各项内容按代号填写准确。

2. 整列运输时,代号(3)只报车型、车数,不报车号。

3. 代号(6)由最后一个上水站向到站预报。

(三)应急处理技能

漏发电报发现后及时电话联系前一上水站并立即补拍电报。

五、确定易腐货物装载方法

(一)作业方法及步骤

准备工作

1. 人员。

2. 工具:计算机、软件、打印机、计算器、钢笔或圆珠笔等。

3. 材料。

4. 资料(规章、文电等)。

作业方法

1. 冻结货物、冬季短途保温运输的怕冷货物、热季运输的不发热的冷却货物或带冰运输的鱼虾蔬菜等,采用紧密堆码不留间隙的装载方法。

2. 冷却、未冷却的水果、蔬菜、鲜蛋等货物的运输适用于通风堆码。按其货件堆放方法不同,可分为品字形、"一二三、三二一"、井字形、筐口对装等方法。

(1)品字形装车法也称棋盘装车法,适用于箱装货物,并在热季要求冷却或通风,或在寒季要求加温的货物,如图 19 所示。

(2)"一二三、三二一"装车法,一般用于苹果、柑橘装载运输,如图 20 所示。

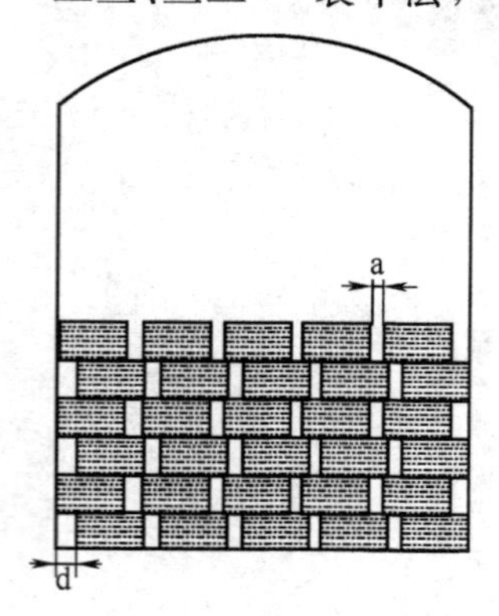

图 19　品字形装车法

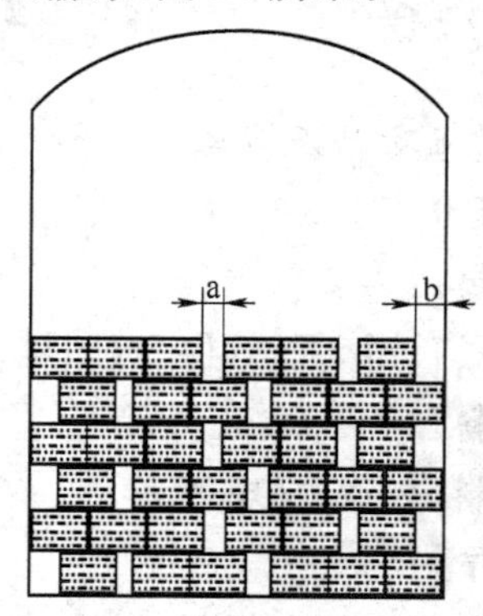

图 20　"一二三、三二一"装车法

(3)井字形装车法。货件码放较灵活各层货件纵横交错,可按车辆有效装载尺寸和货物包装规格确定纵向或横向的放置件数,如图 21 所示。

(4)筐口对装法。这种装载方法主要用于上大下小的筐类包装货件,如图 22 所示。

(二)质量标准

1. 紧密堆码要求根据货件尺寸与冷藏车内部空间尺寸的匹配关系以及货物摆放要求,以车辆端部面积浪费最小的装载方案进行装车,使货物在车内堆码紧密、稳固。

2. 通风堆码是增大货物的散热面积,以便使车内冷空气能在货件或货物间通畅循环,散

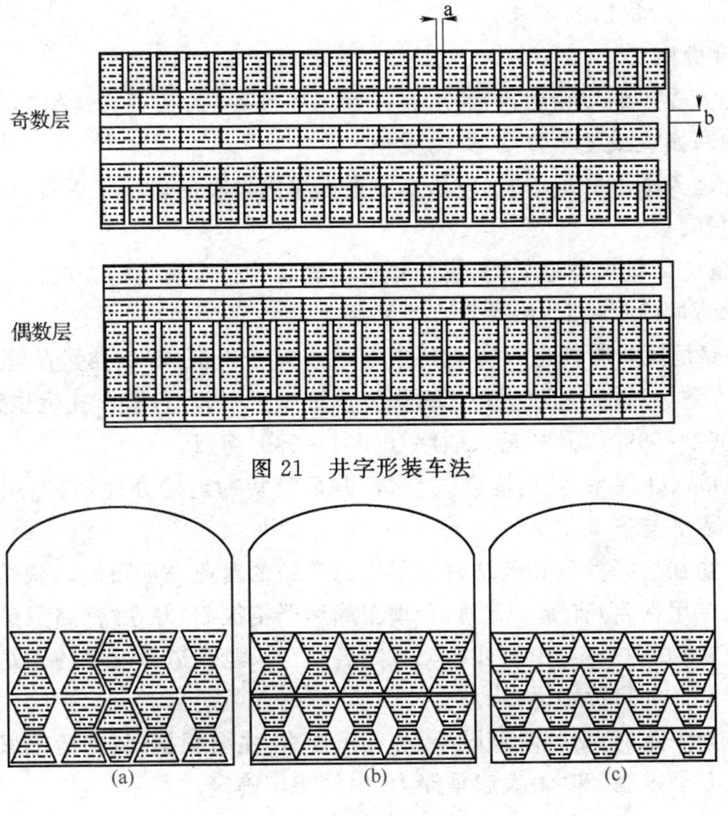

图 21 井字形装车法

图 22 筐口对装法

发货物的田间热和呼吸热。

(三)应急处理技能

装载易腐货物时，首先应当考虑的是保证货物质量，其次才是提高装载重量；必须克服片面追求提高装载重量而忽视货物质量的倾向。

六、危险货物受理

(一)作业方法及步骤

准备工作

1. 人员。

2. 工具：计算机、软件、打印机、计算器、钢笔或圆珠笔等。

3. 材料。

4. 资料(规章、文电等)。

作业方法

1. 受理前准备

(1)了解危险货物法律、法规知识。

(2)熟悉危险货物运输基本知识。

(3)熟悉危险货物运单填写要求、标准。

(4)掌握承运危险货物的要求。

2. 受理危险货物

发站对托运人提出的货物运单,经审查符合运输规定后,在货物运单"货物指定于×月×日搬入"栏内,填写搬入或装车日期,即为受理。

车站受理托运人提出的运单时,应认真审查运单内填写的事项是否符合铁路运输规定,审查的主要内容包括:

(1)整车运输有无批准计划号码,集装箱运输时是否符合规定的去向。

(2)受理、承运危险货物时,必须符合下列规定:

① 审核《铁路危险货物托运人资质证书》、经办人身份证和《铁路危险运输业务培训合格证》与运单记载一致。《铁路危险货物托运人资质证书》的编号方法以托运主管铁路局代号,承运车站顺序号(001～999)以及托运人顺序号(001～999)组成。

② 审核发到站、办理品名、运输方式与《铁路危险货物运输办理站(专用线、专用铁路)办理规定》一致,见表2与表3。

托运危险货物在选择发站和到站时必须注意车站的营业办理限制。铁道部对危险货物的发到站(专用线、专用铁路)有统一规划、合理布局和严格控制,并在《铁路危险货物运输办理站(专用线、专用铁路)办理规定》中向社会公布其名单。未经铁道部批准的车站、专用线(专用铁路)等,一律不得开办危险货物运输。

到站营业办理限制(包括临时停限装)和起重能力,主要根据《货物运价里程表》中"站名索引表"有关"营业办理限制"和"最大起重能力"中的规定确定。

表2 全路危险货物办理站名表

局别	序号	站名	危货办理类别	发送品名	到达品名	备注
成都铁路局	2	德昌	四类	硅铁		
	3	伏牛溪	五类	硝酸钠、硝酸铵(二)、亚硝酸钠、高氯酸钾、氯酸钾、氯酸钠、高锰酸钾、三氧化铬、重铬酸钠	亚硝酸钠、硝酸钠、双氧水(一)、双氧水(二)、双氧水(三)、高锰酸钾、重铬酸钠、三氧化铬、过硫酸钾	

表3 铁路危险货物运输办理站(专用线、专用铁路)办理规定

序号	办理站名称	顺号	专用线(专用铁路)名称	共用单位名称	发送品名			到达品名			轨道衡		起重条件	
					罐装	非罐装	集装箱(罐)	罐装	非罐装	集装箱(罐)	动态	静态	起重能力	设备类型
51	鹧鸪江	101	柳州威奇化工有限责任公司			恩梯炸药、乳化炸药、导火索、雷管			硝酸铵、梯恩梯、硝酸钠、硝酸钾、苦味酸、黑索金					

③ 审核运单记载的品名、类项、编号等内容与《铁路危险货物品名表》的规定一致见表4。

货物名称关系着货物运输条件、安全和运输费用计算,危险货物应按《铁路危险货物品名表》中所列的品名和规定填写。运单记载的品名、类项、编号等内容与《铁路危险货物品名表》的规定一致,并核查《铁路危险货物品名表》第12栏内有无特殊规定,托运的品名与发到站办理的品名是否相符，所运货物是否符合运输条件。

在货物运单"货物名称"栏内填写"危险货物品名索引表"内列载的品名和相应编号，在运单的右上角用红色戳记标明类项名称。

表 4　铁路危险货物品名表

铁危编号	品名	别名	信息化品名	主要特性	包装标志	包装类	包装方法	灭火方法	洗刷除污编号	急救措施	特殊规定	联合国及车标编号
51069A	硝酸铵[含可燃物质总量≤0.2%，包括以碳计算的任何有机物质，但不包括任何其他添加物质]	硝铵	硝酸铵（二）	无色结晶或颗粒，比重1.725，熔点169.6℃，溶于水，并吸收大量热。210℃时分解，与可燃物混合引起燃烧、爆炸危险	11	Ⅲ	10,12	雾状水、砂土、二氧化碳	1	中毒后移至新鲜空气处，施行人工呼吸，输入含5%二氧化碳的氧气，皮肤沾染用水冲洗，切勿沾入黏膜	73	1942

④ 审核运输条件。《铁路危险货物品名表》第 12 栏内特殊规定内容，硝酸铵（51069A）按下列要求运输：第一，硝酸铵按《铁路危险货物运输管理规则》中氧化性物质的规定要求运输。第二，采用 P_{64}、P_{64A}、P_{64AK}、P_{64AT} 型棚车装运；使用敞车运输时，需采取安全措施，并经过铁路局主管部门批准。第三，硝酸铵运输时，应采取随货押运措施。押运同一到站的四辆车为一组，每组押运员不得少于两人。一列中同一到站超过两组的，押运数由铁路局确定。

⑤ 审核押运人。对派有押运人的危险货物，审查押运人《铁路危险运输业务培训合格证》。托运人应在"托运人记载事项"栏内注明押运员姓名、证件号码等有关事项。实行全程押运，签认内容见《全程押运签认登记表》，托运人再次办理运输时须出具此登记表，并由车站保留三个月。对未做到全程押运的，再次办理货物托运时车站不予受理，见表 5。

表 5　全程押运签认登记表

发站	途中站	到站	车号	品名	到达车次	到达时间	押运人单位	押运员证号	培训合格证号	押运员签字	货检员签章	备注
伏牛溪		鹧鸪江	P3410148、P3450691、P3412480、P3412428	硝酸铵			重庆富源化工股份有限公司		成(押)—2454. 成(押)—2367	×××、×××	×××	

⑥审查危险货物的包装种类是否符合《铁路危险货物运输管理规则》附件 3《铁路危险货物包装表》的规定，审核具有危险货物运输包装检测合格证，不符合时是否按"试运包装"办理。

⑦ 在审核正确的货物运单右上角用红色戳记标明编组隔离、禁止溜放或限速连挂等警示标记。派有押运员的成组危险货物，在每一张运单上注明"成组连挂，不得拆解"。

⑧ 需要凭证明文件运输的危险货物，证明文件中的品种、数量、运入地、货主及收货人是否相符，证件是否齐全有效，证明文件种类包括托运麻醉品、枪支、民用爆炸品等，须提出药政管理或公安部门的证明文件；托运烟草、酒类应提出有关物资管理部门的证明文件；进出口货物需要有进出口许可证，须有卫生检疫方面的证明文件。

⑨ 填记铁路危险运输作业签认单。受理剧毒品运输时签认《铁路剧毒品发送作业签认单》；受理危险货物运输时签认《铁路危险货物发送作业签认单》，见表 6；受理危险货物罐车运输时签认《危险货物罐车发送作业签认单（气体类）》、《危险货物罐车发送作业签认单（非气体类）》。

表 6 铁路危险货物发送作业签认单

<table>
<tr><td>托运人名称</td><td colspan="4">重庆富源化工股份有限公司</td><td colspan="2">托运人资质证书编号</td><td>51302005</td></tr>
<tr><td>品名</td><td>硝酸铵</td><td>铁危编号</td><td>51069A</td><td>重量</td><td>58435 kg</td><td>件数</td><td>1450</td></tr>
<tr><td>规定包装方法</td><td colspan="2">塑编袋</td><td colspan="2">实际包装方法</td><td colspan="2">塑编袋</td><td></td></tr>
<tr><td>到站</td><td>鹧鸪江</td><td>车(箱)号</td><td colspan="5"></td></tr>
<tr><td>作业项目</td><td colspan="4">作业要求</td><td colspan="3">作业签认</td></tr>
<tr><td>受理</td><td colspan="4">1. 审查托运人、押运员资质(不需押运的除外)等,进出口运输审核代理人资格确认件。
2. 审查发到站、品名及编号是否符合《铁路危险货物运输办理站(专用线、专用铁路)办理规定》,确认填写正确,不得写概括名称。
3. 审查填写的包装方法。
4. 其他规定要求。</td><td colspan="3">受理货运员
签　认:×××

2008 年 8 月 13 日</td></tr>
</table>

(3)受理危险货物(非气体类)自备货车时,应审核以下内容:

① 自备罐车产权单位为托运人的,审核《铁路危险货物托运人资质证书》的单位名称与《铁路危险货物自备货车安全技术审查合格证》的单位名称是否一致。

② 罐车产权单位为收货人的,罐车产权单位名称与《铁路危险货物自备车安全技术审查合格证》的单位名称是否一致。

③ 货物品名与《铁路危险货物自备车安全技术审查合格证》中的品名及罐体标记品名是否一致。

④ 危险货物罐车装卸作业必须在专用线(专用铁路)办理,审核货物品名、托运人、收货人、发到站、专用线(专用线)等与《铁路危险货物运输办理站(专用线、专用铁路)办理规定》中公布的是否一致。

(4)受理危险货物新品名运输应审核以下内容:

① "危险货物品名索引表"中未列载的品名办理运输时须进行性质鉴定,托运人提交品名鉴定前,需填写"铁路危险货物运输技术说明书"(见《铁路危险货物运输管理规则》格式 1)一式四份。托运人对填写内容和送检样品的真实性承担经济和法律的责任,送检样品须经铁道部认定具有资格的专业技术机构进行鉴定。经批准后,发站、铁路局、托运人和鉴定单位各留存一份"铁路危险货物运输技术说明书"。

② 根据铁路局批准的危险货物新品名试运,审核《铁路危险货物运输技术说明书》,新品名试运在指定的时间和区段内进行。审核托运人、承运人双方签订的安全运输协议。

③ 试运时,审核运单"托运人记载事项"栏内是否注明"比照铁危编号×××新品名试运,批准号×××"字样。试运时间 2 年。未经批准或超过试运期未上报试运报告的,必须停止试运。

(5)受理改变运输包装运输的危险货物,除按普通危险货物受理外,还应认真审核以下内容:

① 托运危险货物运输包装与《铁路危险货物运输管理规则》"铁路危险货物包装表"不符时,包装须经铁道部认定的专业技术机构进行检测,填写《改变运输包装申请表》报铁路局批准。

② 审核经铁路局批准的《改变运输包装申请表》。改变运输包装在指定的时间和区段内进行试运。

③ 审核托运人、承运人双方签订的安全运输协议。

④ 试运时，审核运单"托运人记载事项"栏内是否注明"试运包装"字样。试运时间 2 年。未经批准或超过试运期未上报试运报告的，必须停止试运。

(6)受理危险货物集装箱运输时，除按普通危险货物受理外，还应认真审核以下内容：

①《铁路危险货物品名表》中的品类是否符合铁路通用箱或自备危货箱所规定的范围。

② 集装箱办理站是否为国家铁路办理危险货物集装箱运输业务的车站。

(7)受理剧毒品除按普通危险货物受理外，还应认真审核以下内容：

① 是否使用剧毒品黄色专用运单，同一车内只允许装运同一危险货物编号的剧毒品。

② 根据运单填记的品名，对照"全路剧毒品办理站站名表"认真审核发到站的办理范围，严禁超范围受理。

③ 剧毒品仅限采用剧毒品专用车，企业自备货车和企业自备集装箱装运，审核所使用的车、箱是否符合规定。

④ 剧毒品包装必须符合《铁路危险货物运输管理规则》有关技术条件的规定，必须出具国家认定的包装检测机构提出的检测合格证明，由铁路运输主管部门认可后方可使用。

⑤ 按要求填记《铁路剧毒品发送作业签认单》。

(8)受理放射性物品除按普通危险货物受理外，还应认真审核以下内容：

① 托运人托运放射性物质或放射性物质空容器时，应出具经铁路卫生防疫部门核查签发的《铁路运输放射性物质包装件表面污染及辐射水平检查证明书》(见《铁路危险货物运输管理规则》格式 3)或《铁路运输放射性物质空容器检查证明书》(见《铁路危险货物运输管理规则》格式 4)一式两份，一份随货物运单交收货人，一份发站留存。

② 对辐射水平相等、重量固定、包装件统一的放射性物质，如化学试剂、化学制品、矿石、矿砂等，再次托运时，可出具证明书复印件。

③ 托运封闭型固体块状辐射源，如果当地无核查单位时，托运人可凭原有辐射水平检查证明书托运。

④ 托运"短寿命"放射性物品等货物时，其容许运输期限是否符合要求。按规定"短寿命"放射性物品等货物的容许运输期限至少须大于货物运到期限 3 日。

(9)托运军用危险货物时，必须由铁路军事运输计划中明确的发送单位，直接与车站办理运输手续，与运输计划不符时车站应拒绝承运，并及时向铁路上级单位和军交运输部门报告情况，任何货运代理公司不得代办军用危险货物运输。

(二)质量标准

1. 受理危险货物应符合货物运输基本要求。

2. 货物运单必须填写正确、齐全、真实，字迹要清楚，使用简化字要符合国家规定，不得使用自造字。货物运单填写符合《货物运单和货票填制办法》、《铁路危险货物运输管理规则》的规定。

3. 托运人、经办人、押运人的资质条件必须符合相关规定。

4. 发到站、办理品名、运输方式与《铁路危险货物运输办理站(专用线、专用铁路)办理规定》一致。

5. 货物品名、重量、件数与运单记载一致。

6. 托运人提供有效证明文件齐全,记载事栏填记符合标准;注明证明文件的名称、号码。

7. 货物运单所要求的车辆符合危险货物运输要求。

8. 承运人填记事项正确、完整,加盖戳记规范齐全。

9. 符合货车使用限制的规定。

10. 按规定办理保价运输或保险运输。

(三)危险货物运单范例

货物指定于 9 月 23 日搬入
货位:2—3#
计划号码或运输号码:09W00823356
运到期限　　日

××铁路局
货物运单
托运人→发站→到站→收货人

承运人/托运人装车
承运人/托运人施封

货票第　　号

托运人填写						承运人填写				
发站	伏牛溪	到站(局)	鹧鸪江(宁)			车种车号		货车标重		
到站所属省(市)自治区			广西省			施封号码				
托运人	名称	重庆富源化工股份有限公司				经由	铁路货车篷布号码			
	住址	重庆市垫江线砚台镇	电话 138……							
收货人	名称	柳州威奇化工有限责任公司				运价里程	集装箱号码			
	住址	柳州市柳长路 20 号	电话 138……							
货物名称	件数	包装	货物价格	托运人确定重量(公斤)		承运人确定重量(公斤)	计费重量	运价号	运价率	运费
硝酸铵(51069A)	1 450	塑料袋	10 万元	58 435						
合计										
托运人记载事项:	保险运输金额 10 万元,单件重 40.3 kg,柳州威奇化工有限责任公司专用线卸车,资质证号 51302005,经办人张三,培训合格证号成(企)—2125,身份证号 513221971……,押运员李四、王五,培训合格证号成(押)—2367,成(押)—2372,身份证号 510231977……、5102131975……					承运人记载事项:				

注:本单不作为收款凭证,托运人签约须知见背面。	托运人盖章或签字 重庆富源化工股份有限公司印章 2008 年 9 月 22 日	到站交付日期戳	发站承运日期戳

规格:350 mm×185 mm

领货凭证

车种及车号
货票第　　号
运到期限　　日

发站	伏牛溪	
到站	鹧鸪江	
托运人	重庆富源化工股份有限公司	
收货人	柳州威奇化工有限责任公司	
货物名称	件数	重量
硝酸铵(51069A)	1 450	58 435
托运人盖章或签字 重庆富源化工股份有限公司印章		
发站承运日期戳		

注:收货人领货须知见背面。

七、装载加固运输受理

(一)作业方法及步骤

准备工作

1. 人员。

2. 工具：计算机、计算器、铅笔、线锤、丁字尺、卷尺、皮尺等。

3. 材料。

4. 资料：《铁路危险货物运输规程》、《铁路货物运输管理规则》、《铁路货物装载加固规则》等。

作业方法

1. 受理前准备

(1)熟悉装载加固运输基本技术条件。

(2)熟悉货物运单格式及填写要求、标准。

(3)掌握铁路货物装载加固常用计算公式。

(4)了解货车有关技术参数。

2. 受理工作

(1)货物运单的受理审核。审查托运人提供的技术资料，如货物外形三视图、计划装载加固方案图纸及计算说明书等，托运人提供的资料应有托运人的签章。

货物外形三视图包括主视图、侧视图和俯视图，如图 23 所示，图中应标明各部位长、宽、高尺寸，以毫米为单位。

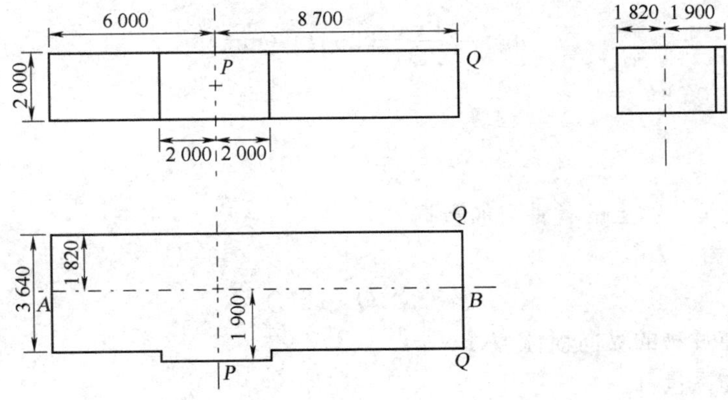

图 23　货物外形尺寸三视图

(2)计划装载加固方案，方案图纸中应标明有关尺寸和重心位置，以毫米为单位。

(3)选用车种、车型及车数，确定装载方案。装载加固方案通常包括货物规格、准用货车、加固材料、装载方法、加固方法及其他要求六个部分。

(4)计算重车重心高度是否超过 2 000 mm，采取配重措施降低重心高时，计算配重货物起码重量。

重车重心高度计算公式如下：

已知条件包括货物总重 $Q_{总装}$，车辆自重 $Q_车$，重心高 $h_车$，车地板高 $h_{车地板}$。

① 一车负重装载时

$$H=\frac{Q_车\ h_车+Q_1h_1+Q_2h_2+\cdots+Q_nh_n}{Q_车+Q_1+Q_2+\cdots+Q_n}\quad (\mathrm{mm})$$

式中　$Q_车$——货车自重，t；

Q_1、$Q_2\cdots Q_n$——每件货物重量，t；

$h_车$——空车重心自轨面起算的高度，mm；

h_1、$h_2\cdots h_n$——装车后每件货物重心自轨面起算的高度，mm。

② 跨装时

$$H=\frac{Q_{车1}h_{车1}+Q_{车2}h_{车2}+Qh}{Q_{车1}+Q_{车2}+Q}\quad (\text{mm})$$

式中 $Q_{车1}$、$Q_{车2}$——分别为两负重车自重，t；

$h_{车1}$、$h_{车2}$——分别为两负重车空车重心自轨面起算的高度，mm；

Q——货物重量，t；

h——装车后货物重心自轨面起算的高度，mm。

③ 配重货物的重量计算

$$Q_{配}=\frac{Q_{总}(H-2\,000)}{2\,000-h_{配}}\quad (\text{t})$$

式中 $Q_{总}$——货车自重与主货重量之和，t；

H——未配重前重车重心高度，mm；

$h_{配}$——配重货物装后，其重心自轨面起算的高度，mm。

(5)确定货物重心偏移量是否符合规定。

货物重心偏移量的计算公式如下：

当 $P_{容}-Q<10\text{ t}$ 时

$$a_{容}=\left(\frac{P_{标}}{2Q}-0.5\right)l\quad (\text{mm})$$

当 $P_{容}-Q\geqslant 10\text{ t}$ 时

$$a_{容}=\frac{5}{Q}l\quad (\text{mm})$$

(6)计算作用于货物上的各种力的数据

① 纵向惯性力

$$T=t_0\times Q\quad (\text{kN})$$

式中 t_0——每吨货物的纵向惯性力，kN/t；

Q——货物重量，t。

采用刚性加固时 $t_0=26.69-0.13Q_{总}\quad (\text{kN/t})$

其中 $Q_{总}$ 为重车总重，t。当 $Q_{总}>130\text{ t}$ 时，按 130 t 计算。

采用柔性加固时 $t_0=0.001\,2Q_{总}^2-0.32Q_{总}+29.85\quad (\text{kN/t})$

其中 $Q_{总}$ 为重车总重，t；跨装运输时，按跨装车组总重计算。当 $130\text{ t}<Q_{总}\leqslant 150\text{ t}$ 时，按 130 t 计算，$t_0=6.78\text{ kN/t}$；当 $Q_{总}>150\text{ t}$ 时，$t_0=5.88\text{ kN/t}$。

② 横向惯性力

$$N=n_0\times Q\quad (\text{kN})$$

式中 n_0——每吨货物的横向惯性力，kN/t；

Q——货物重量，t。

$$n_0=2.82+2.2\,\frac{a}{l}\quad (\text{kN/t})$$

式中 a——货物重心偏离车辆横中心线的距离，mm；跨装时，为货物转向架中心销偏离车辆横中心线的距离，mm；

l——负重车转向架中心距（具有多层转向架群的货车为底架心盘中心距），mm。

③ 垂直惯性力

$$Q_{垂}=q_{垂}\times Q \quad (\text{kN})$$

式中 $q_{垂}$——每吨货物的垂直惯性力,kN/t;

Q——货物重量,t。

使用敞车和普通平车装载时

$$q_{垂}=3.54+3.78\frac{a}{l} \quad (\text{kN/t})$$

式中 a——货物重心偏离车辆横中心线的距离,mm;跨装时,为货物转向架中心销偏离车辆横中心线的距离,mm;

l——负重车转向架中心距,mm。

使用长大货物车装载时

$$q_{垂}=4.53+7.84\frac{a}{l} \quad (\text{kN/t})$$

④ 风力

$$W=qF \quad (\text{kN})$$

式中 q——侧向计算风压。受风面为平面时,$q=0.49\ \text{kN/m}^2$;受风面为圆球体或圆柱体侧面时,$q=0.245\ \text{kN/m}^2$;

F——侧向迎风面的投影面积,m^2。

⑤ 摩擦力

纵向摩擦力 $F^{纵}_{摩}=9.8\mu Q \quad (\text{kN})$

横向摩擦力 $F^{横}_{摩}=\mu(9.8Q-Q_{垂}) \quad (\text{kN})$

式中 Q——货物重量,t;

$Q_{垂}$——货物的垂直惯性力,kN;

μ——摩擦系数,按表7取值。

表7 铁路货物常用摩擦系数表

物体名称	摩擦系数	物体名称	摩擦系数
木与木	0.45	橡胶垫与木	0.60
木与钢板	0.40	橡胶垫与钢板	0.50
木与铸钢	0.60	稻草绳把与钢板	0.50
钢板与钢板	0.30	稻草绳把与铸钢	0.55
履带走行机械与车辆木地板	0.70	稻草垫与钢板	0.44
橡胶轮胎与车辆木地板	0.63	草支垫与钢板	0.42

(7)计算货物的稳定系数

① 货物倾覆的稳定系数

在纵向 $$\eta=\frac{9.8Qa}{Th}$$

在横向 $$\eta=\frac{9.8Qb}{Nh+Wh_{风}}$$

式中 Q——货物重量,t;

a——货物重心所在横向垂直平面于货物倾覆点之间的距离，mm；

b——货物重心所在纵向垂直平面于货物倾覆点之间的距离，mm；

T——货物的纵向惯性力，kN；

N——货物的横向惯性力，kN；

h——货物重心自倾覆点所在水平面起算的高度，mm；

W——作用于货物上的风力，kN；

$h_{风}$——风力合力作用点自倾覆点所在水平面起算的高度，mm。

当倾覆稳定系数小于 1.25 时，需要采取加固措施。

② 货物水平移动的稳定性

如果货物的纵向惯性力大于纵向摩擦力或横向惯性力与风力之和的 1.25 倍大于横向摩擦力，则应采取加固措施防止货物移动。加固材料应承受的纵向或横向力计算方法见公式 20、21：

在纵向 $$\Delta T = T - F_{摩}^{纵} \quad (\text{kN})$$

在横向 $$\Delta N = 1.25(N+W) - F_{摩}^{横} \quad (\text{kN})$$

③ 货物滚动的稳定系数

圆柱形、球形或带轮货物，使用三角挡或掩木加固后，滚动稳定系数计算方法见公式 22、23：

在纵向 $$\eta = \frac{9.8Qa}{T(R-h_{掩})}$$

在横向 $$\eta = \frac{9.8Qb}{(N+W)(R-h_{掩})}$$

式中 a、b——货物重心所在横向或纵向垂直平面至三角挡（或掩木）与货物接触点之间距离，mm；

R——货物或轮子半径，mm；

$h_{掩}$——掩木或三角挡与货物接触点自货物或轮子最低点所在水平面起算的高度，mm。

如果稳定系数小于 1.25，表明所使用的掩木或三角挡高度不够，应同时采用其他加固措施。

（二）质量标准

1. 能够准确查阅铁路各车站营业办理限制，熟悉铁道部、铁路局临时停、限装命令。
2. 认真仔细审核货物运单填写内容，与实际货物相符无误。
3. 认真审核计划装载加固方案，以合理选择实际装载加固方案。
4. 熟悉装载加固常用计算公式，计算结果准确。

八、货物装载限界的计算

【例 15】 某车站使用 C_{64K} 车装运箱装均质货物二件，规格为 8 000 mm×2 800 mm×1 600 mm，两层重叠装载是否超过货物装载限界？

（一）作业方法及步骤

准备工作

1. 人员。
2. 工具：计算机、计算器、铅笔、线锤、丁字尺、卷尺、皮尺等。
3. 材料。

4. 资料:《铁路货物运输规程》、《铁路货物运输管理规则》、《铁路货物装载加固规则》等。

作业方法

1. 根据 C_{64} 车技术数据,确定车底板距轨面高度。C_{64} 距轨面高度 1 082 mm。

2. 根据装载方法确定货物最高点距轨面高度,$h_{货}=1\,082+1\,600+1\,600=4\,282$(mm)

3. 根据货物装载方法确定货物的一侧最大宽度。因为货物接近车辆宽度,且为均质货物应对称装载,一侧最大宽度$=\dfrac{货物宽度}{2}=\dfrac{2\,800}{2}=1\,400$(mm)

4. 根据装载限界计算公式确定高度在 4 282 mm 时,装载货物允许的一侧宽度为

$$一侧宽度=\frac{7\,000-4\,282}{2}=\frac{2\,718}{2}=1\,359(\text{mm})$$

5. 根据实际装载的一侧宽度规定的装载限界比较是否符合要求。

当 1 400 mm>1 356 mm 时,该装载超过货物装载限界。

(二)质量标准

1. 查找车辆技术数据要准确。

2. 运用装载限界计算的公式正确。

【例 16】 某车站使用 C_{64H} 车装运谷草,计划装载高度在 4 435 mm 时,一侧宽度为 1 250 mm,是否超过货物装载限界?超过时超过多少?

(一)作业方法及步骤

准备工作

1. 人员。

2. 工具:计算机、计算器、铅笔、线锤、丁字尺、卷尺、皮尺等。

3. 材料。

4. 资料:《铁路货物运输规程》、《铁路货物运输管理规则》、《铁路货物装载加固规则》等。

作业方法

1. 根据装载限界计算公式确定高度在 4 435 mm 时,装载货物允许的一侧宽度一侧宽度(B)=(5 050−货物装载高度)×1.8=(5 050−4 435)×1.8=6 15×1.8=1 107(mm)

2. 根据实际装载的一侧宽度规定的装载限界比较是否符合要求

实际装载一侧宽度为 1 250 mm,大于 1 107 mm 不符合要求,超过了装载限界。

3. 计算超出量:1 250−1 107=143(mm)

(二)质量标准

1. 运用装载限界计算的公式正确。

2. 数字计算准确。

九、超长货物装载方案

【例 17】 非均重平底货物一件重 50 t,长 16 000 mm,货物重心距货物一端 7 000 mm,若使用标重 60 吨 N_{16} 型平车一端突出装运,并使用同型号平车一辆做游车,试确定:

(1)重心纵向偏移量是否符合规定?

(2)使用横垫木的最小高度($f=0$)。

(一)作业方法及步骤

准备工作

1. 人员。

2. 工具:计算机、计算器、铅笔、线锤、丁字尺、卷尺、皮尺等。

3. 材料。

4. 资料:《铁路货物运输规程》、《铁路货物运输管理规则》、《铁路货物装载加固规则》等。

作业方法

1. 查《平车常用技术参数表》得知:$L_{车}=13\,000\ \text{mm}$　$l=9\,300\ \text{mm}$　$l_{轴}=1\,750\ \text{mm}$

2. 计算货物重心实际偏移量:$a_{实}=7-\frac{13}{2}\approx 0.5\ \text{m}=500(\text{mm})$

3. 计算货物重心最大容许偏移量 $a_{容}$

$$P_{容}-Q=60\ \text{t}-50\ \text{t}=10\ \text{t}\qquad a_{容}=(5\times l)/50=(5\times 9\,300)/50=930(\text{mm})$$

4. 计算结果表明:$a_{容}>a_{实}$,即 930>500,重心纵向偏移量符合规定。

5. 使用垫木的最小高度:$H_{垫}=0.031a\pm h_{车差}+f+80$

$$a=(L_{车}-l-l_{轴})/2+(L_{货}-L_{车})=(13\,000-9\,300-1\,750)/2+(16\,000-13\,000)=3\,975(\text{mm})$$

$$H_{垫}=0.031\times 3\,975+0+0+80=203(\text{mm})$$

(二)质量标准

1. 规章运用正确

2. 计算条理清晰、准确无误

【例 18】 超长均重货物一件,重 52 t,长 14 238 mm、宽 2 800 mm、高 1 350 mm,使用 60 吨 N_{16} 型平车装运,并有 N_{16} 型平车作游车,货物挠度为 0,试确定经济合理的装载方案,并绘制装载示意图。

已知:N_{16} 型平车长 12 500 mm,销距 9 350 mm,车地板高 1 163 mm,1 轴为 1 727 mm,N_{16} 车地板高 1 210 mm。

(一)作业方法及步骤

准备工作

1. 人员。

2. 工具:计算机、计算器、铅笔、线锤、丁字尺、卷尺、皮尺等。

3. 材料。

4. 资料:《铁路货物运输规程》、《铁路货物运输管理规则》、《铁路货物装载加固规则》等。

作业方法

1. 用一车负重,使用一辆游车装载。

2. 计算货物重心纵向最大容许偏移量

$$P_{容}-Q=60\ \text{t}-52\ \text{t}=8\ \text{t}<10\ \text{t}$$

$$a_{容}=\left(\frac{P_{容}}{2Q}-0.5\right)l=\left(\frac{60}{2\times 52}-0.5\right)\times 9\,350=719(\text{mm})$$

3. 因货物突出端半宽不大于车辆半宽,如果一端与车端对齐,则另一端突出为 14 238－12 500＝1 738 mm,货物重心偏移 869 mm,不符合规定(因为超过了重心最大容许偏移量 $a_{容}$ 719 mm),因此可采取按重心最大容许偏移量 $a_{容}$ 为 719 mm 时的一端突出 1 438 mm,则另一端突出 300 mm(在允许突出端梁范围)进行装载,如图 24 所示。

4. 因使用游车，必须使用横垫木，垫木放在负重车车地板对应两枕梁的位置，并确定垫木最小高度：

$$H_{垫}=0.031a\pm h_{车差}+f+80$$

$$a=\frac{L_{车}-l-l_{轴}}{2}+(L_{货}-L_{车}-300)=\frac{(12\,500-9\,350-1\,727)}{2}+(14\,238-12\,500-300)=2\,150(\text{mm})$$

$$h_{车差}=1\,210-1\,163=47(\text{mm})$$

$$H_{垫}=0.031\times2\,150+47+0+80=194(\text{mm})$$

5. 装载示意图如图 24 所示。

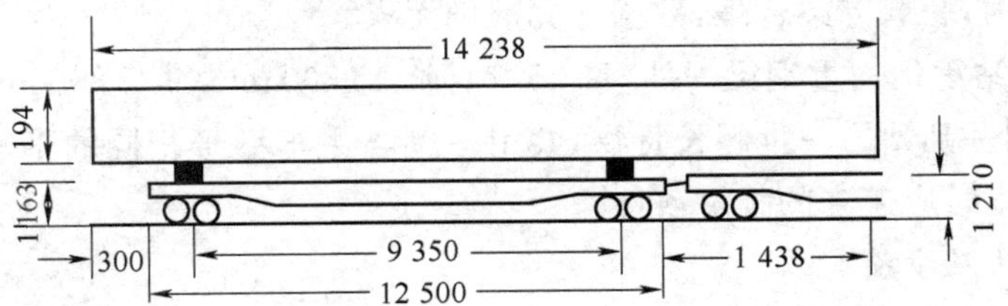

图 24　超长均重货物装载示意图(单位：mm)

(二)质量标准

1. 确定的装载方案，必须经济合理，符合规定。

2. 绘制的装载示意图标准、数字标注规范。

【例 19】 均重货物一件，重 53 t，长 15 000 mm，宽 2 900 mm，使用 N_{17} 一端突出装载，一端与车端平齐。问该货物装载是否符合技术要求？如不符合应如何装载？试确定装载方案。根据确定的方案计算垫木最小高度。

已知：N_{17} 型平车 $L_{车}=13\,000$ mm，$l=9\,000$ mm，$l_{轴}=1\,750$ mm。

(一)作业方法及步骤

准备工作

1. 人员。

2. 工具：计算机、计算器、铅笔、线锤、丁字尺、卷尺、皮尺等。

3. 材料。

4. 资料：《铁路货物运输规程》、《铁路货物运输管理规则》、《铁路货物装载加固规则》等。

作业方法

1. 对货物重心的最大容许偏移量和实际需要偏移量进行比较，确定装载方法是否符合要求。

(1)计算货物重心最大容许偏差量

$$P_{容}-Q=60\text{ t}-53\text{ t}=7\text{ t}<10\text{ t}$$

$$a_{容}=\left(\frac{P_{容}}{2Q}-0.5\right)l=\left(\frac{60}{2\times53}-0.5\right)\times9\,000=594(\text{mm})$$

(2)货物重心实际需要偏移量

$$a_{需}=(15\,000-13\,000)/2=1\,000(\text{mm})\quad a_{需}>a_{容}$$

(3)结论：该装载方法不符合规定，因为货物重心实际需要的偏移量 1 000 mm 大于货物重心容许的偏移量 594 mm。

2. 确定新的装载方案

采用两端突出，对称、均衡装载，即货物重心投影位于车辆纵、横中心线的交叉点上(两端

各加挂一辆同负重车相同车型的游车)，则两端各突出车端

$$y=(15\,000-13\,000)/2=1\,000(\text{mm})$$

3. 根据确定的方案计算垫木的最小高度

$$H_{垫}=0.031a\pm h_{车差}+f+80$$

$$a=\frac{(L_{车}-l-l_{轴})}{2}+y=\frac{(13\,000-9\,000-1\,750)}{2}+1\,000=2\,125(\text{mm})$$

$$H_{垫}=0.031\times 2\,125+0+0+80=146(\text{mm})$$

(二)质量标准

公式运用正确，装载方案合理，数据计算准确无误。

【例 20】 某站承运均重钢梁一件，重 35.7 t，长 15 800 mm，宽 2 800 mm，使用 60 吨 N_{16} 型平车装运，并和同一到站另一批超长货物，共用一辆与主车型号相同的平车作游车，说明该车的装载方案和装车时应遵守的技术条件。

(一)作业方法及步骤

准备工作

1. 人员。

2. 工具：计算机、计算器、铅笔、线锤、丁字尺、卷尺、皮尺等。

3. 材料。

4. 资料：《铁路货物运输规程》、《铁路货物运输管理规则》、《铁路货物装载加固规则》等。

作业方法

1. 该车的装载方案

(1)确定货物重心最大容许偏移量

$$P_{容}-Q=60\text{ t}-35\text{ t}=25\text{ t}>10\text{ t}$$

$$a_{容}=\frac{5}{Q}l=\frac{5}{35.7}\times 9\,300=1\,302(\text{mm})$$

(2)查“货车技术参数表”N_{16} 型平车 $l_{车}=13\,000$ mm，$l=9\,300$ mm，$l_{轴}=1\,750$ mm。

(3)货物一端突出 100 mm，另一端突出 2 700 mm 装载(共用游车)，则货物重心偏离货车横中心线 $a_{实}=\frac{15\,800}{2}-100-\frac{13\,000}{2}=1\,300(\text{mm})$

实际偏移量 $a_{实}<a_{容}$，装载方案合理。

根据《铁路货物装载加固规则》规定，突出较短的一端在 100～300 mm 之间均可。

2. 装车时应遵守的规定

(1)所用横垫木的高度：$H_{垫}=0.031a\pm h_{车差}+f+80$

其中 $a=\frac{(l_{车}-l-l_{轴})}{2}+(l_{货}-l_{车})=(13\,000-9\,300-1\,750)/2+(15\,800-100-13\,000)$

$=3\,675(\text{mm})$

$$H_{垫}=0.031\times 3\,675+0+0+80=194(\text{mm})$$

(2)共用游车时，两货物突出端距离不小于 500 mm。

(3)游车上装载的货物，与突出端间距离不小于 350 mm。

(二)质量标准

1. 公式运用正确合理，货车技术参数准确，垫木高度计算准确。

2. 装载方案经济合理。

3. 执行一车负重装载技术条件的有关规定。

十、敞、平、长大货物车局部地板面承受的重量

【例21】 查敞车均布载荷、对称集中载荷的最大容许载重量。

1. 用 C_{62A} 装载，均布载荷时，车辆负重面长度 3 000 mm，车辆负重面宽度 2 400 mm、2 600 mm时，最大容许载重量分别为多少？

2. 用 C_{64} 装载，对称集中载荷时，横垫木中心间距 3 000 mm，横垫木长度 2 000 mm、2 800 mm时，最大容许载重量分别为多少？

3. 用 C_{70} 装载，均布载荷时，车辆负重面长度 4 000 mm，车辆负重面宽度 2 400 mm、2 700 mm时，最大容许载重量分别为多少？

4. 用 C_{70} 装载，对称集中载荷时，横垫木中心线间距离 4 000 mm，横垫木长度 2 400 mm、2 800 mm时，最大容许载重量分别为多少？

(一)作业方法及步骤

准备工作

1. 人员。

2. 工具：计算机、计算器、铅笔、线锤、丁字尺、卷尺、皮尺等。

3. 材料。

4. 资料：《铁路货物运输规程》、《铁路货物运输管理规则》、《铁路货物装载加固规则》等。

作业方法

1. 查《60、61 吨敞车两枕梁间承受均布载荷时最大容许载重量表》可知车辆负重面长度 3 000 mm，车辆负重面宽度 2 400 mm 时，最大容许载重量为 16 t；负重面宽度为 2 600 mm 时，最大容许载重量为 23 t。

2. 查《60、61 吨敞车两枕梁间承受对称集中载荷时最大容许载重量表》可知两横垫木中心间距 3 000 mm，横垫木长 2 000 mm 时，最大容许载重量为 17 t；横垫木长为 2 800 mm 时，最大容许载重量为 21 t。

3. 查《C_{70}、C_{70H} 型敞车两枕梁间承受均布载荷时最大容许载重量表》可知车辆负重面长度 4 000 mm，车辆负重面宽度 2 400 mm 时，最大容许载重量为 34 t；负重面宽度为 2 700 mm 时，最大容许载重量为 40 t。

4. 查《C_{70}、C_{70H} 型敞车两枕梁间承受对称集中载荷时最大容许载重量表》可知两横垫木中心间距 4 000 mm，横垫木长 2 400 mm 时，最大容许载重量为 42 t；横垫木长为 2 800 mm 时，最大容许载重量为 46 t。

(二)质量标准

规章运用正确、查表准确无误。

【例22】 某站有三件待装货物，其中一件重 12.5 t，尺寸规格为 3 400 mm×1 400 mm×1 000 mm，其余两件各重 22 t，尺寸规格均为 3 500 mm×1 600 mm×1 200 mm。现有 C_{64} 型敞车一辆，试问如何装载才能符合有关规定？并画出装载示意图。

(一)作业方法及步骤

准备工作

1. 人员。

2. 工具:计算机、计算器、铅笔、线锤、丁字尺、卷尺、皮尺等。

3. 材料。

4. 资料:《铁路货物运输规程》、《铁路货物运输管理规则》、《铁路货物装载加固规则》等。

作业方法

按《铁路货物装载加固规则》十六条五款规定方法装载:

1. 在车辆两枕梁内外等距离分别装载重 22 t 货物各一件。

2. 在车辆中央部位装 12.5 t 货物一件。

3. 装载示意图如图 25 所示。

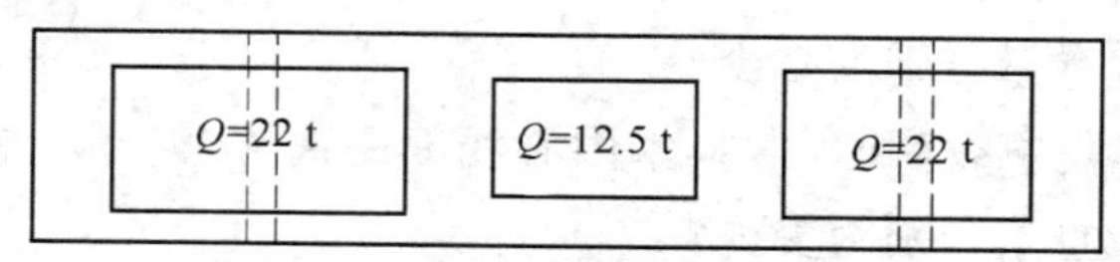

图 25　待装货物装载示意图

(二)质量标准

规章运用正确,货物装载位置得当。

【例 23】 使用 N_{17}装载货物一件,货物重 35 t,支重面长 2 000 mm。确定该货物应如何避免集重装载。

(一)作业方法及步骤

准备工作

1. 人员。

2. 工具:计算机、计算器、铅笔、线锤、丁字尺、卷尺、皮尺等。

3. 材料。

4. 资料:《铁路货物运输规程》、《铁路货物运输管理规则》、《铁路货物装载加固规则》等。

作业方法

查《平车局部地板面承受均布载荷或对称集中载荷时容许载重量表》可知货物支重面长 2 000 mm,直接装在车地板上,车辆负重面长为 2 000 mm 时,可承载货物 30 t。该货物重 35 t,超过所装平车地板负重面长度的最大容许载重量,所以该货物为集重装载。需使用横垫木,两横垫木中心线间最小距离为 1 250 mm(用插入法计算)。

(二)质量标准

规章运用正确、查表准确、判断无误。

【例 24】 均重平底货物一件,货物重 28 t,货物外形尺寸 6 000 mm×2 400 mm×1 600 mm,拟用一辆 C_{62A}型 60 t 敞车装运。试确定合理的装载方法并画出装载示意图。

(一)作业方法及步骤

准备工作

1. 人员。

2. 工具:计算机、计算器、铅笔、线锤、丁字尺、卷尺、皮尺等。

3. 材料。

4. 资料:《铁路货物运输规程》、《铁路货物运输管理规则》、《铁路货物装载加固规则》等。

作业方法

根据敞车局部地板面承受货物重量,仅在车辆两枕梁之间,横中心线两侧等距离范围内规定,该货物支重面长 6 000 mm,宽 2 400 mm,重 28 t,可按《60、61 吨敞车两枕梁间承受对称集中载荷时最大容许载重量表》规定装载该货物,在车地板上加两根横垫木,两横垫木中心线间的距离 4 500 mm(利用插入法计算),横垫木长度不小于货物的宽度 2 400 mm 即可,装载示意图如图 26 所示。

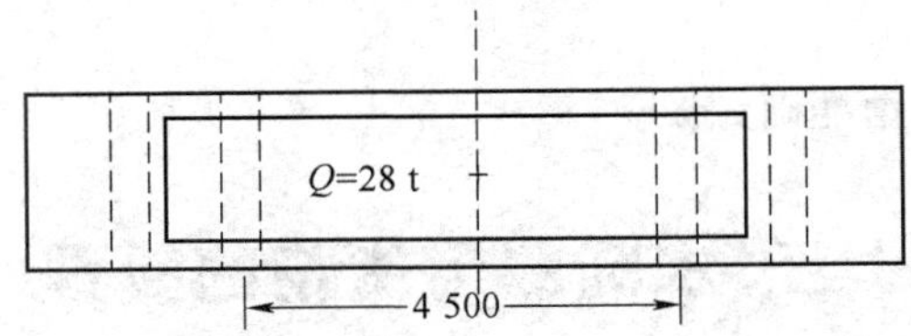

图 26 均重平底货物装载示意图(单位:mm)

(二)质量标准

1. 规章运用正确。

2. 查表准确无误、绘图清晰、直观。

十一、根据已知条件查表确定超限种类和等级

(一)作业方法及步骤

准备工作

1. 人员。

2. 工具:计算机、计算器、铅笔、线锤、丁字尺、卷尺、皮尺等。

3. 材料。

4. 资料:《铁路货物运输规程》、《铁路货物运输管理规则》、《铁路货物装载加固规则》、《铁路超限超重货物运输规则》等。

作业方法

1. 根据《铁路超限超重货物运输规则》第七条按超限部位所在高度,分别确定超限种类,见表 8。

表 8 货物超限种类与等级表

顺号	由轨面起算高度(mm)	由线路中心线起算的宽度(mm)	超限种类	超限等级
1	300	1 556(左侧)	下部(左侧)超限	超级
2	1 500	1 850(两侧)	中部(两侧)超限	一级
3	3 000	1 956(右侧)	中部(右侧)超限	超级
4	4 180	1 500(右侧)	上部(右侧)超限	一级
5	4 880	700(对称)	上部(对称)超限	二级
6	4 880	750(对称)	上部(对称)超限	二级

(1)下部超限:自轨面起高度在 150 mm 至未满 1 250 mm 之间任何部位超限。

(2)中部超限:自轨面起高度在 1 250 mm 至 3 600 mm 之间任何部位超限者。

(3)上部超限:自轨面起高度超过 3 600 mm,任何部位超限。

2. 根据《铁路超限超重货物运输规则》附件四查表确定超限等级,见表 8。

(1)按自轨面起算的高度,查由线路中心线起算的宽度,超出机车车辆限界未超出一级超限限界者,为一级超限。

(2)超出一级超限限界而未超出二级超限限界者,以及自轨面起高度在 150 mm 至未满 1 250 mm间超限,但未超出二级超限者为二级超限。

(3)超出二级超限限界者为超级超限。

(二)质量标准

规章运用正确,查表数据准确无误。

十二、水陆联运货物的受理

(一)作业方法及步骤

准备工作

1. 人员。

2. 工具:计算机、软件、打印机、计算器、钢笔或圆珠笔等。

3. 材料:货物运单。

4. 资料:(规章、文电等)。

作业方法

1. 受理前准备

(1)熟悉水陆联运货物运输基本知识。

(2)熟悉水陆联运货物运单格式及填写要求、标准。

(3)了解水陆联运换装站、换装港。

(4)掌握受理水陆联运货物运输规定。

2. 受理工作

(1)审查有无批准的货运计划号或运输号。

(2)审查发站(局)或起运港。发站按《铁路货物运价里程表》规定的车站名称完整填记。

(3)审查到站(局)或到达港。到站或到达港应按《铁路货物运价里程表》和《国际铁路联运规程》规定的车站、港口名称完整填记,不得使用简称。

(4)审查托运人名称、地址、电话、开户银行、账号。应填写托运人的完整名称,当为个人时,应填写详细住址。

(5)审查收货人名称、地址、电话、开户银行、账号。应填写托运人的完整名称,当为个人时,应填写详细住址。

"到站或到达港"栏和"收货人"必须在同一地,防止二者分散两地,无法交付。

(6)审查货物名称。按《铁路货物运价规则》附件《铁路货物运输品名分类与代码表》或《国际铁路联运规程》的《货物运价分级表》中所列的货物名称正确填写,未经列载的货物,应填写生产或贸易上通用的具体名称。

如托运在《国际铁路联运规程》的《货物运价分级表》中以 W/M 为计费单位(在水运区段

按货物的体积吨与重量吨中的较大者计费)的水陆联运货物时,除了在运单中托运人填写栏内“货物重量确定”项下填写重量(kg)外,还必须注明货物的体积(m^3)。

(7)审查货物包装。

(8)审查货物件数。下列货物只按重量承运,不计算件数。

① 无包装、不成捆的货物,每票超过100件。

② 有包装或成捆,而规格不同的货物,每件平均重量不满30 kg;规格相同的货物(每票有两种规格的,视作规格相同),每件平均重量不满10 kg。

下列货物不论规格是否相同,按一票托运时,每件平均重量在10 kg以上,都按重量和件数承运。

① 纺织品机器制品类。

② 肥皂、蜡烛类。

③ 卫生化妆用品及服饰杂品类。

④ 针织品及衣、被、鞋、帽类。

⑤ 玻璃制品(包括暖水瓶)、陶瓷制品、缝纫机及其配件、收音机及其配件、电灯泡、干电池、钟表、娱乐品、玩具、文具、西药、卷烟。

⑥ 有色金属块、锭,轮胎,空铁桶。

(9)审查货物重量(货物的重量包括包装重量)。

3. 不准办理水陆联运的货物

不准办理水陆联运的货物包括易腐货物、动物、植物、灵柩(包括尸骨、尸骨灰和尸体在内)、危险货物(常用化肥氨氰化钙及《铁路危险货物运输规则品名表》内所规定的农药不在此限制内)、放射性物品、散装水泥以及超过起运、换装和到达地点起重能力的重大件。

需由托运人与铁路、水路部门协商同意后在特定线路上方可办理的货物:

① 编排的木材(东北经大连、营口两港到上海地区的木材运输不在此限制内)。

② 散装的粮食、油、盐。

除上述货物外,其他货物均可办理水陆联运。

(二)质量标准

1. 水陆联运货物运单由托运人用钢笔、毛笔或用加盖戳记的方法填写。运单必须按规定填写正确、齐全,字迹要清楚,使用简化字要符合国家规定,不得使用自造字。

2. 货物运单内填写各栏的内容有更改时,在更改处属于托运人填记事项,由托运人盖章证明;属于铁路、水陆经办人记载事项,由车站或港口加盖戳记证明。铁路或水陆对托运人填记事项除了处理变更时以外,不得更改。

3. 水陆联运货物运单填写的换装站的联运营业范围和换装港的营业范围符合相应规定。

技　师

一、超限、超重货物运输受理

(一)作业方法及步骤

准备工作

1. 人员。

2. 工具:计算机、计算器、铅笔、线锤、丁字尺、卷尺、皮尺等。

3. 材料。

4. 资料:《铁路货物运输规程》、《铁路货物运输管理规则》、《铁路货物装载加固规则》、《铁路超限超重货物运输规则》等。

作业方法

1. 受理前准备

(1)熟悉装载加固运输基本技术条件。

(2)熟悉货物运单格式及填写要求、标准。

(3)掌握铁路货物装载加固常用计算公式。

(4)了解货车有关技术参数。

2. 受理工作

(1)货物运单的受理审核

审查托运人提供的技术资料,如货物外形三视图、计划装载加固方案图纸及计算说明书、超限超重货物托运说明书等,托运人提供的资料应有托运人的签章。

(2)按计划的装载加固方案测量货物实际尺寸。

① 长度。测量货物的最大长度、支重面长度、重心至端部的距离、检定断面至重心的距离。

② 高度。自支重面起,测量其中心高度、侧高度和重心高度。

中心高度指货物的最大高度为货物的中心高度,即自支重面起至最大高度处的高度为中心高度。

③ 侧高度指中心高度以下各测点至支重面的高度。如有数个不同侧高度时,应由上至下按第一侧高、第二侧高等测出每一个不同的侧高度。

(3)宽度。测量中心高度处的宽度和不同侧高度处的宽度。

中心高度处的宽度指中心高度处,在货物重心所在纵向垂直平面左侧和右侧的最大宽度。

侧高度处的宽度指每一侧高度处,在货物重心所在纵向垂直平面左侧和右侧的最大宽度。

(4)选用车种、车型及车数,确定装载方案。

(5)受理超限超重货物时应根据实际测量、计算结果,确定超限超重等级及运行条件并在运单注明，并拍发《铁路超限超重货物运输请示电报》。

(6)接到铁路局批示电报后，及时编制日装车计划，向铁路局货调请求装车命令。

(二)质量标准

1. 认真仔细审核货物运单填写内容，与实际货物相符无误。

2. 掌握货物尺寸测量方法，准确测量货物实际尺寸，认真审核计划装载加固方案，以合理选择实际装载加固方案。

3. 熟悉装载加固常用计算公式，预计装后尺寸计算准确。

4. 超限超重货物运输请示电报数据准确，内容完整，表达清晰明了。

(三)货物中心高度及不同侧高度处的宽度范例(图 27)

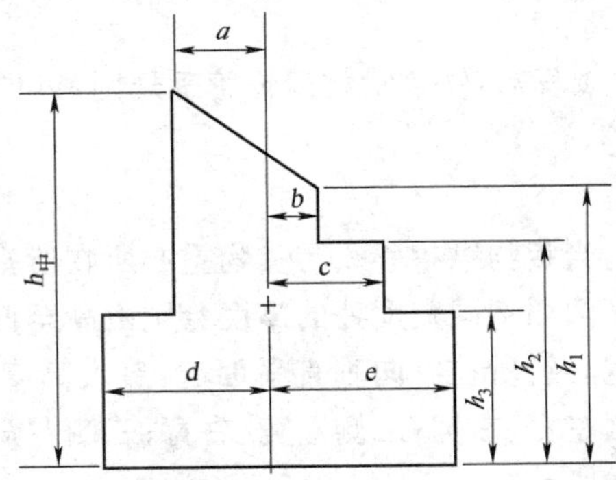

图 27　不同侧高度处的宽度

a—中心高处、第一侧高处、第二侧高处左宽；b—第一侧高处右宽；c—第二侧高处右宽；d—第三侧高处左宽；e—第三侧高处右宽。

铁路超限超重货物运输请示电报范例。

铁路超限超重货物运输请示电报

签发：　　　　核稿：×××　　　　拟稿人：×××　　　　电话：××××××××

发报所名	电报号码	等　级	受理日	时　分	收到日	时　分	值机员

主送：成都铁路局货运处
抄送：

报文：

一、货物概况
我发到站大足，品名：变压器，件数 2 件，单件重 148.3 t，货物全长 8 620 mm，支重面 8 330 mm，重心高 1 650 mm。
二、检定断面
1. 位置：位于货物中部。
2. 尺寸：中心高：3 440 mm 处，左右各宽 720 mm；
　　　一侧高：2 375 mm—316 mm 处，左右各宽 1 740 mm；
　　　二侧高：0 处，左右各宽 1 550 mm。
三、装载
拟用 D_{2G}型 2 辆装载，按成局 Y2008—090 号方案执行。
四、预计装后尺寸
中心高：4 400 mm 处，左右各宽 720 mm；
一侧高：3 335 mm—1 276 mm 处，左右各宽 1 740 mm；
二侧高：950 mm 处，左右各宽 1 550 mm。
以上未衔接处均为斜线连接。

特请示装运办法。

重庆西站超限超重 001 号
加盖成都铁路局重庆西站超限超重货物运输专用章

二、超限货物装车前的测量

根据超限货物端视图，确定货物的中心高度，不同侧高度，中心高度处和不同侧高度的左右宽度，如图 27 所示。

（一）作业方法及步骤

准备工作

1. 人员。

2. 工具：计算机、计算器、铅笔、线锤、丁字尺、卷尺、皮尺等。

3. 材料。

4. 资料：《铁路货物运输规程》、《铁路货物运输管理规则》、《铁路货物装载加固规则》、《铁路超限超重货物运输规则》等。

作业方法

根据装车前的测量方法，当货物纵中心线与货物重心所在所垂直平面不一致时，以最大高度为中心高，中心高度处以下两侧不同宽度处的高度分别由高至低称一侧高、二侧高、三侧高。中心高度处的宽度，由货物重心线所在纵向垂直平面起，最大高度处左侧和右侧宽度、两侧不同高度处的宽度，分别为一侧左宽、右宽；二侧左宽、右宽；三侧左宽、右宽。中心高与一侧高之间为斜坡形，如图 28 和图 29 所示。

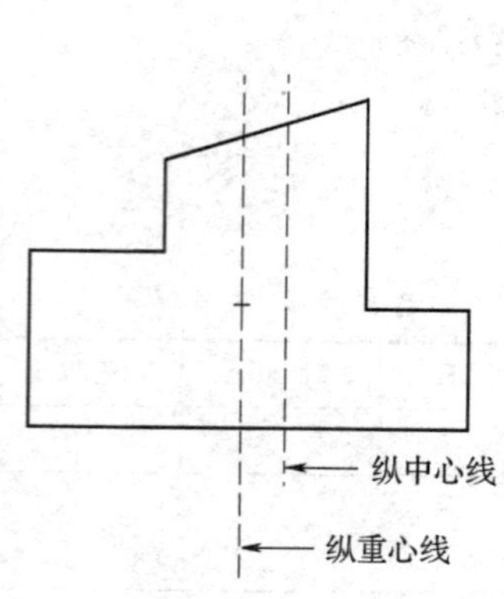

图 28　货物外形端视图

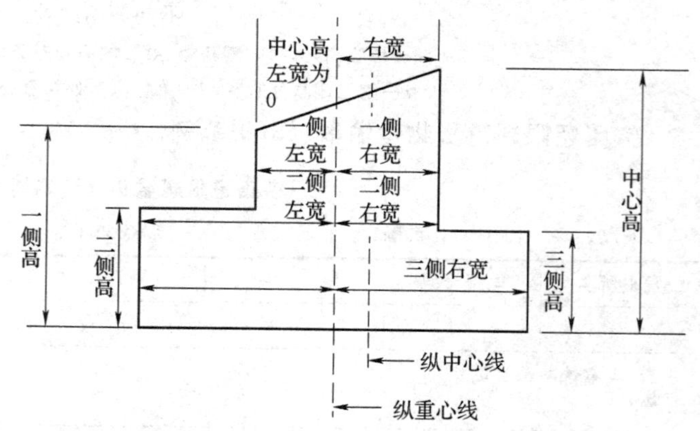

图 29　确定高度、宽度的端视图

（二）质量标准

1. 确定高度、宽度准确无误。

2. 填写规范、字迹清晰。

三、超限货物受理和超级等级的确定

【例 25】 某站承运钢梁构件一件，重 35 t，长 19 000 mm、宽 3 000 mm、高 2 740 mm，货物对称地装载在 60 t N_6 型平车上，两端挂有游车，车地板与货物之间垫以高 160 mm 的横木两根，装载方法如图 30 所示，试确定：

1. 发站如何受理该件货物。

2. 货物的超限等级。

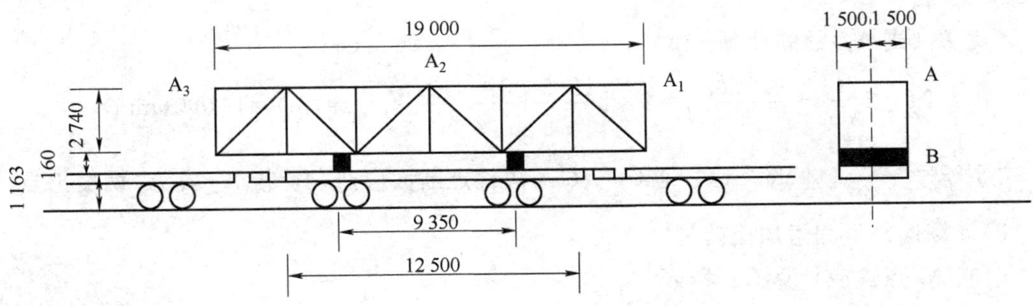

图 30　钢梁构件装载方法示意图(单位:mm)

(一)作业方法及步骤

准备工作

1. 人员。

2. 工具:计算机、计算器、铅笔、线锤、丁字尺、卷尺、皮尺等。

3. 材料。

4. 资料:《铁路货物运输规程》、《铁路货物运输管理规则》、《铁路货物装载加固规则》、《铁路超限超重货物运输规则》等。

作业方法

1. 发站受理该货件的程序及内容

(1)超限货物的托运人除按一般货运手续外,并应提出下列资料:

① 托运超限超重货物说明书。

② 货物外形三视图,须以"十"号注明货物重心。

(2)对托运人提出的有关资料进行审查,符合规定时,且到站(含专用线、专用铁路)具备超限、超重货物承运人资质的给予资料受理。

(3)资料受理后,应对货物外形尺寸,重心位置进行测量,核对是否与超限、超重货物说明书相符,如不符应进行改正。

(4)复测核对后,若无定型装载方案则须与托运人共同研究装载加固方案,并逐级上报审批。

(5)计算超限(装车后尺寸)等级,拟定装载方案。

(6)拟定方案后,应向铁路局货运处拍发运输请示电报。

(7)在接到铁路局批示电报后,应按规定及时受理,审核托运人提出的铁路运输服务订单,货物运单和有关资料。

(8)根据货物运单上填写的货物搬入日期,及时安排进货,并对照请示电报核查,确认待装货物的外形尺寸、重心位置和重量等。

2. 确定货物的超限等级

(1)标出计算点。在端视图上 A、B 两点均在 1 250 mm 以上,应标上不标下,计算点应标在 A 处。

(2)选择检定断面。计算 A 在侧视图上相应的点是 A_1、A_2、A_3 直线，在两销间应选内不选外，计算点应选在 A_2 点；在两销外方应选远不选近，因货物是对称装载，计算点应选在 A_1 或 A_3 点。

计算 A_1(或 A_3)处的计算长度：

$$2x=2\left(\frac{l_{车}}{2}+\frac{l_{货}-l_{车}}{2}\right)=2\times\left(\frac{12.5}{2}+\frac{19-12.5}{2}\right)=19(\text{m})=19\,000(\text{mm})$$

由于$\frac{2x}{l}=\frac{19}{9.35}\approx 2.03>1.4$，即 $C_{外}>C_{内}$，故检定断面应选在货物 A_1 或 A_3 两突出点。

(3)计算偏差量和附加偏差量

A_1 或 A_3 点。应计算 $C_{外}$ 和 K

$$C_{外}=\frac{(2x)^2-l^2}{8R}\times 1\,000=\frac{19^2-9.35^2}{8\times 300}=114(\text{mm})$$

$$K=75\left(\frac{2x}{l}-1.4\right)=75\times\left(\frac{19}{9.35}-1.4\right)=47(\text{mm})$$

(4)计算宽度和高度

$$x_{外}=B+C_{外}+K-36=1\,500+114+47-36=1\,625(\text{mm})$$

$$H=h_{车地板}+h_{垫}+h_{货}=1\,163+160+2\,740=4\,063(\text{mm})$$

(5)确定超限等级

根据 $x_{外}=1625\,\text{mm}$，$H=4\,063\,\text{mm}$，查《铁路超限超重货物运输规则》附件四该货物属于上部二级超限。

(二)质量标准

1. 货物受理的程序及内容，清楚明了无遗漏。

2. 确定货物超限等级的计算方法、步骤正确，使用公式得当，计算结果和查表准确无误。

四、确定超限等级和装车组织程序及内容

【例 26】 某站使用 D_{22} 型长大货物车(8 轴)一辆，装运水泥梁构件一件，重 83 t、长 23 000 mm，对称检定断面处高 0～1 500 mm 处、侧宽各 1 820 mm，其他部位高度相同，左右各宽 1 450 mm，使用横垫木的高度为 200 mm 装载方法如图 31 所示。

1. 试确定货物的超限等级。

2. 说明装车时的组织程序及内容。

(一)作业方法及步骤

准备工作

1. 人员。

2. 工具：计算机、计算器、铅笔、线锤、丁字尺、卷尺、皮尺等。

3. 材料。

4. 资料：《铁路货物运输规程》、《铁路货物运输管理规则》、《铁路货物装载加固规则》等。

作业方法

1. 确定货物的超限等级

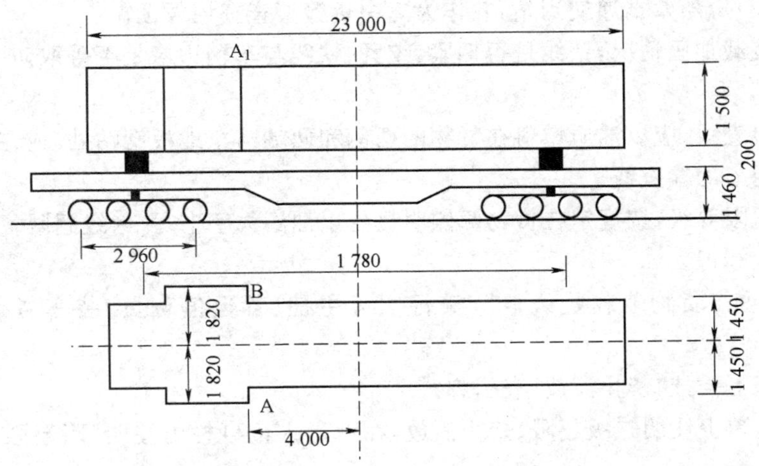

图 31　D_{22}型长大货物车装载方法示意图(单位:mm)

(1)标计算点。当突出部位等宽的条件下,在两转向架中心销间应选近(靠近货车横中心线)不选远,因此在俯视图上标出 A 点(或 B 点)。

(2)选择检定断面。突出部位计算点 A(或 B)在侧视图上相应的 A_1(或 B_1)处即为检定断面。

(3)确定计算点的偏差量。因检定断面位于底架两心盘中心之间、其计算公式为

$$C_{内}=\frac{L_1^2+L_2^2-(2x)^2}{8R}\times 1\,000=\frac{17.8^2+2.96^2-(2\times 4)^2}{8\times 300}\times 1\,000=109(\text{mm})$$

(4)确定计算点的宽度和高度。其计算公式为

$$x_{内}=B+C_{内}-36=1\,820+109-36=1\,893(\text{mm})$$

$$H=h_{车地板}+h_{垫}+h_{货}=1\,460+200+1\,500=3\,160(\text{mm})$$

(5)确定超限等级

根据 $x_{内}=1\,893$ mm、$H=3\,160$ mm,查《铁路超限超重货物运输规则》附件四,该货物属于中部二级超限。

2. 装车时的组织程序及内容

(1)按批示电报电文内容要求选择 D_{22} 长大货物车,选车后通知车辆部门进行技术检查,货运员应对车辆的货运技术进行检查,确认符合批示电报和装车要求后,方可使用。

(2)选择在平直线路上进行超限车的测量。测量内容包括车地板的高度、长度和宽度。

(3)检查加固材料(镀锌铁线、垫木、扒锔钉)是否齐全,规格、质量、数量是否符合装载加固方案规定。

(4)标画货车纵横中心线,在货物两端或两侧标画货物重心的垂直线,标画货物的索点。

(5)装车前对装车机具要认真检查,以防作业发生故障。

(6)开好车前会,向装车人员讲解装车注意事项。

(7)装车时站段超限、超重运输和装载加固人员须到现场进行指导。

(8)装车后加固前,应根据超限货物的实际装载状态进行装车后复测,核对与批示电文的装载尺寸是否相符。

(9)装载加固完毕后,填写"超限货物运输记录",并由有关单位签字认可,记录一式两份,一份留站存查,一份随票据递交到站,并作为途中货检检查登记凭证。

(10)检查装载加固情况,铁线是否捆紧、绞紧,铁线与车辆边缘是否采取防磨措施,垫木和扒锔钉钉牢。

(11)标画检查线,应以油质燃料在货物的两侧和两端与车地板密贴处,或在能判明是否发生位移处标画明显的检查线。

(12)书写超限等级,按规定在货物两侧明显处以油漆大字书写"×级超限货物"字样,书写有困难亦可挂牌标识。

(13)填写"重点货物装载签认卡",实行货运主任、货运值班员、装车货运员三级签认制度。

(14)负重车上插挂"禁止溜放"表示牌。

(15)货物运单上注明二级超限、禁止溜放,在承运人记事栏内注明"附超限货物运输记录一份"。

(二)质量标准

1. 确定超限等级使用公式正确、计算准确无误。

2. 装车时按程序组织作业,无漏项。

(三)应急处理技能

装车后复测装载尺寸如超过批示电报尺寸,应重新装载,调整后仍超过应另行请示。

五、超限货物请示与批示及"超限、超重货物运输记录"的填写

【例 27】 某托运人从香坊站托运钢架梁一件。到站株洲北,货物外形尺寸如图 32 所示,装车前测量尺寸与托运人尺寸相符,已知:拟用 N_{16} 型平车装运,货物重量 50 t,货物重心高 1 800 mm。车底板高度 1 210 mm,车辆自重 19.7 t,重心高 730 mm,销距 9 300 mm,货长 12 000 mm,支重面长度 9 300 mm。试确定:

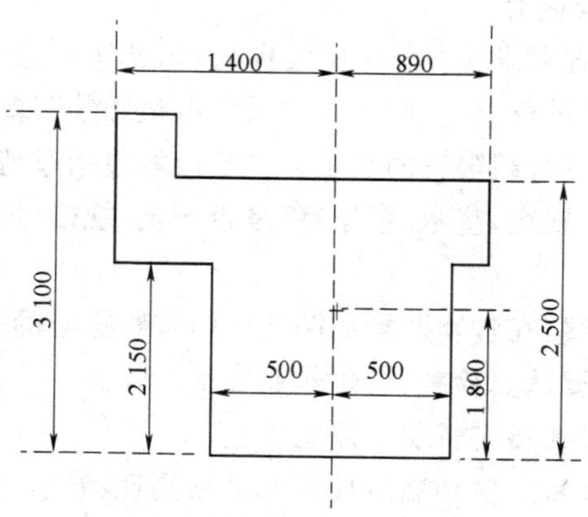

图 32 钢架梁外形尺寸图(单位:mm)

1. 拟发装运办法请示电报。

2. 铁路局接到铁道部批示超限货物装运办法的文电后应如何向有关站段批示并抄经由局到达局。

3. 装后复测各超限部位的尺寸是否与上级批准的计划装车尺寸相符，并填写超限超重货物运输记录。

（一）作业方法及步骤

准备工作

1. 人员。

2. 工具：计算机、计算器、铅笔、线锤、丁字尺、卷尺、皮尺等。

3. 材料。

4. 资料：《铁路货物运输规程》、《铁路货物运输管理规则》、《铁路货物装载加固规则》、《铁路超限超重货物运输规则》等。

作业方法

1. 拍发请示装运办法电报

主送：哈尔滨铁路局货运处

香坊站发株洲北钢架梁一件，货物重 50 t，货物长度 12 000 mm，支重面长度 9 300 mm、货物重心高 1 800 mm。中心高 3 100 mm 处左宽1 400 mm，右宽 0 mm；第一侧高 2 500 mm 处左宽 1 400 mm，右宽 890 mm；第二侧高 2 150—0 mm 处左右各宽 500 mm。拟使用 N_{16} 型平车一辆装运，请示装运办法。

2. 哈尔滨铁路局向各有关站段批示装运办法并抄送经由局和到达局文电内容：

香坊站（哈）超限超重 16 号

主送：哈尔滨工务、车辆段、哈尔滨南、香坊站。

抄送：沈阳、北京、郑州铁路局货运处、广铁集团公司。

依部运超 362 号电，香坊发到株洲北站钢架梁一件，货重 50 t，货长 12 000 mm，支重面长度 9 300 mm、使用 N_{16} 型平车一辆装运。装后中心高 4 310 mm 处左宽 1 400 mm，右宽 0 mm；一侧高 3 710 mm 处左宽 1 400 mm，右宽 890 mm；二侧高 3 360—1 210 mm 处左右各宽 500 mm。

装运办法：1. A 二级超限；2. R1800 mm；3. S2366 mm；4. K、N、O。

哈超限超重 24 号
哈尔滨铁路局货运处

3. 填写超限、超重货物运输记录

（二）质量标准

请示、批示装运办法、文电内容齐全，数据准确无误，超限货物运输记录按格式填写完整、字迹清楚。

超限、超重货物运输记录

甲页　　　　二级超限　　　×级超重　　　（单位：mm）

<table>
<tr><td>装车局</td><td colspan="2">哈尔滨铁路局</td><td>发　站</td><td>香坊站</td><td>经由线名</td><td colspan="2">京哈、京广线</td></tr>
<tr><td>到达局</td><td colspan="2">广铁集团公司</td><td>到　站</td><td>株洲北站</td><td>经由站名</td><td colspan="2">京哈、京广线</td></tr>
<tr><td>品　名</td><td colspan="2">钢架梁</td><td>件　数</td><td>1</td><td>每件重　t</td><td>配重　t</td><td>总重 30 t</td></tr>
<tr><td>货物长度</td><td>12000</td><td>支重面长　度</td><td>9300</td><td>转向架中心销间距离</td><td>9300</td><td>重车重心高</td><td>/</td></tr>
<tr><td rowspan="10">装车后尺寸</td><td rowspan="2">中心高</td><td rowspan="2">4310</td><td rowspan="2">中心高的宽</td><td>左 1400</td><td rowspan="10">记　事</td><td colspan="2" rowspan="10"></td></tr>
<tr><td>右 0</td></tr>
<tr><td rowspan="2">第一侧高</td><td rowspan="2">3710</td><td rowspan="2">侧高的宽</td><td>左 1400</td></tr>
<tr><td>右 890</td></tr>
<tr><td rowspan="2">第二侧高</td><td rowspan="2">3360—1210</td><td rowspan="2">侧高的宽</td><td>左 500</td></tr>
<tr><td>右 500</td></tr>
<tr><td rowspan="2">第三侧高</td><td rowspan="2"></td><td rowspan="2">侧高的宽</td><td>左</td></tr>
<tr><td>右</td></tr>
<tr><td rowspan="2">第四侧高</td><td rowspan="2"></td><td rowspan="2">侧高的宽</td><td>左</td></tr>
<tr><td>右</td></tr>
<tr><td>车　种</td><td>N_{16}</td><td>车　号</td><td>×××××××</td><td>标记载重</td><td>60 t</td><td>轴数</td><td>4</td></tr>
<tr><td rowspan="3">文电内有关指示</td><td colspan="7">铁道部　×年　×月　×日　部超限、超重 362 号批准使用 N_{16} 车</td></tr>
<tr><td colspan="7">铁路局×年　×月　×日　超限、超重 24 号批准使用 N_{16} 车</td></tr>
<tr><td colspan="4">装运办法：1A 二级超限；2R1 800 mm；3S2 366 mm；
4K、N、O。</td><td colspan="3">本记录在　　站作成，经检查完全符合批示的条件

发　站　签字
段　签字
段　签字
段　签字
段　签字
2008 年 10 月 8 日</td></tr>
</table>

注：1. 不用的各栏应划去。
2. 按电报指示尺寸填记，小于指示尺寸时，将实际尺寸填于记事栏内，大于指示尺寸时，必须另电请示指示。
3. “重车重心高”栏在不超出 2 000 mm 时须以（/）号表示之。
4. 一式两份，第一份仅为甲页留站存查；第二份为甲、乙页，随货运票据送到达站。

（规格 270 mm×185 mm）

六、国际联运货物运输

（一）作业方法及步骤

准备工作

1. 人员。

2. 工具:计算机、软件、打印机、计算器、钢笔或圆珠笔等。

3. 材料:货物运单。

4. 资料:规章、文电等。

作业方法

1. 受理前准备

(1)熟悉国际联运货物运输基本知识。

(2)熟悉国际联运货物运单格式及填写要求、标准。

(3)了解水陆联运换装站、换装港。

(4)掌握受理集装箱运输规定。

2. 受理工作

(1)国际联运货物运单的组成。国际联运货物运单由五张组成,分为慢运和快运两种。快运运单的正面和背面的上、下边带有1 cm宽的红边以示区别。

① 运单正本。随同货物至到站,并连同第5张和货物一起交收货人。

② 运行报单。随同货物至到站,并连同第4张和一起留存到达路。

③ 运单副本。货物发运后交发货人,作为发货人与收货人通过银行结算贸易款的凭据。

④ 货物交付单。随同货物至到站,并连同第2张和一起留存到达路。

⑤ 货物到达通知。单随同货物至到站,并连同第1张和货物一起交收货人。

不带号码的补充运行报单按每一过境铁路填制一份。

带号码的补充运行报单由发站填制,一式三份,一份留站存查,一份报自局,一份随同货物至出口国境站截留。

(2)受理国际联运货物。

① 审核有无批准的货运计划号或运输号。

② 审核发货人,通信地址。发货人只能是一个自然人或法人,填写发货人名称时,可为发货人姓名或发货单位完整名称。

③ 审核发货人填写的合同号码。该栏填写出口单位或进口单位签订的供货合同号码。

④ 审核货物发站。应填写发站全称。

⑤ 审核发货人的特别声明。向未参加国际货协铁路发货,由站长办理转发送时,记载最终到站的实际收货人和他的通信地址。

⑥ 审核收货人,通信地址。收货人只能是一个自然人或法人,填写收货人名称时,可为收货人姓名或收货单位完整名称。(向未参加国际货协铁路发货而由站长办理转发送时,记载"站长")

⑦ 审核对铁路无约束力的记载。铁路对此栏填写的内容不承担任何义务与责任。

⑧ 审核通过的国境站。填写我国出口国境站和过境国出口国境站。

⑨ 审核到达路和到站。到达路和到站用斜线分开,斜线前填写到达路简称,斜线后应用大印刷体字母(中文用正楷粗体字)注明到站全称。

向未参加国际货协铁路发货而由站长办理转发送时,记载参加路最后过境路和出口国境站,并在该站站名后记载"由铁路继续办理转发送至××铁路××站(填最终到达路和到站)。

⑩ 审核发货人填记的记号、标记、号码。

⑪ 审核货物包装种类。注明货物的包装种类“木箱、纸箱”等或“集装箱”(用括号注明箱内货物包装种类或“无包装”)。

⑫ 审核货物名称。货物名称应符合国际货协的规定。

⑬ 审核件数。分别用大、小写填记在12、14栏。

敞车装运总件数超过100件或运送小型无包装制品时，不填件数，只写“堆装”;用集装箱运送货物时，在12栏注明集装箱，下面用括号注明装入所有集装箱内的货批总件数。

⑭ 审核重量。分别用大小写填记在13、15栏，集装箱货物注明货物重量，集装箱自重和总重。

如运单篇幅不足，不能将有关货物的记载事项记入第9～13栏内，以及有关集装箱和运送用具的记载事项记入第18、19栏时，则应在运单第1～5张和每张补充运行报单上，各添附一份篇幅相当于运单的补充清单。在补充清单上，按每栏分别记载其所需的有关事项。在运单第9～11栏或第18、19栏内，记载“记载事项见补充清单”。在运单第12、13栏，注明货物共计件数和共计重量。

⑮ 审核发货人签字。

⑯ 审核发货人负担过境铁路费用的填写。

⑰ 审核办理种别。

⑱ 审核发货人填记的由何方装车。

⑲ 审核添附的文件的填记与实际是否相符。

⑳ 审核货物的声明价格。如填记需用大写注明以卢布表示的货物价格。

在运单“发货人的特别声明”和“发货人添附的文件”栏篇幅不足时，发货人也可添附补充清单。

添附补充清单时，发货人均应在补充清单上签字，并在运单“发货人添附的文件”栏内注明添附补充清单的份数。

发货人还应向发站提交必要份数的补充清单，以便添附在补充运行报单上。

补充清单也同运单和补充印象报单一样用中文填写，并附俄文译文。但中朝、中越铁路间运送的货物，可以仅用本国文字填写，不附俄文译文。

㉑ 审核批号。检查标签。

㉒ 审核海关记载事项。海关监管货物需由海关填记或盖章。

(二)质量标准

1. 国际联运运单记载事项

国际联运运单和补充运行报单中记载的事项，应用钢笔、圆珠笔填写清楚，或用打字机打字、印刷或加盖戳记。加盖的戳记印文应十分清晰，填写文字必须正确，使用简化字要符合国家规定不得使用自造字。除对危险货物特定的以外，不应加盖红色戳记或用红色墨水、圆珠笔填写。

2. 国际联运运单填写文字应符合规定

(1)运单和补充运行报单，用中文填写，并在每行下附俄文译文。

(2)中朝、中越铁路间运送的货物，可以仅用本国文字填写，不附俄文译文。我国国内段使用的货票按国内货票填写。

(3)在运单第5栏“收货人，通信地址”和第8栏“到达路和到站”中，除用中文和俄文译文填写外，发货人根据需要，也可加附贸易合同用的文字。

(4)中国发货到为参加国际货协铁路，在运单第 4 栏"发货人特别声明"中，记载最终到站的实际收货人和其通信地址时，也可附加贸易合同用的文字。

3. 承运人填记事项正确、完整，加盖戳记规范齐全。

4. 国际联运服务订单录入要求：

(1)订单中收货单位一栏只录入国家名称，在收货人字典中进行选择，不得附加公司等其他字、词。

(2)收货部门录入"国联"代号"01"。

(3)到站一律录入为带"境"的车站，如到站为"满洲里"，录入"满洲里(境)"的车站电报码。

(4)国际联运常用收货国家代码见表 9。

表 9 国际联运常用收货国家代码表

序号	国家全称	国家简称	代 码	代 号	省 部
1	阿塞拜疆	阿塞拜疆	LP000001	ASBJ	01
2	爱沙尼亚	爱沙尼亚	LP000002	ASNY	01
3	阿尔巴尼亚	阿尔巴尼亚	LP000003	AEBNY	01
4	白俄罗斯	白俄罗斯	LP000004	BELS	01
5	保加利亚	保加利亚	LP000005	BJLY	01
6	波兰	波兰	LP000007	BL	01
7	朝鲜	朝鲜	LP000008	CX	01
8	丹麦	丹麦	LP000009	DM	01
9	德国	德国	LP000010	DG	01
10	法国	法国	LP000011	FG	01
11	俄罗斯联邦	俄罗斯	LP000012	ELS	01
12	格鲁吉亚	格鲁吉亚	LP000013	GLJY	01
13	哈萨克斯坦	哈萨克	LP000016	HSK	01
14	吉尔吉斯斯坦	吉尔吉斯	LP000018	JEJS	01
15	捷克	捷克	LP000019	JK	01
16	拉脱维亚	拉脱维亚	LP000020	LTWY	01
17	立陶宛	立陶宛	LP000021	LTW	01
18	罗马尼亚	罗马尼亚	LP000022	LMNY	01
19	蒙古	蒙古	LP000023	MG	01
20	摩尔多瓦	摩尔多瓦	LP000024	MEDW	01
21	南斯拉夫	南斯拉夫	LP000025	NSLF	01
22	塔吉克斯坦	塔吉克	LP000031	TJK	01
23	土库曼斯坦	土库曼	LP000033	TKM	01
24	乌克兰	乌克兰	LP000034	WKL	01
25	越南	越南	LP000045	YN	01
26	伊朗	伊朗	LP000046	YL	01
27	阿富汗	阿富汗	LP000048	AFH	01
28	乌兹别克斯坦	乌兹别克	LP000049	WZBK	01

5. 国际铁路货物联运运单填写范例见范例。

6. 国际铁路货物联运订单填写范例见范例。

国际铁路货物联运运单填写范例

运 单 正 本

(给收货人)

批号No

25 (检查标签)

运输号码

2 合同号码No82-03/99054-2

发送路简称 中铁 1

1 发货人，通信地址
中国机械设备进出口公司

3 发站 北京东

4 发货人的特别声明
出口许可证第93号于1999年9月28日签发,有效期6个月,现在满洲里海关。

5 收货人，通信地址
波兰机械设备贸易公司华沙仓库

26 海关记载

6 对铁路无约束效力的记载

27 车辆 28 标记载重 29 轴数
30 自重 31 换装后的货物重量

7 通过的国境站
满洲里—克拉斯诺耶—布列斯特

27	28	29	30	31
P60 3031406中铁	60	4	21.5	

8 到达路和到站
波铁/华沙

国际货协—运单 慢运

9 记号、标记、号码	10 包装种类	11 货物名称	50 附件第 □2号	12 件数	13 发货人确定的重量（公斤）	32 铁路确定的重量（公斤）
9401/9800	木箱	手提式风动工具		600	30 000	

14 共计件数（大写）
陆佰件

15 共计重量（大写）
叁万公斤

16 发货人签字
中国机械设备公司 运输专用章

17 互换托盘
数量

集装箱/运送用具

18 种类
类型

19 所属者及号码

20 发货人负担下列过境铁路的费用
俄铁—白铁
2021

21 办理种别
整车*|零担*|大吨位集装箱*

22 由何方装车
发货人*|铁路*

*不需要的划消

23 发货人添附的文件
出口货物明细单 五份，其中二份交收货人
出口货物报关单 三份
品质证明书 二份
出口收费核销单 一份

24 货物的声明价格 瑞士法郎

45 封印

个数	记号
2个	北京东(京)F 18765，18766

33 34 35 36 37 38 39 41 42 43 44

46 发站日期戳

47 到站日期戳

48 确定重量方法

49 过磅站戳记，签字

续上表

53 联运 3 3 5 1 中铁—波铁	60 类项号码	61 等级	62 费率	63 计费重量(公斤)	68 向发货人计算的费用 70 款额 瑞士法郎	68 向发货人计算的费用 71 款额 单位元	69 向收货人计算的费用 72 款额 瑞士法郎	69 向收货人计算的费用 71 款额 单位
54 运费 自 至 杂费 = = =					74 —— 78	75 —— 79	76 —— 80	
64 65 66公里 7 0 6 6 67运价 共计					82	83	84	85
55 运费 自后贝加尔 至克拉斯诺耶 杂费 1 9 =360.00 2 8 =4.00	60 846 711	61 1	62 3 272	63 30 000	74 9 816.00 364.00 78	51 043.20 1 892.80 79	76 —— 80	
64 65 66公里 6 1 2 67运价 8 0 0 0 共计					82 10 180.00	83 52 936.00	84	85
56 运费 自奥本诺夫卡 至布列斯特 杂费 2 8 =4.00 =	60 846 711	61 1	62 282	63 30 000	74 846.00 4.00 78	4 399.20 20.80 79	76 —— 80	
64 65 66公里 67运价 共计					82 850.00	83 4 420.00	84	85
57 运费 自 至 杂费 = =	60	61	62	63	74 —— 78	—— 79	76 —— 80	
64 65 66公里 67运价 共计					82	83	84	85
58 运费 自 至 杂费 = =	60	61	62	63	74 —— 78	—— 79	76 —— 80	
64 65 66公里 67运价 共计					82	83	84	85
59 运费 自 至 杂费 = = = =	60	61	62	63	74 —— 78	—— 79	76 —— 80	77
64 65 66公里 67运价 共计					82	83	84	85
90 兑换率 发送路 到达路 总计					86 11 030.00	87 57 356.00	88	89

91 有关计费记载		
	87 应向发货人核收的总额（大写） 伍万柒仟叁佰伍拾陆元整	签字
	89 应向发货人核收的总额（大写）	签字
	92 应向发货人补收的费用	

国际铁路货物运输服务订单范例

提表时间：2008 年 9 月 1 日

要求运输时间：1 日至 30 日

受理号码：0905

发站	名称 重庆南	略号 CRW
发货单位盖章	省/部名称 重庆市 发货单位名称 重庆四汇通物流有限公司 地址 重庆市沙坪坝区天陈路 29 号	代号 55 代号 电话 63672773

顺号	到局：	代号：		收货单位				货物			车种代号	车数	特征代号	换装港	终到港	报价（元/吨）（元/车）	备注
	到站	到站电报略号	专用线名称	省/部		名称	代号	品名		吨数							
				名称	代号			名称	代码								
1	阿拉山口（境）	×××		国联	01	哈萨克斯坦		玻璃纤维粗纱	0850027	300	P	5	06			×××	
2																	
3																	
4																	
5																	

供托运人自愿选择的服务项目（由托运人填写，需要的项目打✓）*	说明或其他要求事项	承运人签章
☑1. 发送综合服务 □5. 清运、销纳垃圾 □2. 到达综合服务 □6. 代购、代加工装载加固材料 □3. 仓储保管 □7. 代对货物进行包装 □4. 篷布服务 □8. 代办一关三检手续	☑保价运输	2008 年 9 月 1 日

说明：1. 涉及承运人与托运人、收货人的责任和权利，按《铁路货物运输规程》办理。

2. 实施货物运输，托运人还应递交货物运单，承运人应按报价核收费用。装卸等需发生后确定的费用，应先列出费目，金额按实际发生核收。

3. 用户发现有超出国家发改委、铁道部、省级物价部门公告的铁路货运价格及收费项目、标准收费的行为和强制服务、强行收费的行为，有权举报。

举报电话： 物价部门： 铁路部门：

职业技能（通用部分）

一、法律法规和安全规章

1.《中华人民共和国合同法》相关知识;
2.《中华人民共和国安全生产法》相关知识;
3.《中华人民共和国铁路法》相关知识;
4.《中华人民共和国环境保护法》相关知识;
5.《铁路运输安全保护条例》有关规定;
6.《铁路货物运输合同实施细则》有关规定;
7.《铁路货物运输规程》有关规定;
8.《铁路货物运输管理规则》有关规定;
9.《铁路危险货物运输管理规则》有关规定;
10.《铁路货物装载加固规则》有关规定;
11.《铁路超限超重货物运输规则》有关规定;
12.《铁路鲜活货物运输规则》有关规定;
13.《铁路和水路货物联运规则》有关规定;
14.《铁路货运事故处理规则》有关规定;
15.《铁路货物运价规则》有关规定;
16.《铁路货物保价运输办法》有关规定;
17.《国际铁路货物联运办法》有关规定;
18.《铁路月度货物运输计划编制办法》有关规定;
19.《货运日常工作组织办法》有关规定;
20.《铁路集装箱运输规则》有关规定;
21.《铁路军事运输管理办法》有关规定;
22.《货车篷布管理规则》有关规定;
23.《铁路专用线专用铁路管理办法》有关规定。

二、典型案例分析

【案例 1】 受理运单未按规定加盖标记

1. 事故经过

××××年××月××日,合肥站承运到宜宾北香烟,采用零担运输方式,共 4 批,每批保价 15 万元,全车价值 60 万元。到达卸车发现货物短少 44 件零 3 条,收货人提赔 22 万元。经查,该车运输票据未加盖Ⓑ标记,运行途中郑州北、永川两次破封。经铁道部裁定,由合肥、郑州北、永川共同承担责任。

2. 事故分析

合肥站责任。《保价运输管理办法》第八条规定,车站受理一批保价金额在 10 万元以上的零担货物,应建立"保价货物Ⓑ运输台账逐级报告"。应在货物运单、货运封套或货车装载清单上加盖戳记（或用红色书写），并在“列车编组顺序表”记事栏内注明Ⓑ字样。合肥站受理运单未按规定加盖Ⓑ标记，承担部分赔款。

【案例 2】 货物运输变更受理手续不全

1. 事故经过

××××年××月××日，富拉尔基站承运到泸州站大豆一车，该车挂运后，第三人持领货凭证及收货人的身份证复印件到永川站求变更到永川卸车。永川凭领货凭证及收货人的身份证复印件予以受理变更。后来由于货款纠纷，收货人将永川告上法庭，诉状称永川违章受理变更，要求永川赔偿货款损失 4 万元。经法院判决，永川违章受理变更，承担诉讼费 1 000 元。

2. 事故分析

永川站责任。铁道部（1996）645 号电规定：“凡是在铁路货场领取货物必须凭领货凭证，收货人为个人的，还需本人身份证。”永川站计划员在受理变更时凭第三人提出的收货人的身份证复印件办理变更，违反铁路有关文电规定，承担责任。

【案例 3】 鲜活货物受理把关不严

1. 事故经过

××××年××月××日，重庆东发到闵行站冻肉一车，使用加冰冷藏车装运，保险运输。到达闵行站卸车时，发现冻肉软化，不能食用，收货人要求赔偿 18 万元。经查，该车实际运到时间超过运到期限 2 天，但托运人未注明容许运输期限，发站装车时货物温度未达到规定的温度，途中成都东加冰积压 2 天，江岸西漏加冰。经分析，由重庆东、成都东、江岸西共同承担责任。

2. 事故分析

重庆东责任。《铁路货物运输规程》第 12 条规定：托运易腐货物、“短寿命”放射性货物时，应记明货物的容许运输期限。容许运输期限至少须大于货物运到期限三天，托运人未在运单上注明货物运输期限，计划货运员审核运单时未发现。

【案例 4】 达成线“7.13”重大路外伤亡事故

1. 事故经过

2001 年 7 月 13 日 22 时 35 分，29008 次货物列车运行至达成线营山—小桥间，机后第 11 位 N5073122 前端装载的钻井参数仪表司钻操作组合台（简称钻井组合台，下同）的输出传动箱向运行方向右侧转动倒下侵限，造成沿线坐卧乘凉及行走人员伤亡 38 人，其中死亡 22 人、重伤 2 人、轻伤 14 人。构成重大路外伤亡事故。

2. 事故分析

（1）托运人所装载的钻井组合台输入、输出传动箱捆绑固定不能适应铁路运输的条件，列车在运行过程中产生冲击、振动和横向力等，致使左侧输入传动箱捆绑铁线“受拉伸作用引起断裂”，右侧输出传动箱捆绑铁线在绞合处松脱，导致输出传动箱向右转动倒下侵限，是造成该起事故的直接原因。当地村民缺乏铁路安全常识，自我保护意识不强，也是造成该起事故的原因。

（2）托运人（成都爱普利物流有限责任公司）申报货物品名不符，未按规定向承运人提报有关资料，未对货件的活动部件采取有效的加固措施，违反专用线（专用铁路）运输协议。

（3）承运人（成都铁路局成都东站）违章受理计划，未做好路企交接。

【案例 5】 集装箱货物运单填写不规范

1. 事故经过

××××年××月××日,承运到站为西南××站的 20 英尺集装箱一个,箱内共装货物 120 箱,货物运单上填记的品名为“集装箱(化工产品)”,托运人为××货运有限公司,收货人为××制品股份有限公司。上述集装箱到达西南××站。该站对集装箱进行检查时发现,箱内所装货物的实际品名为硫磺(铁危编号 41501,属于二级易燃固体)。为此到站按《铁路货物运价规则》有关规定向收货人核收运杂费违约金。

2. 事故分析

(1)受理集装箱运输的货物,货物运单“货物品名”栏内必须按有关规定填写货物具体名称,坚决杜绝集装箱票据填写不规范。该站货运计划员在审核货物运单时不严谨,造成本应按危险集装箱货物运输的硫磺,以“化工产品”的模糊品名按普通集装箱货物运输。

(2)货运计划员对托运的性质不明确的货物,未按《铁路危险货物运输管理规则》规定,要求托运人到铁道部认定的技术咨询部门进行全面、科学、准确的货物性质鉴定,未能切实把住铁路危险货物运输准运关。

【案例 6】 降低运输条件,危险货物按普通货物办理。

1. 事故经过

××××年××月××日,从甲站发往乙站一车,车号为 P3252352,货物品名栏填记为“工业硅”,计费重量 60 t,“托运记载人记载事项栏”填记“无”。经到站检测,该货物的含硅量实际为 78%,属于危险货物(含硅量在 30%～90%范围内为危险品),故到站按批核收全程正当运费两倍的违约金。

2. 事故分析

该批货物托运人在运单品名栏未填记“工业硅”的含硅量,承运人对该批货物的含硅量未进行审核,在托运人提出货物运单的同时,未要求托运人提供《铁路危险货物运输技术说明书》和检测报告,造成该批货物按普通货物办理。

【案例 7】 匿报品名运输

1. 事故经过

××××年××月××日,草海站承运到西丽站(P3110900)、塘口站(P3311557)的复混肥料,4 月 23 日承运到西丽站(P3321576)的复混肥料,实际品名均为腐植酸。托运人“昭通市昭阳区荣泰复混肥厂”使用复混肥料包装,匿报货物品名运输,构成偷逃铁路运费事件。

2. 事故分析

草海站责任。

(1)按照《铁路货物运输规程》附件三“货物运单和货票填制办法”的规定填写货物运单,并对其在货物运单和物品清单内所填记事项的真实性负完全责任,匿报、错报货物品名、重量时还应按照《铁路货物运价规则》的规定支付违约金。

(2)车站在受理货物运单时,须提醒托运人认真阅读货物运单背面的“托运人须知”,并认真审核运单。确认托运的货物是否符合运输条件,各栏填写是否齐全、正确、清楚,领货凭证与运单相关栏是否一致。

(3)对站内装车作业的货物,要认真检查货物包装,货物包装不符合《铁路货物运输规程》

第 15 条规定的不予承运。认真核对包装标志，查看包装标志是否涂改，是否使用多层包装，并逐车或逐箱检查货物包装、货物实际品名与运单记载是否相符，运输包装标志是否符合规定。

(4)严格“化肥”运输的受理承运。第一，车站在受理承运“化肥”类货物运输时，必须按照铁道部《关于明确农用化肥铁路运价优惠政策有关事项的通知》(铁运函[2004]364 号)的规定，要求出具托运人和收货人营业执照复印件(复印件应经持证企业盖章确认，其中“经营范围”一栏应当包括“化肥”或“复合肥”)，并存查。第二，货物品名必须符合《铁路货物运价规则》附件一代码“1310”化学肥料说明栏规定的品名，才能按化肥运价号计费。第三，出口化肥和用于工业生产的化工品(不含用于混配复合肥生产的化肥)不享受农用化肥运价优惠政策，不得按化肥运价号计费。车站在受理承运到港口车站的“化肥”类货物时，必须检查是否为全中文包装。车站对化肥用途或到港口车站的化肥是否出口有疑义的，可让托运人出具购销合同，审核购货人和收货人是否一致，是否具有化肥经营资格，并联系到站追踪其是否改变用途或出口。第四，符合按化肥运价计费的货物中属危险货物的，如硝酸钾等，必须按《铁路危险货物运输管理规则》规定的运输条件办理，不得降低运输条件按普通货物办理。

(5)托运人办理《铁路货物运输品名检查表》中未列品名货物托运时，须向车站出具该货物货物名称、制作材料、包装、生产工艺流程、用途、形态、销售价格、产销量及省级以上(含省级)检验部门的“质量检验报告”和“货物运输条件评定书”等有关资料。由车务段(直属车站)将相关资料报铁路局货运部门审核，确定其归属的收容类目和运价号后，车站才能予以受理承运。

【案例 8】 收货人栏填记“×××转×××收”引起经济纠纷

1. 事故经过

××××年××月××日，A 站托运两个 20 英尺集装箱的变速器承运到 B 站，收货人上海福海变速器厂徐某转广州市白云山变速器批发部，收货人电话是批发部的电话，该货物运到到站后，B 站于到达当日根据运单上收货人的联系电话通知批发部领取货物，次日批发部提供单位证明委托广州汽车运输队提货，并申明领货凭证无效，该汽车运输队提供提货担保，B 站核对提货证明的内容与运单各项内容一致，给予交付。事后，上海福海变速器厂徐某认为到站没有经过他本人就将货物交付给批发部，属于误交付，并向广州铁路运输法院起诉。

2. 事故分析

违反《关于明确货物运单和货票部分填记事项的通知》铁道部运输局运营运条电[2006]2620 号，托运人和收货人栏内，分别只能填记一个托运人和收货人名称，不得填记多个名称，不得填记某人(或单位)转某人(或单位)。

【案例 9】 投保运输险不足额，导致经济纠纷案

1. 事故经过

××××年××月××日，某商储运输公司在其专用线代某化工公司托运丁基胶车交 A 站承运，货物运单记载发站为 A 站，到站为 B 站，发货人为××商储运输公司，收货人某轮胎厂，品名丁基胶，重 45 t，车号 C4812084 投保运输综合险 5 万元。实际装车 36 件，重 36.756 t，每吨单价 13 600 元，总货款 499 881.6 元。该车到达株洲北编解作业发生火灾，经公安部门现场勘查及调查，起火原因是外流人员爬乘货车生火取暖，引燃货物包装所致。事故发生之后，经承运人、发货人、货物所属单位、保险公司、公安部门共同勘查现象进行清点，装车 36 件，每

件 30 块,共计 1 080 块,完全燃毁 430 块,燃焦报废 380 块,四周受损及表面污染 270 块。

2. 事故分析

托运人投保运输险不足额。计划受理人员对实际运输货物价值未进行认真卡控。保险公司按投保金额赔偿,未按货物实际损失对其赔偿,该商储公司向当地铁路运输法院起诉,要求对保险不足部分货物损失进行赔偿。

【案例 10】 受理性质不明货物导致火灾事故

1. 事故经过

××××年××月××日,西南××站承运一车人造棉,按易燃普通货物办理运输。货物运单、货票均加盖易燃普通货物戳记。托运人为××玻璃胶股份有限公司,到站为华东××站,收货人为××纺织有限公司。该货物使用棚车装运,货物价值 70 余万元,保险 21 万元。编挂该棚车的 25023 次货物列车在中途××站停车,接车值班员发现该车自门窗向外冒烟,当即向车站汇报,车站立即启动火灾应急预案,组织人员进行施救,并电话通知火警"119",经与消防人员一起全力抢救,火情得到控制,车辆和货物均有不同程度的受损。

2. 事故分析

(1)造成这起事故的直接原因是人造棉含水率达 17.2%,超过国家规定的含水率,人造棉蓄热自燃所致。

(2)铁道部《危规》规定《易燃普通货物品名表》内未列品名的易燃普通货物承运前要上报铁路局,由铁路局确认其性质和批准运输条件后方可受理运输。但该站的计划货运员在该批货物未进行任何检测的情况下擅自决定在货物运单上加盖易燃普通货物戳记,按普通货物办理运输。

【案例 11】 超品类受理集装箱运输

1. 事故经过

××××年××月××日,华东××站发往西南××站的一个 20 英尺集装箱,货票记载品名为聚苯乙烯,托运人为××化工有限公司,收货人为××电器有限公司,装入 C4613505 中运输。该车运行至中途××站时,敞车突然发生爆炸,造成该车不同程度的破坏。

2. 事故分析

(1)经查聚苯乙烯珠粒料(铁危编号 41057,属于一级易燃固体)呈白色球状固体,含 6%~9%的石油醚,其爆炸极限为 1.1%~8.7%。

(2)《铁路危险货物运输管理规则》规定,危货箱仅办理二级易燃固体的承运,而聚苯乙烯珠粒料属于一级易燃固体,该站货运计划员超品类受理集装箱运输是造成这起事故爆炸的重要原因之一。